제3개정판

사회복지학

제3개정판 사회복지학

초판 1쇄 발행 1999년 8월 30일
제1개정판 1쇄 발행 2000년 9월 5일
제2개정판 1쇄 발행 2007년 8월 10일
제3개정판 1쇄 발행 2013년 11월 15일
제3개정판 4쇄 발행 2018년 1월 25일

지은이 장인협 · 이혜경 · 오정수
펴낸이 성낙인
펴낸곳 서울대학교출판문화원

출판등록 제15-3호

주소 08826 서울 관악구 관악로 1
대표전화 02-880-5252 **팩스** 02-888-4148
홍보마케팅팀(주문상담) 02-889-4424, 02-880-7995
이메일 snubook@snu.ac.kr
홈페이지 www.snupress.com

ISBN 978-89-521-1530-0 93330

제3개정판

사회복지학

장인협, 이혜경, 오정수

서울대학교출판문화원

The Third Edition

Social Welfare

In-Hyub Chang

Hae-Kyung Lee

Jeong-Soo Oh

Seoul National University Press

제3개정판 머리말

『사회복지학』이 2007년에 제2개정판이 출간된 후 6년의 세월이 지나면서 우리나라 사회복지의 환경과 제도가 새로운 모습으로 변화하고 있다. 일인당 국민소득 2만 달러를 넘어 선진국으로 도약이 기대되고 사회복지지출의 증대와 복지제도의 선진화를 향해 나아가고 있다. 아울러 한국사회가 세계적으로 가장 낮은 출산율과 가장 높은 고령화 속도로 저출산고령사회로 변화하고 있어 이에 대비한 복지제도의 구축이 요청되고 있다.

이번 제3개정판에서는 21세기에 들어 급변하고 있는 사회복지의 새로운 환경과 제도 변화의 흐름을 반영하고, 최근에 제정되거나 개정된 사회복지기본법을 비롯한 각종 입법과 국민기초생활보장, 사회보험, 사회서비스 분야에서 새롭게 변화된 제도의 동향과 내용을 수용하였다.

제1부에서는 사회복지의 역사에서 새로운 변화 내용을 수록하였고, 제2부에서는 사회복지행정조직, 사회복지법체계의 내용을 전면 수정하였다. 제3부에서는 공공부조와 국민건강보험 등 사회보장제도의 변화를 반영하였고, 분야별 사회복지서비스에서도 새롭게 발전하고 있는 서비스와 전달체계를 수록하였다. 특히 21세기 사회복지 동향과 과제에서 복지국가의 위기에서 신자유주의의 위기로 나아가는 글로벌 동향과, 기로에

서 한국의 복지국가에 관한 내용을 새로이 수록하였다. 부록에서는 독자의 참고가 되도록 최근에 개정되어 2013년부터 시행된 사회보장기본법을 수록하였다.

사회복지학 분야의 개론서로서 이 책이 앞으로 더욱 발전될 수 있도록 독자 여러분의 애정어린 격려와 충고를 바란다. 아울러 제3개정판 작업을 위한 서울대학교문화원의 직원들의 헌신적인 노고에 깊은 감사를 드린다.

2013년 7월
저자 일동

제2개정판 머리말

『사회복지학』이 1999년에 출간된 후 8년의 세월이 지나면서 우리나라 사회복지의 환경과 제도가 새로운 모습으로 변화하고 있다. 일인당 국민소득 2만 달러 시대의 경제선진국으로 도약이 기대되고 사회복지지출의 증대와 복지제도의 선진화를 향해 나아가고 있으며, 아울러 한국사회가 세계적으로 가장 낮은 출산율과 가장 높은 고령화 속도로 저출산고령사회로 변화하고 있어 이에 대비한 복지제도의 구축이 요청되고 있다.

이번 제2개정판에서는 21세기에 들어 급변하고 있는 사회복지의 새로운 환경과 제도 변화의 흐름을 반영하고, 2000년 이후 제정되거나 개정된 각종 사회복지관련 입법과 국민기초생활보장, 사회보험, 사회복지서비스 분야에서 새롭게 변화된 제도와 서비스의 내용을 수용하였다.

제1부에서는 사회복지의 실천윤리, 사회복지의 역사에서 새로운 변화를 수록하였고, 제2부에서는 사회복지행정조직, 사회복지사자격제도, 사회복지법체계의 내용을 전면 수정하였다. 제3부에서는 공공부조와 국민건강보험 등 사회보장제도의 변화를 반영하였고, 분야별 사회복지서비스에서도 새롭게 발전하고 있는 서비스와 전달체계를 수록하였다. 부록에서는 최근의 개정된 사회보장기본법과 사회복지사업법을 수록하여 독자의 참고가 되도록 하였다.

사회복지학 분야의 개론서로서 이 책의 내용이 앞으로 더욱 충실하게 발전될 수 있도록 독자 여러분의 애정어린 격려와 충고를 바란다. 아울러 개정판 작업을 위한 서울대학교출판부의 출판부장님과 직원들의 헌신적인 노고에 깊은 감사를 드린다.

2007년 7월

저자 일동

제1개정판 머리말

『사회복지학』이 출판되어 1년밖에 지나지 않음에도 불구하고 우리 사회의 사회복지제도와 환경이 급격하게 변화하여 짧은 기간에 개정이 불가피하게 되었다. 공공부조의 기초가 되는 생활보호법이 폐지되고, 보충급여 방식을 도입한 국민기초생활보장법이 1999년 12월에 제정되어 2000년 10월부터 시행하게 되었다. 사회보험 분야에서도 2000년에 진입하면서 많은 제도의 변화가 진행되었다. 의료보험은 1997년 12월에 제정된 국민의료보험법에 의하여 지역의료보험과 공무원 교직원 의료보험이 통합된 데 이어, 1999년에 국민건강보험법이 제정됨으로써 2000년 7월부터 직장의료보험까지 통합한 의료보험 행정조직의 완전통합이 이루어지게 되었다. 또한 산재보험법의 개정으로 2000년부터 5인 미만 사업장까지 적용대상이 확대되고, 1999년 개정 국민연금법은 적용대상을 도시자영자를 포함한 전 국민에게로 확대하였다.

사회복지서비스 분야에서도 개정된 아동복지법이 2000년 7월부터 시행되어 아동안전기준의 설정과 아동학대의 예방과 조치를 강화하게 되었으며, 내부기관의 장애 등 장애의 개념을 확대한 새로운 장애인복지법이 2000년 1월부터 시행되고 있다.

이번의 개정판은 이러한 사회복지 관련 법률과 제도의 변화를 반영하여 미래지향적 사회복지의 정책과 실천방향을 정립하는 데 초점을 두었다. 그리고 각 사회복지 분야별로 최근의 통계와 자료를 제공하기 위하여 노력하였다.

아울러 제1장 사회복지의 개념, 제2장 사회복지의 이념과 가치, 제3장 사회복지의 역사에서도 초판에서의 미진한 부분을 보완하여 개론서로서 체계를 확립하는 데 노력을 기울였다. 제2장 사회복지의 이념과 가치에서는 복지모형과 사회복지체제의 유형이 보완되었으며, 제3장에서는 영국과 미국의 사회복지 역사를 시대별로 나누어 내용이 보충되어 독자들의 이해를 돕고자 하였다. 아울러 사회복지행정에서는 우리나라 사회복지 행정조직에 관한 내용이 추가되었고, 부록에는 개정된 사회복지사업법이 수록되었다.

개정판이 사회복지학 분야의 개론서로서 더욱 충실하게 발전할 수 있도록 독자 여러분의 계속적인 격려와 충고를 기대한다. 끝으로 무더운 여름에 개정작업을 맡아 주신 서울대학교출판부 직원 여러분의 노고에 마음으로부터의 깊은 감사를 드린다.

2000년 8월

저자 일동

머리말

우리 사회의 사회복지 환경과 제도는 급격하게 변화하고 발전하고 있다. 더욱이 20세기를 넘어서 새 천 년의 첫 세기로 진입하고 있는 밀레니엄(millenium) 전환의 시점에서 각양각색의 사회변동 양상들이 출현하여 사회복지에 영향을 미치고 있고 새로운 사회복지의 패러다임이 요구되고 있다.

오늘날의 세계는 지구화의 추세를 따라 보편적으로 나타나는 현상들이 우리에게 영향을 미치고 있다. 대표적인 양상으로서 새로운 이데올로기와 가치의 추구, 지역분권화, 정보사회화, 복지제도의 개혁, 가족의 강조 등이다. 우리 사회도 이러한 현상에서 예외일 수 없으며, 우리 현실에 적합한 새로운 이념과 가치의 수용과 토착화의 필요성 속에서 국민연금과 의료보험 등 사회보험제도의 개혁과 통합, 민간복지기관의 자율성 확대와 평가제 도입, 사회복지공동모금제도의 시행 등이 이루어지고 있다. 따라서 이러한 국내외적 상황변화를 반영하는 사회복지의 개념, 제도와 정책, 사회복지칠천의 체계화와 전문화를 위한 내용이 반영되기를 기대하면서 이번에 '사회복지학'이란 명칭으로 새로운 개론서의 저술에 착수하였다.

현재 우리의 정치, 경제, 사회, 문화적 발전단계에서 사회복지는 구호나 자선의 차원에서 벗어나 보다 선진화된 사회현실에 부합한 제도적이고 전문적인 차원으로 한층 확대·발전시켜야 할 과제와 함께 새로운 시대변화에 적합한 발전방향을 모색해야 하는 시점에 있다. 다행히 국가적인 차원에서 사회복지의 전문성을 강화화기 위한 방안이 제도화되어 사회복지사의 국가자격시험제도가 도입되어 2003년부터 시행될 예정이다. 또한 한국사회복지교육협의회에서도 이러한 변화에 대응하여 표준 교과과정과 교과목 지침을 연구개발하고 있다. 이 책은 이러한 새로운 변화와 발전의 동향을 수용하여 사회복지실천의 기반을 재정립하고 개론서로서 사회복지학 교육의 방향 설정에 다소 도움이 되고자 노력하였다.

이 책의 구성내용은 제1부 사회복지의 기초에서 사회복지와 관련 개념, 역사, 이념과 가치, 윤리, 시회복지 학문의 기초를 다루었고, 제2부에서는 사회복지의 실천방법과 체계로서 사회복지실천 이론과 기술, 사회복지정책, 시회복지행정, 시회복지조사, 계획, 평가, 사회복지 인력, 법체계를 포함하였다. 제3부 사회복지의 실천분야에서는 공공부조, 사회보험, 아동복지, 노인복지, 장애인복지, 여성복지, 가족복지, 지역사회복지, 의료 및 정신의료사회사업, 지역사회 건강, 교정사회사업, 산업사회복지와 직업사회사업을 다루었다. 끝으로는 21세기 사회복지의 동향과 과제를 제시하였다.

이번 『사회복지학』의 출간에는 장인협 서울대학교 명예교수, 이혜경 연세대학교 교수, 오정수 충남대학교 교수가 함께 참여하였다. 저자들은 사회복지 전문직의 정체성에 대한 확고한 인식과 우리나라의 사회복지 제도와 서비스의 현실을 반영하면서 발전지향적인 방향에서 분석하기 위하여 노력하였다. 집필에 있어서는 장인협 교수가 사회복지 실천방법과 21세기 과제와 전망, 이혜경 교수는 사회복지 개념, 이념, 공공부조와 사회보험, 오정수 교수는 가치와 윤리, 사회복지정책, 행정, 조사, 법체계 등 실천체계에 관한 내용과 실천분야를 중심으로 분담하였다. 본서의 내용이 사회복지의 전문성을 반영한 개론서가 되고, 우리 사회의 전통을 계승한 새로운 복지 패러다임을 창조하는 데 기여할 수 있기를 기대한다.

사회복지학 분야의 개론서로서 이 책의 내용이 앞으로 더욱 발전될 수 있도록 독자 여러분의 격려와 충고를 바란다. 아울러 본서의 출판을 쾌히 승낙하여 주신 서울대학교출판부의 김용덕 출판부장님과 직원들의 헌신적인 노고에 깊은 감사를 드린다.

1999년 7월

저자 일동

차례

제 1 부

사회복지의 기초

제 1 장

사회복지의 개념

1. 사회복지의 정의

사회복지라는 말을 접하게 될 때, 우리는 고아나 병약한 노인, 장애인을 위한 전통적인 수용보호시설에서부터 종합사회복지관이나 상담기관, 직업훈련원, 의료보험이나 국민연금제도에 이르기까지 다양하고 광범위한 프로그램과 제도들을 머리에 떠올리게 된다. 이렇게 성격과 규모, 역사와 목적이 다른 다양한 활동들을 모두 묶어서 사회복지라 부르는 것은 그것들이 모두 한 가지 공통점을 가지고 있기 때문이다. 그 공통점이란, 사회구성원들이 자신의 기본적 욕구를 충족시킬 수 없는 어려움에 처하게 될 때, 이들 프로그램과 제도들을 통하여 그들의 기본적 욕구를 해결하고 있다는 사실이다.

사회복지라는 개념의 핵심은 사회구성원들의 기본적 욕구를 충족시켜준다는 기능적인 속성 그 자체에 있다. 그러한 기능을 수행함에 있어서 구체적인 활동내용, 사회적 비중과 구성은 국가와 시대에 따라 상당한 폭으로 달라질 수 있다. 특히, 사회복지는 기존의 사회제도들의 기능적 실패를 전제하기 때문에, 기존 사회제도의 기능과 역할, 그 실패의 정도, 그리고 사회구성원의 기본적 욕구의 구체적인 해석에 따라 내용이 크게 달라질 수 있다. 세부적으로는 다양한 동기와 목적, 범위와 경계, 주체와 대상, 실천의 철학과 방법을 광범위하게 수용한다. 따라서 사회복지는 매우 포괄적이고, 역동적이며, 가변적인 개념이다.

사회복지란 "사회구성원들이 기존의 사회제도를 통하여 자신의 기본적 욕구를 충족시키는 데 어려움을 겪고 있거나 어려움이 예상될 때, 그 욕구를 충족시킬 수 있도록 도움을 제공하는 조직화된 사회적 활동의 총체"라 정의할 수 있다. 비교적 간단한 이 정의에 함축된 의미와 속성을 정리해 보면, 첫째, 사회복지는 조직화된 사회적 활동이다. 비록 기능이 동일하다 하더라도 비공식적이고 자의적이고 개별적인 활동과는 구별한다. 병약한 노인이나 장애를 가진 사람, 부모를 잃은 고아를 친족이나 친구, 이웃, 교회나 직장동료들이 돌보고 그들에게 물질적으로나 정신적으로 도움을 주는 일은 인류 역사를 통하여 늘 있어 온 일이다. 그러나 이러한 활동이 개별적이고, 자의적이며, 비공식적으로 이루어지는 한, 이들을 사회복지 활동이라 부르지 않는다. 그러한 비공식적이고 개별적인 도움이 주는 편에서나 받는 편에서나 여의치 않게 될 때, 비슷한 기능을 수행하기 위한 조직적이고 공식적인 노력이 필요해진다. 종교단체가 구빈원이나 급식소, 병원을 상설하여 교우가 아니더라도 도움을 받게 하고, 독지가가 고아원이나 부랑인, 장애인 시설을 설립하여, 친척이나 친구 등 아는 사람이 아니더라도 도움을 받게 하며, 국가도 사회통제와 치안 유지의 차원에서 최소한의 보호를 제공하게 된다. 이렇게 공식적이고 조직화된 활동을 비로소 사회복지 활동이라 부른다.[1]

---

1. 최근 사회복지 연구에서 비공식 지원체계에 대한 관심이 증대되고, 비공식 지원체계 활성화방안 연구가 활발해지고 있다. 사회복지를 이해하기 위하여 비공식 부문의 구조와 행태를 연구하고 비공식 부문을 강화하여 공식적인 사회복지 체계의 부담을 줄인다거나 공식적인 사회복지체계와 비공식 부문 간의 연계를 강화하는 일은 나름대로 의미 있는 일이다. 그러한 노력이 비공식 지원체계와 공식적인 지원체계 간의 경계를 불분명하게 한다고 할 수는 있으나, 비공식 지원체계 자체를 사회복지라 부르는 것은 개념적인 혼란을 가져온다.

둘째, 사회복지의 주된 기능은 어려움을 겪고 있거나 어려움이 예상되는 사회구성원 개개인의 기본적 욕구(basic needs)를 직접적으로 충족시키는 일이며, 사회복지는 인간의 기본적 욕구에 통합적이고 포괄적으로 접근한다. 사회복지는 미충족 욕구가 발생하면 가족, 학교, 직장, 시장, 교회, 병원, 감옥, 어디서, 언제든 그 욕구를 직접 충족시키기 위하여 기능한다. 따라서 사회복지의 하위체계들은 기능적으로 세분화 될 수 있고 직접적인 동기나 철학, 방법, 주체가 다양할 수 있다. 또한 사회복지가 관심을 갖는 사회구성원 개개인의 기본적 욕구란 최소한의 의식주 문제 해결에서부터 적절한 사회화와 능력개발, 참여와 자기실현의 욕구에 이르기까지 다양한 수준을 의미할 수 있다. 그 수준과 범위는 주어진 사회의 생산성 수준이나 사회적 연대의 수준과 유형에 따라 달라질 수 있으며 그것은 전적으로 주어진 사회의 합의에 맡겨진다. 그러나 사회복지 전체로 보면 그 기능은 매우 포괄적이고 일반적이다. 모든 사회제도 전반에 걸쳐 관여한다는 기능적 포괄성과 인간의 기본적 욕구에 대한 통합적 이해가 바로 사회복지의 고유성이다.

셋째, 사회복지는 사회구성원 개개인의 인간다운 삶을 확보하고 인간존엄을 구현하기 위하여 사회구성원 개개인의 직접적인 소비욕구 충족에 관심을 갖는다. 그것이 국방, 치안, 경제개발, 수질 개선사업이나 지하철 건설사업 등으로부터 사회복지를 구별하는 기준이다. 예를 들어 실업보험제도는 실업한 사람의 소득을 보장하여 실업자의 어려움을 경감하는 수단일 뿐 아니라 경기침체를 막는 경제정책 도구이기도 하다. 실업보험제도가 사회복지제도라고 말하는 것은 그것의 두 번째 기능보다 첫 번째 기능을 두고 말하는 것이다. 때로, 사회구성원 개개인의 기본적 욕구 충족과 사회 전체의 장기적인 발전이라는 목표 간에 갈등이 생길 수 있다. 그런 경우 상대적인 우선순위는 주어진 국가의 정치문화 성향에 따라 달라질 수 있다.

마지막으로, 사회복지는 사회구성원의 기본적 욕구 충족에 있어서 기존 사회제도들의 부분적 실패를 전제하는 개념이다. 기존 제도의 지속적인 실패는 사회구성의 변화와 새로운 사회제도의 등장을 요구한다. 각각의 사회제도는 전체 사회변화에 반응하면서 동시에 사회변화에 영향을 미친다. 대개의 선진 산업사회들은 가족제도나 시장제도가 19세기의 그것과는 크게 달라지고, 종교나 국가 역시 변모하는 경험을 하고 있으며, 사회복지 역시 기존 제도의 변화에 대응하면서 스스로 변화하고 있다. 주변적이고 임시적이던 사회복지 기능이 지속적인 행위유형으로 일상화되고, 현대사회의 존속을 위한 필수적인 주요 사회제도의 하나로 정착되는 역사를 경험을 하고 있다. 사회복지 기능이 주변적이고 임시적인 것으로부터 지속적이고 중심적인 것으로 변화하는 과정은 주어진 사회의 주요 사회제도와의 역동적인 관계에서 이해되어야 한다.

2. 사회복지와 사회제도

어떤 사회든 사회구성원들의 기본적 욕구를 충족시키면서 하나의 공동체로서 존속·발전해 나가기 위해, 필수적인 기능들을 지속적인 행위유형으로 조직하고 관습화하여 사회제도로서 정착시킨다. 가장 단순한 형태의 사회에서는 사회구성원의 모든 욕구가 가족제도를 통하여 충족되었다. 그러나 인구가 증가하고 사회가 복잡해짐에 따라, 가족제도로부터 종교제도, 정부제도, 경제제도가 기능적으로 분화하게 된다. 사회생활을 하는 데 필요한 가치·규범·지식을 전수하는 사회화 기능은 가족제도가, 사회구성원들로 하여금 일정한 가치와 규범에 순응토록 강제하는 사회통제 기능은 정부가, 사회구성원 상호간의 신뢰를 바탕으로 사기를 진작시킴으로써 사회적 규범을 자발적으로 따르도록 사회에 대한 충성심을 강화하는 사회통합과 영적 개발 기능은 종교제도가, 사회의 구성원들이 생활해 나가는 데 필요한 재화와 서비스를 생산–분배–소비하는

경제기능은 시장제도가 나누어 담당하게 된 것이다.[2]

사회복지는 이들 기존의 사회제도들이 사회구성원의 기본적 욕구를 충족시키는 데 실패하고, 비공식적 상호부조(informal social support) 기제도 여의치 않을 때, 공식적 상호부조(formal social support) 기제를 발전시켜, 기능적인 공백을 메우며 성장하였다. 이와 같은 변화는 빈곤이 만연한 신분사회로부터 생산성이 높은 산업사회로 전환되면서 가속화되었다. 산업화가 수반한 도시화와 세속화는 가족과 지역사회 및 종교공동체의 해체를 가속화시켰을 뿐 아니라, 전통적인 비공식적 지지체계를 급속도로 붕괴시켰으며, 동시에 산업경제체제의 고도화는 빈부의 격차를 심화시키고, 새로운 사회적응의 문제를 확대시켰다. 산업화가 가져온 물질적인 풍요에도 불구하고, 충족되지 않은 기본적 욕구는 확대되었으며, 결국 사회구성원 개개인의 기본적 욕구충족을 위하여 공식적인 사회복지활동도 지속적으로 확대되었다. 비공식적인 지지체계를 대신하여 한편으로는, 직장 우애조합이라든가 지역공제회, 등록된 자선박애단체라든가 자원봉사기관과 같은, 공식적이고 지속적인 민간 상호부조 기제들이 성장하였고, 다른 한편으로는, 민간부문의 자발적인 상호부조 기능이 사회구성원 모두의 기본적 욕구 충족을 보장하는 데는 한계가 있으므로, 국가가 사회구성원의 기본적 욕구 충족을 위한 상호부조를 법률에 의하여 강제하기에 이른다. <표 I-1-1>에서는 다섯 개의 사회제도의 주요 기능과 사회복지 기능을 정리하고 있다.

1929년 대공황과 세계대전은 기존의 사회제도로는 해결할 수 없는 미충족의 욕구가 임시적이고 예외적인 것이 아니라, 자유시장 체제하에서는 이미 지속적이고 구조적인 현상임을 재확인하였다. 임시적이고 주변

2. 물론 그러한 필수적인 기능들이 각각 한 가지 사회제도에 의해 전적으로 수행되는 것은 아니다. 예를 들어 가족은 사회화를 위한 일차적인 제도이지만, 가족이 그 기능을 담당하는 유일한 제도는 아닌 것이다. 종교단체나 교육기관 그리고 사회서비스 기관들도 비록 일차적인 활동으로서는 아니지만, 어느 정도의 사회화 기능을 수행한다.

〈표 I-1-1〉 주요 사회제도의 주요 기능과 사회복지 기능

사회제도	핵심조직	주요 기능	사회복지 기능
가족	가족	출산, 사회화, 보호, 친밀 관계, 정서적 지원	피부양 가족의 보호, 가족 간·세대 간 재정지원
종교	교회, 사찰	영적 개발, 사회통합	교파별 복지, 보건, 교육, 상담, 사회적 서비스
시장	생산자(회사), 소비자(가구)	재화의 생산, 분배, 소비, 교환, 고용	복지 서비스와 재화의 영리적 생산, 기업복지
국가	중앙정부, 지방정부	사회통제, 집합적 목표를 위한 자원의 동원과 분배	공공복지 서비스, 소득, 의료, 교육, 주택 보장
사회복지	회원단체, 자원봉사기관, 사회복지기관	상호부조, 박애	자조, 자원봉사, 지역사회 서비스, 사회복지 서비스

주: Gilbert and Terrell, *Dimensions of Social Welfare Policy*, Allyn & Bacon, 1997, p. 3 참조 재구성.

적이던 상호부조 기능이 공식화되고, 결국 산업사회의 유지·발전을 위해 필수 불가결한 기능으로 새로운 자리 매김을 하게 된다. 이리하여, 현대 산업사회는 시장제도, 가족제도, 국가제도, 종교제도 외에 사회복지제도라는 제5의 사회제도의 정착을 보게 되는 것이다. 이미 많은 산업사회에서 사회복지는 대부분의 사회구성원들에게 가족이나 정부, 교회나 직장 못지않게 중요한 일상생활의 일부로 정착하고 있는 것이다.

사회복지의 개념 정의는 많은 국내외 학자들에 의하여 다양하게 시도된 바 있다. 하나의 포괄적인 정의를 제시하기보다, 광의의 사회복지와 협의의 사회복지라든가 잔여적 개념과 제도적 개념, 어의적 의미와 체계론적 의미 등으로 나누어, 사회복지의 광범위한 내용과 본질을 이해하려 하는 경우가 많다. 특히 Wilensky와 Lebeaux(1965)의 사회복지의 잔여적 개념과 제도적 개념이라는 이분법적 이해가 바로 이러한 사회제도의 기능적 분화와 사회복지 기능의 제도화 과정을 배경으로 제시되었다.

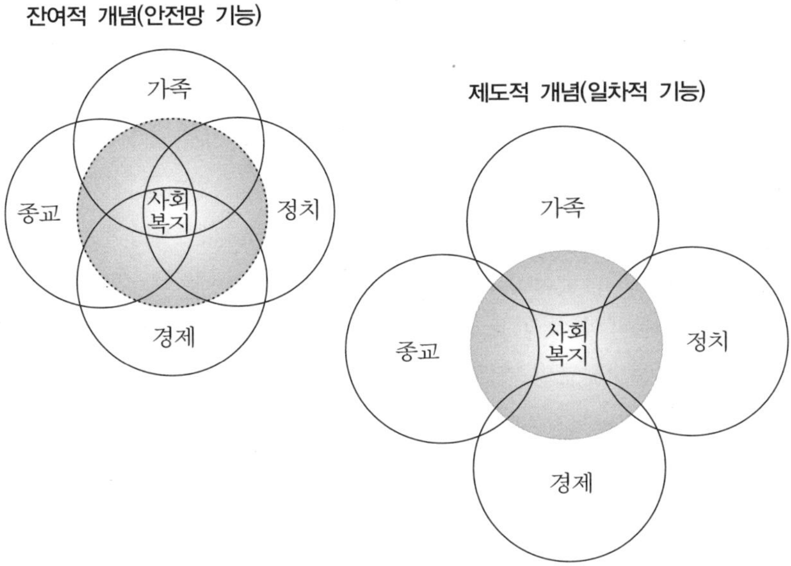

〈그림 I-1-1〉 사회복지의 잔여적 개념과 제도적 개념

<그림 I-1-1>로 보여 주듯, 잔여적 개념(residual concept)의 사회복지는 가족, 시장기구, 종교, 정치제도의 기능적 실패를 인정하되 그것은 임시적인 것이어서 점선으로 표시되어 있다. 사회복지는 그 기능을 임시로 보충할 뿐이며, 사회복지 활동이 사회를 유지 · 발전시키는 데 필수적이라는 인식은 존재하지 않는다. 따라서 사회구성원들 중 낙오자들에게 최저한도의 보호를 제공하는 사회복지 활동은 잔여적이고 주변적이며, 예외적이며 안전망(safety-net) 기능을 수행할 뿐이다. 가능하면, 가족이나 시장기구와 같은 기존 사회제도들이 제대로 기능해서 사회복지 활동이 필요치 않게 되는 것이 사회복지의 궁극적인 지향이 된다.

한편, 제도적 개념(institutional concept)의 사회복지는 기존 사회제도의 실패, 즉 시장이나 가족제도의 실패는 임시적인 것이 아니라 피할 수 없고 지속적인 것으로 이해한다. 따라서 사회복지가 사회를 유지하는 데

필수적인 기능을 수행하며, 그러한 기능이 지속적인 사회활동의 유형으로 조직되고 제도화되는 것이 당연하다. 사회복지의 필수적인 기능이란 사회구성원 간의 상호부조로서 이러한 기능은 다른 사회제도가 수행하는 기능과 구별되며 독립적으로 수행된다. 현대 산업사회의 핵가족제도가 아동의 양육과 노인, 장애인의 보호 및 그들의 사회화를 전적으로 책임질 수 없음을 인정한다. 또한 시장제도의 분배원칙은 기본적으로 사회구성원 개개인의 욕구를 고려하는 것이 아니기 때문에, 시장경제 원리에 의한 일차적 분배의 수정 보완이 필수적이다. 그리고 현대사회의 세속화 현상은 현대 종교제도의 사회통합 기능을 크게 제한하게 되었다. 따라서 시장경제 제도가 생산-분배-소비의 기능을 수행하고, 가족제도가 사회화의 기능을 수행하며, 종교제도가 사회통합 또는 영적 개발의 기능을 수행하는 것과 동등한 차원에서 사회복지제도는 상호부조의 기능을 수행한다고 본다.

제도적 개념의 사회복지는 <그림 I-1-1>에서 보듯, 다른 기존 제도들의 기능적인 실패 위에서 그 제도들과의 기능적 중복 영역과 동시에 독자적인 영역을 가지고 포괄적인 사회제도로서의 위치를 확보하고 있다.

사회복지 개념의 차이는 사회복지 활동에 직접적인 영향을 미치게 된다. 사회복지 개념은 사회복지 활동의 구체적인 범위, 내용, 구성, 동기, 가치와 이념, 주체와 대상, 실천철학과 방법과 관련되어 있으므로 이의 파악이 필요하고, 시간과 장소에 따라 변화하는 사회복지의 가변성, 인접 사회제도와의 역동적 상호성이 보다 체계적으로 설명되어야 한다. 이러한 맥락에서 사회복지의 개념과 관련하여 넓은 의미의 사회복지 개념과 좁은 의미의 사회복지 개념을 구분할 수 있다. 위에서 논의한 제도적 사회복지 개념은 그 대상을 전체 사회구성원으로 보는 반면, 잔여적 사회복지 개념은 사회적 도움을 필요로 하는 사회적 취약계층으로 한정한다. 따라서 제도적 개념의 사회복지는 넓은 의미의 사회복지라 할 수 있고, 잔여적 개념의 사회복지는 좁은 의미의 사회복지다. 또한 사회복지의 실천주체에서도 제도적 사회복지 개념은 국가의 보다 많은 역할을 강조하는 반면, 잔여적 사회복지는 국가의 역할을 강조하지 않는 경향을 지닌다. 따라서 제도적 개념의 사회복지는 국가에 의한 소득보장, 의료, 주택, 사회복지 서비스 등 사회구성원의 삶의 질을 향상시키는 다양한 복지 프로그램을 발전시키게 되는 반면, 잔여적 개념의 사회복지는 일부 사회적 취약계층을 위한 최소한의 국가의 역할을 수행하는 데 그치게 된다.

이상의 논의는 주로 사회복지의 기능에 초점을 맞춘 제도적 속성에 관한 것이었다. 한편 사회복지는 인간의 다양한 욕구충족을 위한 기능적인 포괄성을 사회복지의 본질적인 특성으로 규정하고 있어서, 사회복지의 과학적인 이해를 위해서는 경제제도, 교육제도, 의료제도 등 다양한 인접사회제도와 관련된 사회복지제도의 기능적 포괄성을 구체적으로 분석할 수 있어야 한다.

다음 절에서는 포괄적인 사회복지 개념으로부터 파생되거나 연계된 관련 용어들과 유사개념들을 간략히 정리한다.

3. 사회복지와 관련 개념

1) 사회복지, 사회서비스, 사회사업

사회복지는 위에서 살펴본 바와 같이 사회구성원 개개인이 기존의 사회제도를 통하여 자신의 기본적 욕구를 충족시키는 데 어려움을 겪고 있거나 어려움이 예상될 때, 그 욕구를 충족시킬 수 있도록 도움을 제공하는 조직화된 사회적 활동의 총체로서, 대부분의 산업사회에서 사회복지는 기존의 주요 사회제도들과 함께 또 하나의 사회제도로 이해되고 있다. 사회복지라는 개념이 주로 미국의 기능주의 사회학자들에 의해, 상호부조라는 광범위한 기능과 제5의 사회제도로의 성장에 주안점을 두고 체계화된 개념인 데 비하여, 영국 연방권에서 많이 쓰이는 사회적 서비스(social service)라는 용어는 광범위하고 포괄적이기는 마찬가지이지만, 보다 구체적인 활동내용과 영역을 명시적으로 가리킨다.

Cassidi에 의하면, 사회서비스란 인적 자원의 보존, 보호, 개발을 직접적인 목적으로 하는 조직화된 활동을 말하며, 여기에는 사회부조, 사회보험, 아동복지, 교정, 정신위생, 공중보건, 교육, 오락, 노동보호, 주택이 포함된다. 영국이나 호주에서 교육은 당연히 사회적 서비스로 인식되고 있는 데 반하여, 미국의 사회학자들은 교육을 사회복지에서 제외한다. 이러한 용법에서의 사회서비스는 대면 관계에 기반하여 개인에게 주어진다는 의미의 대인사회서비스(personal social service)와 나머지 소득보장 프로그램이나 주택사업과 같은 제도적 사회서비스로 구분된다. 대인사회 서비스는 서비스 제공자인 전문가가 아동이나 노인, 장애인 등 서비스 대상자와의 대면관계에 기초하여 직접적이고 전문적인 서비스를 제공하는 특성을 갖고 있다.

두 개의 용어를 혼합하여, 사회복지라는 제도를 통해 수행되는 서비스라는 의미로, 사회복지서비스(social welfare service)라는 표현이 사용되기도 한다. 그러나 사회서비스와 사회복지가 반드시 동일한 범위의 활동을 포괄하는 것은 아니며, 우리나라에서는 사회복지라는 제도적 틀 안에서 제공되는 대인 서비스라는 보다 제한된 의미로 사회복지서비스라는 용어가 사용되고 있다.

그리고 우리나라에서도 한동안 사회복지와 혼동하여 사용된 관련 용어가 사회복지실천(사회사업, social work)이다. 사회복지가 상호부조의 기능을 수행하는 사회활동 영역으로서의 사회제도에 붙여진 이름이라면 사회복지실천은 전문화된 직업의 이름 또는 전문직의 실천방법이다. 따라서 이 책에서 사회복지실천이란 "개인적인 만족과 독립을 얻을 수 있도록, 과학적 지식과 인간관계 기술에 근거하여 개인이나 집단에게 도움을 주는 전문적인 방법과 기술"을 말한다. 사회복지와 사회복지실천(사회사업)의 관계는 의료 서비스와 의사, 법률 서비스와 변호사, 학교와 교사의 관계에 비유될 수 있다. 물론 사회복지의 기능적인 포괄성 때문에 사회복지제도의 하위영역에서 필요한 전문직업 인력은 일반 사회복지사뿐 아니라, 의사, 간호사, 변호사, 보육사, 교사, 레크리에이션 전문가, 가족치료사, 임상심리사, 재활치료사, 직업상담가 등 목록에 끝이 없다. 그러나 그 같은 기능적인 포괄성을 본질로 하는 사회복지 제도 전체를 주도할 수 있는 전문인력의 양성이 필요하다. 우리나라에서는 사회사업가라는 용어 대신에 사회복지사라는 용어를 사용하여, 제도적 틀과 전문가의 명칭을 일치시키고 있다. 한국의 사회복지사들은 다른 전문직 인력과 협력하여 사회복지 제도의 합리성과 효율성을 제고할 수 있도록 전문성을 심화시켜야 한다.

2) 사회보장, 복지국가, 복지사회

사회보장(social security)이란 "질병, 실직, 가구주의 사망, 노령, 재해로 인한 소득의 중단으로부터 국가가 책임지고 사회구성원을 보호하여, 인간다운 생활의 유지를 보장해 주는 제도"를 말한다. 사회보장의 개념은 현대 산업사회에서는 아무도 질병, 실직, 사망, 노령, 재해와 같은 불가항력적인 소득중단 사고에 대하여 각자 개인의 힘으로 스스로를 보호할 것을 기대할 수 없다는 인식에 기초하고 있다. 현대 사회의 시민이라면 누구라도 당면하게 될 이러한 위험으로부터 국가는 사회구성원 개개인을 보호하여야 할 의무가 있다는 것이다. 따라서 사회보장은 민간부문의 자발적인 사회복지 활동은 포함하지 않는다. 사회보장의 주요 방법은 사회부조와 사회보험, 그리고 사회복지서비스다. 물론 사회복지서비스 중에서 공공부문만이 사회보장의 범위에 포함된다.

사회보장제도는 복지국가(welfare state)의 주요 정책수단이다. 복지국가는 자국 내에 거주하는 국민들의 삶에 대해 집합적으로 책임지는 국가이다. Schottland(1967: 10)에 의하면 복지국가란 서구의 민주주의 국가로서 국가권력이 경제적 제 세력의 자유로운 활동을 수정하여 소득의 재분배 효과가 나타나도록 의도적으로 행사되는 국가를 말한다. 복지국가는 동시에 법치국가로서, 법률이 제 권리를 보호하며, 제반 급여가 권리로서 부여된다. 이러한 권리를 보장받기 위하여 완전고용, 소득유지, 보건, 주택, 교육 및 이에 관련되는 프로그램이나 서비스의 확보가 강조된다. 누구도 그 이하로 떨어져서는 안 될 인간다운 최저생활수준, 즉 빈곤선을 정하고, 국가는 빈곤을 제거하기 위해 노력하고 국민들이 빈곤상태에 빠지는 경우 그들을 위해 적절한 사회보장을 제공한다. 제2차 세계대전 후 영국 복지국가의 출범에 기여한 Beveridge(1942)에 의하면, 복지국가는 보편적인 사회보험제도와 공공부조의 실시를 통한 포괄적인 소득보장 외에 아동수당제도와 국민보건 서비스, 그리고 완전고용을 제도화하여야 한다.

복지국가가 국민 모두에게 최저한의 인간다운 생활을 보장해야 할 국가의 책임에 초점을 맞춘 개념이라면, 복지사회(welfare society)라는 용어는 국가와 시민사회 간의 새로운 균형을 강조한다. 복지사회는 최저한의 소득의 보장뿐 아니라 사회구성원 개개인의 성장을 극대화하려는 목표가 중시된다. 복지사회의 개념은 최저수준의 소득보장을 근간으로 하는 복지국가의 논리만으로는 충족될 수 없는 "사회의 인간화"를 강조한다. Robson에 의하면, 복지국가는 전체 사회의 복지구현에 대한 책임을 정부가 실천하는 것이고, 복지사회는 일반 사회구성원들이 복지에 대한 권리에 상응하는 의무를 이해하고 받아들이며, 실천하는 것이다.[3] 복지사회를 근간으로 하지 않고는 진정한 복지국가가 있을 수 없고, 복지국

---

3. William Robson, *Welfare State and Welfare Society: Illusion and Reality*, London: George Allen & Unwin, 1976.

가의 구현 없이 복지사회의 달성도 불가능하다는 것이다. 개념으로서의 복지사회는 복지의 실천 주체를 정부로 집중시키는 대신 협동적인 시민 참여를 통하여 정부를 포함하는 전체 사회로 확대시키고, 복지증진을 사회복지를 위한 특별한 기구·기관만의 목표가 아니라 모든 사회제도의 목표로 삼도록 하며, 사회적 서비스의 범위와 질, 적절성에 있어 계속적인 개선에 주력하고 개개인의 창의력 개발과 자기구현을 도모해야 한다는 것이다.

연구문제

1. 사회복지가 현대사회에서 사회제도로서 성립하게 된 배경을 설명하여 보시오.
2. 사회복지 개념의 네 가지 속성을 설명하시오.
3. 사회복지의 제도적 개념과 보충적 개념을 설명하고, 우리나라에서는 사회복지 개념이 어떻게 인식되고 있는가를 논의하여 보시오.
4. 사회복지와 사회사업의 개념을 비교하여 설명하시오.
5. 복지국가와 복지사회의 차이를 설명하여 보시오.

제2장

사회복지의 이념과 가치

제1장 사회복지의 개념에서는 사회복지를 주로 기능주의적으로 접근하여, 사회복지의 기능적인 공통점을 찾고, 기능적인 포괄성과 일반성을 사회복지제도의 특성으로 규정하였다. 사회복지는 기능이 포괄적일 뿐 아니라 내부구성이 역동적이며, 전체 사회변동과 함께 변화하는 가변적인 개념이다. 사회복지가 국가와 시대에 따라 상이한 실체로 존재한다는 것은 초보적인 관찰에 지나지 않는다. 이러한 사회복지의 실체적 다양성을 어떻게 설명할 것인가. 사회복지는 경제체제, 사회체제, 정치체제에 둘러싸인 전체사회의 일부이며 사회복지를 이해하기 위해서는 사회의 본질을 이해하지 않으면 안 된다. 사회전반적인 구조와 변화에 대해서 어떤 견해를 갖는가에 따라 구체적인 사회복지 내용과 구조에 대한 해석이 달라지기 때문이다. 본 장에서는 먼저 사회복지를 설명하는 사회이론으로 질서이론과 갈등이론을 간략히 살펴보고, 제2절에서 사회복지의 정치경제학적 접근의 기초가 되는 사회복지의 이념을 Vic George와 Paul Wilding의 분류에 따라 반집합주의, 소극적 집합주의, 페이비언주의, 마르크스주의, 그리고 최근 복지국가 재편론에 큰 영향을 미치고 있는 페미니즘을 소개한다. 제3절에서 비교 복지체제 연구의 새 장을 연 에스핑 앤더슨의 복지자본주의 체제유형을 소개하고, 제4절에서 사회복지의 일반가치와 전문

직 실천의 가치, 제5절에서 사회복지의 실천윤리를 정리한다.

1. 사회복지와 사회이론

제1장에서 살펴본 바와 같이 사회복지의 개념은 주로 기능주의적 시각에서 이해되어 왔다. 기능주의 이론은 사회를 구성하는 모든 부분은 전체로서의 사회가 잘 움직일 수 있도록 하는 특정한 기능을 가진다고 전제한다.[1] 이들에게 사회변화는 분화를 통한 적응과 향상의 과정이다. 여기서 분화란 다기능적 역할 구조로부터 보다 전문화된 역할구조로의 진화를 의미하며, 구조적 분화과정에 불균형이 생길 때, 그 불균형은 새로운 통합기제의 출현으로 해결되게 되는데, 사회복지가 바로 그러한 새로운 통합기제의 하나라는 것이다.[2] 이것이 Wilensky와 Lebeaux(1965)가 사회복지의 발달을 설명하는 기본적인 이론 틀이다. 다시 말해서, 기술의 변화가 사회구조의 변화를 가져오고, 그러한 변화는 사회문제를 초래하며, 사회문제의 증대는 사회복지에 대한 요구를 키우고, 이에 대한 국가적 반응으로서 사회복지가 발달하게 된다는 것이다. 이 논리에 따르면 사회복지의 발달은 산업화의 자동적이고 필연적인 결과이고 산업사회 공통의 피할 수 없는 현상이 된다. 이와 같은 기술결정론적 기능주의 설명은 사회복지의 발달을 전반적인 사회경제적 변화의 일부로서 설명하려 한다는 장점을 가지지만, 사회복지 발달의 행위적 준거틀(action

---

1. 초기 기능주의 이론에서 사회는 인간의 몸에 비유되고, 사회의 각 하위체계는 신체의 각 기관에 비유되었다. 이러한 유기체적 유추는 기능주의 이론가들 사이에서는 폐기된 지 오래지만, 전체로서의 사회와 사회의 각 부분들 간의 관계에 대한 기능주의 이론의 생각을 잘 보여 주고 있다.
2. 이혜경, 「비교사회복지학이 이론적 모델 연구」, 『사회사업학회지』, 제4호, 1982, pp. 69-86 참조.

frame of reference)이 되지 못하고,[3] 따라서 국가별로 상이한 사회복지의 다양성에 대해서는 적절한 설명을 제시하지 못한다. 20세기 말부터 사회복지의 축소를 선호하는 정부가 집권하게 되는 상황이 속출하게 되면서 사회복지 발달의 설명모형으로서 기능주의는 그 타당성이 심각한 위기에 봉착하게 된다.[4]

한편, 갈등이론은 베버와 마르크스로 대표되는 사회갈등학파와 계급갈등학파 등 갈래가 있고, 갈등의 기원과 기능, 그리고 갈등의 해결방법에 관해서는 상당한 의견 차이가 있지만, 사회는 상호 갈등하는 이해관계를 가진 집단과 계급으로 구성되어 있고, 이들 계급과 집단은 각기 상이한 권력을 가지고 있으며, 따라서 국가에 대한 영향력도 상이하다는 인식이 확실한 공통점이다. 따라서 갈등은 사회이론가들이 사회적 행위에 관한 일반모형을 구축하기 위해서는 반드시 다루어야 하는 현실이고, 이들에게 사회복지의 역사는 갈등의 역사인 동시에 갈등이 해결되고 타협되고 조정되는 역사인 것이다.[5]

J. Rex의 해석에 의하면 사회에서의 집단 간, 계급 간, 정당 간 갈등은 다음 세 가지 방식 중 하나로 해결될 수 있다. 첫째는 지배계급에게 이익이 되도록 하는 방식이고, 둘째는 억압받고 착취되는 계급에 이익이 되도록 하는 방식이며, 셋째는 지배집단이 피억압집단에게 일정한 양보를 함으로써 지배집단의 지위가 수정되는 타협적 방식이다. 세 번째의 타협을 Rex는 휴전적 상황이라고 부르고, 이 휴전적 상황이 바로 복지국가에서의 갈등의 과정의 특징이라는 것이다. 휴전적 상황은 그 자체의 본질상 불안정한 상황이며 항상 재협상의 여지가 있는 것이다.[6] 현대 산업사

---

3. Ramesh Mishra, *Society and Socail Policy,* Macmillan, 1977, p. 92.
4. W. Moore, "Functionalism," Tom Bottomore and Robert Nisbet, eds., *A History of Sociological Analysis*, Heinemann, 1979.
5. Phoebe Hall, Hilary Land, R. Parker, and Adrian Webb, *Change, Choice and Conflict in Social Policy,* Heinemann, 1975, pp. 150-152.
6. John Rex, *Key Problems of Sociological Theory,* Routledge & Kegan Paul, 1961, p. 129.

회에서 대체로 유사한 형태의 사회복지가 제도화된다 하더라도 그 혜택은 모든 집단들에게 평등한 것은 아니다. 갈등은 시장에서만이 아니라 정치적 수준에서 일어난다.

이러한 Rex의 휴전적 시각은 사회복지를 국가와 시장의 관계로 보는 복지국가의 정치경제학적 설명들의 기본적인 시각이기도 하다. 케인스에게 복지국가는 현명하게 관리된 자본주의 국가를 의미했다. 1927년에 출간된 『자유방임의 종언』에서 그는 자본주의 자체는 여러 가지 의미에서 혐오스러운 측면을 가지고 있지만, 그것이 현명하게 관리될 수만 있다면, 이제까지 알려진 어떤 대안보다 경제적 목표를 달성하는 데 효율적일 수 있다고 말했다. 그는 복지국가라는 혼합경제 체제야말로 자본주의 시장경제체제의 붕괴를 피하는 유일한 실행 가능한 수단이며 개인들이 창조적 능력을 발휘할 수 있는 유일한 환경조건이라고 주장했다. I. Gough의 복지국가 정치경제학의 출발점도 "사회정책은 자본주의를 보다 효율적인 것으로, 또는 노동자계급에게 보다 잘 받아들여질 수 있는 것으로, 그리하여 보다 안정적인 것으로 만들려는 자본주의체제의 필요성을 충족시키기 위하여" 실행될 수도 있다는 것이었다.[7]

이 같은 사회복지의 휴전적 · 정치경제학적 본질은 Karl Polanyi(1944)의 탈상품화와 이중운동의 개념으로 이미 포착된 바 있다. 그에 의하면, 시장경제의 결함은 노동(인간), 화폐, 토지를 상품으로 간주하는 허구적인 전제에서 비롯되는 것이고, 그러한 허구를 기초로 한 시장경제는 확대되면 될수록, 그 결함을 보완하려는, 특히 노동의 상품화에 저항하여 "탈상품화"하려는 노력도 그만큼 확대되는 것이라고 주장했다. 그것을 그는 이중운동(double movement)이라고 불렀고, 그것이 시장경제 발전의 역사의 법칙이라고 주장했다. 결국 시장의 상품화와 복지의 탈상품화는 동전의 양면이고, 복지는 현대 자본주의 사회에 내장되어야 할 필수

---

7. Ian Gough, *The Political Economy of the Welfare State*, Macmillan, 1979.

불가결의 요소라는 것이다. Gøsta Esping-Andersen은 Polanyi의 탈상품화 개념을 핵심 분석 개념으로 재조명하여 1990년 복지자본주의 체제유형론을 쓴 것이다. 산업사회의 사회복지 발달의 보편성을 기능주의가 설명해 냈다면, 자본주의경제체제에서의 복지 발달의 필연성과 다양성을 정치경제학적 접근으로 설명해 내기에 이른 것이다.

2. 사회복지의 이념

사회복지는 시장, 가족과 같은 기존의 사회제도들이 해결하지 못한 미충족의 욕구를 해결하고자 하는 것이므로, 사회복지 실천의 성격은 기존의 사회제도들, 가족, 시장, 종교, 국가를 어떻게 평가하는가, 어떻게 바뀌어야 한다고 생각하는가, 왜 바뀌어야 하는가라는 질문들과 무관할 수 없다. 산업화가 수반하는 사회구조의 변동이 사회복지 기능의 확대를 요구하는 것은 사실이지만, 사회복지 활동의 구체적인 모습을 결정하는 것은 현실을 해석하는 사상과 철학, 인간과 사회에 대한 가치와 신념, 권력의 본질과 사회문제를 보는 시각, 국가의 역할에 관한 인식들이라 할 수 있다. 이러한 관점에서 많은 학자들이 사회복지에 관한 이념을 분석하는 작업을 시도해 왔다. 아래에서는 Vic George와 Paul Wilding[8]이 분류한 사회복지 관련 이념체계로서, 반집합주의, 소극적 집합주의, 페이비언 사회주의, 마르크스주의, 그리고, 20세기 말 이후 사회복지 담론에 큰 영향을 미친 페미니즘을 차례로 소개한다.[9]

---

8. Vic George and Paul Wilding, *Ideology and Social Welfare*, London: Routledge & Kegan Paul, 1976.
9. 빅 조지와 폴 윌딩은 사회복지 관련 이념에 관한 두 권의 책을 냈다. 하나는 1976년에 출판된 *Ideology and Social Welfare*이고 다른 하나는 18년 후인 1994년에 출판된 *Welfare and Ideology* (Harvester Wheatsheaf, 1994)이다. 전자에서는 반집합주의, 소극적 집합주의, 페이비언 사회주의, 마르크스주의의 4개 그룹으로 분류하였고,

1) 반집합주의

반집합주의자들의 기본적인 가치는 자유, 개인주의, 불평등이다. 반집합주의자들이 말하는 자유는 기본적으로 타인으로부터 간섭 또는 강제받지 않는 것으로서의 자유(freedom from; 소극적 자유)를 의미한다. 이러한 소극적 자유개념은 개인주의와 불평등을 바람직한 것으로 간주하는 주장으로 이어진다. 이들이 말하는 개인주의는 사회란 개인의 자발적 협동과 경쟁에 기초하여 형성되어야 하며 국가의 역할은 최소수준에 머물러야 한다는 것을 의미한다. 개인의 자발적 협동과 경쟁에 기초하여 형성된 사회는 기본적으로 자유시장이 지배하는 사회이며, 시장은 강제를 행사할 수 있는 존재가 아니기 때문에, 시장에서 발생하는 빈곤이나 불평등은 자연스럽고 바람직한 것이다. 이들은 사회정의라는 명분을 내세워 불평등을 완화하려는 시도가 오히려 개인의 자유를 침해하는 부당한 시도라고 주장한다.

따라서 반집합주의자들은 사회적 최저수준을 보장하기 위한 정부의 역할까지 부정하지는 않지만, 그 수준 이상을 보장하려는 시도에 대해서는 격렬한 반대 입장을 취한다. 이들은 사회가 기본적으로 자발적인 질서를 기초로 구성되어야 하며 정부의 역할은 이 자발적 질서의 작동을 위한 규칙을 만들고 이를 실행하는 규칙 제정자로서의 역할과, 시장의 작동이 불완전한 경우 이를 보완하기 위한 공동자원의 관리자로서의 역할, 그리고 스스로의 힘으로는 삶을 영위할 수 없는 사람들을 보호하는 가부장적 역할로만 제한되어야 한다고 주장한다.

이러한 사고의 연장선상에서 반집합주의자들은 최소수준 이상의 보장

후자에서는 뉴라이트, 중도, 사회민주주의, 마르크스주의, 페미니즘, 녹색주의의 6개 그룹으로 분류하였다. 본 절에서는 전통적인 좌파와 우파의 연속선상에 위치한 고전적인 정치 이데올로기의 4개를 이해하고, 그 연속선상에는 쉽게 위치하지 않지만 복지국가 논쟁에 중요한 역할을 하고 있는 페미니즘은 따로 소개하기로 한다.

으로 나아간 복지국가를 다음 네 가지 논리로 비판한다.

첫째, 복지국가는 최소수준 이상의 보장을 위해 조세를 징수함으로써 결국 사람들이 개인적인 용도로 사용할 수 있는 자원을 감소시키고, 서비스 공급을 정부가 독점하여 선택의 폭을 줄임으로써 자유를 위협한다는 것이다.

둘째, 최소수준 이상의 보장을 지향하게 되면, 정부가 각종 이익집단의 표적이 되어 정부는 이익집단들로부터의 정치적 지지 확보를 위해 이들의 요구를 들어 줄 수밖에 없고 결국 정부는 공정한 규칙 제정자로서의 역할을 상실하게 된다. 뿐만 아니라, 복지국가는 자원의 사용과 배분을 정치화함으로써 자원사용과 배분을 둘러싼 정치적·사회적 갈등을 강화하여 결국 전반적인 경제체계와 사회체계를 불안정하게 만든다.

셋째, 어떤 복지급여가 필요한가를 수혜자들이 결정하는 것이 아니라 수혜자 이외의 사람들 — 관료, 전문가, 정치가 등 — 이 결정하기 때문에, 복지급여는 사실상 수혜자들의 욕구를 제대로 반영하지 못한다. 복지급여는 욕구를 제대로 반영하지 못하기 때문에 당연히 욕구충족 면에서 비효율적이며, 또 복지급여는 경쟁을 결여하고 있기 때문에 혁신의 부족을 초래하게 된다. 이에 더하여 복지지출은 타인의 돈을 자신에게 지출토록 하는 것이든지 아니면 타인의 돈을 제3자에게 지출토록 하는 것의 둘 중 하나에 속하는 것이고 이런 식의 지출에서는 경제성의 관심이 기본적으로 부족할 수밖에 없다. 따라서 복지지출은 본질적으로 비효율적이라는 것이다.

넷째, 최소 수준 이상의 보장을 추구하는 복지국가에서는 국가 서비스가 과도하게 강조됨으로써 복지를 증진할 수 있는 다른 원천들, 즉 가족, 민간부문, 시장의 발달을 저해하고, 사람들의 의존성과 도덕적 타락, 무책임성을 조장하였다고 주장한다.

반집합주의자들은 Wilensky와 Lebeaux(1965)가 제시한 잔여적 개념의 사회복지만을 허용한다. 반집합주의의 대표적인 학자로는 Hayek, Friedman을 꼽는다.

2) 소극적 집합주의

반집합주의자들의 복지국가에 대한 태도가 철학적이고 이념적이며 원칙적이라면, 소극적 집합주의자들이 복지국가에 대해 갖는 태도는 기본적으로 실용주의적이다. 이들 역시 반집합주의자들과 마찬가지로 자유와 개인주의를 가장 바람직한 것으로 생각하며, 불평등도 인정한다. 기본적인 가치의 면에서 소극적 집합주의는 반집합주의와 큰 차이를 보이지 않는다. 하지만 소극적 집합주의자들은 불평등을 바람직한 것으로 인정하지만, 실용주의적 경향과 인도주의적 경향으로 인해, 지나친 불평등은 수정되어야 한다고 주장한다. 그 근거로 이들은 경제성장이 저축이 아니라 소비에 달려 있는 것이라면 지나친 불평등은 경제성장에 도움이 되기는커녕 오히려 방해가 된다는 실용주의적 주장을 전개한다. 같은 맥락에서, 이들은 불평등의 극단적인 한 표현인 빈곤은 제거되어야 하고 또 제거될 수 있다고 생각한다. 또한, 소극적 집합주의자들은 실업의 가장 큰 해악은 그로 인한 물질적 손실이 아니라 실업이 가져다주는 인간의 자존심 파괴와 고통이라는 인도주의적 주장을 펼친다. 이들은 복지에 대한 국가의 역할을 인정하기는 하지만, 이들이 복지국가를 인정하는 근거는 이데올로기적이라기보다는 실용주의적인 것이다. 이들은 복지국가를 사회와 경제의 변화를 위한 수단이나 훌륭한 삶을 증진시키기 위한 수단으로 생각해서 지지한다기보다는 시장경제에서 나타나는 회피 가능한 해악들을 제거하기 위해 시장실패를 보충하는 수단으로 생각하기 때문에 복지국가를 인정한다. 그들은 시장이 기본적 욕구를 충족시키지 못하기 때문에, 과거 가족이 충족시켰던 욕구를 오늘날의 가족이 충족시키지 못하기 때문에, 그리고 경제성장이 그 자체로는 빈곤을 제거하지 못하기 때문에 복지국가가 필요하다고 주장한다.

Beveridge가 사회공동의 적으로 결핍, 질병, 무지, 불결, 나태의 다섯 가지 해악을 제시한 것은 바로 이러한 맥락이며, 따라서 복지에 있어서 국가의 역할은 사회체계의 전체적인 변화를 지향하는 진보적인 것이라기보다는 당면문제의 해결에 치우치는 문제해결 지향적인 것으로 상정된다. 역시 같은 맥락에서 소극적 집합주의자들은, 국민최저한(national minimum)의 보장을 강조하며, 회피 가능한 해악을 회피하기 위해서 이 해악들 모두를 다루는 종합적이고 포괄적인 대책을 주장한다. 이들이 종합적·포괄적 대책을 주장하는 것은 문제해결에 종합적으로 접근해야 함을 의미하며, 국민최저한의 보장을 강조한 것은 문제해결을 위한 국가의 개입수준을 일정수준으로 제한하려는 것이다. 즉, 국민최저한까지는 경쟁을 허용하지 않지만, 그 이상에서는 경쟁을 허용한다는 것이다. 따라서 이들은 복지국가의 가장 중요한 기능을 불평등의 완화가 아니라 빈곤의 제거라고 생각한다. 소극적 집합주의자들은 실용주의적 입장에서 복지지출의 일부는 전체 사회를 위한 투자라고 주장한다.

소극적 집합주의자들은 기본적으로 자유주의자들이고 자본주의를 옹호하는 세력들이지만, 실용주의적인 태도와 인도주의적 태도로 인해 국민최저한을 보장하고 문제해결 지향적인 복지국가를 인정하는 태도를 취하게 되는 것이다. George와 Wilding이 꼽는 대표적인 학자는 Beveridge, Keynes, Galbraith 등이다.

3) 페이비언주의

영국식 사회주의라고도 하는 페이비언주의(Fabianism)의 기본적 가치는 평등, 자유, 우애(연대)다. 반집합주의자들은 불평등이 자연스러운 것이라고 주장하지만, 페이비언주의자들은 불평등이 자연적 정의에 어긋난다고 주장한다. 그들은 사회통합의 증진과 경제적 효율성의 증진, 그리고 개인의 자아실현을 위해서 평등이 실현되어야 한다고 주장한다.

페이비언주의자들의 평등에 관련된 주장은 반집합주의자들의 그것과 정반대인 셈이다. 반집합주의자들은 강제를 받지 않는 상태를 자유로 간주하지만, 페이비언주의자들은 각 개인이 자신의 삶을 스스로 통제하고 자신의 목표를 이룰 수 있는 상태를 자유로 간주한다. 결국 페이비언주의자들은 자유를 적극적 의미로 정의하고 있으며, 이러한 자유를 성취하기 위해서는 경제적 평등이 필수적으로 선행되어야 한다. 페이비언주의자들에게 자유는 정치적인 자유만을 의미하는 것이 아니라 경제적 자유까지 의미하는 것이다. 따라서 이들에게 평등과 자유는 거의 동일한 우선순위를 가진 가치다. 자유와 평등에 대한 이러한 개념화는 민주적 참여를 중시하는 입장으로 연결된다. 개인이 자신의 삶을 스스로 통제할 수 있기 위해서는 직장에서 근로자들의 발언권이 보장될 수 있어야 하고 근로조건의 결정에 근로자들이 참여할 수 있어야 한다. 참여를 통해서 근로자들은 보다 평등한 권리를 누릴 수 있고 그것이 곧 자유의 신장을 의미한다.

페이비언주의자들이 말하는 우애는 시장적 경쟁보다는 협동, 개인의 사적 이익보다는 공동체의 이익, 이기주의보다는 이타주의를 강조하는 것을 의미한다. 이들은 시장 자본주의가 개인의 능력을 동료인 간의 이익을 위해서가 아니라 자기 자신만의 이익을 위해 사용하도록 유도한다고 비판한다. 자본주의에서 개인이 이기적인 존재가 되는 것은 개인적 성향의 문제가 아니라 체제 자체의 문제인 것이다. 이와 같은 우애의 가치는 인본주의적인 입장으로 연결된다. 인본주의적 가치는 사회구성원들로 하여금 자신의 잠재력을 실현할 수 있는 여건을 조성하고, 상대적으로 박탈당한 사람들의 복지에 보다 높은 우선순위를 부여함을 의미한다.

페이비언주의자들은 복지국가를 옹호한다. 이들은 자본주의 내에서의 복지국가의 역할을 소극적 집합주의자들에 비해 훨씬 적극적으로 수용한다. 이들은 복지국가를 통해 자원을 재분배하고, 사회통합을 증진시키며, 경기변동으로 나타나는 비복지의 공평한 분담을 추구하고, 이타주의를 증진시킬 수 있다고 생각한다. 페이비언주의자들도 소극적 집합주의자들처럼 빈곤의 제거가 복지국가의 중요한 목표라는 점에 동의하지만, 그들은 거기서 그치지 않고 빈곤의 제거를 위해서는 불평등의 감소가 반드시 선행되어야 한다고 주장한다.

페이비언주의자들은 소극적 집합주의자들이나 마르크스주의자들과 달리, 복지국가를 사회주의로 가는 한 수단으로 생각한다. 이들은 보편주의적인 공적 급여를 지지하고, 국유화와 공공 계획을 주장한다. 이들은 '적극적 집합주의자'들인 셈이다. 복지국가를 사회주의 건설의 한 수단으로 간주하는 입장이 최근에 와서는 상당히 약화되었지만, 이들은 여전히 복지국가를 불안정한 타협의 산물로 보고 사회주의를 향한 잠재적 도약판으로 간주하는 경향이 있다. 그러나 페이비언주의자들은 사회주의로 가는 중간단계로서의 복지국가가 현실적으로 한계를 가지고 있다는 점도 인식하고 있다. 복지국가는 정의와 예방보다는 '치료'에 치우치는 경향이 있으며, 결과의 평등이나 불평등 감소를 추구하는 것보다는 기회평등의 추구와 빈곤제거를 추구하는 쪽으로 기울고, 복지국가의 행정구조가 관료적이고 권위적인 성격을 띠게 된다는 것이다. 이러한 인식하에 페이비언주의자들은 참여를 증진시키고, 복지국가의 관료적인 측면을 제거하는 데 관심을 가지게 되었다.

1970년대 중반 이후 복지국가에 대한 비판이 고조되고 거세지면서 페이비언주의자들은 복지국가의 약점을 참여의 배제나 사회서비스의 관료적 측면 등 그 원인을 기술적 · 행정적 측면에 돌리는 경향이 강하였다. 하지만, 보다 최근에 와서 페이비언주의자들 사이에서는 복지국가를 통해 사회주의로 가는 것이 생각보다 훨씬 어렵다는 인식과 복지국가가 반드시 사회주의로 가는 단계가 아닐 수 있다는 인식이 생겨나기 시작하였다. 오늘날 페이비언주의자들은 복지국가가 사회주의로 갈 것인지, 아니면 잔여적 복지국가로 퇴보할 것인지는 제반 정치경제세력들 간의 힘의 관계에 달려 있다는 점을 보다 공식적으로 인정하고 있다. George와

Wilding이 꼽는 페이비언주의의 대표적인 학자는 Titmuss, Crosland, Tawney, Marshall 등이다.

4) 마르크스주의

마르크스주의자들 역시 평등과 자유를 강조하며, 자유를 적극적 의미로 해석하고 이러한 적극적 자유를 성취하기 위해서는 경제적 평등이 필수적이라고 주장한다. 하지만, 마르크스주의자들은 페이비언주의자들과 달리 적극적 자유와 평등이 복지국가를 통해 어느 정도나 실현될 수 있는가에 대해서는 상당히 회의적이다. 이들은 사회주의 사회가 되어야만 이러한 가치가 완전히 실현될 수 있다고 생각하는 것이다.

마르크스주의자들의 복지에 대한 태도는 자본주의에 대한 전면적 거부라는 태도에 그 기초를 두고 있다. 하지만, 현실적으로 사회복지제도가 가져야 하는 성격에 대한 입장은 페이비언주의자들과 크게 다르지 않다. 마르크스주의자들은 '사회주의적' 사회복지는 욕구충족에 중점을 두고, 보편적으로 적용되어야 하며, 전문가에 의한 것이 아니라 참여를 기초로 해야 하고, 예방중심적 원리로 운영되어야 한다는 입장을 가지고 있다. 그러나 마르크스주의자들은 현실의 복지국가가 자본주의를 변형시켜 사회주의로 갈 수 있다고는 생각하지 않는다는 점에서 페이비언주의자들과 차이를 보인다. 이들은 복지국가가 다양한 요인들의 상호작용에 의해 발달된 것이라고 본다. 복지국가 발달에 관한 이들의 설명은 대체로 세 가지 범주로 구분된다. 첫째는 계급갈등에 의해 설명하는 것으로, 이에 따르면 복지국가는 노동자계급의 정치경제적 힘이 자본가계급에 비해 상대적으로 증가하면서 쟁취한 것이다. 둘째는 복지국가는 기존질서에 대한 도전을 사전에 방지하기 위해 자본가계급이 전략적으로 양보함으로써(자본가계급의 마키아벨리즘) 발달하였다는 설명이다. 실제로 이 두 설명은 같은 내용의 서로 다른 측면을 이야기하는 것이다. 다만, 계급갈등에 의한 설명에서는 복지국가가 노동자계급에게 이익이 되는 것으로 간주되지만, 자본가계급의 전술적 양보로 설명하는 경우에는 복지국가가 누구에게 이익을 주는지가 분명치 않게 된다. 셋째는 자본주의 체제에 의한 설명으로 이에 따르면 복지국가는 자본주의 체제 자체의 유지에 도움이 되기 때문에 발달하였다는 것이다. 이러한 설명을 취하면, 복지국가는 반집합주의자들이 말하는 것처럼 자본주의의 안정을 반드시 해치는 것이 아니라 자본주의를 오히려 강화하는 것일 수 있으며, 또한 페이비언주의자들의 생각과 달리 복지국가는 사회주의로 가는 중간단계가 아닌 것이다. 따라서 마르크스주의자들은 자본주의에서의 복지국가의 역할은 매우 복잡하며 때로는 모순된다고 본다. 이러한 생각을 잘 표현한 것으로는 O'Connor(1973)의 분석을 들 수 있다. O'Connor는 자본주의 국가는 축적 기능과 정당화 기능을 동시에 수행해야 하며 정부의 공공지출은 이 두 기능을 수행하기 위한 것인데, 문제는 축적 기능과 정당화 기능이 반드시 조화로운 것이 아니라 상호 모순되기도 한다고 주장한다.[10] 자본주의에서 축적 기능과 정당화 기능을 위한 공공지출의 필요성은 증가하지만, 이 공공지출에 재원이 될 조세는 기본적으로 이윤으로부터 징수되어야 하고 이윤은 사적으로 전유되기 때문에 조세를 확보하기가 점차 어려워진다는 것이다. 이 때문에 자본주의 국가는 재정위기에 처하게 된다. 결국, 마르크스주의자들은 복지와 사회개혁적 조치가 노동자계급에 이익이 될 수 있다는 사실을 전적으로 부정하지는 않지만 복지의 진정한 수혜자가 노동자계급일 수 있는가에 대해서는 회의적인 시각을 가지고 있는 등 양면적인 태도를 취하고 있는 셈이다. 마르크스주의의 대표적인 학자로는 Laski, Milband, O'Connor 등이 있다.

이상에서 살펴본 George와 Wilding이 분류한 네 개의 이념을 제1장에서 검토한 사회복지의 잔여적 개념 및 제도적 개념과 관련하여 정리한 것이

10. James S. O'Connor, *The Fiscal Crisis of the State*, New York: St. Martin's, 1973.

〈표 I-2-1〉 Vic George/Paul Wilding의 복지이념과 Wilensky/Lebeaux의 복지모형

복지이념	기본적 가치	시장자본주의에 대한 태도	사회복지에 대한 태도	복지 모형
반집합주의	자유, 개인주의(하이에크, 프리드만)	자유는 간섭으로부터의 자유, 기회균등 찬성, 시장은 자유를 보장하는 기제, 불평등은 필연적이고 바람직함.	자립불가능 계층에게 최소한의 급여	잔여적 ↑
소극적 집합주의	자유, 개인주의(베버리지, 케인스)	시장자본주의는 적절한 규제와 통제 필요함. 지나친 불평등은 수정되어야 함.	지나친 불평등의 수정	
페이비언주의	자유, 평등, 우애(티트머스, 토니, 마샬)	자유는 경제적 자원과 사회적 지위보장을 전제함. 복지국가는 사회주의로 가는 길. 경제적 평등 옹호.	문화적이고 인간다운 생존권 보장	↓ 제도적
마르크스주의	자유, 평등, 우애(정통 마르크시스트, 오코너)	복지제도는 사회주의 달성의 수단이 아님. 복지제도는 기본적으로 자본주의를 강화함.	자본주의 틀 안에서는 복지가 이루어질 수 없음.	

<표 I-2-1>이다. 각각의 이념체계는 새로이 형성되는 사회복지제도가 시장이나 가족, 국가나 종교의 실패에 어떻게 접근할 것인가에 대하여 상이한 방향을 제시하게 된다. 그러나 이념체계란 동일한 시대, 동일한 사회 내에서도 개인별로, 집단별로 매우 상이한 선택이 이루어지게 마련이며, 이념체계 역시 전체 사회변동의 영향을 받는다. 누구의 이념이, 혹은 어느 집단의 이념이 사회를 지배하는가는 별개의 질문이다.

5) 페미니즘

페미니즘은 여성의 정치적 · 경제적 · 사회적 평등권을 실현하고자 하는 운동과 이념을 총체적으로 가리키는 말이다. 페미니즘은 전통적인 좌파와 우파의 정치 이념적 연속선상에 위치하는 이념이라기보다 모든 남성 중심적 사고체계와 이념에 대항하는 대안적 사회운동의 성격이 강하

다.[11] 오늘날 페미니스트 이론가들은 현대 사회과학의 모든 기존의 인식과 이론들이 페미니스트 시각으로 재구성되어야 한다고 주장한다. 모든 사회관계에 젠더가 배태되어 있다고 보기 때문이다. 모든 사회현상 분석에서 젠더가 일반적인 기초변수로 받아들여져야 할 뿐 아니라 보다 평등한 사회를 위해서는 인간 활동의 모든 영역을 젠더의 시각으로 재규정하고 변화시켜야 한다는 것이다.[12] 아직도 주류 경제학, 주류 사회학, 주류 정치학에서 젠더의 이론적 함의는 주변적이다. 그러나 지난 30년 동안의 복지국가 연구에서 가장 큰 공헌을 한 것은 페미니스트 연구자들이었다. 현재 페미니즘의 다양한 갈래들은 여성운동의 역사와 긴밀한 관계를 가지고 발전한 것이다. 페미니즘은 보통 자유주의, 마르크스주의, 급진주의, 사회주의 페미니즘으로 구분하는데, 그것은 역사적 순서이기도 하고, 여성문제의 성격을 보는 견해의 구분이기도 하다. 페미니즘의 갈래를 간략히 살펴보고 페미니스트들의 복지국가 연구에의 기여가 어떤 것인지 살펴본다.

(1) 자유주의 페미니즘

역사적으로 여성들의 평등권을 위한 집단적 움직임이 시작된 것은 근대사회로 접어들면서부터였다. 18세기 서구에서 시작된 중세 신분사회로부터 근대사회로의 본격적인 전환은 자유 평등 사상을 불러일으켰으며, 자유주의는 인간의 본성이 이성에 있고 만인은 이성적 존재로서 동등하다고 여긴다. 이 같은 믿음은 종래의 신권이라든가 봉건적 신분질서를 무너뜨리는 데 결정적인 역할을 하였다. 여성들 역시 이 같은 자유주의 사상에 힘입어 남성들이 누려 온 특권에 저항하고 남성과 같은 동등한 인간으로서 권리를 주장하였다. 프랑스 인권 선언(1789)이 인간은 누

11. Vic George and Paul Wilding, *Welfare and Ideology*, Havester Wheatsheaf. 1994.
12. M. Mayo and A. Weir, "The Future of the Feminist Social Policy," *Social Policy Review* 5, 1993.

구나 평등하게 태어났다고 했지만, 거기서 인간은 남성을 지칭하는 것이었다. 로크나 루소 같은 대표적인 사상가들도 여성은 이성적이기보다 감성적인 존재이며 이성적으로 우월한 남성의 통제를 받아야 한다고 믿었다. 자유주의 페미니즘은 여성 역시 이성적 존재임을 강조하는 것이 특징이다. 여성에게 똑같은 교육과 기회만 주어진다면 이성적 존재로서 잠재력은 얼마든지 구현할 수 있다는 것이다. 이들은 사회구조 자체보다는 관습과 제도의 개선에 초점을 맞추며, 기성사회의 틀 안에서 여성의 지위를 높이는데 일차적인 관심을 두었다. 바로 이런 점에서 이들의 입장은 페미니즘이라기보다 여권론에 가깝다. 실제로 자유주의 여성운동은 주로 교육운동이나 참정권운동에서 큰 힘을 발휘해 왔다.

(2) 마르크스주의 페미니즘

한편 산업혁명 이후 노동계급의 급성장과 함께 사회변혁운동이 활성화 되면서 여성운동에도 마르크스주의를 비롯한 사회주의 운동과 맥을 같이 하는 흐름이 생겨난다. 이들은 자유주의 여성운동과는 달리 남녀 차별만이 아니라 경제적 억압을 포함한 여성들의 상황 전반에 관심을 기울이고 사회구조의 근본적인 변화를 추구하였다. 마르크스주의 페미니즘은 계급모순이 기본적이라는 마르크스주의의 전제를 인정하면서 여성 억압을 낳는 궁극적인 요인은 사적 소유제라고 보는 관점이다. 자본주의 하에서 여성은 가사노동 담당자로 규정되지만 실제로는 많은 경우 생산노동에 참여한다. 여성의 이 같은 가사노동과 생산노동이라는 이중적 역할은 자본주의가 유지되는 데 중요한 기능을 한다. 가사노동은 가족의 생산활동에 기여하지만 무급이어서 그만큼 자본은 노동력을 싸게 사는 것이다. 생산노동에서 일어나는 여성노동자 차별도 우연한 것이 아니다. 자본은 여성을 언제든지 필요에 따라 활용하고 버릴 수 있는 저임금 산업예비군으로 활용함으로써 전체 노동력의 가치를 낮추고 노동자 집단 전체를 통제한다. 이 같은 억압에 대한 해결책은 우선 여성들이 가사노동에서 해방되어야 하고, 생산노동에서는 노동현장에서 남녀평등이 중요하다. 더 크게는 모든 문제의 근원인 사적소유와 계급제도를 철폐해야 한다. 여성운동은 자본주의에 대한 변혁운동을 겸할 수밖에 없다는 것이 마르크스주의 페미니즘의 기본입장이다.

(3) 급진주의 페미니즘

1960년대 말 미국과 유럽에서 일어난 학생운동을 비롯한 사회운동을 계기로 여성운동이 급성장한다. 참정권 운동 이후 다시 활성화되었다 하여 이를 흔히 여성운동의 "제2의 물결"이라고 부른다. 다양한 여성운동과 이론들 사이에서 급진주의라는 새로운 조류가 생겨난다. 여기서 급진주의란 첫째 자유주의 여권론이 제도의 개선을 강조하는 것과 달리 체제 전체를 문제 삼는다는 뜻이고, 둘째, 마르크스주의 페미니즘이 계급억압을 강조하는 것과 달리 여성억압의 생물학적·문화적·성애적 근원성을 중시한다는 의미다. 이들은 여성억압이 모든 억압 가운데 가장 오래되고, 가장 광범위하게 퍼져 있으며, 가장 뿌리 깊은 것이며, 여성의 종속으로부터 이득을 보는 것은 자본이 아니라 남성이라고 주장한다. 급진주의 페미니즘에도 갈래가 있어서 생물학주의자[13]들은 남성과 여성, 자녀로 구성되는 생물학적 가족자체가 여성억압의 핵심이라고 보고, 생물학적 가족의 철폐를 주장하는가 하면, 심리적·문화적 차원에서 여성의 종속을 재생산하는 기제에 관심을 갖는 문화주의자들은[14] 남녀 사이의 지배 피지배의 권력관계를 가부장제라 부름으로써 이 용어를 대중화시켰다. 또한 이들은 성애의 문제를 중시하여 개인적인 것은 정치적인 것이다라는 슬로건이 말해 주듯 가려져 있던 각종 사적인 문제들을 공론화해 왔다. 특히 이성애 중심적 사고를 비판하고 여성들 사이의 자매애를 강조

---

13. Shulamith Firestone, *The Dialectic of Sex: The Case for Feminist Revolution*, the Women's Press, 1979.
14. Kate Millett, *Sexual Politics*, Virago, 1971.

하는 것이 이들의 공통적인 특징이다.

(4) 사회주의 페미니즘

사회주의 페미니즘도 1960년대 후반 이래 새로 등장한 페미니즘이다. 이 흐름은 계급억압에 초점을 맞추면서도 여성억압의 핵심인 가족과 성등을 이해하는 데 역점을 둠으로써 급진주의의 가부장제론과 마르크스주의의 역사적 · 유물론적 통찰을 결합시킨다. 마르크스주의 페미니즘이 성별분업을 문제삼되, 생산 소유관계가 문제의 핵심이라고 보는 데 반하여 사회주의 페미니즘은 성별분업이 가부장제를 낳고 유지하는 주요기제라고 주장한다. 현재의 여성문제는 자본주의와 가부장제의 결합을 통해 빚어진다는 것이 사회주의 페미니즘의 문제의식이다. 그러나 가부장제와 자본주의가 구체적으로 어떻게 결합하여 여성을 억압하는지에 대해서는 견해가 나뉜다. 하나는 자본주의와 가부장제를 서로 다른 이해관계에 기초한 별개의 사회관계로 파악하는 이중체제론이고,[15] 다른 하나는 이중 체제론에 대한 비판으로 제기된 입장으로 자본주의와 가부장제가 별개가 아니라 함께 하나의 체계를 구성한다고 보는 통합체제론이다.[16] 그 밖에 여성억압이 자본주의적 남성지배 형태에서 비롯된다는 점을 밝히는 연구,[17] 가부장제의 기초를 단일한 물적 기초에서 찾는 시도 자체를 비판하여 가부장제란 다양한 기초와 구조들에 바탕한 것이라는 다원론을 주장함으로써 페미니스트 분석의 지평을 넓혔다. 이들은 사회주의 변혁이 여성해방에 도움은 되겠으나 여성해방 자체는 아니며, 여성해방은 가부장제와 성별노동 분업의 철폐, 나아가 성별자체의 철폐를 지

---

15. 대표적인 학자로는 Heidi Harmann: Heidi Hartmann, "The Unhappy Marriage of Marxism and Feminism" in Lydia Sargent, ed., *Women and Revolution*, London: Pluto Press, 1981.
16. 대표적인 학자는 Zillah Eisenstein: Zillah Eisenstein, *Capitalist Patriarchy and the Case for Socialist Feminism*, New York: Monthly Review Press, 1979.
17. AllisonJaeger, *Feminist Politics and Human Nature*, Harvester Press, 1983.

향하는 별개의 혁명을 통해 수행되어야 한다고 주장한다.

(5) 페미니스트 복지국가 비판

초기 사회주의 페미니스트들은 베버리지 보고서의 성분업적 가족관을 분석하고 복지국가는 여성의 무급 가사노동을 전제하는 자본주의 국가라고 비판하였다. 그러나 여성노동이 일상화되고 2인 소득자 가구가 증가함에 따라, 여성의 일과 가정의 양립문제가 실질적인 사회문제로 대두되게 되고, 남성부양자 가족 모델을 전제로 했던 전통적인 복지국가 모델이 시대적 변화를 수용하지 못한다는 비판을 주도하게 되면서, 페미니스트들의 복지국가 분석은 복지국가의 재편 담론에 실질적으로 중요한 축이 되게 되었다.[18] 특히 에스핑 앤더슨의 복지자본주의 체제유형론이 출판되자 그 성맹성을 맹렬히 공격함으로써 복지국가 연구의 새로운 젠더중심 패러다임으로의 전환의 계기를 마련하였다. 다시 말해서 사회정책 분석의 중심 쟁점이던 계급 혹은 계층 불평등에 더하여 불평등의 핵심적 차원으로서 젠더를 추가하게 된 것이다. 여성의 총체적인 사회적 위치에 대한 이해없이 복지국가의 성격은 물론 복지조직이나 정책의 기본원칙, 구조, 효과를 이해할 수 없게 된 것이다. 페미니스트들의 복지국가 분석은 현대복지국가의 등장을 사적인 가부장주의로부터 공적인 가부장주의로의 전환이라고 해석하기도 하고(젠더위계의 사회적 재생산론) 빈곤의 여성화를 검증하여 복지국가의 젠더불평등 경감론을 비판하는가 하면, 모성주의의 새로운 조명, 가족체제유형 개발과 가족정책의 국가간 비교연구에 이르기까지, 세계화와 탈산업화 시대의 새로운 복지국가 패러다임의 개발에 중대한 기여를 하고 있다. 뿐만 아니라 복지국가의 젠더 분석은 정치경제학의 젠더적 재구성을 요구하기에 이르고 있다. 이제 복지국가는 "민주적-복지-자본주의"체제가 아니라 "민주적-성평

---

18. Mary Daly, *The Gender Division of Welfare*, Cambridge University Press, 2000.

등적-복지-자본주의"로 재정의되고, 복지국가 분석에 미시수준의 가족행태와 사적이 영역으로 간주되던 재생산 부문을 포괄함으로써 정치경제학의 기본 프레임을 재구성하게 한 것이다.[19]

3. 사회복지체제의 유형

사회복지의 개념이 개인이나 집단에 따라 잔여적일 수도 있고 제도적일 수도 있는 것처럼, 사회복지 이념체계 역시 개인과 집단에 따라 상이할 수 있고 시대에 따라 변화할 수 있다. 그러나 보다 더 거시적인 비교역사적 관점에서 보면, 국가마다 지배적인 복지 이념체계의 상당한 지속성과 일관성이 발견된다. 그것이 사회복지체제 유형 연구들의 출발점이다. 여기서는 대표적인 사회복지체제 유형론의 하나인 Esping-Anderson의 복지자본주의 체제유형론[20]을 소개한다.

Esping-Anderson에게 있어서 복지제도는 전통적인 사회개량의 영역(소득이전, 사회서비스)을 훨씬 넘어서서, 시장경제체제를 전반적으로 관리하고 조직하는 정치경제체제를 의미한다. 다시 말해서 현대사회에서 시민의 충족되지 못한 욕구를 충족시켜 주는 사회복지제도는 노동의 탈상품화, 사회계층화, 고용 및 임금의 문제와 전반적인 거시경제적 조정의 기제이며, 사회복지체제는 국가와 자본주의와 복지의 복합개념이 된다. 이 같은 재개념화를 전제로 그는 자유주의, 보수주의, 사회민주주의 복지체제 유형을 분류하여 유형화하고 있다. 그가 말하는 세 개의 복지체제는 아래와 같이 요약될 수 있다.

---

19. Gøsta Esping-Anderson, *The Incomplete Revolution: Adapting to Women's New Roles*, Polity Press, 2009.
20. Gøsta Esping-Anderson, *The Three Worlds of Welfare Capitalism*, Polity Press, 1990.

자유주의적 복지체제의 국가에서는 자산조사에 의한 사회부조와 낮은 수준의 급여를 가진 보편주의적 이전급여, 낮은 수준의 사회보험급여가 지배적이다. 급여는 주로 노동자계급이 대부분인 국가 의존적인 저소득층이다. 자유주의 체제에서는 사회개혁이 자유주의적인 근로윤리 규범에 의해 심각하게 제한된다. 급여에 대한 권리는 매우 엄격하게 규정되고, 낙인이 부착되며, 급여수준이 낮다. 국가는 최저수준만 복지로 보장함으로써 소극적으로, 그리고 민간복지계획에 대해 보조금을 지급함으로써 적극적으로 시장을 강화시킨다. 자유주의 모형에서는 탈상품화 효과를 극소화시키고, 사회권의 영역을 억제하며, 국가복지 수혜자들의 상대적 빈곤 속의 평등과 나머지 대다수 사람들의 시장차별적인 복지, 이들 두 집단 간의 계급정치적 이원화를 혼합한 계층질서를 만들어 낸다.

보수주의 체제 모형에서는 시장효율성과 상품화에 대한 자유주의적인 집착이 강하지 않고, 따라서 사회권의 인정도 심각한 논쟁을 불러일으키는 쟁점이 되지 못한다. 이들 나라에서는 차별적 지위의 유지가 지배적인 관심이고, 따라서 권리는 계급과 지위에 따라 부수적으로 부여되는 것이다. 국가는 복지제공자로서 시장을 대체할 의사가 충분하고, 사적 보험과 기업의 부가급여는 주변적인 역할밖에 못하고, 재분배는 미미하다. 보수주의, 조합주의 체제 유형에서는 전통적인 가족제도의 유지에 강한 집착을 보이며, 사회보험은 비근로 주부를 대개 제외하고 가족수당은 모성을 유도하는 경향을 가진다. 보육서비스와 그와 유사한 가족 서비스는 상대적으로 덜 발달하고, 가족구성원들에게 봉사해야 할 가족기능이 소진하였을 때에만 국가가 개입하여야 한다는 이른바 보족성의 원칙을 강조한다.

마지막 사회민주주의 체제유형 국가에서는, 보편주의 원리와 사회권의 탈상품화의 원리가 신중산계급에게 확대된다. 사회민주주의 체제 유형에서는 국가와 시장, 노동계급과 중산계급 간의 이원화를 피하는 높은 수준의 평등을 촉진하며, 고도의 탈상품화를 목표로 하는 보편주의적인

〈표 I-2-2〉 Esping-Andersen(1990)의 복지체제 유형

모형 / 내용	자유주의	보수주의	사회민주주의
해당국가	미국, 캐나다, 호주	독일, 프랑스, 이탈리아	스칸디나비아 국가
탈상품화의 정도	낮음	중간	높음
계층화의 정도	낮음(선별주의)	높음	낮음(보편주의)
급여대상	빈곤자, 요구호자	피용자 중심	모든 시민
급여수준	최저생계비	차등적(계급과 지위별)	중산층 생활수준
사회보험운영체계	통합적	분립적	통합적
본인부담/사회보험	높음	높음	낮음
직업복지/민간복지	강력	미약	미약
가족책임	강력	강력	미약
가족복지서비스	미약	미약	강력
복지의 재분배 기능	미약	미약	강력

프로그램 체계, 그러면서도 차별적인 기대수준과도 조화로울 수 있는 프로그램을 발전시킨다. 따라서 모두가 혜택을 받고, 모두가 의존하며, 모두가 기꺼이 부담하게 된다. 사회민주주의 모형에서는 가족비용을 선제적으로 사회화하는 원리를 택한다. 가족의 능력이 소진할 때까지 기다리는 보수주의의 모형의 보족성의 원칙과 대조적이다. 이 원리는 가족에 대한 의존성을 극대화하는 것이 아니라, 개인의 독립성에 필요한 능력을 극대화하는 것이다. 이러한 점에서 사회민주주의 모형은 자유주의와 사회주의를 독특하게 혼합한 것이라 할 수 있다. 사회민주주의 체제의 복지제도는 가족의 욕구에 봉사할 뿐 아니라, 여성으로 하여금 가사가 아니라 근로를 선택하게 하는 사회서비스도 강조한다. 사회민주주의 모형의 가장 큰 특징은 근로와 복지의 혼합이다. 사회민주주의적 체제는 완전고용 유지에 성실하게 노력할 뿐 아니라, 완전고용의 달성에 전적으로 의존하는 체제다. 일할 권리는 소득보장에 대한 권리와 동등한 지위를 가진다. 반면, 연대적이고 보편주의적이고 탈상품화된 복지체제를 유지하는 데 드는 막대한 비용은 가능한 한 가장 많은 사람이 일하고 가능한

한 가장 적은 사람이 사회적 이전급여로 생활을 유지할 수 있을 때 정당화된다.

이상의 세 개의 사회복지체제 유형을 요약하면 <표 I -2-2>와 같다.

4. 사회복지의 가치

"사회적 가치와 정치적 · 사회적 사상에 대한 이해가 없이는 사회복지를 적절하게 이해할 수 없다"는 George와 Wilding의 언급과 같이, 사회복지는 가치로부터 자유로울 수 없다.[21] 이것은 사회과학의 일반현상과 마찬가지로 사회복지 현상도 사회적 가치와 긴밀한 관계에 있기 때문에 그 이론과 실천이 가치지향적(value-oriented)일 수밖에 없다는 의미다. 여기에서는 사회복지 현상과 관련된 일반적 가치를 고찰하고, 아울러 사회복지를 실현하기 위한 전문적 방법으로서 사회복지실천의 가치를 고찰해 본다.

1) 사회복지의 일반 가치

(1) 평등

사회복지의 가치에서 가장 중요한 것 중의 하나는 평등(equality)이다. 평등은 사회적 자원의 재분배를 통하여 사회구성원의 삶의 질을 골고루 향상시키고자 하는 가치다. 그러나 평등의 구체적인 개념에 관하여는 논란이 많다. 평등의 개념은 수량적 평등, 비례적 평등, 기회의 평등이 있다.[22] 수량적 평등은 모든 사람을 똑같이 취급하여 욕구나 능력의 차이에

---

21. Vic George and Paul Wilding, *Ideology and Social Welfare,* Routledge & Kegan Paul, 1976, p. vii.
22. 송근원 · 김태성, 『사회복지정책론』, 나남, 1995, p. 209.

관계없이 사회적 자원을 분배하는 개념으로서 가장 적극적인 평등 개념이다. 비례적 평등은 개인의 욕구, 능력, 기여 정도에 따라 사회적 자원을 다르게 분배하는 개념이다. 기회의 평등은 결과는 무시한 채 과정상의 기회만 똑같이 해 주는 개념이다.

평등의 개념 중 복지국가의 형성과 확대에 기초가 된 것은 적극적인 의미의 평등으로, 복지국가의 평등전략은 보편주의(universalism) 원칙에 입각하여 모든 국민에게 사회적 권리로서 보편적으로 제공하는 사회복지 급여와 서비스를 통하여 일정한 수준의 기본적인 삶을 보장하고 사회적 불평등을 감소시키고자 노력하였다. 그러나 복지국가에서 평등이 실질적으로 이루어졌는가에 관하여는 많은 비판이 제기되어 왔으며, 복지국가 개혁 이후에는 평등전략에 대한 강조가 약해지면서 공평(equity)이나 효율(efficiency)과 같은 다른 가치에 의하여 대체되고 있다.

(2) 자유

자유(freedom)의 개념에는 적극적 자유와 소극적 자유라는 두 가지 의미가 있다. 소극적 의미의 자유란 다른 사람에 의한 강제가 없는 상태(freedom from~)로서, 사람들 간의 상호작용 관계에서 다른 사람의 간섭 없이 자신의 의지대로 행할 수 있는 상태를 의미한다. 적극적 의미의 자유란 자기가 원하는 것을 할 수 있는 상태(freedom to~)를 말한다. 이러한 자유의 개념은 이념적 입장의 차이에 따라 다르게 사용된다. 반집합주의적 입장의 이념에서는 소극적 의미의 자유를 사용하고, 집합주의적 입장의 이념에서는 적극적 의미의 자유를 사용한다. 반집합주의적 입장에서는 사유재산권 행사의 자유 또는 급여나 서비스 선택의 자유를 강조하여 복지에 대한 국가의 개입을 자유의 침해로 간주한다. 반면, 집합주의적 입장에서는 사회적 권리로서 복지를 누릴 수 있는 자유를 인식하며 국가의 복지에 대한 개입을 적극적 자유의 확대로 간주한다. 따라서 실질적인 경제적 보장과 평등이 없는 상황에서의 자유는 공허한 것으로 본다.

(3) 민주

민주적 정신과 민주적 과정에 대한 신념은 사회복지의 기본원리다. 모든 인간은 자기를 표현하고, 사생활을 유지하며, 자기에게 영향을 미치는 결정에 참여해야 하며, 타인과 함께 공동체를 구성하여 건설적으로 살아갈 수 있다는 기본적 가치는 사회복지 실천에 영향을 미친다. 사회복지실천에서 자기결정의 원리, 민주적 참여의 강조 등은 민주성이라는 가치에 기반을 두고 있다.

(4) 정의

정의(justice)의 개념은 절차상의 정의(procedural justice), 실질적 정의(substantive justice), 능동적 과정으로서의 정의(justice as active process) 등으로 사용되고 있다. 절차상의 정의는 법률에서 정한 합법적인 절차를 강조하며, 실질적 정의는 결과로서 분배적 정의를 강조한다.[23] 능동적 과정으로서 사회정의는 불의한 현상을 예방하고 치료하는 사회적 과정을 강조한다. 사회복지에서는 특히 분배적 정의를 강조하며, 사회적으로 취약한 계층이나 불우한 위치에 있는 사람들에게 보다 나은 처우와 권한 및 자원의 배분이 이루어지도록 노력한다.

(5) 사회통합

사회통합(social integration)이라는 개념은 일정한 사회단위 내의 구성원 상호간 또는 구성원이 사회에 대하여 갖는 연대감 또는 애착의 감정(attachment)을 의미한다. 사회복지는 구성원 상호간의 도움을 주고받는 행위를 통하여 사회적 자원을 재분배할 뿐 아니라 이러한 원조행위가 구성원 상호간의 감정적 통합을 가져오게 된다.[24] 한편, 이러한 감정적 연

---

23. Edmond Cahn, "Justice," *International Encyclopedia of Social Sciences*, vol. 8, Macmillan & Free Press, 1974, pp. 341-347.
24. Duncan MacRae, *Policy Indicators*, The University of North Carolina Press, 1985.

대와 통합은 사회적 자원의 재분배를 가능하게 한다. 전통적 사회에서는 가족이나 지역공동체의 상호의존성에 기초하여 자원의 재분배가 이루어지고 사회통합이 달성될 수 있었다. 그러나 산업혁명 이후 사회경제적 진보에 따라 가족과 지역공동체는 그 기능을 상실하게 되었으며 사회통합을 위한 새로운 사회적 장치가 필요하게 되었다. 현대사회에서의 사회복지제도는 공동체 구성원의 상호의존성을 제도적 장치로서 복원함으로써 사회통합을 달성하게 하고 있다.

(6) 이타주의

사회통합에 수반되는 이러한 원조행위의 기초는 이타주의(altruism)로서, 이타주의적 복지 제공의 형태를 다른 형태의 사회행위와 구분하려는 노력이 다수의 학자들에 의하여 제시되었다. Titmuss(1968)는 일원적 이전(unilateral transfer)과 이원적 이전(bilateral transfer)의 개념으로, Boulding은 일원적 이전(unilateral transfer)과 쌍방적 이전(reciprocal transfer)의 개념으로, Pruger는 일방적 이전(unilateral transfer)과 쌍방적 교환(reciprocal exchange)의 개념으로 사회복지의 이타적 원조행위를 경제적 교환행위와 구분하였다.[25] 이러한 개념에 의하면, 사회복지는 상대방으로부터 대가를 요구하지 않는 이타주의에 기초하고 있으며, 시장체계를 통하여 이루어지는 등가의 교환에 기초하여 개인 이익의 극대화와 효율을 추구하는 경제적 행위와 대별된다.

2) 사회복지전문직 실천의 가치

사회복지전문직은 인간의 기본적 욕구를 충족하고 인간의 잠재능력과

25. Stephen Uttley, "The Welfare Exchange Reconsidered," *Journal of Social Policy*, vol. 9 no. 2, 1980, pp. 187-190.

개성을 최대한 실현시키는 것을 목표로 하며, 상대방의 권리와 의견을 존중하는 민주주의의 원리에 입각하여 사회복지를 실천한다.

미국사회복지사협회의 사회복지사 윤리강령에 의하면, 사회복지 전문직은 인간의 존엄성과 가치존중, 사회정의, 봉사, 인간관계의 중요성, 정직성, 능력이라는 몇 가지의 핵심적인 가치에 기초하고 있음을 선언하고 있다. 이러한 핵심적인 가치는 사회복지전문직의 독특한 목적과 관점의 기반이 된다. 미국사회복지사협회에서 제시하고 있는 사회복지 전문직의 기본 가치와 가치에 따른 윤리기준은 다음과 같다.

(1) 인간의 존엄성과 가치존중(dignity and worth)

사회복지사는 인간의 천부적 존엄성과 가치를 존중한다. 사회복지사는 각 사람의 가치(worth)를 존중하고 개인적 차이와 문화적, 인종적 차이를 존중한다. 사회복지사는 클라이언트의 책임 있는 의사결정을 증진시키며, 클라이언트의 욕구충족을 위한 그들 자신의 능력과 기회를 향상시키기 위하여 노력한다. 또한 사회복지사는 클라이언트와 사회에 대한 이중적 책임을 인식하여야 하며, 전문직의 가치와 윤리적 기준에 비추어 클라이언트의 이익과 사회의 이익 간의 갈등을 해결하기 위해 노력한다.

(2) 사회정의(social justice)

사회복지사는 특히 사회적으로 취약한 위치에 있는 사람들을 위하여 그들과 함께 활동하고 사회적 변화를 추구한다. 사회복지사의 사회변화 노력은 빈곤, 실업, 차별, 기타 사회적 불의의 문제에 초점을 둔다. 사회복지사는 모든 사람들에 대하여 의사결정 과정에서의 의미 있는 참여, 필요한 정보・서비스 또는 자원에의 접근, 기회의 균등을 보장하기 위하여 노력한다.

(3) 봉사(service)

사회복지사의 일차적인 목표는 욕구를 갖고 있는 사람들을 원조하고 사회문제를 해결하는 것이다. 사회복지사는 자신의 이익을 초월하여 다른 사람들에게 봉사하며, 자신의 전문적 기술의 일부를 물질적 보상이 없이 제공할 수 있다.

(4) 인간관계의 중요성(human relationships)

사회복지사는 인간관계의 중요성을 인식하여야 한다. 사람들 간의 관계는 변화를 위한 중요한 수단이 되며, 사람들을 원조과정에 파트너로 참여시킨다. 사회복지사는 개인, 가족, 집단, 조직, 지역사회의 복지를 증진하고, 회복·유지시키기 위한 활동에서 사람들 간의 관계를 강화한다.

(5) 정직성(integrity)

사회복지사는 전문직의 사명, 가치와 윤리적 기준을 인식하고 이에 부합하는 실천을 수행한다. 사회복지사는 정직하고 책임 있게 행동하고 자신이 소속한 조직의 입장에서 윤리적 실천을 증진시킨다.

(6) 능력(competence)

사회복지사는 자신의 능력 범위 내에서 실천하며, 전문적 지식과 기술을 향상시키고 이를 실천에 적용하기 위하여 끊임없이 노력한다.

5. 사회복지의 실천윤리

위와 같은 사회복지전문직의 실천 가치로부터 사회복지 실천의 구체적인 윤리강령이 나오게 된다. 사회복지사는 과학성(science)과 예술성(art)에 기초한 실천의 철학과 윤리를 발전시켜 왔으며, 사회복지윤리강

령은 이러한 철학과 윤리에 기초한 원칙과 지침을 제공하고 있다.[26]

사회복지전문직을 선구적으로 발전시켜 온 미국사회사업가협회(NASW)는 오래전부터 윤리강령을 채택하여 이를 발전시켜 왔으며, 1996년 8월에 개정된 윤리강령을 채택하여 1997년 1월부터 시행하고 있다. 이 윤리강령은 전문, 윤리강령의 목적, 윤리의 원칙, 윤리의 기준이라는 네 개의 부분으로 구성되어 있다.[27]

사회복지사가 준수해야 할 윤리의 기준은 클라이언트에 대한 윤리적 책임, 동료에 대한 윤리적 책임, 실천현장에 대한 윤리적 책임, 전문가로서 윤리적 책임, 사회사업전문직에 대한 윤리적 책임, 일반사회에 대한 윤리적 책임으로 구성되어 각각의 항목에 대한 구체적인 실천윤리를 제시하고 있다.

우리나라의 사회복지사 윤리강령은 1982년 한국사회사업가 윤리강령으로 처음으로 제정되었고, 1988년과 1992의 개정윤리강령에 이어, 2001년 12월 15일에 현재의 윤리강령이 공포되어 시행되고 있다. 현재 시행되고 있는 사회복지사 윤리강령은 전문과 5개의 윤리기준(사회복지사의 기본적 윤리기준, 사회복지사의 클라이언트에 대한 윤리적 기준, 사회복지사의 동료에 대한 윤리적 기준, 사회복지사의 사회에 대한 윤리적 기준, 사회복지사의 기관에 대한 윤리적 기준), 사회복지사윤리위원회의 구성과 운영, 사회복지사선서를 포함하고 있다.

사회복지사 윤리강령의 전문과 주요 내용은 다음과 같다.

---

26. 한국사회복지사협회, 『한국사회복지사협회 30년사』, 1997, p. 35.
27. NASW, *NASW Code of Ethics*, 1997.

전 문

사회복지사는 인본주의 · 평등주의 사상에 기초하여, 모든 인간의 존엄성과 가치를 존중하고 천부의 자유권과 생존권의 보장활동에 헌신한다. 특히 사회적 · 경제적 약자들의 편에 서서 사회정의와 평등 · 자유와 민주주의 가치를 실현하는 데 앞장선다. 또한 도움을 필요로 하는 사람들의 사회적 지위와 기능을 향상시키기 위해 저들과 함께 일하며, 사회제도 개선과 관련된 제반 활동에 주도적으로 참여한다.

사회복지사는 개인의 주체성과 자기결정권을 보장하는 데 최선을 다하고, 어떠한 여건에서도 개인이 부당하게 희생되는 일이 없도록 한다. 이러한 사명을 실천하기 위하여 전문적 지식과 기술을 개발하고, 사회적 가치를 실현하는 전문가로서의 능력과 품위를 유지하기 위해 노력한다.

이에 우리는 클라이언트 · 동료 · 기관 그리고, 지역사회 및 전체 사회와 관련된 사회복지사의 행위와 활동을 판단 · 평가하며 인도하는 윤리기준을 다음과 같이 선언하고 이를 준수할 것을 다짐한다.

Ⅰ. 사회복지사의 기본적 윤리기준
  1. 전문가로서의 자세
  2. 전문성 개발을 위한 노력
  3. 경제적 이득에 대한 태도

Ⅱ. 사회복지사의 클라이언트에 대한 윤리기준
  1. 클라이언트와의 관계
  2. 동료의 클라이언트와의 관계

Ⅲ. 사회복지사의 동료에 대한 윤리기준
  1. 동료
  2. 수퍼바이저

Ⅳ. 사회복지사의 사회에 대한 윤리기준

Ⅴ. 사회복지사의 기관에 대한 윤리기준

Ⅵ. 사회복지윤리위원회의 구성과 운영

사회복지사 선서

연구문제

1. 사회복지 이념의 유형을 George와 Wilding의 4분법에 의하여 분류하여 보시오.
2. Esping-Andersen에 의한 사회복지체제의 세 가지 유형을 설명하시오.
3. 사회복지전문직의 가치에 관하여 설명하시오.
4. 우리나라 사회복지사윤리강령에 나타난 사회복지사의 윤리기준에 관하여 설명하시오.

제3장

사회복지의 역사

본 장에서는 사회복지의 역사적 발달과정을 살펴본다. 사회복지 역사를 연구하는 것은 현재와 미래의 사회복지를 위한 유용한 교훈을 과거의 역사적 경험으로부터 얻는다는 실천적인 목적과 사회복지 발달에 관한 각 국가의 현상을 분석하여 일반적인 법칙을 찾아내고 미래의 사회복지를 예측한다는 이론적인 목적이 있다.

제1장에서 언급한 바와 같이, 사회복지는 미충족의 욕구가 발생하면 언제 어디서나 기능을 수행하는 기능적 포괄성이 본질적인 속성이며, 인접 사회제도의 실패를 전제하여 인접 사회제도와 끊임없이 상호작용한다는 의미에서 기능적인 역동성을 특징으로 하며, 산업화를 배경으로 시대와 장소에 따라 변화한다는 의미에서 역사적 가변성을 기본적 속성으로 한다. 이 같은 속성은 각국의 산업화과정과 지배적인 이념체계를 배경으로 전개되는 사회복지제도의 역사를 통하여 드러난다.

인간의 미충족의 욕구와 그것을 충족시키기 위해 상부상조하는 인간행위의 유형은 인간의 역사만큼 오래고 보편적이다. 고대와 중세사회에서는 빈곤이 대부분의 사람들이 일상적으로 겪는 것이었지만, 기근이나 한발과 같은 천재지변에 대비한 공식적인 구빈제도는 존재하였다. 그러나 근대적 의미의 사회복지, 다시 말해서 인간존엄성과 사회정의라는 가치를 전제한 사회복지제도는 전통사회로부터 근대사회로의 전환과 함께 출현하게 된다.

여기서 전통사회란 근대 과학혁명이 일어난 뉴턴 이전의 사고방식이 지배하던 사회 전부를 말한다. 현대과학시대 이전이므로 생산성이 크게 제한되어 있음은 물론, 대부분의 자원이 농업에 집중되며, 종적인 이동이 극히 제한된 위계적 사회구조가 지배적이고, 사회조직도 가족과 친족 중심이다. 가치체계 역시 장기적인 운명론에 치우치고, 정치권력은 토지 소유자에게 집중된다. 이러한 전통사회에서는 빈민의 미충족의 욕구를 충족시키기 위한 사회복지 기능은 귀족이나 봉건 영주와 같은 지배층이나 아니면 종교의 책임이었다. 전통사회에서는 적어도 논리적으로는 사회복지라는 기능적 분화가 필요하지 않다.

본 장에서는 제1절에서 먼저 고대와 중세사회를 포함하는 근대 이전 전통사회의 다양한 구빈제도들을 개관한다. 그리고 제2절에서 산업혁명의 발원지이며 복지국가의 원조로 알려진 영국의 근대적 의미의 사회복지제도의 발달사를, 그리고 제3절에서 자유민주주의와 시장자본주의의 보루로서 세계의 패권국가로 자리 잡은 미국에서 사회복지제도가 어떻게 전개되었는지 살펴본다. 그리고 제4절에서는 서구 선진국들과는 전혀 다른 사회문화와 이념체계를 배경으로 급속한 산업화를 경험한 한국의 사회복지제도의 역사를 정리한다.

1. 전통사회의 구빈사업

이미 언급한 바와 같이 상호부조하는 인간행위의 유형은 인류의 역사만큼 오래고 보편적이다. 고대 이집트나 고대 중국, 바빌로니아, 유태사회 어디에나 빈민을 돌보는 제도적 관행, 특히 구빈제도가 있었다.[1]

고대 이집트에서는 중앙집권적인 계획 하에 나라에서 운하나 피라미

드를 건설하는 데 빈민을 동원하여 노동력을 확보하였다. 이것은 근대의 국가주도의 구빈사업과 유사하다. 기근이 극심할 때, 한정된 재정으로 지방민을 보호해야 하므로 이방인의 유입을 금지시키기도 하고, 때로는 가난한 이방인에 대한 구제를 종교적으로 의무화시키기도 하였다.

고대 중국에서도 제도적인 것은 아니었지만 빈민이 발생하면 국가에 의해 구빈이 실시되었고, 홍수, 기근 등 천재지변 시에 국가는 곡물창고를 열어 빈민에게 무상으로 방출하고 지불능력이 있는 자에게는 판매하였다. 또 국가는 부유층으로 하여금 그들의 창고를 열어 곡물을 대여하거나 무료로 방출하도록 요청했다.

바빌로니아의 구빈사업은 크게 두 가지였다. 하나는 고리대금을 차용한 농민과 채권자인 사원 간의 알력으로 인하여 사회가 크게 동요하게 될 때 국가가 부채감면, 지불유예, 임금과 물가의 동결 등을 통하여 사회안정 차원에서 구빈사업을 전개한 것이고, 다른 하나는 종교기관인 사원이 사회복지기관으로서 역할을 수행하는 것이었다. 이들 고대사회에서 빈곤은 대부분의 주민들의 운명이었으며, 국가의 구빈활동은 기근이나 천재지변에 의한 극심한 경우로 한정되었다. 고대 이집트, 중국, 바빌로니아, 어느 곳에서도 빈민을 비난하는 문화는 발견되지 않는다.

그러나 그리스 로마 시대에 이르면 구빈사업은 미미해지고, 빈곤을 빈민의 탓으로 비난하는 태도가 발견된다. 그리스의 철학자 플라톤은 빈민을 '도시에서 추방되어야 할 쓸모없는 존재'로 규정했다. 플라톤과 같이 대부분의 그리스인들은 빈곤을 기회의 결여가 아닌 빈민 자신의 게으름 등의 자신의 결함에 기인되는 것으로 보았기 때문에 빈민에 대하여 부정적이었다. 사원 중심의 빈민구제나 의료시술의 조직은 있었으나 전반적으로 구빈사업은 미미했다. 로마 사회에서도 빈민에 대해서는 부정적이

---

1. Ralph Dolgoff and Donald Feldstein, *Understanding Social Welfare*, 2nd ed., New York: Longman, 1984, 제1장.

었다. 동로마제국의 수도였던 콘스탄티노플을 제외하고는 구빈사업은 미미했고, 그나마 정부에 의해 실시된 무료급식은 고도의 정치성을 띤 것이었고, 개별적으로 실시됐던 구빈사업도 개인의 자기과시적인 성격을 띤 것이었다.

그러나 서구의 중세를 지배하게 되는 기독교의 구빈사상은 인간은 모두 평등하고, 아버지인 신 아래 모두 형제라는 가르침에 기초하여, 초기 기독교인들의 구빈은 이방인들까지도 보호하려 하였다는 점에서 보편주의적이었고, 낙인을 부여하지 않는 구제의 방법을 실천하려 하였다. 그들은 곡식을 수확할 때에는 가난한 자와 이방인을 위하여 항상 밭의 한 구석에 있는 곡식을 수확하지 않고 남겨 두어야 하며, 추수할 때 이삭을 반드시 남겨 두어야 했다. 배고픈 사람이 주린 배를 채우기 위해서는 남의 포도밭에 들어갈 수 있다는 규정을 일찍부터 준수함으로써, 생산자에게 재정 염출의 의무를 부과하여 공공부조의 체계를 확립하였다. 물론 구약성서의 많은 부분에서 이웃을 위한 구제가 강조되어 있고, 특히 희년제도는 50년 단위로 노예 신분의 해방과 토지의 원래 소유주에게로의 반환을 의무화하였다.

뿐만 아니라 초기 기독교인들은 죄로부터의 구원과 삶의 실천으로서 자선이 강조되었다. 이러한 자선의 형태는 2세기 중엽부터 조직화되어 자발적인 기부금이 일주일에 한 번씩 모금되었고, 이것은 주교와 교구의 책임자의 감독 하에 고아와 과부, 죄수와 이방인을 위해 사용되었다. 또한 초기 기독교인들은 필요 이상의 부의 소유나 소비는 종교적 타락을 유혹하는 것이라 하여 이것을 매우 경계하였고, 그것을 대신 자선에 사용하여 원죄로부터의 구원을 희구하였다. 그리고 기독교는 이타주의를 계명으로 제도화시켰다.

서구는 중세를 거치는 동안, 촌락공동체나 동업자 조합인 길드와 같은 상호부조제도는 발달하였지만, 일할 수 없는 빈민, 의지할 곳 없는 빈민, 공동체에서 낙오된 빈민의 구제는 주로 교회나 수도원, 사원과 같은 종교기관의 몫이었다. 한편, 중세 말에 이르면, 봉건제도가 점차 붕괴되고 사원이 해체되면서 전통적인 공동체와 기독교가 새로운 빈곤문제에 대처할 수 없게 되었고, 근대적인 사회복지제도의 맹아가 싹트게 된다.

2. 영국의 사회복지 역사

영국은 세계에서 선구적으로 산업화를 경험하고, 세계에서 최초로 빈민법을 제정하였으며, 제2차 세계대전 중에 베버리지 보고서를 발표하여 전후 자유세계의 복지국가 이념의 청사진을 제공하였다.

1) 엘리자베스 빈민법과 사회적 맥락

영국의 역사에서 중세는 대개 11세기에서 15세기 말까지를 가리킨다. 그러나 중세 영국의 경제적 바탕이었던 봉건제도는 이미 14세기 중반부터 무너지기 시작하였다. 1348년부터 1394년 사이의 흑사병으로 영국의 인구는 1/3이 사망하고, 백년전쟁(1337~1453)과 장미전쟁(1455~1485)에 동원되었던 많은 농노들이 전쟁이 끝난 후 도시에 머물게 되자 장원의 노동력 부족이 심화되었다. 여기에 엔클로저 운동이 수많은 부랑 농민, 즉 노동력 있는 빈민을 발생시켰다. 이들은 사회질서를 위협하는 반사회적 존재로 여겨졌으며, 국가는 빈민들을 범죄자와 동등하게 취급하였다. 1349년에는 노동자조례를 제정하여 농업노동자의 안정적인 공급을 위하여 근로가능한 빈민에 대한 자선을 금지하였다. 1531년에는 노동능력이 있는 빈민과 노동능력이 없는 빈민을 구별하여 노동능력이 없는 빈민에게 구걸허가증을 발급하였다. 1536년에는 노동능력이 없는 빈민에게 구걸허가증을 발급하는 대신 직접 구제금품을 지급토록 하고, 빈민자녀 중 5~14세 아동은 도제살이를 시키도록 규정하였다. 이어서

1572년 빈민법은 구빈재정을 위한 구빈세를 부과할 수 있도록 하였고, 1576년 빈민법으로 교정원(house of correction)을 설립하여 근로가능한 빈민들을 수용하여 강제노동시켰다. 여기에 구빈원(almshouse) 설립과 가족책임에 관한 규정을 1597년 빈민법이 규정하였다. 이러한 일련의 구빈관련 법들을 1601년 엘리자베스 여왕 43년에 집대성한 것이 엘리자베스 빈민법이다.

그리고 15세기와 16세기에는 엄격한 걸인체포령을 발령하였다. 그러나 이러한 억압적인 빈민대책을 통해 빈민을 처벌하여도 체제변환기에 부랑빈민의 문제는 끊이지 않았다. 특히 16세기 후반부터 흉작, 전염병의 유행, 인구증가 등에 의해 부랑자와 극빈자의 수가 급증하였고, 식량문제로 인한 폭동이 발생하기도 하였다. 동시에 공장제 수공업이 점차 발전하기 시작하면서 생산을 담당할 공장노동자의 필요성이 커지게 되자, 빈민을 통제함과 동시에 이들을 임금노동자로서 훈련시키고 육성하는 국가정책의 필요성도 대두하게 되었다. 이것이 산업화를 세계에서 최초로 경험한 영국에서 빈민법이 등장하게 된 배경이다.

1601년 엘리자베스 빈민법은 구빈의 4대 원칙을 천명하고 있는데, 이것은 오늘날까지도 많은 국가들에서 구빈행정의 주요 원칙으로서 수정과 보완을 되풀이해 오고 있다. 엘리자베스 빈민법의 4대 주요 원칙이란 첫째, 구빈을 국가의 책임으로 인정한 국가 책임의 원칙, 둘째, 구빈의 행정과 재정을 교구단위 책임으로 한 지방행정의 원칙, 셋째, 빈민을 노동력 유무에 따라 구별하고 차별하여 처우한 차별처우의 원칙, 그리고 넷째, 친족부양의 원칙을 말한다.

구빈을 국가 책임으로 인정하였다는 것은 구빈의 재원을 조성하기 위하여 국가가 구빈세를 부과하였음을 의미한다. 종래의 구빈은 자발적인 교회헌금에 의존해 왔으나, 늘어나는 구빈 수요를 상대적으로 줄어드는 헌금이나 기부금으로는 충당할 수 없게 되자, 구빈을 위한 조세를 징수하게 된 것이다. 이것은 1572년 빈민법으로 처음 규정된 원칙인데, 이를 엘리자베스 빈민법이 다시 확인하였다. 그러나 구빈세는 주민세의 형태로, 구빈의 재정과 행정단위를 교구단위로 하여 지방재정 책임을 원칙으로 하였으며, 국가의 구빈활동으로 인해 부모와 자녀 간의 부양책임을 게을리 하지 않도록 친족부양 책임을 강화하였다. 또한 엘리자베스 빈민법의 중요한 특징은 구제의 대상을 ① 노동능력이 없는 무능력 빈민, ② 노동능력이 있는 능력 빈민, 그리고 ③ 아동의 3종으로 나누어, 노동능력이 없는 빈민은 구제하고, 노동능력이 있는 빈민은 일할 수 있게 하고, 아동은 도제제도를 통하여 노동습관을 훈련시켜 노동력을 활용한 점이다.

엘리자베스 빈민법의 4대 원칙 중에서 가장 먼저 보완이 필요해진 것이 교구단위 행·재정의 책임의 원칙이었다. 구빈재정이 단위교구의 책임이었기 때문에 교구마다 구빈 대상의 증가, 특히 빈민의 유입을 막으려는 조치를 강구하게 되었고, 결국 1662년 정주법이 제정되었다. 정주법은 교구에서 일정기간 이상 거주한 자를 이주 후 40일 동안 감시 조사하여 그가 1년에 10파운드의 세금을 낼 수 있거나 그만한 금액을 교구에 예탁할 수 있으면 그대로 두고, 그렇지 못하면 그를 이전 거주지로 송환할 수 있도록 한 법으로서, 당시 영국의 빈민에게는 사실상 거주이전의 자유에 상당한 제약이 되었다. 이 법은 궁극적으로 노동의 자유로운 이동을 제약하는 것으로, 도시 임금노동자를 필요로 하는 상공업 신흥자본가들과 농업 노동력을 필요로 하는 농업 토지귀족들 간의 이해관계의 대립을 심화시켰다.

17~18세기에 걸쳐, 영국에서는 급속도로 자본주의가 발달하였다. 그러나 당시 중상주의적 절대왕조의 빈민에 대한 태도는 가부장적이고 온정주의적인 것이었다. 부지런한 노동력이야말로 국부의 가장 중요한 원천이라 믿었으므로 국가는 도덕적으로 결함이 있고 나태한 빈민을 일할 수 있는 노동자로 교육하고 노역을 시켜야 했다. 따라서 엘리자베스 빈민법의 차별처우의 원칙은 노동이 가능한 빈민을 위하여 작업장을 설치

운영하는 1696년 작업장법의 제정으로 강화되었다. 그러나 작업장의 생산성은 늘 낮았고, 숙련된 노동자들을 고용한 공장과는 경쟁이 되지 않았다. 1782년 길버트법은 노동능력이 있는 빈민은 실업자로 보아 원내구호 대신, 고용을 알선하고 취업이 불가능한 경우에는 원외구호(거택보호)를 허용하였다. 1795년에는 오랫동안 노동력의 이동을 제약해 온 정주법이 폐지되고, 같은 해, 농업지역 치안관들이 모여 합의한 스핀햄랜드 제도가 실시되었다. 스핀햄랜드 제도는 노동의욕이 있는 빈민을 대상으로 최저생활경비를 정하여 임금의 부족분을 구제비로부터 보충하였다. 실업자에게는 최저생활비가 지급되고 원외구호가 확대되었다. 그 결과, 빈민구제에 드는 비용은 증가하고, 한편 노동의욕에 악영향을 미친다는 비난을 받게 되었다.

2) 자유방임주의와 개정 빈민법 및 민간 복지활동

영국은 18세기 후반부터 19세기 전반에 걸쳐 세계 최초로 산업혁명기를 맞게 된다. 산업혁명기에는 효율적인 투자와 저축률이 국민 총수입의 10% 이상으로 증가하여 산업화에 박차가 가해진다. 급속히 성장한 새로운 산업이윤이 대부분 새로운 공장으로 재투자되며, 새로운 공장들은 새로운 노동력을 요구하게 되고, 다시 그들을 위한 상품과 서비스의 생산을 자극하여, 도시산업지역이 확대된다. 이에 따른 인구의 대량이동과 임금노동을 기초로 하는 경제사회관계의 변화는 빈민과 부랑인의 증가를 가져왔다. 그러나 이 시기에는 산업화에 대한 구시대적인 저항이 극복되고, 개인주의적이고 공리주의적인 가치가 사회를 지배하게 된다. 특히 자유방임주의의 사고방식과 기독교의 근로와 절약의 가르침이 연결되어, 빈곤은 개인의 나태한 성격이나 무능력의 결과이며, 자조의 실패는 개인적 책임이 되었다. 이러한 새로운 시대의 빈곤관은 1834년 빈민법의 개정과 산업자본가와 중산층을 중심으로 한 민간 자선활동, 그리고

19세기 후반, 진보적인 지식인들을 주축으로 한 페이비언들의 사회개혁 운동으로 나타났다.

1832년 선거 결과, 산업자본가들이 전통적인 토지귀족들보다 다수 의석을 차지하게 되자, 빈민법의 조사를 위한 왕립위원회가 설치되고, 왕립위원회의 보고에 따라 1834년 빈민법의 전면적인 개정이 이루어진다. 개정 빈민법은 빈민법을 반대하는 Adam Smith의 국부론이나 Herbert Spencer의 사회진화론도 영향을 미쳤지만, 직접적으로 빈민법의 폐지를 주장한 Malthus의 인구론도 크게 영향을 미쳤다. 그에 의하면, 산업혁명 시대의 빈곤이란 인구의 자연증가 때문이며, 구체적으로 유효한 빈민대책은 빈민 자신에 의한 인구억제 이외에는 없었다. 그리고 빈민법은 나태한 빈민의 인구증가에 크게 기여하고 있다고 주장하였다.

1834년에 신빈민법은 구빈의 3대 원칙을 천명하였다. 그 3대 원칙이란, 첫째, 전국적인 구빈행정원칙, 둘째, 열등처우의 원칙, 셋째, 작업장테스트제도의 도입이다. 개정 빈민법은 엘리자베스 빈민법의 개별 교구단위의 행・재정 체계로부터, 몇 개의 교구를 하나로 묶어 "구빈연합구"를 편성하여 중앙에서 조정하는 전국적인 구빈행정체계로 전환하였다. 이로써 적어도 빈민법에 의한 노동력의 자유로운 이동의 장애는 제거되었다. 둘째, 열등처우의 원칙이란 구빈 수혜자의 보호수준이 도립노동자의 최저생활수준보다 열등해야 한다는 것으로, 오늘날까지도 대개의 공공부조제도가 내재화하고 있는 원칙이라 할 수 있다. 개정 구빈법에 의한 작업장테스트 제도란 노동능력이 있는 모든 빈민에 대하여 원외구호를 폐지하고, 빈민법에 의한 구제를 원하는 사람은 누구나 작업장에 수용되도록 함으로써 노동의욕을 테스트하는 곳이 되게 하는 제도였다. 그러나 노인과 아동, 장애, 질병의 구분 없이 일률적으로 수용하는 작업장은 공포의 집으로 불리게 되고, 사실상 열등처우의 원칙과 작업장테스트제도는 구제신청의 억제수단이 되었다. 이 법의 조치로 빈민의 사회적 지위와 빈민에 대한 처우가 극도로 저하되었다. 이 개정 구빈법에서는 법에 의한 구제가 오히려 빈곤을 만든다는 빈곤관을 전제로 누구도 공적인 구제를 받고 싶지 않게 하는 것을 목적으로 하였다. 산업혁명의 성공은 영국의 번영을 가져왔지만, 도시 노동자들의 비참한 생활은 여전히 심각한 사회문제였다. 개정 구빈법이 시행된 이후 3년 만에 빈민구제비용이 1/3 이상이나 감소하였다. 개정 빈민법은 당시의 빈곤문제 해결에 도움이 되지 못하였다.

19세기 영국에서는 이와 같이 구빈에 대한 국가의 책임이 퇴조하였으나, 19세기 후반부터는 차티즘, 기독교사회주의, 노동조합운동 등 광범위한 사회개혁 운동과 함께 20세기 사회철학과 구빈의 실천에 중요한 영향을 미친 세 가지 개혁적 사회운동이 모습을 드러냈다. 첫째가 자선조직협회 운동이고, 둘째가 인보관운동, 그리고 셋째가 사회조사활동이다.

1860년대에 경제위기가 잇따르자, 런던의 모든 교회와 100여 개가 넘는 자선기관들의 빈민구제 활동이 활발해지기 시작했다. 그러나 민간자선 단체 각각의 개별적인 활동은 효과도 적었고, 오히려 빈민을 타락시킨다는 비판에 직면하게 되었다. 이러한 문제를 해결하기 위하여 1869년 "구걸방지 및 자선조직을 위한 협회"가 설립되었다. 그리고 곧 이름을 "자선조직협회(Charity Organization Society)"로 바꾸게 된다. 자선조직협회는 공공구제와 민간자선기관 단체들 간의 정보공유, 연락, 조정, 협력의 조직화를 시도하였다. 독일의 엘베르펠트 시스템을 따라 도시를 소구역으로 나누어 자원봉사자들이 구제배분을 담당토록 했다. 넓은 대구역에는 유급직원을 두기도 하였으나 자선조직협회 활동의 주축은 빈곤가정에 대하여 강한 개인적인 관심을 가진 부유한 자원봉사자들이었다. 자선조직협회는 빈곤의 책임은 개인에게 있고 국가의 구제에 반대하고 빈민은 스스로를 부양하기 위하여 최선의 노력을 다해야 한다는 원칙을 고수했고, 자원봉사자들은 개별 빈곤가정에 금전이나 의복, 식품을 지원하는 것뿐 아니라 도덕적 영향을 미쳐서 그들의 생활방식을 바꾸는 것을 목표로 했다. 자선조직협회운동은 영국 전역으로 확산되었고 9년 후 미국으로 건너가 한편으로는 케이스워크, 다른 한편으로는 지역사회조직이라는 사회사업방법론을 발전시키게 된다.

한편 데니슨과 같은 기독교 사회주의자들은 새로운 접근을 시도하고 있었다. 단순히 자선물품을 나누어 주는 것은 부족하다고 생각하여 빈민지역에 들어가 빈민 지역주민들과 함께 살면서 그들을 교육하고 개인적인 어려움을 돕는 인보관운동을 시작했다. 옥스포드 출신의 바네트 목사는 옥스포드와 케임브리지 대학생들로 하여금 런던 동부 슬럼 지역에 들어와 살면서 빈민의 생활을 연구하고, 그들의 교육을 돕고, 개인적인 도움을 주게 하였다. 1884년 이들이 동부 런던 빈민지역에 세운 토인비 홀이 세계 최초의 인보관이 되었다. 토인비 홀이 표방한 세 가지 목표는 첫째, 빈민을 교육하고 문화 수준을 높이는 일, 둘째, 빈민의 실태와 사회개혁의 시급성에 관한 정보를 학생들과 인보관 거주자들에게 제공하는 일, 그리고 셋째, 사회문제와 건강문제, 그리고 사회입법에 관하여 대중의 관심과 의식을 제고하는 일이었다. 인보관운동은 부유한 자선 레이디들의 도덕적 우월성을 전제한 자선조직협회운동과는 달리, 교육받은 사람들과 교육받지 못한 빈민들이 함께하는 일(예를 들어 성경공부)을 통하여 상호 선한 영향을 미치려 했다는 점에서 평등 지향적 방향성이 특징이라 할 수 있다.

현대 영국의 구빈정책과 사회철학에 영향을 미친 세 번째 중요한 요소는 19세기 중반 이후 활발해진 사회조사 활동들이다. 1842년에 출판된 빈민법위원회의 '노동계급의 보건 위생 조건에 관한 사회조사보고서'는 공중보건 운동의 시초가 되었고, 무엇보다 부호 기업인 찰스 부스가 매년 발표한 런던 노동자들의 사회조사 결과는 빈곤의 원인은 개인의 결함에 있다는 이전의 이론을 반박하는 데 크게 기여하였다. 특히 빈민법의 처벌적인 접근이 해결책이 될 수 없으며 빈곤은 불출분한 임금, 부적절한 주거, 환경, 지저분한 위생도구 때문에 발생한다는 것을 보여 주었다. 찰스 부스의 조사결과는 1901년에 발표된 씨봄 라운트레의 요크시 조사

보고서로 지지되었다. 라운트레는 요크시라는 작은 도시에 전체인구의 27.84%가 빈곤상태에 있음을 보여 주었다. 이러한 사회조사의 결과는 보다 효과적인 개혁적 사회정책 도입의 필요성을 웅변해 주었다.

3) 20세기의 사회개혁과 베버리지 보고서

20세기에 들어와 영국의 자본주의 경제는 더욱 발전하였으나, 노사 갈등문제가 심화되었을 뿐 아니라, 특히 석탄산업의 경쟁력 약화로 대규모 탄관노동자의 실업문제에 당면하게 되었다. 폐업하게 된 탄광촌 인구 전체를 1834년 신빈민법에 따라 노역장에 수용할 수는 없는 노릇이었다. 민간 자선단체들도 수만의 실직 노동자와 그 가족들을 무기한 부양할 수 없었다. 1905년 자유당은 빈민법 개혁과 실업부조를 약속했다. 선거에 승리하자 자유당은 같은 해 빈민법 체제의 조사와 개혁을 위한 왕립위원회를 설치하고, 1906년에는 학교급식법, 1907년에는 교육법, 1908년에는 노령연금법을 제정하였다. 1909년, 빈민법 개혁을 위한 왕립위원회는 빈민법의 완만한 개혁과 민간자선단체의 활동을 강조하는 다수보고서와 빈민법의 근본적인 철학적 전환을 요구하는 소수보고서를 발표하고, 웹부처 등의 소수보고서 제안대로 구빈법은 폐지되고 공공부조로 대신하며 빈민에 대한 징벌적인 성격을 없애고, 빈곤의 원인에 사회적으로 대처하는 방침을 선택하였다. 그리고 1911년에는 노동자를 위한 의료보험과 실업보험을 내용으로 한 국민보험법이 제정되었다. 이러한 사회보험의 도입은 사회복지의 대상이 빈곤계층에서 노동자와 일반국민에로 확대되는 계기가 되었다. 공공부조 중심으로부터 사회보험 중심으로 사회복지제도가 발전하였다는 의미를 갖는다. 제1차 세계대전에 이어, 1929년 대공황의 결과, 불황과 저임금, 실업문제가 지속되자, 영국은 1934년 실업보험과 실업부조로 이루어진 실업법을 제정한다. 그리하여 실질적으로 빈민법은 공공부조로서 주로 노동능력이 없는 사람을 위한 제도가 되었다.

영국은 제2차 세계대전을 전후하여 복지국가로 발전하는 새로운 전환기를 맞이하였다. 전쟁은 국가자원과 인력의 총동원이란 측면에서 위험스러운 공동부담이라는 국민적 경험을 하게 하였고, 이것은 국민 상호간의 헌신과 차별없는 상호부조 정신을 고취시켰다. 또한 사회개혁에 대한 국민적 열망을 고조시켜 전시 연립내각은 전쟁 후의 사회재건을 위한 청사진으로 1942년에 '사회보험과 관련 서비스에 관한 보고서'라는 명칭의 이른바 베버리지 보고서를 출간하였다. 이 보고서는 전후 사회에서 척결되어야 할 5대 사회악(궁핍, 질병, 무지, 불결, 나태) 중 궁핍으로부터의 자유를 보장하는 사회보장제도의 틀을 제시하였다. Beveridge 사회보장제도의 핵심은 사회보험제도로서, 그는 사회보험의 원리를 체계적으로 확대적용하면, 모든 국민을 궁핍으로부터 해방시킬 수 있다고 믿었다. 즉 임금경제 체제하에서, 소득이 중단되거나 부가적인 비용지출이 발생하면 누구나 빈곤에 빠지기 쉽고, 그러한 사고(위험)의 가능한 모든 경우에 대비하여 국민 모두가 사회보험에 가입하도록 강제된다면, 빈곤은 완벽하게 예방될 수 있다는 것이었다.

그의 사회보험제도의 골격은 소득이 중단되거나 부가적인 비용지출이 생길 수 있는 8가지 사고(질병, 재해, 노령, 사망, 결혼, 출산, 실업, 생업의 상실)에 대하여, 모든 국민이 보험에 가입하도록 한다는 것이었다. 이를 위하여 전 국민을 6범주(노인, 아동, 자영자, 피용자, 주부, 무업자)로 나누어 사회보험료의 갹출과 수혜의 지위를 구분하였고, 재정방식은 정액갹출, 정액급여로 급여수준의 적절성을 유지하도록 하고, 보험사고의 포괄성과 행정적인 통합일원화를 원칙으로 하였다. 이와 같은 베버리지 보고서의 사회보험의 특징은 다음 6가지 원칙으로 요약될 수 있다. ① 정액갹출, ② 정액급여, ③ 급여수준의 적절성, ④ 행정적 통합, ⑤ 사고의 포괄성, ⑥ 전 인구의 범주화가 그것이다. 또한 베버리지는 이 같은 사회보험제도가 빈곤을 추방하는 데 성공하려면, 세 가지 관련 서비스의 확충이 전제되어야 한다고 주장하였다. 그 하나는 무료 보건서비스로 누구나 질병을 키우지 않고 무료로 진료와 치료를 받을 수 있도록 하는 국민건강서비스 제도의 도입이고, 둘째는 모든 어린이에게 보편적으로 지급되는 아동수당제도, 즉 아동의 양육은 미래사회의 주인을 키우는 것으로 모든 아동이 부모의 경제적 능력과 상관없이 건강하게 성장할 수 있는 환경을 제공하는 것은 사회의 책임이라는 인식이 전제되었다. 그리고 셋째, 완전고용을 위한 정부의 노력이 그것이다. 베버리지는 사회보험이 보장해 주는 소득의 수준이 인간다운 생활을 유지할 수 있는 수준으로서 적절해야 함을 강조하였다. 위에서 언급한 바와 같이, 보편적이고 포괄적인 사회보험제도가 논리적으로는 빈곤을 완벽하게 추방할 수 있지만, 적어도 사회보험제도가 완전히 성숙할 때까지는 공공부조제도가 필요하고, 또한 사회보험제도가 전 국민에게 보장하는 소득 수준 이상의 생활을 원하는 사람들을 위해서는 민간보험과 개인저축이 필요함을 강조하였다. 베버리지의 소득보장의 기본구상은 공공부조, 사회보험, 민간보험의 삼층 보장체제였다.

4) 전후 복지국가의 성립과 변용

전쟁 직후 집권에 성공한 노동당 정부는 '요람에서 무덤까지'라는 슬로건 하에서 이러한 베버리지 보고서의 내용을 구체화하였다. 1944년에는 국민보험성을 설치하고, 1945년에는 가족수당법, 1946년에는 국민보험법을 제정하였으며, 1948년에는 국민부조법으로 빈민법을 완전히 폐지하였다. 영국의 국민보험제도는 베버리지가 정한 8개 사고 중 결혼, 출산 이후의 육아, 생업의 상실을 제외하고, 노령, 유족, 산재, 질병, 실업을 보험사고로 하여, 보험행정을 일원화하였으며, 정액갹출, 정액급여 체제로 운영되었다. 문제는 재정으로서, 전 국민에게 정액으로 부과할 수 있는 갹출료 수입만으로 인간다운 삶을 보장하는 적절한 수준의 정액급여 비용을 충당할 수 없을 때, 베버리지는 차액을 전액 국고부담으로 해야 한다고 주장하였다. 그러나 재무성의 반대로 보험급여 지출에 대한 국고보조의 제한이 생기게 되자, 사회보험 급여수준의 적절성이 희생되어야했다. 결과적으로 사회보험 급여를 받는 사람도 공공부조를 신청하여야 하는 경우가 늘어나게 되어 당초 사회보험제도가 성숙하면 공공부조는 사라질 것이라는 예측과는 달리, 공공부조의 대상은 오히려 늘어났다.

이러한 구조적인 문제점에도 불구하고, 영국에서는 전후 복지국가체제가 수립된 이후, 세계적인 경제호황 속에서 안정적인 경제성장이 이루어져 복지국가에 대한 국민적 합의가 유지되었으며, 정치적으로는 보수당과 노동당의 양당 정치 하에서 경쟁적으로 사회복지를 확대시켜 사회민주주의의 중도 이념에 기초한 복지국가는 지속적으로 발전하였다.

그러나 1970년대 이후 세계석유파동과 경제침체로 영국 복지국가는 시련을 맞이하였다. 1970년대 후반 이후 경제위기 속에서 복지국가 위기론이 등장하였고, 우파는 효율성의 실패를, 좌파는 평등의 실패를 근거로 복지국가체제를 신랄하게 공격하였다. 이러한 상황에서 1979년 집권한 Thatcher의 보수당 정부는 신보수주의 또는 신자유주의 이념에 기초하여 복지국가의 개혁을 추진하였다. 이러한 개혁은 사회복지 분야에서는 복지의 혼합경제 또는 복지다원주의(welfare pluralism)라는 이념에 의하여 추진되었다. 보수당 정부는 우선 경제 전반의 탈사회화(desocialization)를 주도면밀하게 진행시켜 국영기업의 주식 매각, 국유산업의 민영화를 단행하였다. 사회복지 분야에서는 공공재정지출을 통제하고, 사회보장과 복지서비스 전달구조를 변화시켰으며, 대중에 대한 도덕재무장 전략을 사용하였다. 주요 정책변화의 내용으로는 연금부문에서 국가소득비례 연금체계를 수정하여 급여수준을 저하시키고 민간금융기관을 통한 개인연금을 장려하였다. 아동수당과 주택수당의 급여수준을 동결하거나 실질적 급여를 저하시켰다. 국민보건서비스에서는 민간병원의 설립을 장려하고, 의료부문에 내부시장 개념을 도입하여 시장원리를 강화하였다.

주택부문에서는 지방정부 소유의 공공주택을 대대적으로 매각하는 민영화 조치를 취하였으며, 대인사회서비스 부문에서는 지역사회보호(community care)를 강조하면서 지방정부 사회서비스국의 조직과 운영을 개혁하여 서비스 전달체계에서 공공부문의 역할을 축소하고 민간부문의 역할을 강화하는 조치를 취하였다.

보수당의 18년간에 걸친 복지국가 개혁은 1997년에는 Tony Blair의 노동당이 집권함으로써 새로운 국면을 맞이하였다. 노동당은 전통적인 사회민주주의 노선을 대폭 수정하여 이른바 '제3의 길'이라는 새로운 정책노선을 추구하고 있다. '제3의 길'에서는 적극적인 복지사회(positive welfare society) 건설을 주장하면서 복지지출은 지속되어야 하되, 의존적 인구계층에 대한 경제적인 부양비를 직접 제공하기보다는 가능한 한 인적자본에 대한 투자로 전환되어야 함을 강조하고, 복지국가 대신에 사회투자국가의 건설, 직업의 창출, 도덕적 해이가 야기되는 급여제도의 개혁 등 근로복지(workfare)를 강조하였다.[2] 노동당은 2001년과 2005년 총선에서 대승하지만 2009년 총선에서 보수당에게 패배함으로써 이러한 개혁이 신자유주의와 사회민주주의의 이념적 한계를 극복하고 새로운 복지이념으로 정립될 수 있을지는 여전히 미래의 평가과제로 남아 있다.

3. 미국의 사회복지 역사

Rimlinger에 의하면, 미국은 자유주의 가치에 기초한 사회복지의 유산이 끈끈한 생명력으로 남아 있는 나라다.[3] 식민지시대부터 신대륙의 개

---

2. Anthony Giddens, *The Third Way: The Renewal of Social Democracy*, 1998; 한상진 · 박찬욱 역, 『제3의 길』, 생각의 나무, 1999, pp. 171-189.
3. Gaston Rimlinger, *Welfare Policy and Industrialization in Europe, America and*

척과정에서 프런티어 정신은 자조와 독립을 강조하였고, 청교도의 윤리도 노동의 가치를 강조하였다. 따라서 자유주의 정신은 다른 어느 나라보다도 미국에서 강하게 작용하였고, 국가 개입에 의한 사회복지의 제도화가 지연되고 전문 사회사업의 발전이 두드러진다.

1) 초기 식민시대의 빈민법

초기 미국사회의 공공부조는 영국에서 도입한 엘리자베스 빈민법의 구빈행정을 답습하여 구빈원에 의한 최소한의 구빈활동을 실시하였다. 대서양 횡단의 오랜 항해 끝에 병을 얻은 성인들이나 부모를 잃은 아동들을 위하여 식민정부가 구빈원을 세우기도 하였지만, 기본적으로 초기 미국인들은 프런티어의 가능성을 믿으면서, 근면, 절약을 미덕으로 삼고, 나태, 무능력자, 부랑자를 경멸하였다. 식민지 주민들의 생활은 자급자족 경제에 맡겨졌으며, 정치 역시 주민의 직접참여 민주주의가 기본이었다. 구빈행정 역시 지역사회를 단위로 하여, 빈곤아동은 노동력이 필요한 농장이나 가정에 보내졌으며, 다른 지역으로부터 온 빈민이 발견되면 그의 원래 거주 지역으로 되돌려 보내졌다. 노동능력이 있는 빈민이란 신대륙 미국에서는 받아들이기 어려운 개념이었다.

식민지 미국에도 영국 자본주의의 발달과 함께, 점차 해운업이나 무역업이 성장하게 되자, 미국의 자본가들에게 영국의 중상주의 식민정책이 질곡이 되었다. Jefferson의 유명한 생명, 자유, 행복추구의 권리를 명문화시킨 독립선언문과 함께, 독립전쟁(1766)이 시작되었고, 독립 후 미국 자본주의는 더욱 발전하였다. 1861년에 시작된 남북전쟁은 공업 중심의 북부와 플랜테이션 농업 중심의 남부 사이의 민주주의와 노동력 확보를

Russia, New York: John Wiley & Sons, 1971; 한국사회복지학연구회 역, 『사회복지의 사상과 역사』, 한울 아카데미, 1997, 제3장 자유주의의 출현과 그 유산 참조.

위한 흑인노예의 해방을 둘러싼 갈등과 대립의 결과였다. 남북전쟁에서 북부의 승리는 흑인노예의 해방, 민주주의 그리고 산업자본세력의 승리를 의미하는 것이었다.

2) 남북전쟁과 민간 복지활동

남북전쟁 이후 미국 자본주의는 전면적으로 개화하여, 이른바 산업혁명의 도약기를 맞게 되지만, 동시에 간헐적으로 찾아오는 경기침체와 공황도 경험하지 않으면 안 되었다. 미국 역시 노동조합의 결성, 최저임금의 요구, 도시빈곤문제 등, 자본주의의 근원적인 문제에 대처하여야 했다. 그러나 19세기 후반의 미국은 Spencer와 그의 제자 William Sumner에 의한 사회진화론이 큰 영향을 미치고 있었다. 이들의 사회진화론에 따르면, 사회질서는 자연 질서와 마찬가지로 자연법칙에 의하여 지배되고 인간사회의 생존경쟁은 불가피한 것이다. 자연도태의 메커니즘은 경쟁을 강화하고 경쟁에서 가장 잘 적응하는 자만이 사회적으로 유리한 위치에 오를 수 있다는 것이다. 즉 사회적 성공과 실패는 개인의 능력과 특성에 의존한다는 것이었다. 따라서 누군가가 빈곤하다면 그 빈곤의 책임은 개인에게 있고, 구빈은 종교기관이나 민간기관의 자선활동에 의존하여야 했다. 고전경제학과 청교도윤리, 그리고 미국의 개인주의 사상에 사회진화론이 결합되어 구빈을 위한 국가의 개입에 저항하였다.

이와 같은 상황에서 영국의 자선조직협회와 인보관운동이 미국에 소개되었다. 자선조직협회는 영국에서보다 미국에서 빠른 속도로 파급되었고, 개별사회사업, 지역사회조직 등 사회사업방법론으로 지속적인 영향을 미치게 되었다. 인보관운동도 집단사회사업이나 지역사회조직과 같은 사회사업방법론을 발전시키고, 사회입법운동을 통하여 역사적으로 중요한 역할을 수행하였으나, 영국에서처럼 진보적인 사회개량운동으로 정치세력화하지는 못하였다.

미국 최초의 자선조직협회는 1873년에 버펄로에 설립되었고, 이어서 다른 도시들에 자선조직협회가 설립되었다. 미국의 자선조직협회들은 자선단체들 간의 연락, 조정, 빈민 및 빈곤 가정의 등록, 모금활동뿐 아니라 자원봉사자들의 우애방문을 통하여 빈민의 생활에 대한 태도를 변화시키려 하였다. 미국의 자선조직협회는 "시혜가 아니라 친구를", "고기를 주는 것이 아니라 고기잡는 방법"을 가르치는 데 치중하였다. 자선활동의 과학화를 추구하여서, 우애방문자가 대상자에 어떤 태도로 접하고, 어떤 관계를 형성해야 하는가 등을 체계화하기 시작하였다. 1898년에는 뉴욕 자선조직협회가 여름 강습회를 개최하여 자원봉사자인 우애방문가들을 교육하게 되었다. 자선조직협회는 기본 철학에 있어서 자유방임주의나 개인주의적 미국의 전통을 계승하는 것이기도 하였지만, Mary Richmond의 저서 『사회진단』이 출간되면서 개인의 자립을 둘러싼 사회환경과 개인의 인성의 발달을 관련시키는 개별사회사업의 이론화가 이루어지게 된다.

한편, 런던의 토인비 홀을 방문하고 귀국한 Jane Adams는 시카고에 헐 하우스(Hull House)를 설립하였다. 헐 하우스의 활동내용은 탁아소 운영, 지역사회 조직의 개발, 부인 클럽활동 및 아동 클럽활동 등으로, 다양한 문화배경을 가진 빈곤지역 주민들이 이러한 활동에 참여함으로써 문화적인 다원성을 인식하고 정체감을 가질 수 있도록 도왔다. 인보관은 미국 전역에 설치되었으나, 헐 하우스가 후에 사회입법 운동에 관여한 것과는 달리, 대개의 인보관들은 지역주민 스스로 문제를 해결할 수 있도록 돕는 전문사회사업의 집단사회사업과 지역사회조직으로 발전하였다.

영국을 포함한 유럽의 19세기 말과는 달리, 미국은 19세기 말까지도 빈곤문제에 대처하기 위한 공공부문의 체계적인 사회정책은 채택되지 않고 있었다. 남북전쟁 이후 미국사회는 지속적인 경제성장 단계에 들어섰고, 미국 자본주의의 공업생산력은 급속하게 발전하였다. 그러나 이러한 변동은 다양한 사회문제를 수반하였다. 가혹한 부인노동과 아동노동의 증가, 실업자의 만성화, 빈곤과 슬럼의 발생 등, 미국 자본주의가 해결해야 할 문제가 나타났다. 이러한 산업화의 영향은 미국 사회 내에 진보적인 사회운동을 확대시키면서 사회문제에 대한 국가개입의 필요성을 증대시켰다.

20세기 초부터 제1차 세계대전이 발발하기까지 17년을 진보기라 부르는데, 이 기간 동안 지식인들이 주도한 다양한 진보적인 사회개혁의 실험 중에 사회보험운동이 있었다. 사회보험운동의 첫 시험대는 산업재해보상보험의 도입이었다. 산업재해로 인한 노사 양측의 경제적인 손실, 궁극적으로는 국가적인 손실을 달러로 계산해 내고, 이에 대한 예방책으로 사회보험제도의 도입 필요성을 설득하는 데 성공하였고, 산업재해보상 보험제도는 전국으로 확대되었다. 산재보상보험제도 확대의 성공은 다음 단계로 의료보험의 도입을 시도하였다. 그러나 의료보험제도 도입운동은 일찌기 미국의사회와 민간보험회사의 조직적인 반대에 부딪혀 좌절되고 말았다. 제1차 세계대전의 발발로 진보적 개혁운동이 전체적으로 소강상태에 들어가게 되고, 미국의 의료보험제도의 전면적인 도입은 루즈벨트 대통령의 사회보장법에서도 제외되고, 21세기 초까지도 이루어지지 않았다.

3) 대공황과 사회보장법

제1차 세계대전은 미국에 미증유의 경제성장을 가져왔다. 전후 유럽이 전쟁의 복구에 여념이 없고, 사회통합을 위한 사회정책의 도입에 박차를 가하고 있을 때, 미국은 자유주의의 마지막 보루로서 최소한의 정부의 가능성을 구가하였다. 그러나 1929년 미국의 뉴욕에서 시작된 대공황은 순식간에 유럽과 일본으로 번졌다. 이 경제공황이야말로 미국이 국가책임에 의한 사회복지제도를 출발시키는 계기가 되었다. 대공황은 산업사회에서 국가가 시민의 경제생활과 복지에 개입하여야 할 필요성이 있음을 인식하는 전환점을 제공하였다. 1929년부터 1933년 사이에 국민총생산은 절반으로 감소하였으며, 실업률은 25%로 증가하였다. 이러한 경제위기 상황에서 1933년 당시 출범한 루즈벨트 행정부는 신국가주의 이념에 기초하여 뉴딜 정책을 경제위기 극복의 수단으로 시행하였다. Keynes 경제학의 수요중시 경제이론은 뉴딜의 수요확대 정책의 이론적 기초를 제공하였다. 이 정책에 의하여 실업자에게 일자리를 제공하는 각종 공공사업이 실시되었고, 1935년에는 사회보장법이 제정되었다. 사회보장법의 내용은 연방정부에 의한 노령연금, 주정부 운영과 연방정부 보조의 실업보험, 아동·노인·맹인을 위한 공공부조와 사회복지 서비스로 구성되어 있으며, 연방정부의 개입에 의한 최초의 사회보장제도로서 의미가 있다. 그러나 구체적인 내용에 있어서는 전 국민을 대상으로 하는 사회보험보다는 빈곤계층과 사회의존 인구를 위한 공공부조와 사회복지서비스의 비중이 크고, 사회보험에서도 소득비례가 강조되는 등 자유주의 전통이 반영되어 있다.

한편, 20세기 전반에는 증대되는 사회문제의 해결을 위하여 전문사회사업도 크게 발전하였다. 프로이트 심리학의 영향을 받은 개별지도 방법의 전문화가 이루어지고, 집단지도와 지역사회조직이 사회복지 실천방법으로 분화되어 발전하였으며, 대학에서 사회복지교육이 체계적으로 이루어지게 되었다.

4) 제2차 세계대전 후의 사회복지

제2차 세계대전이 끝난 후, 미국의 국가경쟁력은 다시 비약적으로 증대하였다. 1950년대와 1960년대는 세계경제의 호황 속에 지속적인 경제성장이 이루어져 '풍요한 사회'를 이룩하였다. 따라서 빈곤과 같은 사회문제의 해결에 대하여 낙관적인 견해를 갖게 되었다. 전쟁에 의하여 희생된 국민의 가정생활, 군의 장병과 그 가족을 위한 복지, 상담사업, 도시 지역사회의 재건 등 전문사회사업의 역할과 영역이 넓어졌다.

이러한 가운데 1950년대 말과 1960년대 초에는 Harrington의 저서 『또 다른 미국(*The Other America*)』이 발간되는 등 '풍요 속의 빈곤' 현상에 대한 사회적 비판이 제기되고, 흑인민권운동, 반전운동, 복지권운동, 학생운동 등 사회개혁에 대한 요구가 급증하였다. 1960년에 집권한 케네디 대통령은 뉴 프런티어 정신을 슬로건으로 내걸고 경제개발법, 인력개발훈련법을 제정하였고, 1963년에 집권한 존슨 행정부는 빈곤퇴치운동(War on Poverty)을 전개하는 등 각종 사회개혁 입법과 정책조치를 취하였다. 또한 1965년에는 65세 이상의 노인을 대상으로 하는 의료보험으로서 메디케어(Medicare)가 도입되었으며, 1970년대 초반까지 사회보장제도가 지속적으로 확대되고 재정지출이 증가하였다.

그러나 1970년대 후반부터 경제불황, 높은 인플레이션과 실업률, 사회보장의 적자재정 확대로 국가재정 적자문제를 해결하기 위한 개혁조치가 필요하게 되었다. 1980년 집권한 공화당의 레이건 대통령은 Friedman 등과 같은 신자유주의 경제학자의 공급중시 경제이론에 기초하여 '작은 정부'를 지향하고 연방정부의 재정지출을 삭감하였으며, 기업에 대한 조세감면으로 경기를 부양하는 등 시장경제를 강화하는 개혁조치를 취하였다. 특히 국가가 사회복지 프로그램에 지나치게 개입함으로써 사회복지체계가 비효율적으로 되었다는 비판 속에서 사회복지 지출을 줄이고 사회복지의 책임을 민간에 이양하고자 하였다. 우선 사회보장 재정적자를 해결하기 위하여 사회보장개혁위원회를 구성하고 이 위원회의 보고에 기초하여 1983년에 사회보장법을 개정하였으며, 급여증가의 억제, 사회보장세의 인상, 퇴직연령의 연장 등 조치가 이루어졌다. 또한 사회복지체계의 민영화를 추진하였다. 사회복지체계의 민영화는 민간기관과의 서비스 구매계약, 보조금제도, 사회복지서비스의 교환권제도 등 현재까지 다양한 형태로 이루어지고 있다.

1996년에는 1935년에 제정된 사회보장법에 의해 도입되어 부양아동이 있는 여성을 지원해 온 AFDC를 폐지하고 요보호가정 일시부조를 위한 정액보조금제도(TANF)를 도입하였다. 이 프로그램은 미취업 상태의 근로가능한 여성의 공공근로에의 참여와 일정기간 이후의 취업을 의무화하였다. 이와 같이 1990년대 이후 미국의 사회복지는 공공부조 대상과 지원조건의 강화, 생산적 복지가 강조되는 등 자유주의 시장경제 이념에 기초한 정책이 강화되거나 지속적으로 유지되고 있다.

4. 한국의 사회복지 역사

한국은 제2차 세계대전 후 독립한 신생국으로서 독립과 함께 복지국가 이념을 1948년 제헌헌법으로 수용하였다. 제헌헌법 제19조에서 생활무능력자에 대한 보호를 규정하여 공공부조를 통한 제한적인 생존권을 인정하였다. 그러나 이를 실현하기 위한 생활보호법이 별도로 제정된 것은 1961년 군사정부에 의해서였고, 이를 위한 별도의 예산이 책정된 것은 1966년 제3공화국에 의해서였다. 그 후 지속적인 고도성장을 배경으로 한국의 사회복지제도는 공공부조와 4대 사회보험, 그리고 광범위한 사회복지서비스 체계를 확충해 왔다. 한국의 사회보험제도의 발달은 전통사회, 독립 이후 제2공화국까지의 시기, 제3공화국에서 제5공화국까지, 제6공화국 이후 IMF 경제위기까지, 그리고 IMF 경제위기 이후로 나누어 시기별로 사회복지제도의 전개를 살펴본다.

1) 전통사회의 구빈제도

우리나라 전통사회에서는 천재지변이나 전쟁, 질병, 빈곤 등으로 고통을 당하는 백성들에 대한 구빈활동이 역사 속에서 면면히 이어져 왔음이

다수의 역사서에 기록되어 있다. 『삼국사기』에 의하면, 고구려 고국천왕 때 을파소에 의하여 진대법이 실시되었는데, 그 내용은 춘궁기에 관의 곡식을 빈곤한 백성들에게 대여하였다가 추수기에 갚도록 한 것이다. 또한 백제의 전지왕 때에는 사구성을 축조하면서 빈곤한 백성들을 토목공사에 동원하여 구제하였다. 이 외에도 삼국은 모두 국가가 비축하고 있는 곡식을 빈곤한 백성들에게 배급하여 구제하였으며, 환·과·고·독의 백성들을 구휼하고 재해를 입은 백성의 조세를 감면해 주었다.

정인지가 기록한 『고려사』에 의하면, 고려시대에도 왕의 즉위나, 국가적 경사, 전쟁 직후에 왕이 백성에게 베푸는 은혜로서 조세탕감이나 역을 면제하는 은면지제가 있었고, 재해 시에도 조세나 역을 면제하였다. 또한 구빈기관으로 태조 때에 설립된 흑창은 흉년이 들었을 때에 국가가 비축한 양곡으로 무상으로 백성을 구제하였다. 흑창은 성종 때에 의창으로 이름이 변경되었다. 상평창은 빈민에게 곡식을 대여하고 추수기에 갚게 하는 제도였으며, 예종 때 설치된 구제도감은 곡물, 면포, 의류, 식염 등을 저장하여 필요할 때에 빈민을 구제하였다. 문종 때 설치된 동서대비원은 빈곤한 환자를 구호 치료하였다.

조선시대에는 유교의 정치이념에 따라 왕이 백성의 생활에 책임을 지고 선정을 베풀어야 하는 왕도정치의 이념이 지배하였고, 왕은 교시나 법을 통하여 지시하고 구빈행정의 책임은 지방관에게 있었다. 구빈제도로서는 의창, 상평창, 사창이라는 3창이 있었다. 다만, 사창은 백성이 공동으로 저축하여 상부상조하는 민간의 자발적인 구빈기구였다.

이 외에도 민간에 의한 구빈활동이 여러 가지 형태로 존재하였는데, 향약의 규약인 환난상휼에 의하여 재해, 질병, 빈곤에 대한 구제를 행하였다. 계는 신라 때부터 존재하였던 주민 상호간의 협동조직으로서 친목, 산업, 혼상, 학업, 양로, 군포 등을 위한 다양한 계가 존재하였다. 두레는 촌락 단위의 공동노동을 위한 조직이었으며, 품앗이는 주민 상호간의 노동력을 교환하는 노동협력 양식이었다.

2) 근대와 현대 사회의 사회복지

여기에서는 조선시대 말 우리나라의 문호가 개방된 이후, 1960년대 초 본격적인 산업화가 시작되기 전까지, 즉 일제 식민기, 독립, 미군정기, 정부수립, 한국전쟁을 거쳐 5·16 군사정변에 이르는 시기를 다룬다.

19세기 말 이후 우리나라의 문호가 개방되고 근대화가 이루어지면서 일제에 의한 식민지 수탈정책은 다수의 빈민을 형성하였다. 토지가 없는 농민들은 빈농이 되거나 걸인, 유민, 화전민 등으로 전락하였다. 일제에 의한 한일 병합 후 일제의 구호정책은 식민정책의 일부로서 우리 민족이 일제에 충성하도록 하는 사회통제적인 목적으로 시행되었다. 향약이나 두레와 같은 주민의 자발적인 상부상조 기제는 의도적으로 해체되었으며, 일제의 복지사업으로는 이재민 구호, 궁민 구조, 행려병인 구호 등과 사회복지시설의 운영이 있었다. 일제의 복지사업은 국민의 복지와 생활향상이 목적이 아니었으며, 장기적인 정책이나 계획이 없이 자연재해 발생에 따른 임기응급 조치로 시행되었다. 1944년에는 조선구호령이 제정되어 생활보호제도의 법적 근거가 마련되었으나 실제로 시행된 기록은 발견할 수 없다. 이러한 과정에서 서구의 근대적 의미의 민간 사회복지사업이 도입되기도 하였다. 해방 이전 민간의 사회사업은 고아원이나 인보관을 소개한 서양 기독교 선교사들의 활동이나 토호와 부호들의 자선박애사업, 민족주의자들의 향토적 계몽사업과 동일시되었다.

해방 이후 미군정시대(1945~1948)는 정치적·경제적·사회적 혼란기로서 실업과 절대빈곤이 만연된 상황이었다. 절대빈곤의 사회경제적 상황에 대처하는 미군정의 구호정책은 군정법령 및 준칙에 기초하여 이재민, 피난민, 실직자 등에 대한 식량, 주택, 의료구호를 실시하였다. 미군정의 구호정책은 같은 시기 일본에서 실시하였던 '사회보장 방안의 권고'와 같은 체계적인 정책방안의 제시가 없었고 임시방편적 소극적 구호에 그쳤다. 미군정 당국이 발부한 복지정책 관련 문건 두 가지가 초기 한국

정부의 복지정책 기조를 규정했다고 해도 틀리지 않는데, 그 하나는 1946년 1월자로 발부된 행정 각서로서 일반 공공구호는 가족이나 친척이 없는 빈곤자, 취업이 불가능한 빈곤자, 공공시설 외에 갈 곳이 없는 빈곤자로서, 65세 이상 노인, 13세 미만 아동, 6세 미만 아동을 양육하고 있는 여성, 만성 질병자, 임산부, 장애자 중 한 범주에 속해야 함을 밝히고 있다. 이 규정은 1944년 해방 전 일본이 발표한 조선구호령과 거의 같고, 1961년에 제정된 생활보호법과 그 원칙과 내용이 거의 일치한다. 1999년 국민기초생활보장법이 제정되기까지 한국의 제한적인 공공부조의 기본적인 틀이 이 시기에 만들어진 셈이다. 다른 하나는 1947년 미군정 당국이 시·도지사에게 지시한 보건후생부의 통첩인데, 이에 의하면, "국가 재정상, 수많은 구호대상 아동에 대하여 전적으로 국비를 보조하는 것은 불가능하므로, 관·민의 유지들과 긴밀한 조직적 연락 하에 당해 시설의 지역별, 또는 개별적 후원단체를 구성하게 하여 인적·물적 자원을 유감없이 발휘하여 당해 시설로 하여금 자급자족하도록 극력 추진할 것"(후생시설 운영강화에 관한 건)이라고 하고 있어, 지역사회 수준에서의 주민들의 자조와 자발적·민주적 참여와 책임을 지도원칙으로 강조하였다. 당시 수많은 요구호 아동 문제를 극빈상태에 있는 지역사회의 민간자원 활용으로 해결하려하는 것은 전적으로 국비로 해결하려는 것 못지않게 현실성이 없는 대안이었다. 이 시기에 제시된 구시대적 공공부조의 틀과 민간부문 책임의 강조는 한국 사회복지제도의 지형을 형성하는 데 오랫동안 중요한 원칙으로 자리 잡았다.

1948년 8월 15일, 역사상 처음으로 주권, 입헌성, 정통성, 관료제를 갖춘 근대국가 한국이 탄생하였다. 그러나 실효적으로는 영토의 절반밖에 지배할 수 없는 분단국가로 출범하였고, 분단은 몇 년 후 일어난 동족상잔의 비극, 한국전쟁의 가장 큰 원인이 되었다. 제1공화국 시기를 통하여 국가의 복지정책은 전재민과 피난민을 위한 난민정착사업, 주택사업, 공적구호사업, 일시응급구호사업 등 최소한의 응급구호로 제한되었다. 또한 전쟁은 미국 등 외국의 원조활동이 밀려들어오는 계기가 되었다. 유엔구호계획에 의하여 많은 외국구호물자가 도입되었으며, 외원단체도 1957년 현재 77개 기관이 국내에서 활동하였다. 또한 시설수용을 요구하는 요구호자가 증가하여 육아시설, 양로시설, 모자시설 등 사회복지시설이 증가하여 민간 사회복지활동의 주류를 형성하였는데, 1950년대 말까지 한국 사회복지제도의 틀은 민간자선단체, 특히 외원단체의 원조에 의한 구제가 핵심을 이루었다. 해방과 독립, 전쟁으로 이어진 이 시기의 사회복지는 응급구호와 외원의존으로 특징지어지게 되었다.

3) 고도 경제성장과 사회복지 입법

1960년대 이후는 군사정부와 제3공화국이 국가주도의 산업화 정책을 추진한 시기로서 급속한 공업화와 도시화가 진행되었다. 고도의 경제성장으로 절대빈곤이 크게 감소하기 시작하였으나, 산업화로 인한 사회문제가 증가하고 빈부격차 등 불평등이 확대하였다. 군사혁명으로 정권을 장악한 제3공화국은 경제성장과 복지국가 건설을 국정목표로 내걸고, 개정헌법 30조 1항에 "모든 국민은 인간다운 생활을 할 권리를 가진다," 2항에 "국가는 사회보장의 증진에 조력하여야 한다"라고 명시하여 국민의 생존권과 복지국가 의무를 규정하였다. 잇따라 사회보장에 관한 법률(1963), 군인연금법(1963), 산업재해보상보험법(1963), 의료보험법(1963) 등을 제정하고, 생활보호법(1961), 윤락행위등방지법(1961), 공무원연금법(1960), 선원보험법(1962), 군인보험법(1962), 아동복지법(1961), 재해구호법(1962) 등과 함께 이른바 사회복지 관련 법률의 대량 형성기를 맞게 된다.

그러나 제3공화국의 헌법의 생존권 조항이나 10여 개 이상의 사회복지 관련 입법들은 군인연금법이나 공무원연금법, 산업재해보상보험법 등 몇 개를 제외하면, 실현가능성이나 정책의지보다는 당위론적이고 계몽적인 방향 제시 이상의 의미를 지니지 못하였다. 특히 정통성이 취약했던 군사정부가 정치기반과 권력의 정당성을 확보하기 위한 정치적 목적이 강하게 반영되어 있었다.[4]

실제로 제3공화국의 빈곤해소 전략은 경제성장이었지 복지정책을 통한 생존권의 보장은 아니었다. 이들은 전통적인 가족유대와 상부상조의 관행이 국가의 구빈정책보다 도덕적으로 우월하다고 믿었으며, 당시에 만연한 빈곤도 전쟁과 재해, 식민 착취와 자연자원의 부족 때문이라고 생각했다. 수출주도형의 공업화를 기조로 한 경제개발 5개년 계획의 추진에 성공하면서, 국가는 '선성장 후분배'의 원칙을 명확히 했다. 경제발전이 최선의 빈곤정책이고 가족이 최고의 사회안전망이었다.

그러나 1970년대 유신정부가 주도한 재벌중심의 자본집약적 중화학공업 육성 전략은 1960년대 노동집약적 경공업중심 발전전략과는 달리, 산업부문 간, 계층 간, 지역 간의 구조적 불균형을 심화시켰고, 정경유착과 재벌경제, 대외의존성의 심화, 민중부문의 소외 등 구조적인 문제점과 모순을 내포하고 있었다. 이미 1970년대 초부터 고도성장의 부정적인 측면들은 현재화하기 시작하고 있었으며, 성장의 왜곡에 대한 이해관계의 대립이 표출되기 시작하고 있었다. 이러한 사회불안과 배분의 욕구에 대하여 유신정부는 처음에는 비상조치, 긴급조치 등의 강경책으로 대응하였으나, 1970년대 중반부터는 사회개발과 형평의 증진을 도모하는 정책전환을 시도하지 않을 수 없게 되었다. 1970년대의 유신정부는, 1960년대 제3공화국과는 달리, 사회복지에 대한 소극적인 태도를 바꾸어 복지정책을 중요한 국가발전 전략의 하나로 고려하게 된다.

1973년에는 국민복지연금법이 제정되었으나 세계석유파동 등 경제적 조건의 미비로 시행되지 못하였다. 이 법의 목적은 노후의 소득 보장이

---

4. 이 시기의 사회복지제도는 사회복지가 산업화의 결과로 이루어진다는 산업화이론과 다른 것으로서, 서구 국가들이 산업화가 진행되면서 노동자를 중심으로 사회보장제도가 발전한 것과는 차이가 있다.

라는 연금의 본래 목적보다는 중화학공업의 육성을 위한 내자 동원이었다는 점에서 권위주의적 성장론자들의 도구주의적 복지정책의 한계를 보여주는 대표적인 사례가 되었다.[5] 1977년에는 의료보험이 제한적으로 도입되었다. 남북대화를 추진하던 유신정부는 당시 심화되고 있던 의료 균점 문제에 복지적인 개입을 시도하였다. 1963년에 제정되어 유명무실하게 존속해 오던 의료보험법을 1976년에 전면 개정하여 1977년부터 실시한 것이다. 행정편의상 대규모 사업장의 피용자를 우선 강제적용 대상으로 시작하여 11년 후인 1988년 농어촌지역의료보험제도를 실시하고 다음 해부터 도시자영자 지역의료보험을 실시하여, 의료보험법을 전면 개정한 지 12년 만에 전국민의료보험체제를 이룩하였다.

1980년에 출범한 제5공화국은 복지사회의 건설을 국정목표로 제시하였다. 제5공화국을 탄생시킨 헌법 개정에서 '국가는 사회보장과 사회복지의 증진에 노력할 의무를 진다'로 수정하여 복지국가 의무조항에 사회복지가 포함되었다. 이에 따라 1980년대에는 노인복지법의 제정(1981)과 개정(1984), 아동복지법의 전면 개정(1981), 심신장애자복지법의 제정(1981)과 개정(1984), 사회복지사업법 개정(1983), 유아교육진흥법 제정(1982), 모자보건법 제정(1986) 등 후속 입법화 작업이 추진되었다. 특히 전국에 새마을 어린이 집이 설치되고, 전국에 노인정, 노인대학, 노인회가 설치됨으로써 아동복지와 노인복지 서비스의 지평이 확대되었다.

1980년대 중반에 정치민주화의 시련을 거쳐 1988년 출범한 제6공화국은 국회를 정치의 중심무대로 돌려 놓았다. 제6공화국은 전두환 군사정권과 여러 측면에서 고도의 연속성을 가지고 있었다는 점에서 매우 제한적인 민주정부였으나, 국가부문의 사회복지에 대한 개입은 크게 확대된 시기였다. 의료보험의 농어민 확대(1988)로 전국민 의료보험이 실시되고, 국민연금제도가 실시(1988)되었으며, 지역의료보험의 총비용 중

---

5. 이혜경, 「사회변동과 사회복지」, 『한국사회복지총람』, 한국사회복지협의회, 1991, p. 769.

50% 국가부담을 결정하고, 고용보험제도 도입을 준비하였으며, 공공부조 행정의 전문인력으로 사회복지전문요원을 배치하여 공공부조와 사회복지서비스 전달체계의 확립을 시도했다. 그 외에 청소년육성법 개정(1989), 모자복지법 제정(1989), 모자보건법 개정(1987), 윤락행위등 방지법 개정(1989)이 이루어졌고, 남녀고용평등법 제정(1987)과 개정(1989)이 이루어졌다. 뿐만 아니라 근로자복지정책으로 1988년 최저임금제가 실시되고, 근로자 주택 25만 호 건설 노동은행설립 등 근로자주복지사업을 지원하고 사내 복지기금 운영, 우리사주제도 활성화 등 기업내 복지기반을 추진하고, 새로운 고용보험의 구상에도 적극적 노동시장 정책적 요소를 강하게 반영하였다.

1993년에 집권한 김영삼 정부는 30여 년 만의 민간대통령의 정부라 하여 문민정부라 이름붙이고, 부정부패, 정경유착 척결을 위해 공직자 재산공개, 금융거래실명제 등 획기적인 개혁을 강력히 추진하였다. 출범 초기에는 노동계급의 복지증진이나 사회보장은 거의 염두에 두지 않았다. 다만 쌀시장 개방을 앞두고 1994년에 농어민연금을 도입하였고, 1995년에는 고용보험을 시행하여 국민연금, 의료보험, 산재보험, 고용보험의 이른바 4대 사회보험제도의 골격이 외형적으로 갖추어지게 되었다. 또한 OECD 가입을 앞두고 1995년 3월 김영삼 대통령은 "삶의 질의 세계화를 위한 대통령 복지구상"을 발표하여 문민정부의 복지개혁의 방향과 기본원칙을 제시하였으나 방대한 국민복지구상의 실천은 다음 정부에 맡겨져 있었다. 문민정부 5년 내내 보건복지부 예산은 제6공화국 시기의 수준을 넘어 본 적이 없다. 우리나라의 산업화 시기별로 본 사회복지 입법의 제도화 현황은 <표 I-3-1>과 같다.

4) IMF 외환위기 이후 사회복지정책

1997년 태국에서 시작된 아시아경제위기는 1997년 12월 한국을 강타

〈표 I-3-1〉 우리나라의 산업화 시기별 사회복지 입법 현황

시대구분	분 야	주요 입법	제정연도
산업화 이전 (1945～1950년대)	사회보장의 제도적 기반 없음		
산업화시기 (1960～1970년대)	사회보장 일반	사회보장에 관한 법률	1963
	공공부조	생활보호법 의료보호법	1961 1977
	사회보험	공무원연금법 군인연금법 산업재해보상보험법 의료보험법	1960 1963 1963 1976
	사회복지 서비스	아동복리법 사회복지사업법	1961 1970
산업화 이후 (1980～1990년대)	사회보장 일반	사회보장기본법	1995
	공공부조	생활보호법(전면개정)	1982
	사회보험	국민연금법 전국민의료보험 실시 고용보험법 국민의료보험법(통합의료보험)	1986 1988 1993 1997
	사회복지 서비스	아동복지법(전면개정) 노인복지법 장애인복지법(전면개정) 모자복지법 장애인고용촉진법 영유아보육법 정신보건법 청소년기본법 사회복지공동모금회법	1981 1981 1989 1989 1991 1991 1995 1995 1997
1997년 경제위기 이후(1998～현재)	사회보장 일반	사회보장기본법(개정)	2012
	공공부조	국민기초생활보장법 의료급여법 긴급복지지원법	1999 2001 2005
	사회보험	국민건강보험법 건강보험 재정통합	1999 2003
	사회복지 서비스	저출산·고령사회기본법 노인장기요양보험법	2005 2007

하였고, IMF 사상 최대 규모의 구제금융 지원을 받으며 IMF 관리체제하에 들어가게 되었다. 3% 미만이던 실업률이 7~8%대로 갑자기 높아지고 장기화되었으며, 일인당 GDP가 1997년 9,500달러에서 1998년 6,200달러로 감소하여, 우리나라는 1960년대 산업화가 시작된 이래 경험하지 못한 경제위기와 대량실업, 빈곤의 문제에 직면하게 되었다. 1998년 집권한 김대중 정부는 IMF가 요구하는 신자유주의적 처방을 충실히 이행하여 IMF 조기졸업을 선언하는 한편, 집권 1년 만인 1999년 민주주의의 구현과 시장경제의 병행발전이라는 국정철학의 양대 축에 "생산적 복지"라는 세 번째 축을 추가하였다. 정치적으로 보면 1997년 외환위기는 대한민국 사상 처음으로 정당간 평화적 정권교체를 가져왔고 중도좌파/진보정부의 집권을 가져왔다. 사회적 약자를 위한 사회복지의 확충은 새로운 정부의 정체성의 요구였고 한국 역사의 명령이기도 하였다. 생산적 복지는 기본권 보장, 인간개발, 적극적 고용참여, 복지다원주의로 구성된 세계화시대의 새로운 패러다임의 복지구상이었다. 국민의 정부는 국민기초생활보장법을 제정하여 노동능력 유무에 상관없이 공식적인 빈곤선을 기준으로 전 국민에게 최저생활을 보장하도록 함으로써 권리로서의 공공부조가 자리잡게 되었다. 공식적인 빈곤선은 매해 보건복지부장관이 발표하게 하고, 노동능력이 있는 빈곤인구의 탈 빈곤을 위하여 자활지원사업을 제도화하였다. 1999년에는 국민연금을 도시 자영자에게 확대실시하면서 세계은행이 제안한 다층구조를 택하지 아니하고, 전 국민 소득재분배형 단일 연금제도로 통합하였고, 의료보험은 노사정위원회 합의를 거쳐 227개 지역조합과 142개 직장조합, 그리고 공무원 교원 의료보험을 단일 국민건강보험으로의 통합을 단행하였다. 그리고 4대 사회보험의 적용대상을 전 국민 혹은 1인 이상 사업장으로 확대하였고, 실업 및 빈곤대책이 확대되었으며, 공공부조의 정비와 의료보험, 연금보험의 대개혁은 노동배제와 조합주의, 국가의 재정중립과 소극적 재분배 원칙들로부터의 결별을 의미하는 경로이탈과 새로운 경로형성의 대전환이었다.

노무현 정부 하에서 국민건강보험은 2003년 7월부터 보험재정이 완전 통합되어 전 국민이 단일한 조직과 재정체계의 국민건강보험을 적용받게 되었다. 저출산·고령사회에 대비하기 위해 저출산·고령사회기본법(2005)이 제정되었고, 일·가정 양립을 위하여 보육서비스를 확대하고, 인구 고령화에 따른 돌봄의 탈가족화를 위하여 공적노인요양보장체계의 축으로 노인장기요양보험법(2007)이 제정되어 2008년 7월부터 시행되고 있다. 노무현 정부가 출범한 2003년에는 이미 노동시장 유연화, 탈규제, 민영화, 자유화 등 신자유주의적 경제개혁의 사회적 결과로서 분배의 악화, 장기실업, 근로빈곤층, 비정규직, 아동빈곤, 다문화가정, 노숙자문제, 젠더관계의 변화와 가족구조의 변화 등 새로운 사회적 위험의 문제가 심각하게 나타나고 있었다. 그리고 경제성장의 회복에도 불구하고 분배는 악화되고, 고용 없는 성장, 고용의 질, 비정규직 문제가 경제사회적 양극화를 심화시키고 있었다. 참여정부의 사회복지의 질문은 이미 고성장시대의 그것이 아니었다. 전통적인 케인지언 복지국가 정책으로는 답할 수 없는 새로운 사회적 위험들이 현실이 되어 있었다. 국민의 정부가 사회복지의 질문을 국가와 시장의 관계에서 바라보고 국민기본권 보장, 특히 소득보장을 중점적으로 추진하였던 것에 비하여, 참여정부는 사회복지의 문제를 세계화와 탈산업화라고 하는 세계사적 전환의 맥락에서 고용 지향적 사회통합과 사회적 투자 개념으로 접근하였다. 집권 초기에 수립한 빈곤아동 종합대책은 빈곤아동의 기본적인 생활보장과 미래 인적자원의 개발, 가난의 대물림 차단을 명시적 목표로 하여 보건·복지·교육의 통합적 접근을 강조하였고 지역아동센터, 방과후학교, 교육복지투자우선지역 지원사업 등으로 구체화되었다. 보육서비스는 참여정부의 중점적 사회정책의 하나로 2002년 2,500억 원 미만이던 보육예산을 2007년 1조 3,400억 원으로 증가시키고, 육아지원 대상 아동도 중산층까지 대폭 확대하였다. 아동보육서비스의 확충은 아동에 대한 인적자원 투자정책이고, 출산을 장려하는 인구정책이며, 취업여성의 일·가정 양립을 지원하는 양성평등 정책이다. 그리고 여성의 노동시장 참여를 지원하는 노동정책이고, 보육서비스 공급자체가 일자리 창출이므로 국가 고용전략이기도 한 다면적 사회투자 프로젝트였다. 2007년 참여정부가 발표한 "비젼 2030"은 성장 동력의 확충, 인적자본의 고도화, 사회적 자본의 확충, 사회복지 선진화, 적극적 세계화라는 5대 국가전략을 씨줄로 하고 제도혁신과 선제적 투자라는 수단을 날줄로 하여, 모든 분야의 세부정책들이 유기적으로 협력, 조정, 통합되면서 동반성장과 선진 복지국가라는 지향점을 향하는 국가 경영전략의 포괄적인 청사진이었다. 김대중 정부의 생산적 복지의 개념이 사회복지를 시장경제와 민주주의와 같은 수준의 국가목표로 끌어 올렸다면, 참여정부의 비전 2030은 사회복지정책을 경제정책, 교육정책, 노동정책, 무역정책 등과 이중 삼중으로 교차하면서 연대와 복지의 가치를 구현하는 포괄적이고 핵심적인 국가경영전략으로 구체화하였다.

747과 감세공약으로 집권한 이명박 정부도 아시아 경제위기 이후 지속된 복지확장의 궤도를 돌려놓지는 못했다. 작은 정부, 친기업, 적하 효과를 표방했지만 집권 중반부터는 "친서민"을 강조하며 "동반성장위원회"와 "사회통합위원회"를 설치하는가 하면, 복지행정전산망의 확충과 사례관리를 위한 사회복지 전담공무원 7,000명 증원계획 등 복지행정 효율화에 노력하였으며, 당시 여당의 대선 후보였던 박근혜 의원의 발의로 사회투자, 돌봄의 사회화, 사회서비스 확충을 기조로 하는 "사회보장 기본법" 전부개정이 이루어져 복지확대의 기반이 마련되었다.

이와 같은 복지개혁은 공공사회지출의 가파른 증가를 가져왔다. 먼저 <표 I-3-2>는 1960년 이래 정부예산 대비 보건복지부 예산 비율의 변화를 보여 주고 있다. 소관법률이 89개에 달하는 사회복지의 주무부처인 보건복지부 예산 규모로 보았을 때 1961년 정부예산의 2.57%에서 1988년 3.88%로 증가하고, 외환위기 이후 7.5%(2001)로 뛰었으며, 2011년 현재 9.88%에 이르고 있다. 물론 이 예산에는 국민건강증진기금이나 국민연금

〈표 I-3-2〉 연도별 정부 및 보건복지예산 추이

(단위: 100만 원)

연도	정부예산	전년대비 증가율(%)	복지예산	전년대비 증가율(%)	복지/정부 예산(%)
1961	57,153	36.1	1,468	△26.6	2.57
1970	446,273	20.3	8,590	△18.5	1.92
1980	6,466,756	24.0	165,200	31.4	2.55
1990	27,455,733	24.5	1,151,823	24.1	4.20
1992	33,501,729	6.8	1,546,233	5.7	4.62
1994	43,250,000	13.7	1,771,859	7.0	4.10
1996	58,822,835	13.4	2,370,744	19.5	4.03
1998	75,582,900	11.8	3,112,726	9.2	4.12
2000	88,736,307	6.0	5,310,021	27.6	5.98
2001	99,180,065	11.8	7,458,139	40.5	7.52
2002	109,629,790	10.5	7,749,477	3.9	7.07
2003	118,132,320	7.8	8,502,212	9.7	7.20
2004	120,139,400	1.7	9,232,154	8.6	7.72
2005	135,215,587	12.5	8,906,745	△3.5	6.59
2006	146,962,504	8.7	9,706,335	9.0	6.60
2007	156,517,719	6.6	11,529,241	18.8	7.37
2008	179,553,739	14.7	16,022285	39.0	8.92
2009	203,549,740	13.4	19,451,111	21.4	9.56
2010	201,283,456	△1.1	19,533,546	0.4	9.70
2011	209,930,268	4.3	20,736,845	6.2	9.88

주) 2008: 부처통합예산(복지부 10조 9,374억 원, 여성부 1조 2,116억 원, 청소년위 345억 원, 예산처 36억 원) 2010: 청소년 가족업무의 여성가족부 이체(△747억 9,400만 원)
자료: 보건복지부, 2012년 주요업무 참고자료.

기금, 응급의료기금 등 기금사업예산이 포함되지 않고, 노동, 주택, 보훈 등 다른 부처의 복지관련 사업 예산을 포함하지 않고 있지만, 정부예산에서 보건복지부 예산이 차지하는 비중의 증가 추이를 쉽게 알 수 있다.

OECD 기준의 사회지출[6] 규모를 보면 2009년 현재 사회지출은 GDP 대비 10.49%로 OECD 평균 19.8%(2007)의 약 1/2 수준이다. 그러나 1990

6. OECD 기준 사회지출은 사회복지관련 일반정부(중앙, 지방)의 재정, 법률로 설립된 사회보험기관의 급여, 그리고 법정민간의 지출로 구성된다.

년 한국의 사회지출 수준이 3.13%로 OECD 평균 18.10%의 1/6 수준이었고, 2000년에는 5.69%로 OECD 평균 19.50%의 1/4 수준이던 것을 고려하면, 격차는 매우 빠른 속도로 좁혀지고 있다. 최근 20년(1990~2009) 동안 한국의 사회지출 연평균 증가율이 16.7%로 OECD 평균 5.2%에 비해 3.2배가 높았다.

보건복지부 예산이나 OECD 기준 사회지출에 포함되지 않는 민간복지부문의 지출도 미약하지만 증가하는 추세에 있다. 1998년 사회복지사업법이 개정되어 시 · 도 사회복지협의회의 독립법인화가 이루어지고, 1998년부터 사회복지공동모금회법에 의한 공동모금제도의 도입이 이루어져 민간자원 동원의 제도적 토대가 마련되었다. 또한 2003년 사회복지 사업법 일부개정으로 시 · 군 · 구 사회복지협의회의 법인화가 추진되는 한편, 시 · 군 · 구 사회복지위원회가 폐지되고, 시 · 군 · 구에 지역사회복지협의체가 설치되어 시 · 군 · 구 단위로 민관의 협력과 민간사회복지 조직과 재정의 자율성이 강화되는 방향으로 발전을 기하고 있다. 그리고 IMF 경제위기 이후 시민사회단체들의 사회복지 서비스 제공에 대한 관심이 늘어난 것도 중요한 변화라 할 수 있다. 민간부문의 사회복지 참여의 확대는 뒤떨어진 사회복지 서비스 분야의 발전에 크게 기여할 것으로 보인다.

연구문제

1. 영국의 사회복지 발달과정에서 중상주의, 자유주의, 사회민주주의, 신자유주의 등 사회사상과 사회복지제도와의 관계를 논하시오.
2. 미국의 사회복지 발달에 자유주의가 끼친 영향을 논하시오.
3. 우리나라의 현대 사회복지제도 발달의 특성을 논하시오.
4. 우리나라 전통사회의 사회복지 유산과 현대의 사회복지제도가 상호 어떠한 관련이 있는지 살펴보시오.

제4장

사회복지 학문의 기초

1. 사회과학과 사회복지

현대사회의 사회현상은 매우 복잡하고 다양하여 하나의 학문으로 전체 사회현상을 파악하기 어렵다. 이러한 사회현상을 잘 이해하기 위해서는 여러 학문 분야들의 연구를 통한 종합적인 접근이 요청되고 있다. 사회과학의 다양한 학문 분야는 사회현상을 보는 입장에 있어 서로 차이가 있으나 기본적인 개념, 전제, 연구방법 등에 있어 공통적인 요소들이 많고 상호의존적인 입장에 있다. 따라서 사회과학의 여러 학문분야는 인접 학문과의 다학문적 접근을 통하여 사회현상을 올바르게 파악할 수 있게 된다.

사회복지는 인간의 삶의 질과 관련된 사회적 개입의 체계로서 인접 사회과학 학문과 밀접한 상호관계를 갖고 있다. 사회과학이 사회현상 또는 인간관계 현상을 탐구대상으로 하는 과학이라면, 사회과학의 한 하위학문과 실천영역으로서 사회복지는 사회현상 또는 인간관계에서 나타나는 사회문제에 대처하기 위한 사회적 개입의 체계다. 따라서 사회복지는 인간의 삶과 사회의 문제를 해결하기 위하여 어떠한 개입의 방법이나 형태를 취하든 그것은 사회과학적인 현상인 것이다.

사회과학은 오랫동안 인간행동에 관한 지식과 사회의 구조와 과정에 관한 지식체계를 발전시켜 왔다. 이러한 지식체계는 사회복지 현상을 이해하는 데 필수적인 것으로서 사회복지제도가 발전하기 시작한 초창기부터 실천과 이론에 기여하여 왔다.

사회문제를 해결하기 위한 노력으로서 사회복지에 관한 전문적인 실천의 출발은 19세기 후반에 영국과 미국에서 민간기관의 복지활동을 조정하기 위하여 설립된 자선조직협회(Charity Organization Society)라는 민간조직의 활동에 기원을 두고 있다. 사회복지(사회사업)에 관한 학문과 교육도 19세기 말 영국과 미국의 자선조직협회가 이 분야의 직원을 교육한 것을 시초로 하여 20세기 초 미국의 대학에 사회사업학과가 설치되면서 체계적으로 이루어졌다. 당시의 사회사업학(social work)은 대학의 학부에서 사회학, 심리학, 경제학 등을 공부한 학생들이 대학원(school of social work)에서 사회사업학을 전공하였는데, 이러한 전통은 사회복지학의 기초가 사회과학 지식체계에 있음을 반영한 것이다. 사회사업이 태동하던 당시의 사회과학과 사회사업은 인간의 문제 해결에서 사회환경의 영향을 중요시하여 사회개량(social reform)적인 입장을 취하였다. 이처럼 사회사업 교육의 초기에는 사회과학과의 관계가 밀접하여 전문직 교육에 앞서 사회과학 기초학문의 이수가 전제조건이었다고 할 수 있다.[1]

한편, 1920년대 이후 미국에서는 정신분석학과 정신의학이 사회복지 실천에 지대한 영향을 미쳤으며, 인간의 심리내적 역동에 관한 분석을 기초로 임상적 실천(clinical practice)을 중심으로 하는 사회복지실천(사회사업)이 발전하게 되었다. 정신분석학과 정신의학의 지식은 임상적인 실천에 직접 적용할 수 있었지만, 사회과학의 지식은 일반적으로 이론

---

1. Grace Coyle, "Social Science in the Professional Education of Social Worker," New York: CSWE, 1958, p. 5.

중심적이어서 즉각적인 실천에의 적용이 어려웠으므로 사회복지사들은 사회과학을 어느 정도 멀리하게 되었다. 이처럼 1920년대 이후 약 30년의 기간은 사회복지실천이 미시적인 심리사회적 역동의 행동과학에 치중하였고, 거시적 사회구조 및 인간과 환경 간의 상호관계에 관한 사회과학적 탐구를 거의 하지 않았다. 사회과학도 다소 순수이론에 치중하는 경향이 있어서 사회복지실천과 사회과학의 간격이 커지게 되었다.

그러나 1950년을 전후로 하여 사회복지 학문과 사회과학은 다시 새로운 관계를 발전시키게 되었다. 제2차 세계대전이 끝난 후 유럽 대륙을 비롯한 선진국에서는 복지국가가 발전하여 소득보장, 보건의료, 주택, 사회복지서비스 등 공공부문에서 사회복지에 대한 국가의 개입과 공공지출이 크게 증가하였으며, 동시에 사회문제와 복지프로그램에 대한 사회과학의 관심이 증가하였다. 이에 따라 사회복지학 분야에서는 거시적 관점에서 사회문제를 분석하고 해결하는 접근방법이 발전하였고, 사회학, 경제학, 정치학 등 사회과학 학문과의 긴밀한 연계에 기초하여 학문과 실천의 발전이 이루어지게 되었다. 유럽 국가들에서 볼 수 있는 사회정책(social policy)이나 영국의 사회행정(social administration)은 이 시기에 발전한 학문이다. 그리고 미시적 접근방법에 속하는 임상적 사회복지실천은 미국을 중심으로 발전하여 인간과 환경 간의 상호작용을 중시하는 다양한 행동과학 및 사회과학적 분석이 학문과 실천의 기초가 되었다. 사회복지 학문의 접근방법에서 거시적 접근은 대체로 유럽대륙에서의 사회정책의 실천과 학문의 전통에서 온 것이며, 미시적 접근은 사회복지를 임상적 실천을 통해 발전시켜 온 미국적 전통에서 온 것으로 볼 수 있다. 그러나 사회복지(social welfare)는 종합적인 학문으로서 거시적 접근과 미시적 접근을 포괄하는 체계를 갖고 있으며, 우리나라의 사회복지학문은 이러한 종합적 학문체계를 갖고 발전하고 있다.

사회복지에 대한 사회과학의 공헌은 대체로 인간에 관한 이해를 중심으로 하는 사회과학과 사회구조에 관한 이해를 중심으로 하는 사회과학으로 이루어지고 있다. 인접분야의 학문이 사회복지에 어떠한 공헌을 하였는가를 검토해 보자.

1) 인간을 이해하기 위한 사회과학 학문과 사회복지

(1) 퍼스낼리티 이론

사회복지의 교육・실천에 가장 기본이 되는 동시에 큰 영향을 준 것은 퍼스낼리티 이론이라 할 수 있다. 개인의 성장・발달과 육체적・정신적 병리에 관한 퍼스낼리티 이론의 기여는 다른 어느 분야의 기여보다도 큰 것이었다. 퍼스낼리티 이론은 심리학자 Freud와 Rank에 의해 발달하여 정신분석학, 정신의학 등에 많은 영향을 주었고, 후에 심리학・사회심리학의 지식과 문화의 개념, 그리고 사회적 관계의 영향 등의 내용이 보강되어 인간행동의 심리내적 이해에 기초가 되었다.

퍼스낼리티 이론은 인간과 정신현상의 이해에 기본적인 자료로서, 인간행동의 이해에 대한 합리성을 제공하였고, 퍼스낼리티의 구조와 발전적 성장의 이론을 사용할 수 있게 하였으며, 사회복지사의 역할과 기능에 대한 명확한 이해를 발전시켰다. 특히 사회복지실천의 사고와 실천에 크게 공헌하였는데, 사회복지실천의 중심과제를 종전의 사회환경에서 퍼스낼리티의 적응능력의 강화에로 치중하게 하였다.

퍼스낼리티 이론은 사회복지의 이론과 실천에 다음과 같은 공헌을 하였다. 첫째, 사회복지사로 하여금 심리내적 상황에 대해 관심을 집중시켜서 무의식의 존재, 무의식의 퍼스낼리티에 미치는 영향, 퍼스낼리티의 구조 및 무의식과 퍼스낼리티의 상관관계를 이해하도록 하기 위해 이드(id), 자아(ego), 초자아(superego)의 개념을 활용하게 하였고, 또한 자아와 방어기제의 역할 등에 많은 관심을 갖게 하였다. 둘째, 가족관계의 정신-성적(psycho-sexual)인 측면을 중시하였으며, 정신-성적인 요인의 분석을 통해 행동의 이해에 역동적인 이론을 제공하였다. 셋째, 가족 내의 상호인간관계에 대한 주의를 환기시킴으로써 부부간·부모자녀간·형제간의 관계에 관심을 갖게 하였고, 특히 유아기의 가족경험이 개인행동의 중요한 결정요인이 됨을 인식시켰다. 넷째, 사회복지사 자신의 감정과 그것이 클라이언트와의 관계에 미치는 영향에 대해 관심을 갖게 하여 사회복지사의 자기인식(self-awareness)과 클라이언트와의 관계의 중요성을 인식토록 하였다. 이와 같이 퍼스낼리티 이론은 사회복지의 교육·실천에 가장 기본이 되는 이론으로서, 이러한 이론적 기초가 개인행동의 역동적 이해를 가능하게 하고, 효과적인 치료와 서비스를 제공할 수 있게 하였다.

(2) 소집단이론

소집단에 관한 연구는 관찰과 측정의 척도를 조작하고 통제할 수 있는 개별적인 변수의 연구에 관심을 갖게 되면서부터 발달하였으며, 1920년대 이후 정신분석학·심리학 지식을 기초로 한 사회심리학의 주요 연구대상의 하나가 되었다.

소집단 연구의 구체적 내용은 첫째, 대인행동의 기초로서 의사소통, 모방과 암시, 협동과 경쟁, 둘째, 집단의 특성으로 집단의 과업, 집단역학, 집단유형, 셋째, 리더십에 관한 것으로 신분적 권위의 영향력과 리더십의 기술, 넷째, 집단에서의 인간관계로 가족·직장에서의 인간관계와 인간관계 개선의 기술이다.

소집단이론이 사회복지실천에 미친 영향은 집단지도의 발달과정을 보면 잘 알 수 있다. 집단지도는 1920년대 이후 John Dewey의 학습이론이 발전되면서 소집단에의 참여가 개인의 민주적 생활에 많은 도움이 될 수 있음이 인식되면서 발달하였다. 이때부터 그룹워커들은 자신의 기능을 정의하기 시작했고 집단의 기록자료를 통해서 자기들의 실천 과제를 정의하면서 집단 내 행동의 이해에 유용한 개념과 이론의 필요성을 느끼게 되었다. 이에 따라 사회심리학·사회학 등에서 발달한 소집단이론은 사회복지실천에 많은 영향을 주게 되었다. 특히 1930년대부터는 소집단에 관한 연구가 활발하여 Gestalt의 장(field) 이론, Moreno의 사회거리측정이론(sociometry), Cartwright와 Zander의 집단역학(group dynamics)이론 등은 집단지도의 이론체계를 확립하는 데 크게 공헌하였다. 구체적 내용을 보면, 첫째, 집단지도의 정의와 목적 및 사회복지사의 역할을 명확히 하였으며, 둘째, 개인과 집단 간의 상호관계에 관한 이해를 넓혔고, 셋째, 집단과정에 대한 개념을 체계화하였으며, 넷째, 집단과 외부집단, 사회와의 관계에 관한 이해를 명확히 하였다.

(3) 인류학의 공헌

인류학의 지식으로서 사회복지실천에 가장 많이 공헌한 것은 문화의 개념이다. 인류학은 1930년대부터 정신의학과의 공동연구를 통해 개인에 대한 문화의 영향을 연구하였는데, 퍼스낼리티를 설명함에 있어 심리내적 이론만으로는 불충분함을 지적하고 문화의 개념을 첨가하여야 올바른 해석에 도달할 수 있음을 입증하였다.

문화의 개념이 사회복지에 쉽게 도입될 수 있었던 것은 다음과 같은 요인에 기인한다. 첫째, 개인행동에 대한 문화의 중요성을 정신의학자들이 인정했고, 둘째, 사회복지실천을 통하여 문화의 중요성이 계속 강조되어 왔으며, 셋째, 인류학은 다른 사회과학과는 달리 보다 설명적이고 구체적이며 또 개인과 사회의 전체를 파악하려고 하였고, 넷째, 사회복지실천에서 관심이 되는 가족생활에 대한 문화의 영향은 문화가 서로 다른 집단에 있어서의 유형과 역할의 비교를 통해 쉽게 이해될 수 있었다.

사회복지실천에 대한 문화의 개념의 영향은 사회복지사에게 문화적 요구에 대한 개인의 적응형태인 다양한 사회유형과 독특한 개인의 정서적 경험의 근원과 성장을 이해토록 했으며, 문화 규범의 상대성과 다양한 소수집단에 관한 객관적 자료들은 사회복지사들이 편견이나 우월감

없이 다른 문화를 가진 인간과 집단의 행동을 이해하게 하였다. 인류학자들이 문화적 차이에 대해 갖는 객관적인 태도는 사회복지사로 하여금 자신의 문화에 대한 인식을 새롭게 하였고, 클라이언트의 문화를 수용할 수 있는 태도를 갖게 하였다.

인류학이 공헌할 수 있는 다른 분야는 연구방법론에 있다. 인류학의 연구방법론에 관한 공헌은 다음과 같다. 첫째 경험적 자료에 의거하여 일반화된 개념을 재검증하는 방법, 둘째 객관적인 태도를 통해 다양한 문화에서 생기는 다양한 행동을 능동적으로 이해하는 방법, 셋째 비교연구의 방법을 사용하고 있다.

2) 사회를 이해하기 위한 사회과학 학문과 사회복지

(1) 사회학

사회학은 사회복지의 발전 초창기부터 많은 공헌을 하였다. 사회복지실천의 초기에는 사회개량주의 입장에서 사회환경의 중요성을 강조하였지만, 1920년대부터 발전한 역동심리학, 정신의학의 영향으로 사회복지실천과의 관계에 간격이 생기게 되었음은 앞서 언급한 바와 같다.

그러나 MacIver는 『사회복지실천에 대한 사회학의 공헌』이란 저서에서 사회학이 사회복지실천에 대해 어떤 직접적인 치료의 의미를 가지는 것이 아니더라도, 사회복지실천의 사고를 통합시키거나 그 방향을 통제하고 활동의 목표를 밝혀 주는 사회철학의 발전에 기초를 제공해 줄 수 있다고 하여 사회학이 사회복지실천에 공헌할 수 있음을 강조하였다.

특히 그는 사회학과 사회복지실천과의 관계에 관하여 사회학은 사회관계에 관심을 가지는 하나의 과학이며, 사회복지실천은 특정한 사회적 상황에서 고통을 받는 개인들의 부적응 행동을 완화 또는 제거하는 것에 목적을 두고 있는 하나의 예술(art)이라 하여 실천적 성격을 강조하고,

사회학은 하나의 과학으로서 실제나 개혁을 명령해서는 안 되며 만일 변화가 요청된다면 단지 그 방향을 제시해 줄 수 있을 뿐이라고 하였다.

사회학은 문화 · 퍼스낼리티 · 사회화 · 사회행동 · 사회집단 · 지역사회 · 사회계층 · 사회제도 등 사회의 전반을 연구대상으로 하는 광범위한 학문이다. 이 중에서 사회복지실천에 공헌할 수 있는 내용을 보면, 사회경제적 계층에 관한 개념, 지역사회의 성격과 사회적 과정에 대한 개념, 가족의 역할 · 기능 · 구조 · 유형에 관한 개념, 사회구조와 기능의 개념, 사회변동과 변화과정에 대한 이론, 소집단에 관한 이론, 경제 · 정치 · 이데올로기 등 사회제도에 관한 이론을 들 수 있다.

이러한 사회학의 지식이 사회복지에 응용된 결과, 모든 사회복지사들은 첫째, 인간행동에 대한 사회환경의 중요성을 인식하게 되고, 둘째, 사회구조와 지역사회에 대해 이해하게 되었으며, 셋째, 사회정책에 관계하는 사회활동가에게 사회학 이론은 필수적인 것으로 인식되고 있다.

사회학의 지식은 이론적 성격이 강하기 때문에 쉽게 사회복지에 응용될 수 없는 것처럼 보인다. 그러나 사회복지에 공헌할 수 있는 분야는 매우 많다. 특히 사회복지에 공헌할 수 있는 분야로는, 첫째, 클라이언트의 사회문화적 배경을 토대로 이해하는 데에 필요한 지식, 둘째, 클라이언트, 사회복지사 및 지역사회 간의 상호작용을 이해하도록 돕는 이론적 개발에 관한 분야, 셋째, 사회복지기관의 공식적 · 비공식적 조직과 조직이 사회복지실천에 미치는 영향에 관한 분야라 할 수 있다.

(2) 경제학

지금까지 사회복지사들은 사회문제가 내포하고 있는 경제적인 측면을 충분히 생각하지 않았다. 이것은 기본적인 경제법칙과 개인과 정부에 미치는 그들의 영향을 충분히 고려하지 못한 결과라 하겠다. 사회복지사들은 첫째, 경제이론과 법칙에 대한 이해를 가져야 하며, 둘째, 현재의 경제적 상황과 경향에 대한 정보를 활용할 수 있어야 하고, 셋째, 그것이 개인과 사회복지 프로그램에 미치는 영향을 인식해야 하며, 넷째, 이에 맞추어 현재와 미래의 프로그램을 계획할 수 있어야 할 것이다.

구체적으로 공공복지에 대하여 경제학이 공헌한 것을 보면, 첫째, 적절한 생활수준의 유지와 소득분배, 둘째, 생활수준의 측정과 결정, 셋째, 조세와 복지와의 관계, 넷째, 임금과 시장체계 등 경제체제의 특성, 다섯째, 실업이나 저임금과 같은 노동문제 등에 관한 지식과 자료를 제공하였다는 점이다.

(3) 정치학, 행정학, 법학

오늘날에는 사회문제에 대한 국가의 책임이 확대되고, 사회복지기관의 재정도 국가에 대부분 의존하게 되어서 사회복지실천의 방향이 공공복지의 방향으로 나아가고 있다. 따라서 정치학 · 경제학 · 행정학 등의 지식은 사회복지에 많은 영향을 주고 있다.

사회복지사들은 기초 사회과학인 정치학과 응용 사회과학인 행정학의 지식을 가져야 한다. 특히 사회복지사들에게 필요한 지식으로는, 첫째, 사회복지에 관한 정부의 기능, 둘째, 정부조직과 정책결정과정, 셋째, 공공 사회정책의 발전과 개선에 참여하는 방법 등에 대한 지식이다.

정치학과 행정학이 사회복지에 공헌한 것으로는, 첫째, 정치구조에 있어서의 리더십의 유형, 둘째, 공공복지서비스와 인사행정, 재무행정, 복지정책의 의사결정과정, 그리고 공공기관과 민간조직과의 관계 등에 대한 지식이라고 할 수 있다.

끝으로, 법학과 사회복지의 상호관심을 불러일으키는 영역이 점점 증가하고 있다. 청소년비행과 대책, 범죄자의 교정, 이혼 등의 가정문제에 대한 대책, 그리고 각종 사회복지법률의 제정이 상호 공동관심사다.

2. 사회복지학의 성격과 방법

1) 사회복지학의 성격

사회복지학은 '사회복지'라는 사회현상을 연구대상으로 과학적 방법을 적용하여 연구 분석하고 이론의 개발과 실천의 적용을 모색하는 학문이다. 이 정의에서 사회복지학은 연구대상, 과학적 연구방법, 이론과 실천체계를 가진 독립된 학문분야임을 강조한다.

학문으로서 사회복지학은 다음과 같은 특성을 가지고 있다. 첫째, 과학성을 추구한다. 인간과 사회에 관한 과학적인 탐구방법을 기반으로 하여 학문과 실천의 체계를 발전시키고 있다. 둘째, 인간의 욕구충족을 목표로 한다. 인간의 욕구는 다양하고 무한한 특성을 지니고 있는데, 이러한 인간의 욕구에서 사회복지는 인간의 삶의 질에 관련된 기본적이고 보편적인 욕구를 중심으로 이를 충족시키기 위한 방법과 제도를 발전시킨다. 셋째, 다학문성을 특성으로 한다. 인접 사회과학의 다양한 학문적 성과를 활용한 이론과 실천의 체계를 발전시킨다. 넷째, 실천성을 지향한다. 사회복지학은 응용사회과학 또는 실천사회과학으로서 사회문제의 해결을 위한 방법을 창출해 내고 이를 실제 사회현상에 적용하는 실천지향적인 학문이다.

2) 사회복지학의 탐구방법

사회복지학의 탐구방법은 기본적으로 인접 사회과학의 학문방법을 기초로 하고 있다. 사회복지연구를 크게 나누어 보면, 양적 방법과 질적 방법이 있다. 양적 방법은 정확하고 일반화될 수 있는 통계적 절차를 중요시하는 반면, 질적 방법은 현상에 대한 깊이 있는 이해를 중요시하며, 인간행동과 사회현상이 갖는 의미를 더욱 깊이 이해하려는 접근방법이다.[2]

양적 방법의 대표적인 것으로는 서베이 조사가 있고, 질적 방법으로는 사례연구, 해석학, 민속학적 방법론 등이 있다.

(1) 양적 방법

사회복지분야에서 양적 방법의 연구는 객관적 관찰이 가능한 사실에 초점을 두고 정확한 측정을 강조하는 실증주의 학문의 발전과 함께 미국에서는 1970년대 이후에 증가하였고, 우리나라의 사회복지연구에서도 1980년대 이후 크게 증가하였다.

대표적인 양적 방법으로서 서베이 조사는 조사대상에게 설문지를 통하여 질문을 하거나 직접 면접 또는 전화 면접을 통하여 자료를 수집하여 분석하는 방법이다. 자료의 분석에는 통계적 분석방법을 사용하는데, 통계분석은 관심의 대상이 되는 전체집단으로부터 자료를 수집하여 체계적으로 정리·조직화하고, 둘 이상의 변수 간의 상관관계나 인과관계 등 다수 변수들 간의 관계를 분석하는 여러 가지 기법을 사용한다. 통계의 종류로는 기술통계와 추리통계가 있다. 기술통계는 원 자료를 있는 그대로 표나 그림 등으로 제시하면서 이해하기 쉽고 의미 있는 형태로 조직화하는 방법이다. 추리통계는 모집단에서 뽑은 표본에서 나온 통계치로부터 모수치를 추정하거나 가설을 검증하는 방법이다. 이러한 기법은 조사자로 하여금 자료를 신속하고 총량적으로 처리하여 연구대상에 관한 정확한 정보를 제공한다.

한편, 이러한 양적 방법은 사회복지조사의 과학화와 전문성의 발전에 크게 기여하였으나, 다음과 같은 한계도 갖고 있다. 첫째, 연구결과의 소비자인 학생이나 실무자들이 복잡한 분석방법을 충분히 이해하지 못함으로써 연구결과의 타당성을 스스로 판단하지 못하고 연구자의 결론을 맹목적으로 수용하게 된다. 둘째, 연구자 자신도 통계분석의 수학적인

---

2. 이인재 · 이선우 · 류진석, 『사회복지통계분석』, 나남출판, 1997, p. 12.

기초를 충분히 이해하지 못하여 연구의 한계나 결함을 간과할 수 있다는 것이다.

(2) 질적 방법

질적 방법은 인간과 사회의 복잡한 현상은 양적인 척도로써는 충분히 이해될 수 없으며, 가치나 의미, 의도 등으로 구성된 사건들에 대하여 사려깊은 통찰과 해석에 의하여 이해될 수 있다는 입장을 갖는다.

질적 방법의 예로는 사례분석, 민속학적 방법론, 해석학적 방법 등이 있다. 사회복지 분야에서 많이 활용되어 온 대표적인 질적 방법으로서 사례분석은 개별적인 임상사례에 대한 정보의 수집과 체계적인 자료의 조직방법으로서 면접, 사회력, 개인력, 관찰 등의 방법을 사용하며 현상에 대한 심도 있는 이해와 묘사에 초점을 둔다. 특히 사회복지의 임상적 접근에서 수량화하기 어려운 과제에 대하여 질적 방법의 활용이 요구되고 있다.

사회복지조사에서 질적 방법의 필요성은 오래전부터 강조되어 왔다. 그러나 질적 방법을 체계적으로 활용한 연구는 많지 않다. 질적 방법의 발전을 저해하는 장애요인으로는 양적 방법만을 과학적 방법으로 강조하는 주류 연구자들의 비판적 태도, 질적 방법의 적용을 위한 지침의 부족, 모델링을 할 수 있는 연구결과의 부족 등을 들 수 있다. 그리고 질적 방법은 조사자의 주관적 편견이 개입할 가능성이 크고 부정확한 분석을 초래할 수 있다는 한계를 갖고 있다.[3] 특히 20세기 중반 이후 사회과학에서 양적 방법이 지배적으로 사용되면서 양적 방법이 질적 방법보다 우월하게 생각되기도 하였다. 그러나 최근에는 다시 질적 방법이 새로운 지지를 얻고 그 중요성이 강조되고 있다.

---

3. William J. Reid, "Research Overview," *Encyclopedia of Social Work*, 19th ed., NASW, 1995, p. 2048.

여기에서 양적 방법과 질적 방법이라는 두 가지 탐구방법은 서로 대립적인 것으로 받아들이기보다는 두 가지 방법은 각각의 약점을 보완할 수 있는 것으로 보는 것이 바람직하다. 즉 연구대상의 성격과 연구내용에 따라 양적 방법이 적합할 수도 있고 질적 방법이 적합할 수 있다. 이미 알려진 사실이 거의 없는 새로운 현상을 연구하거나 현상이 갖고 있는 주관적 의미를 이해하고자 할 때에는 질적 연구가 적합하며, 반면에 이미 상당히 알려진 사회현상에 대해 가설을 검증하거나 특정 모집단의 특성을 정확히 기술하고자 할 때에는 양적 연구가 적합하다.[4]

연구문제

1. 사회과학의 기초학문과 사회복지학의 관계를 설명하시오.
2. 사회복지학의 두 가지 탐구방법인 질적 방법과 양적 방법의 내용과 차이를 설명하시오.

4. 이인재 · 이선우 · 류진석, 앞의 책, p. 12.

제 2 부

사회복지실천을 위한 방법과 체계

제1장 사회복지실천

1. 사회복지실천방법

1) 사회복지실천의 의의

사회복지실천은 사회복지를 구체적으로 실천하는 원조활동이나 실천기술을 의미하는 원조기술 방법이다. 전통적으로 사회복지의 실천방법으로 개별지도, 집단지도, 지역사회조직과 같은 3대 방법으로 명칭이 사용되어 왔다. 즉 개별지도는 개인 또는 가족을 대상으로, 집단지도는 소집단을 대상으로, 지역사회조직은 지역사회를 대상으로 삼아 왔다. 이러한 구분은 이들 실천방법들이 각각 다른 역사적 기원과 발전과정을 밟아 왔기 때문이다.

이와 같이 3대 방법론으로서 개별지도, 집단지도, 지역사회조직이라는 전통적인 사회복지 방법들은 서로 다른 역사와 독특한 발전과정을 갖고 있지만, 일반적(general) 또는 통합적(integrated) 접근을 뒷받침할 수 있는 이론들(일반체계론, 생태학 이론 등)이 개발됨에 따라 전통적인 방법에 관한 용어들이 점차 사라져 가고 있고, 새로운 원조 기술방법으로 사회사업실천론(social work practice) 또는 사회복지실천론이란 용어가 사용되고 교과목이나 저서들의 명칭이 바뀌어지고 있다.

종전의 3분법에 의한 원조방법은 클라이언트의 생활 전체를 평가하는 것을 어렵게 하며 클라이언트의 요구와 사회복지사가 사용하는 방법 간에 간격을 초래하기도 한다. 이에 따라 최근에는 전통적인 3분법에 의한 각각의 활동들을 초월해서 3대 방법의 통합은 물론 행정관리, 사회조사, 사회행동이나 계획 등의 기술을 종합적으로 활용해야 함을 강조하고 있다. 사회복지실천방법은 마이크로(micro)에서 메조(mezo), 매크로(macro)로 확대되는 경향이며, 문제 상황에 적절한 방법을 총괄하여 활용하는 방법의 일반화가 중시되고 있다. 따라서 앞으로는 각 원조방법에 있어서의 공통기반을 충분히 학습하고 그것을 활용함에 있어 마이크로에서 매크로까지 포괄하는 방법과 기술의 사회복지실천(social work practice)이 요청되고 있다.

2) 정의

미국사회복지사협회(NASW)에서 채택된 정의를 요약해 보면, 사회복지 실천은 모든 사람들의 생활의 질을 개선하기 위해 개인과 사회 양편에서 유익한 교류를 촉진하거나 회복하는 일이다. 이때 사회복지사는 다음과 같은 신념을 가져야 한다.

- 환경(사회, 물질, 조직)은 모든 개인의 잠재 능력과 요구를 최대한으로 달성하며 궁핍과 고통을 경감하며 사람들의 공통의 욕구를 충족하기 위해 사람들에게 기회와 자원을 공급해야 한다.
- 개인은 자기 자신과 가까운 환경에 있는 사람들의 복리와 사회복지를 위해 가능한 한 효과적으로 이바지해야 한다. 개인과 타인과의 교류는 그들이 놓여져 있는 환경에서 이루어지며, 이때의 교류는 모든 인간에 대한 존엄, 개별화와 자기결정을 촉진하는 것이어야 한다. 이때 클라이언트는 개인, 가족, 집단, 지역사회 및 조직 등이 될 수 있다.

이러한 정의에서 도출될 수 있는 사회복지 실천의 특성은 다음과 같다.

① 모든 사람들의 생활의 질 개선에 목적을 둔다.
② 사회복지실천은 개인, 가족, 집단, 지역사회 및 조직 등으로 상호 연관성을 지닌 다양한 수준의 인간 집단들을 대상으로 한다.
③ 사회복지실천의 초점은 인간, 환경 쌍방에 둔다. 즉 인간과 환경의 상호관계의 개입 초점을 중시한다.
④ 인간의 사회적 기능을 향상시키기 위해서는 거기에 적합한 사회적 상황이 필요하며 환경의 개선 없이는 목표의 달성이 어렵다.
⑤ 사회복지 실천의 원리적 인식으로서 가치 합리적 방향의 중요성을 강조한다. 인간의 존엄, 개별화 및 자기 결정의 가치 등 인도주의 이념을 전제로 하고 있다.

3) 목표

사회복지실천의 목적을 달성하기 위한 구체적 학습목표는 다음과 같은 항목별로 제시할 수 있다.

① 사람들이 자기 자신의 대처능력을 높일 수 있도록 돕는다.
② 사람들이 사회자원을 활용할 수 있도록 돕는다.
③ 가까운 환경에 있는 사람들과의 교류를 촉진한다.
④ 조직은 사람들의 요구를 충족할 수 있도록 돕는다.
⑤ 조직 간의 교류, 협력을 촉진한다.
⑥ 사회정책이나 환경의 발전을 목표로 활동한다.

위와 같은 목표를 사람들이 달성할 수 있도록 하는 원조활동이 사회복지 실천의 근간을 이루고 있음을 인식해야 한다.

2. 사회복지실천의 이론적 기초

1) 사회복지실천의 준거틀

사회복지를 실천하는 두 가지 방법 중 하나는 제도로서의 사회복지로 사회복지나 제도의 시책의 개선이나 충실을 도모하면서 국민이나 지역주민의 복지를 구현하는 것이며, 다른 하나는 사회생활상의 어려움에 직면하고 있는 사람들에 대하여 사회복지 실천가가 그들과 상황과의 전체 관련성을 고려하면서 개별적으로 문제를 해결해 가는 활동이다. 이러한 것을 '실천으로서의 사회복지'라고 부르며 이러한 활동에 관하여 전통적인 분류 방법은 개별지도, 집단지도, 지역사회조직 등의 용어를 사용해 왔다. 이러한 어느 경우에도 사회복지실천은 사회복지서비스를 공급하는 다양한 기관이나 시설 등에서 전문 사회복지 실천가들에 의해 시행된다.

그러나 Meyer는 전통적 실천모형을 준거틀로 사용하는 것은 망원경의 반대쪽에서 관찰하는 것과 같다고 하였다. 즉 그 관점은 너무나 제한적이고 편협하기 때문에 관찰되어야 할 현상의 전체적인 내용을 충분히 설명해 주지 못한다고 지적하였다. 새로운 관점은 개인과 환경을 동시에 고려하여 이분화된 사회복지 실천영역을 통합해 주어야 하며 개별지도, 집단지도, 지역사회조직 간의 경계를 넘어서 통합적인 사회복지실천과정을 제시해 주는 것이어야 한다.

사회복지실천에 통합된 관점을 제공해 주는 이론적 관점으로는 체계이론(system theory) 또는 생태체계이론(eco-system theory)이 발전되었다. 체계 또는 생태체계적 관점은 환경의 요소들과 끊임없이 상호 교류하는 인간의 적응적인 상황을 조명해 줌으로써, 인간은 환경과 적절한 적응관계를 유지해야 한다고 본다. 만약 인간이 적절한 시기에 환경으로부터 적절한 자양분(투입, 자극, 정보, 에너지 및 자원)을 확보하지 못한다면, 그들의 심리적・정서적・사회적 발달이 지체되거나 손상을 받게 될 수 있다.

이러한 체계의 개념을 기반으로 새로운 사회복지 실천모형을 개발한 대표적인 학자로는 Allen Pincus와 Anne Minahan을 들 수 있다. 이들은 사회복지실천이 다음의 네 가지 기본 시스템으로 구성된다고 주장하고 있다.[1]

- 변화대행 체계(change agent system)
- 클라이언트 체계(client system)
- 표적 체계(target system)
- 행동 체계(action system)

이 모형에 의하면, 사회복지실천의 기능은 사람의 문제, 혹은 자원 시스템에 있는 것이 아니라, 사람과 자원 체계 및 자원 체계 간의 상호작용에 있는 것이다. 따라서 사회복지실천은 사람과 사회환경 간의 상호작용에 관계하며, 이러한 관계는 그들의 생활의 과제, 고통의 완화, 열망이나 가치의 실현을 추구하는 사람들의 능력에 영향을 준다. 따라서 사회복지실천의 목적은 다음과 같은 일에 초점을 두고 있다.

- 사람들의 문제해결능력 및 대처능력을 조장하는 일
- 사람들에게 자원, 서비스, 기회를 제공할 시스템과 사람들을 연계하는 일
- 이들 시스템의 효율적·인도적 운영을 촉진하는 일
- 사회복지정책의 발전과 진보에 공헌하는 일

그리고 변화 촉진자로서의 사회복지사는 그의 역할수행을 위해 몇 가지 기술을 배워 두어야 하는데, 그 기본적인 것은 자료의 수집, 자료의 분석과 의사결정 및 개입방법 등이다. 계획적 변화과정은 문제인식 → 자

---

1. Allen Pincus and Anne Minahan, *Social Work Practice: Model and Method*; 문인숙 외 역, 『사회사업방법론: 통합적 접근』, 보진재출판사, 1980.

료수집→진단→개입→종결과 평가로 그 단계가 분류될 수 있으며, 또한 이러한 과정은 접촉→계약→종결이라는 3단계로 구분되기도 한다.

한편, 이러한 통합적인 접근을 이해하기 위해서는 개별적 방법에 관한 학습이 전제되어야 하겠다. 따라서 여기에서 유의할 것은 개별지도, 집단지도가 일반적(general) 사회복지실천과 다른 것으로 생각해서는 안 된다는 것이다. 사회복지실천은 문제를 보는 관점을 부분적이며 단편적인 것에서 보다 총체적이며 통합적인 것에 관심이나 초점을 두어 문제해결의 효과성과 효율성을 높이고자 하는 것이다. 즉 전통적인 방법에서 활용되었던 제반 지식이나 기술에 관한 기본적인 이해가 없이는 현실적인 방법의 '사회복지실천'은 가능할 수 없게 된다.

이 책에서는 총체적이고 일반적 이론의 관점을 제시함과 동시에 개별적이고 기술적인 이해를 촉구하는 내용들을 개인과 가족을 통한 실천, 집단을 통한 실천, 지역사회를 통한 실천의 순서로 개입방법과 기술을 개략적으로 기술하고 있다.

2) 사회복지실천의 이론적 기초

사회복지의 실천은 개인, 가족, 소집단 및 지역사회를 중심으로 인간과 환경적 조건의 변화를 추구하는 다양한 실천이론에 바탕을 두고 있다. 여기에서는 개인, 가족, 소집단 활동, 지역사회를 통한 실천에 많이 활용되는 공통적인 이론과 실천의 기초를 제시한다.[2]

(1) 정신역동에 기초한 실천이론

정신역동 이론은 인간의 내적인 사고와 갈등을 보다 잘 이해하도록 도

---

2. B. Sheafor and C. Horejsi, *Techniques and Guidelines for Social Work Practice*, 7th ed., Boston: Pearson and Bacon, 2005; 서울대학교 사회복지실천연구회 역, 『사회복지실천기법과 지침』, 나남출판, 1998, pp. 137-160; 장인협, 『사회사업실천방법론(하): 응용이론』, 서울대학교출판부, 1989.

움으로써 개인의 사회적 기능을 향상시키는 데 초점을 두고 있다. 실천의 준거는 대부분의 행동이 무의식적 동기와 신념에 기초하고 있다는 프로이트의 정신분석이론과 이를 기반으로 하는 치료에 기초하고 있다.

(2) 행동주의 실천이론

행동주의 이론은 개인, 부부, 가족 혹은 조직이 새로운 행동을 학습하고 문제행동을 감소시키도록 원조함으로써 사회적 기능을 향상시키는 데 초점을 두고 있다. 행동수정은 실증적으로 확립된 학습의 원리를 의도적·체계적으로 적용하여 행동의 수정을 도모하는 접근법이다. 이러한 이론이 사회복지실천에 적용되기 시작한 것은 1960년대 후반부터이며 이 이론이 지니는 윤리적 문제, 즉 인간을 조작적으로 다룬다는 점에 대한 반대의견이 계속 제기되어 오고 있다. 그러나 짧은 기간이지만 하나의 실천 가능한 이론적 접근방법으로 확립되어 다음과 같은 점에서 사회복지실천에 많은 영향을 미치고 있다. 첫째, 행동수정이론은 관찰되는 행동에 초점을 두고, 바람직하지 못한 행동은 줄이며, 바람직한 행동은 강화하도록 도움을 준다. 둘째, 다양한 인간상황에 대응하여 그 효율성이 과학적으로 검증되고 있다. 셋째, 이 접근방법은 문제의 상황, 클라이언트의 특성에 따라 선별적으로 사용할 수 있는 융통성 있는 절차를 제공한다. 사회복지실천의 이론과 실제에 있어 이러한 행동요법의 원리와 과정을 잘 파악하여 활용한다면 문제해결에 큰 도움을 얻을 수 있을 것이다.

(3) 현실치료에 기초한 실천이론

이것은 클라이언트의 현재 상황, 자신의 행동에 대한 책임감, 타인들의 욕구와 권리의 존중에 초점을 맞춤으로써 개인이나 집단의 사회적 기능을 향상시킨다. 특히 교정기관이나 약물남용치료 프로그램과 같이 클라이언트가 비자발적인 경우에 많이 활용된다.

(4) 위기개입의 실천이론

위기개입이론은 1950년 이후 주로 지역정신보건의 영역에서 발달하기 시작하여 사회복지실천의 영역에까지 도입되게 되었으며 최근에 이르러 실제의 문제해결에 성과를 거두는 중요 접근방법으로 등장하게 되었다. 우선 이 이론을 약술해 보면, 개인이나 가족이 일상생활에서 지금까지 행하여 오던 대처방법으로는 감당하기 어려운 사건에 직면하거나 또는 지금까지 이루어 오던 균형상태를 유지할 수 없는 위기상황에 직면했을 때, 그때 나타나는 특유한 반응과 위기상황을 극복해 가는 과정에서 보이는 법칙들을 확인하고 그것에 입각해서 위기상황에 처해 있는 개인이나 가족에 대한 원조활동의 원칙을 확립하고자 하는 것을 목적으로 삼아, 그 원칙을 체계화시킨 이론이라 할 수 있다. 현재 이 모형은 사회복지실천에서 많은 효과를 거두고 있음이 문헌과 사례들을 통하여 입증되고 있다.

(5) 과제중심의 실천이론

이 이론은 클라이언트에 의한 활동단계들을 강조하는 개입구조의 활용을 통해 클라이언트의 사회적 기능을 향상시키는 데 초점을 둔다. 이 이론은 활동과 합의된 과제의 완수를 강조하며 불충분한 자원으로 인한 클라이언트의 문제를 해결하는 데 유용하다.

(6) 가족치료에 기초한 실천이론

이 이론은 하나의 체계로서 가족과 활동을 수행하면서 가족구성원 간의 상호작용을 변화시킴으로써 가족의 사회적 기능을 향상시키는 데 초점을 둔다. 이 이론을 활용하기 위해서는 가족성원 간에 서로 관심을 갖고 참여하여 가족을 강화하거나 유지할 수 있는 자발적 의지가 전제되어야 한다. 이 이론에는 의사소통 접근, 가족체계 접근, 전략적 가족치료 접근 등 여러 가지 실천모형이 있다.

(7) 소집단에 기초한 실천이론

이 이론은 집단활동전문가의 지도 하에 소집단 경험을 통하여 개인과 가족의 사회적 기능을 향상시키는 데 초점을 둔다.

(8) 변화하는 지역사회에 기초한 실천이론

이 이론은 지역사회개발, 사회계획, 사회행동 등 지역사회에 대한 여러 가지 개입모형을 통해 지역사회의 기능을 향상시키고 바람직한 변화를 도모함에 초점을 둔다.

3. 사회복지실천의 기술

1) 개인과 가족을 통한 실천

개인과 가족을 대상으로 한 실천은 사회복지실천의 한 방법으로 사회복지학의 기초가 되는 이론인 동시에 사회복지실천방법의 핵심을 이루고 있는 전문적 영역이다.

(1) 관계론

관계론은 사회복지사와 클라이언트의 관계에 관한 이론으로 Biestek이 잘 제시하였는데, 관계의 정의와 그 준거틀을 다음과 같이 설명하였다. 관계란 사회복지사와 클라이언트 간의 태도나 감정의 역동적 상호작용이며, 그 목적은 클라이언트가 자신과 환경 간에 보다 나은 적응을 달성할 수 있도록 도와주는 것이다. 그는 도움을 요청하는 모든 사람들에게는 공통적인 기본감정 및 태도의 형이 존재한다고 보고, 이러한 관념을 바탕으로 일곱 가지 기본적인 인간욕구와 그것을 충족시키고 문제해결의 관계를 원활히 하기 위한 7대 원칙을 내세우고 있다. 이들을 간단히 소개하면 다음과 같다.

① 개별화(individualization)

개별화라는 것은 각 클라이언트의 독특한 자질을 알고 이해하는 일이며, 각 개인을 도와줌에 있어서 상이한 원리나 방법을 활용하는 것이다. 인간은 개인이어야 하며, 불특정한 인간으로서가 아니라 개별적 차이를 지닌 특정한 인간으로서 처우되어야 한다는 입장이다.

② 의도적인 감정표현(purposeful expression of feelings)

이것은 자기감정 특히 부정적 감정을 자유로이 표현하려는 클라이언트 욕구에 대한 인식에서 출발한다. 사회복지사는 의도적으로 경청하여야 하며, 그의 감정 표현을 낙담시키거나 비난하지 말아야 하고, 치료상 필요할 경우에는 자극을 주고 격려도 해 주어야 한다.

③ 통제된 정서적 관여(controlled emotional involvement)

클라이언트와의 면접은 주로 정서적인 면에 관계되고 있기 때문에 사회복지사는 클라이언트에게 자기 감정을 말로써 표명하도록 권고해야 한다. 사회복지사는 이들 감정에 호응하기 위해 정서적으로 관여하게 되는데, 이 관여는 통제되어지는 것으로서 목적에 따라, 클라이언트 욕구의 변화에 따라, 또는 사회복지사의 전진적 · 진단적 사고에 따라 그 방향이 설정되어야 한다.

④ 수용(acceptance)

수용이란 사회복지사가 클라이언트의 장점과 약점, 바람직한 성격과 그렇지 못한 성격, 긍정적 감정과 부정적 감정, 건설적 혹은 파괴적 태도나 행동을 포함해서, 있는 그대로를 이해하고 다루어 나가는 하나의 행동원칙이다. 이때 클라이언트의 존엄성과 그 인격의 가치에 대한 관념을 유지해 나가야 한다. 그러나 수용은 정상적인 길에서 벗어난 태도나 행동을 시인한다는 것은 아니다. 수용의 대상은 선한 것(the good)이 아니라 있는 그대로의 참된 것(the real)이다.

⑤ 비판단적 태도(non-judgmental attitude)

이것은 사회복지사의 기능이 문제 혹은 욕구 발생의 원인에 대해서 클라이언트가 잘못이 있나 없나 혹은 그에게 어느 정도 책임이 있느냐의 여부를 말하지 않는다는 것을 뜻한다. 그러나 클라이언트의 태도나 행동에 대한 평가적인 판단은 하고 있어야 한다.

⑥ 자기결정(self-determination)

클라이언트의 자기결정 원칙이란 클라이언트가 스스로 선택하고 결정을 내릴 수 있는 자유로운 권리와 욕구를 갖고 있다는 점을 인식하는 것을 말한다. 이 원칙에 따르는 사회복지사의 임무는 클라이언트로 하여금 필요한 제반 자원을 발견・활용할 수 있도록 도와주는 것이다. 그러나 클라이언트의 자기결정권은 클라이언트의 능력, 법률 및 도덕의 한계 또는 사회복지기관의 활동범위 등에 따라 제한을 받게 된다.

⑦ 비밀보장(confidentiality)

비밀보장은 클라이언트의 기본적 욕구이므로 사회복지사는 이에 응할 책임이 있다. 이것이 지켜지지 않는다면 전문적 관계는 성립될 수 없다. 그러나 클라이언트의 권리는 절대적인 것만은 아니다. 때로 클라이언트의 비밀은 그 기관 내에서나 다른 기관 전문직원에게 밝혀야 할 경우가 있는데, 이때에는 모든 직원에게 비밀보장의 의무가 확대 적용된다.

(2) 면접론

사회복지사와 클라이언트 간의 관계형성은 면접과정을 통해서 구체화될 수 있다. 면접의 목적은 클라이언트의 문제해결을 위한 정보를 얻는 것뿐 아니라 면접 자체를 통해서 클라이언트에게 도움을 제공함에 있는 것이다. 면접의 원칙과 방법의 준거틀은 다음과 같은 내용을 포함한다.

① 관찰, ② 경청, ③ 질문, ④ 대화, ⑤ 사적 질문에 관한 응답, ⑥ 통솔과 지도, ⑦ 해석. 사회복지사는 이러한 면접의 요소들을 통합적으로 잘 활용함으로써 훌륭한 면접을 진행시킬 수 있으며, 클라이언트의 문제를 해결해 나갈 수 있다.

(3) 과정론

사회복지실천은 일정한 과정에 따라서 조직적으로 전개함으로써 그 효과를 기대할 수 있다. 일반적으로 실천과정은 인테이크, 조사, 진단 및 치료의 과정을 갖고 있는데, 간략히 기술해 보면 다음과 같다.

① 인테이크(intake)

도움을 얻기 위해 기관에 찾아온 사람에게 사회복지사는 처음으로 접촉하여 그의 욕구가 무엇이며, 그 욕구를 충족시킬 수 있는 기관은 무엇인가를 결정하여야 하는 단계다. 이 단계에서는 다음의 사항이 이루어진다.

- 클라이언트의 문제의 성격을 명확히 하며, 문제의 중요성과 원인을 확인한다.
- 클라이언트가 자신의 문제에 대해서 지금까지 시도해 온 노력과 방법이 어떠했는지를 살펴보며, 그가 기대하는 바가 무엇인지 살펴본다.
- 사회복지기관에서의 도움의 내용, 절차 등을 설명해 주며 그의 욕구에 부응하는 기관을 알선해 준다.

② 사례조사

사례조사는 클라이언트를 효율적으로 치료하기 위해서 문제 그 자체는 물론 문제를 가진 사람에 대한 보다 나은 이해를 목적으로 삼고 있다. 대체로 케이스 조사는 두 가지 유형으로 분류할 수 있는바, 그 하나는 실마리형(clue type)이고 다른 하나는 양식형(patterned type)이다. 상기의 두 가지 조사유형을 활용하는 데는 공히 다음의 원칙을 중시해야 한다.

- 사회복지사와 클라이언트 간의 전문적 대인관계 수립을 통해 조사를 진행한다.
- 클라이언트 자신이 가장 중요한 자료의 원천이다.
- 객관적 사실과 주관적 사실을 명확히 한다.
- 클라이언트의 생활사를 중시한다.
- 클라이언트의 충분한 참가와 동의를 얻어 면접을 진행한다.

③ 사례진단

인테이크와 사례조사에서 얻은 다양한 자료의 분석을 통해서 문제의 성격이나 원인에 대한 종합적 해석을 내리며 그 문제해결을 위한 계획을 수립한다. 이러한 전 과정을 '진단'이라 한다. 진단 내용은 다음과 같다.

- 사례조사에서 수립된 자료를 사정(assessment)하여 의미 있는 사실을 끄집어 낸다.
- 클라이언트의 불만의 요인과 사회적 기능을 정상적으로 수행할 수 없게 한 각종 요인 간의 상호작용 관계를 규명할 수 있는 역동적 · 원인론적 진단을 시도한다.
- 유형화를 시도한다.

사례진단은 어떤 개입이나 치료전략이 가장 타당하며 효과적인지를 결정하기 위해서 사례를 분별하는 작업이며 수단이다. 따라서 진단이 정확하면 정확할수록 실천적 개입의 성과는 크게 된다.

④ 치료

실천과정의 가장 중요한 부분은 치료적 개입이다. Hollis에 의하면, 치료과정은 다음의 네 가지 기법으로 분류되고 있다.[3]

- 지지(sustainment)와 지시(direct influence)

지지적 기법은 클라이언트에 대하여 사회복지사의 신뢰를 직접적으로 표현함으로써 자아존중감의 결여나 불안감을 감소시킨다. 이러한 지지는 사회심리치료의 가장 기본적이고 핵심적인 부분이며, 사회복지사는 클라이언트에 대하여 수용, 안도감의 제공, 격려 등을 표현한다. 지지의 과정은 언어뿐 아니라 사회복지사의 행동과 태도에 의하여 전달된다. 이러한 지지적 치료법은 약화된 자아 구조를 가진 사람, 즉 보통 때에는 기능을 잘 발휘하지만 통합적인 능력을 일시적으로 손상받아 보통 때와 다르게 외적 상황에 반응하는 사람들에게 필요한 방법이다. 지지의 구체적인 방법으로는 특정의 구체적 서비스를 수반하는 환경 조정, 클라이언트가 괴로워하는 문제나 감정을 자유롭게 표현할 수 있는 기회 제공, 클라이언트에 대한 관심과 이해의 표현, 클라이언트의 가치·능력의 신뢰를 동반하는 칭찬과 격려, 필요 시 보호적인 원조 및 전문적 권위의 행사 등과 같은 내용이 포함된다.

지시적 기법은 사회복지사가 클라이언트의 문제해결을 위하여 구체적으로 조언하고 지시하며 대변하는 방법이다. 지시적 기법이 사용되는 경우는 유아교육의 경우나 불안이 심한 클라이언트의 경우, 혹은 위기에 처하여 있을 때 적절하게 활용된다.

• 개인과 환경에 대한 반성적 고찰

이것은 클라이언트가 처한 상황의 성격, 상황에 대한 클라이언트의 반응, 상황과 반응의 상호관계에 대한 고찰을 통하여 문제해결을 도모한다.

• 발달적 요인(developmental factors)에 대한 반성적 고찰

이것은 인간의 내면 속에 깊이 파묻혀 있어서 쉽게 이해되지 않지만 행동에 영향을 미치는 자기의 태도를 뚜렷이 하여 자신을 보다 명확하게 이해하도록 돕는 방법이다. 즉 클라이언트 자신의 사고, 감정, 행동 측면

---

3. Florence Hollis and Mary Wood, *Social Casework: A Psychosocial Therapy*, 3rd ed., New York: Random House, 1981.

에서 오래전부터 잠재되어 있는 요소를 클라이언트 자신이 찾아냄으로써 자기지각을 발전시키는 것이다. 따라서 클라이언트에게 현재 의식하지 못하고 있는 감정이나 행동들을 밝혀냄으로써 자기이해와 현실에 대한 보다 나은 사회적 적응을 가져오게 하는 기법인 것이다.

• 환경에 대한 활동(environmental work)

여기에서 환경이란 타인, 물리적 환경, 문화적 태도, 조직이나 제도, 지역사회 등을 포함한다. 사회복지사가 다루는 문제는 클라이언트 개인의 분석뿐만 아니라 개인과 환경의 관계에 대한 분석을 필요로 한다. 나아가 클라이언트의 환경에 개입하여 변화시킴으로써 개인의 행동이나 태도의 변화를 가져오게 된다.

2) 집단활동을 통한 실천

(1) 집단활동의 의의

집단활동을 통한 실천은 손상된 사회적 기능을 회복하고자 하는 욕구를 지닌 대상들이나 현재의 사회적 기능을 보다 적극적으로 유지하고 강화하고자 하는 욕구를 지닌 대상들에게 그 욕구를 충족시키며, 개인 · 집단 · 지역사회의 문제에 보다 능동적으로 대처해 나갈 수 있도록 소집단활동을 통해서 의도적으로 실시하는 원조과정이라고 할 수 있다. 특히 집단활동은 집단구성원들이 상호 역동적인 영향을 주고받음을 전제로 하며, 이러한 상호작용하는 힘이 활발하게 작용하여 그 집단에 속한 성원들의 사고방식이나 행동양식을 변화시킬 수 있도록 하는 것이다. 따라서 사회복지사는 집단 내 상호작용의 역동적인 힘을 인식하여 이것을 적극적이고 의도적으로 활용함으로써 대상자 개인이나 집단이 당면하고 있는 문제를 해결하도록 돕게 된다.

(2) 집단활동의 역사

집단활동은 19세기 후반에서 20세기 초반에 걸쳐 영국과 미국에서 일어난 인도주의에 입각한 사회개량운동에 기인한 것으로 알려지고 있다. 산업혁명으로 인한 새로운 자본주의의 성립과 아울러 그것이 지니는 모순이 나타나게 되어 빈부의 격차, 농촌과 도시 간의 격차, 급격한 도시유입으로 인한 주택 문제, 빈민가 문제, 범죄나 비행의 증가, 부녀자나 연소자의 노동 문제 등 각종 사회문제가 등장하게 되었다. 이러한 문제를 해결하기 위한 방법으로 기독교 신앙을 토대로 하는 청소년 단체활동이나 인보관(Settlement)운동을 통한 소집단 활동이 전개되는 가운데 집단활동의 방법이 싹트기 시작한 것이다.

① 청소년 단체활동

YMCA는 1844년 영국에서 George William에 의해 발족된 기독교청년운동으로 이것이 미국으로 건너가 깊이 뿌리를 내리게 되었다. 오늘날 이 운동은 전 세계로 퍼져 나가 청소년 소집단 활동의 주축을 이루고 있다. 이와 아울러 YWCA 운동도 1855년 영국에서 발족하여 세계적인 조직으로 복지활동에 크게 기여하고 있다. 이들 초기의 청소년 단체들은 농촌을 떠나 열악한 노동조건하에서 일하는 청소년들에게 기독교신앙을 심어 주고, 클럽 활동이나 레크리에이션 활동을 통해서 정신적 혹은 신체적인 건강, 생활·기술의 지도 등을 제공하여 많은 청소년들을 좌절과 갈등에서 탈피케 하며, 심신을 건전하게 성장·발달케 하는 일에 크게 기여하였다.

② 인보관운동

인보관운동은 1884년 영국 런던 동부의 빈민지역에 최초의 인보관(Settlement House)인 토인비 홀(Toynbee Hall)이 설립되어 성공회 사제인 Samuel Barnett과 옥스퍼드와 케임브리지 대학의 학생들이 중심이 되어 벌인 지역사회운동이다. 빈곤은 단지 경제적 문제만을 해결하는 것으로 퇴치될 수 있는 것이 아니라 주민의 정신적 · 지적 · 문화적 각 방면의 개선에 의해 가능하다는 인식하에 이들은 직접 지역에 들어가 생활하면서 지역주민들과 접촉하며 다양한 사회교육과 집단활동을 전개하였다. 영국에서 시작된 이 운동은 미국으로 전파되어 1889년 Jane Adams 여사에 의해 시카고의 빈민지역에 헐 하우스(Hull House)란 명칭의 인보관이 세워졌다. 이 운동을 통하여 사회참여와 민주적 활동과정, 학습과 성장, 상이한 배경을 가진 사람들의 직접적 상호작용, 사회환경이 사람에게 끼친 영향의 인식 등과 같은 집단활동의 원칙을 발전시키게 되었다. 집단활동은 이후 그 실효성이 인정되어 Boy Scout, Girl Scout 등 각종 사회단체들에 널리 보급되기 시작하였다. 이에 따라 집단활동은 전문적이고 이론적으로 체계화된 기술이 요청되기에 이르렀다. 이러한 경향이 현재 사회복지실천의 중요한 방법과 전문화된 기술로서 발전하고 있다.

(3) 집단활동의 기본 요건

집단활동의 기본 요소는 집단구성원, 집단, 프로그램, 사회복지사다.

① 집단구성원

집단활동의 목표는 구성원 개인의 변화와 성장에 초점을 둔다. 사회복지사는 구성원 한 사람 한 사람에 대한 개별화를 통해서 충분한 이해를 갖고 있어야 한다. 구성원 개인에 관한 조사항목으로 Trecker는 다음과 같이 열거하고 있다.

· 연령, 성별, 직업, 교육배경	· 집단, 단체, 지역사회 안에서의 지위
· 인간관계	· 흥미와 능력
· 과거의 집단활동 경험	· 가정 및 사회환경
· 집단 활동의 참가도	· 창의성
· 지도력	· 타집단에서의 활동경험
· 창의성	· 지도력
· 다른 집단에서의 활동경험	

위의 항목에 대한 이해를 통해서 개인의 욕구와 문제를 인식하며 개인의 성장발전에 기여하게 될 것이다.

② 집단

집단이란 단순한 개인의 집합체인 상태를 말하는 것이 아니라 집단구성원 간에 이루어지는 상호관계가 전제되어야 한다. 즉, 하나의 유기체로서의 움직임이 기대되는 집단을 의미하는 것이다. 따라서 집단 자체가 갖는 역동성(dynamics)이 그 집단에 속하는 개인들에게 미치는 영향은 매우 큰 것이다. 집단지도는 집단 내의 개인과 함께 활동하는 방법이지만 사회복지사는 항상 집단과 함께 시작하여, 집단을 통해 구성원 각자에게 접근하게 된다. 그러한 의미에서 집단은 사회복지사에게는 일차적인 수단이 된다. 따라서 집단에 대한 이해는 사회복지사에게 부과된 중요한 과업인 것이다. 집단에 대한 조사항목들을 Trecker는 다음과 같이 열거하고 있다. 사회복지사는 이러한 내용에 대한 이해가 높을수록 보다 더 효과적인 집단활동의 성과를 기대할 수 있다.

· 집단의 역사	· 집단의 특성
· 집단 내의 개인	· 사회복지사와 집단과의 관계
· 프로그램	· 개인의 목적과 집단의 목적
· 집단의 발달단계	

③ 프로그램

프로그램은 집단활동의 핵심이라고 할 수 있다. 프로그램은 개인 및 집단의 요구에 호응하기 위해 집단 내에서 신중히 계획되며, 실행되는 활동으로서 구성원 간의 상호작용과 경험을 포함하는, 준비에서 평가에 이르는 전 과정이다. 프로그램의 목적은 구성원 간에 활발한 상호관계를 촉진하며, 아울러 성장에 이르는 풍부한 집단경험과 사회적응 능력을 부여하는 것에 의미가 있다. 이러한 목적을 달성하기 위하여 매개체가 되는 것이 프로그램이다. 프로그램은 집단 및 집단구성원과 관련된 상호작용과 경험의 전부를 포괄하며, 구성원이나 집단 그 자체의 욕구를 충족하기 위해 구성원 자신들이 사회복지사의 도움을 얻어 계획을 수립하고 실천에 옮기는 활동이다. 따라서 집단이 계획하여 수행하는 어떤 활동 자체만이 아니라 준비단계에서부터 종료 후 평가단계에 이르기까지의 전 과정을 말하는 것이다.

④ 사회복지사

사회복지사는 집단의 상황과 구성원의 욕구를 파악하고, 활동할 장을 설정하여, 그 집단이 갖는 목적에 따라 프로그램을 전개해 나가는 역량을 가져야 한다. 사회복지사의 역할을 구체적으로 열거해 보면 다음과 같다.

가. 가능케 하는 사람(enabler)

사회복지사는 집단구성원들이 대처하고자 하는 과제를 도와서 그것을 가능케 하는 역할을 수행한다.

나. 변화를 일으키는 사람(change agent)

사회복지사는 집단구성원들에게 바람직한 변화를 가져오게 하는 역할을 수행해야 한다. 여기에는 개인이나 집단은 물론 환경이나 제도의 변화까지도 포함한다.

다. 매개자 또는 자료 제공자(mediator or resource person)

사회복지사는 구성원 간의 상호작용, 상호원조를 중시하며 또는 필요에 따라 구성원과 사회자원 간의 매개자, 자료제공자의 역할을 담당하게 된다. 특히 사회복지사와 클라이언트 관계에서 다음의 역할수행이 권장되고 있다.

- 중개자(broker): 클라이언트에게 지역의 사회자원을 단순히 중개해 주는 역할

- 매개자(mediator): 클라이언트의 욕구와 기관의 서비스를 상호 매개해 주는 역할
- 변호자(advocate): 클라이언트의 권리를 옹호하기 위하여 변호하거나 대변하는 역할
- 상담자(conferee): 클라이언트가 문제상황을 해결할 수 있도록 상담하는 역할

(4) 집단의 발달단계

집단을 통한 사회복지실천의 목적은 사회적 기능의 수행에 문제를 가진 개인에게 변화를 가져오는 것이며, 집단은 필요한 변화를 달성하는 수단으로서 활용된다. 개인의 변화를 초래한다는 목적을 달성함에 있어서 집단의 활용이 그 수단이 되기 위해서는 집단이 갖는 일반적 성격을 이해하고 활용함이 필요하다. 집단의 발달은 집단이 갖는 일반적 성격의 하나다.

집단의 발달은 일반적으로 집단구조의 변화, 집단구성원의 상호작용 형태의 변화 및 집단문화의 변화라는 세 가지 요소의 변화를 내포한다. 그리고 이와 같은 집단의 변화과정은 그 특성에 비추어 다음과 같은 몇 개의 발달단계로 나눌 수 있다.

① 준비 단계

이 단계는 개인의 문제해결에 집단을 효과적으로 활용하기 위해 예비적 조치가 행해지는 단계다. 유사한 내용의 문제를 가진 개인들의 접수 및 집단구성에 관한 조치가 행해진다. 이 단계에서 고려해야 할 변수로는 집단의 크기, 구성원의 특성과 배경, 그리고 집단의 환경적 위치 등이 있다. 집단의 크기는 집단의 구조적 특성, 개별 구성원의 참여양태 및 그들의 만족도에 영향을 준다. 또한 구성원의 특성과 배경은 뒤이어 일어나는 활동, 과제, 운영절차 및 문화에 영향을 미친다. 환경적 위치는 집

단이 존재하는 지역사회나 기관의 환경을 의미하는 것으로서 구성원의 규범과 가치, 집단의 활동과 과제에 밀접한 관련을 맺는 경향이 있다.

② 오리엔테이션 단계

집단의 구성원들은 불안과 긴장을 가진 채 새로운 상황에 들어오게 되며 자의식이 강한 상태에 있다. 이 단계에서는 집단구성원 간에 인간적 유대가 발생하고, 보다 주장이 강하고 투쟁적인 성원이 리더의 역할을 담당하게 되며 의사전달은 이를 중심으로 나타난다. 구성원들은 각자가 발전시켜 온 행동규범을 집단에 가지고 오며, 집단의 목적과 활동과제를 설정하는 과정에서 공통적 가치와 태도에 기초한 집단에서의 규범과 행동방식 등을 형성한다. 이 단계에서는 집단응집력의 기초로서 구성원 각자가 집단의 목적, 과제 및 다른 구성원에 대해 갖는 매력이 아주 중요한 것이 된다.

③ 탐색과 시험 단계

상호작용의 유형이 발달하는 것이 이 단계의 특징이다. 이 상호작용은 상황에 대한 탐색과 시험 그리고 조화와 갈등의 관계가 중심이 된다. 이러한 상호작용을 통하여 응집력이 있는 집단이 형성되기에 이른다. 이 단계에서는 집단의 목적이 분명해지고 목표지향적 활동이 현저하게 된다. 투쟁적인 리더에서 집단의 목적에 잘 부합되는 리더로 지도력의 구조상에 수정과 변화가 올 단계이기도 하다. 구성원 간의 상호작용이 증가함에 따라 하위집단이 형성되기 시작하며, 집단의 규범과 가치에 관련하여 통제적 기제가 발전한다.

④ 문제해결 단계

이 단계에서는 집단구성원의 상호의존성과 집단의 응집력이 높은 수준에 이르고, 집단의 목적에 대한 충분한 일치성과 그 달성을 위한 고도의 협동체계가 나타나며, 문제해결 능력이 고도화한다. 구성원들은 많은 경험을 함께해 왔기 때문에 보다 확고한 전통과 분명한 규범을 갖게 되며, 따라서 구성원에 대한 집단의 영향력도 높은 수준에 이른다. 성공적인 집단만이 이 단계에 도달할 수 있으며, 구성원들이 집단의 내부나 외부에서 오는 변화에의 압력에 효과적으로 반응할 수 있을 때에만 이 단계를 유지할 수 있다.

⑤ 종료단계

집단의 종료는 네 가지로 그 경우를 나눌 수 있다. 첫째, 목적이 달성되어 집단이 더 이상 존속해야 할 필요가 없어져 끝을 맺는 경우, 둘째, 처음부터 집단이 일정 기간 동안 설치되도록 계획되어 그 기한이 도래한 경우, 셋째, 집단의 응집력이 약화되어 집단이 분절되는 경우, 넷째, 집단이 외적·내적 환경의 압력에 효과적으로 반응치 못한 부적응의 결과로 끝을 맺는 경우가 그것이다.

3) 지역사회를 통한 실천

(1) 지역사회복지실천의 정의

지역사회를 통한 사회복지실천방법으로서 지역사회복지실천이란 지역사회가 그의 요구나 목표를 발견하여, 이에 대해 순위를 정하며, 목표달성을 위한 확신과 의지를 발전시키고, 필요한 자원을 내외에서 발견하여 동원함으로써, 지역사회 내에서 협력적이며 협동적인 태도와 실천력을 발전시키는 과정을 의미한다.

지역사회복지실천이란 사회적 상호작용의 의식적 과정으로서 다음의 목표 중 어느 하나 또는 전부에 관심을 가지는 사회복지실천의 한 방법이다.

- 지역사회의 욕구와 자원 간의 조정을 도모하고 광범위한 욕구를 충족시킨다.

- 주민의 참여나 자기결정 또는 협조 등의 능력을 발전 · 강화 · 유지하도록 도와줌으로써 저들 자신의 문제나 목표에 보다 효과적으로 대처한다.
- 지역사회와 집단 간의 관계 및 의사결정능력의 배분에 변화를 일으키는 것이다.

지역사회복지실천(community practice)은 지역사회를 대상으로 하는 사회복지실천을 포괄적으로 일컫는 말이다. 이 개념은 개인, 가족, 지역사회를 대상으로 이루어지는 사회복지실천방법을 통합적으로 보는 실천(integrated practice)의 관점에서, 특히 지역사회를 중심으로 이루어지는 포괄적인 사회복지실천을 의미한다.

이와 같이 지역사회복지실천은 사회복지의 전문적 실천방법의 하나로서 지역사회를 단위로 하여 발생하는 사회문제, 즉 지역사회주민이 당면하고 있는 공통적인 욕구나 문제를 지역사회 스스로가 조직적으로 해결할 수 있도록 도움을 주는 기술과 실천방법이다. 지역사회복지실천의 핵심적인 요소는 조직적인 문제해결을 위해서 욕구와 자원 간의 효율적인 결합 · 조정과 주민과 집단 간의 자주적인 협력관계를 확립하는 일이라고 할 수 있다.

(2) 지역사회복지실천의 모형

지역사회복지실천이란 지역사회의 문제해결에 영향을 미치고자 하는 계획된 행동에 지역사회주민을 참여시키는 실천의 방법이다. 그것은 사회제도의 발전과 변화에 관심을 두며, 계획(문제의 확인, 원인의 진단 및 해결책의 수립)과 조직(주민의 조직 및 행동을 끌어냄에 필요한 전략)이라는 두 가지의 중요하고, 서로 관련된 과정을 포함한다. Rothman 등(1995)에 의하면, 이러한 지역사회복지실천의 방법에는 지역사회개발(community development), 사회계획과 정책(social planning/policy),

사회행동(social action)이라는 세 가지 모형의 접근방법이 있다.

① 지역사회개발

이 모형은 다음의 가정에 입각하고 있다. 첫째, 사람들은 자신의 이익은 물론 다른 사람들의 이익을 위해서도 기꺼이 협력한다. 둘째, 지역사회의 다수 주민의 참여를 통하여 사회변화가 가능하다. 셋째, 지역사회는 민주적인 과정을 통하여 주민 간의 의견 차이가 있을 때에는 이성적이며 민주적인 토론을 거쳐 합의될 수 있다.

이러한 가정을 전제로 하는 지역사회개발 모형은 다른 활동 모형들과 비교해 볼 때 첫째, 문제해결 활동의 단위로서 지역사회 전체를 포함하고, 둘째, 지역사회의 자기결정을 근간으로 하여 외부의 원조를 결합시키며, 셋째, 변화의 기본전제로서 지역사회의 자발성과 토착적 지도력을 중시한다는 특성을 갖는다. 이 모형에서 활동가의 역할은 변화 매개자로서의 역할, 중재 또는 조정자의 역할, 문제해결 기술과 윤리적 가치의 지도 등 교사로서의 역할, 비전 제시자의 역할 등을 들 수 있다.

② 사회계획과 정책

지역사회의 문제는 복지, 보건, 주택, 환경, 고용문제와 같이 그 규모나 복합성 때문에 문제해결을 지역사회의 주민에 의한 민주적 과정에만 맡길 수 없는 문제들이 있다. 이러한 문제들은 일반 지역주민에게서는 얻을 수 없는 전문지식을 갖춘 활동가에 의해 연구되고 해결이 시도된다. 사회계획과 정책 모형이란 전문가에 의하여 합리적인 계획을 수립하고 통제된 변화를 통해 문제해결을 도모하는 활동을 의미한다.

활동으로는 ㉮ 사실의 발견과 문제의 정의, ㉯ 의사전달구조 및 활동체계의 구축, ㉰ 사회적 목표와 정책의 선택 및 결정, ㉱ 계획의 실제적 수행, ㉲ 활동의 결과에 대한 평가 등이 있다. 사회계획과 정책 모형에서의 전문가는 지역사회의 하위체계들 간의 이해관계의 갈등이나 일치보다는 문제에 대한 전문지식과 기술의 효과적 활용에 보다 큰 관심을 둔다. 또한 전문가는 일반적으로 제도 내의 조직체나 집단에 의해 고용되어 활동한다.

③ 사회행동

사회행동 모형의 전제는 지역사회가 자원과 권력을 가진 자들과 가지지 못한 자들의 갈등관계로 구성되어 있다고 본다. 따라서 사회행동가는 지역사회에 있어서의 권력과 자원배분관계의 재편을 추구하는 것을 활동의 목표로 삼는다. 사회행동가는 문제를 구체화하고, 표적집단을 결정하며, 문제를 해결하기 위하여 주민을 동원하여 표적집단에 대해 계획된 행동을 취하는 활동을 수행한다. 그리고 사회정의와 민주주의에 기초하여 투쟁이나 대결 등을 목표달성의 수단으로 사용한다.

(3) 지역사회복지실천의 과정

① 사회문제의 파악

지역사회 내의 다양한 사회복지 문제나 욕구, 그것에 대한 주민의 의식의 정도나 문제의 성격에 관하여 지역실태조사, 주민토론 및 공청회 등을 통해 면밀히 검토·파악한다.

② 계획의 수립

지역사회 문제해결이나 욕구충족을 위해서는 어떤 사람들이 어떤 방법으로 재정과 시간을 들여 그 목표를 달성할 것인가에 대한 계획을 수립해야 한다. 장단기 목표 설정, 목표의 달성방법, 우선순위 결정, 문제해결을 위한 추진조직이나 기구의 설치, 필요한 재정의 조달방법, 실천과정에서 예측될 수 있는 문제점에 대한 대책도 아울러 고려해야 할 것이다.

③ 계획 실시의 촉진

수립된 계획이 원활하게 수행되려면 계획의 실행을 촉진하는 과정이 필요하다. 계획을 실시하고 촉진하기 위해서는 사회복지 전문가만으로 되는 것이 아니다. 지역사회 주민들과 관련 조직들이 그것을 이해하고 지지하여야 하는 것이다. 따라서 지역사회를 위한 활동의 동기를 불어넣을 수 있는 홍보활동, 조직 간의 상호협력관계를 유지·강화할 수 있는 조정과 동원활동 등이 전개되어야 할 것이다.

④ 자원의 활용 및 동원

계획을 구체적으로 수행하기 위해서는 인적, 물적, 사회적, 기타 각종 자원을 발굴하여 활용하고 동원해야 한다.

⑤ 활동의 평가

끝으로 활동과정을 평가하며 그 효과를 측정하는 과정이 필요하다. 평가에는 과정평가와 결과평가가 포함된다. 목표의 성취정도를 평가함과 아울러, 활동수행과정에서 제기된 문제점을 검토하여 수정함으로써 앞으로의 새로운 계획수립에 기여할 수 있다.

4. 사례관리

오늘날에는 일상생활을 영위하기 위한 고령의 노인들, 소외된 정신질환자, 사고나 재해로 인한 장애인, 학대와 방임되는 아동들의 수가 증가되고 있다. 이러한 원조대상들도 지역사회 내에서 정상적인 생활을 영위할 수 있도록, 특히 자기의 가정과 지역사회에서 보호를 받을 수 있는 원조기술과 방법이 새롭게 태동되고 있는바, 구체적 형태로서 사례관리라는 새로운 사회복지실천의 방법이 요청되고 있다. 이 절에서는 사례관리의 필요성과 의의, 정의, 기준, 과정에 관하여 살펴본다.

1) 사례관리의 필요성과 의의

오늘날 일상생활에서 정상적인 인간다운 삶을 영위하기 힘든 사람들의 수가 날로 증가하고 있다. 고령의 노인들, 소외된 정신질환자들, 재해나 각종 사고로 인한 장애인, 방임・학대되는 아동, 그리고 악순환의 고리 속에서 헤어나지 못한 채 살아가는 빈민, 이들에 관한 사회복지서비스는 우리가 해결해야 할 중요한 과제다. 이러한 문제를 해결하기 위해서는 사회복지사의 전문적 관리가 이루어지는 대인사회서비스가 요청되고 있다. 이러한 대인사회서비스의 실천방법을 영국에서는 “케어 매니지먼트(care management)”, 미국에서는 “케이스 매니지먼트(case management)”라는 실천방법이 실천되고 있다.

케어 메니지먼트나 사례관리는 지역사회에서 사회복지서비스를 제공하는 데 중요한 실천방법이 되었다. 특히 지역사회의 재가보호대상자는 복지서비스뿐 아니라 보건・의료서비스를 필요로 하는 경우가 많아 그러한 서비스를 이용하고자 할 때에는 각기 다른 여러 기관들을 찾아가야 하는 어려움에 직면하게 된다. 재가보호대상자로서는 복잡하고 다양한 서비스 중에서 자기에게 적합한 것을 선택하여 이용한다는 것은 용이한 일이 아니다. 특히 재가보호대상자는 공식적인 서비스뿐만 아니라 자원봉사자나 비공식적 지원체계의 서비스도 함께 포괄적으로 이용할 필요가 있다.

이러한 관점에서 재가보호대상자들이 어떠한 서비스나 지지를 필요로 하고 있는가를 파악하여 바람직한 지원을 위해 서비스를 계획하고 실시하는 전문기관이나 인력이 필요하게 된다. 이러한 활동을 케어 매니지먼트 또는 사례관리라고 하고 이를 실천하는 전문가를 사례관리자라고 한다.

미국사회복지사협회(NASW)의 기준에 의하면, “사회복지실천에서 사례관리는 사회복지사가 클라이언트와 클라이언트 가족의 요구를 사정・평가하여 적절한 서비스를 제공하며, 또한 특정의 클라이언트의 복잡한 욕구를 충족하기 위해 다수의 서비스의 통합이나 조정을 실시・평가・대변을 해 주는 방법”이라고 정의하고 있다.

사회복지사는 사회복지실천에서 사례관리의 중요한 제공자다. 사례관리는 클라이언트의 생물학적·심리사회적 상태와 사회체계의 상태에도 관여하게 된다. 사례관리는 본질적으로 미시적이며 동시에 거시적이기도 하다. 개입은 클라이언트와 사회체계의 모든 수준에서 이루어진다. 그것은 사회복지사에게 클라이언트와 치료적 관계를 형성하며 유지할 것을 요구하며, 동시에 클라이언트가 필요로 하고 있는 서비스나 자원지원의 기회를 제공하는 시스템에 클라이언트를 연계하는 것을 포함한다.

사회복지실천에서 사례관리 실천의 맥락에서 제공되는 서비스는 단일한 기관에서 이루어지기도 하나 때로는 다수의 기관이나 조직에서도 이루어질 수 있다. Robert Barker에 의하면, 사례관리란 클라이언트의 이익을 위해 복지와 보건 등 다양한 기관과 직원들로부터 제공받을 서비스를 계획하고 조정하며 검토하는 일련의 과정이다.[4] 이는 기관 내의 혹은 다른 기관에 속한 실천가가 전문적 팀워크(teamwork)를 통해 클라이언트에게 제공될 서비스를 조정하고 필요한 서비스 제공을 확대할 수 있게 한다. 또한 사례관리는 사례의 발굴, 클라이언트의 욕구 사정, 전문적 서비스의 진행을 점검하고 평가하며 재사정하는 것을 포함한다. 이러한 정의는 사례관리의 목적, 기능, 방법, 절차 등을 포괄하는 것으로 인식된다.

이와 같이 사례관리에서는 다음과 같은 특성을 찾아볼 수 있다.

① 지역사회를 기반으로 각종 사회서비스나 지지를 활용하는 하나의 체계적인 지원 방법이다.
② 각종 사회자원의 동원과 원조 관계망의 효율적인 연계와 조정에 관심을 두는 활동이다.
③ 복합적 욕구를 가진 클라이언트에 대한 지속적인 책임과 효과성을 강조하는 활동이다.

---

4. Robert Barker, *The Social Work Dictionary*, NASW, 1991, p. 20.

④ 연속적 기능들을 시간 순서적으로 수행하는 문제해결과정이다.
⑤ 클라이언트에 대한 포괄적 · 총체적 · 장기적 보호 서비스를 제공하는 전문적 활동이다.

2) 사례관리의 원조과정

사례관리는 문제해결과정으로서 시간 순서적인 기능을 가지는 단계적 과정을 거치고 있다. Rothman(1992)은 사례관리의 원칙과 행동지침에서 다음과 같은 단계별 기능들이 사례관리의 기본 요소를 구성하며, 사례관리 프로그램을 시작하고자 하는 기관은 이 요소들을 최소한의 핵심 기능으로 수행할 수 있도록 훈련해야 함을 강조했다.

(1) 클라이언트의 확인과 아웃리치(outreach)

표적인구에서 개별 클라이언트를 확인하고, 서비스를 자발적으로 찾지 않는 잠재적 클라이언트를 찾아 나선다.

(2) 사정

클라이언트의 기능 수행, 사회적 지지, 서비스 욕구, 그리고 서비스에 대한 태도를 포함하는 사정 혹은 진단을 수행한다. 사정은 다차원적 현상이고 다양한 전문분야의 개입이 요구될 수도 있다.[5]

(3) 사례관리 계획

사례관리 계획은 사정에 기초한 서비스 욕구, 서비스 전달, 모니터링, 평가의 단계에 대해서 계획하는 것이다. 이때의 행동지침은 클라이언트

---

5. 사정에 대한 연구와 분석 및 사정도구표 등은 사례관리에 관한 다음의 저서를 참조하기 바란다. 장인협, 『지역복지실천방법론: 케어/케이스관리』, 서울대학교출판부, 1995.

가 사례관리 계획의 개발에 가능한 한 최대한 참여해야 한다는 것이다. 클라이언트의 참여는 다양한 수준의 능력에 따른다. 사례관리자는 클라이언트의 능력에 따른 적절한 수준에서 클라이언트와 같이 결정하고 그 수준을 극대화함이 필요할 것이다. 사례관리자는 클라이언트의 욕구와 감정을 확인하고 욕구의 우선순위를 정하고 관련된 서비스와 지지를 개발하는 전체과정에 클라이언트를 참여시켜야 한다. 그리고 클라이언트의 참여에 못지않게 중요한 것은 그의 사회적 관계망을 계획 과정에 참여시키는 것이다. 사회적 관계망의 참여는 주로 사정단계에서 발견된 핵심 인물이 중심이 되며, 이때에도 클라이언트의 동의를 받은 후에 계획과정에 참여시키는 것이 중요하다. 그리고 사례관리자는 계획과정에 많은 전문가들의 다양한 관점을 조정하는 노력을 수행해야 한다. 사례관리 계획의 작성은 사정에서 밝혀진 문제들을 구체적으로 해결하기 위한 방법으로 다음과 같은 사항에 유의함이 바람직하다.

① 클라이언트와 그 가족의 참여
② 서비스의 연계와 서비스 기관의 역할 분담
③ 지역사회생활기술의 교육
④ 클라이언트의 문제나 욕구의 목록

(4) 서비스 연계와 조정

효과적인 사례관리는 클라이언트를 능동적으로 서비스 기관과 연계시키는 것이어야 한다. 사례관리자는 필요한 서비스를 연결해 줄 때 클라이언트를 적극적으로 지지해야 하며, 서비스 계획이 제대로 수행되는지, 기관간의 상호작용과 서비스가 클라이언트에게 유익한지를 관찰해야 한다. 사회복지실천에서 사례관리자는 개입의 지속성을 보장하기 위해 서비스 제공의 연락 조정을 실시하고 감독해야 한다.

(5) 모니터링과 평가

모니터링과 평가는 클라이언트의 장기간 변화하는 욕구를 충족시키기 위해서 지속적으로 이루어져야 한다. 사례관리 기능의 적절한 모니터링을 보증하기 위해 두 가지 사항이 필요한데, 그 하나는 사례관리 계획에서 모니터링을 위한 시간계획이 설정되어야 한다는 것이고, 다른 하나는 서비스의 모니터링은 예기치 않은 욕구, 위기를 인식해야 한다는 것이다. 지속적이고 예기치 않은 문제를 충족하기 위해 프로그램은 정상적 활동시간 외에 발생하는 욕구를 예측해야 하고, 이러한 위기 중에 클라이언트에게 봉사할 수단을 제공해야 한다.

특히 사회복지실천에서 사례관리자는 클라이언트의 욕구를 정기적으로 재평가하며, 효과적이고 적절한 서비스의 제공을 보장하기 위해 설정된 목표가 달성되고 있는가를 재평가해야 한다. 이러한 재평가로 최초평가의 전부나 일부를 수정할 수 있으며, 클라이언트의 가장 중요한 문제에 대한 일부를 변경하여 개입계획을 새로이 작성할 수도 있다.

(6) 옹호

사례관리자는 클라이언트의 최선의 이익과 욕구를 옹호하거나 대변할 수 있어야 한다. 사례관리자는 자기 기관이나 다른 기관에서 제공되는 필요한 서비스를 클라이언트에게 제공할 수 있도록 대변 활동을 수행해야 한다.

(7) 재평가

사회복지실천에서 사례관리자는 클라이언트의 욕구를 해결하기 위해 정기적으로 설정된 목표의 달성여부를 재평가한다. 이러한 재평가의 시기는 프로그램에 미리 예시하거나, 적절한 시간이나 상황의 변화에 따라 필요하다고 생각될 때 재평가를 실시해야 한다. 재평가는 최초 평가의 전부나 일부를 재검토하거나, 클라이언트의 중요한 문제의 일부만을 다시 재고할 수 있다.

(8) 사례의 종결

종결의 이유로는 설정된 클라이언트의 목표의 달성이나 사회복귀, 클라이언트 혹은 가족의 비협력, 클라이언트가 서비스를 거절하거나 사망한 경우, 사례관리자의 퇴임 등이 있다. 또한 서비스 제공 가능성의 한계 때문에 종결될 경우도 있다. 그러할 경우에는 가능한 한 보호의 계속성을 유지하기 위해 적절한 다른 사례관리자에게 의뢰해야 한다.

사례의 종결에 관해서는 기관이 일정한 기준을 설정하지만, 종결의 결과에 대한 준비를 하는 것은 사례관리자와 클라이언트이다. 사례관리자는 서비스 제공자들과 적절한 조정을 거쳐 사례를 둘러싼 경제적 측면에 대해서도 종결해야 한다. 종결 후에는 현재의 서비스 조건이 클라이언트와 가족에 충분하며 적절한지를 확인하고 사후지도를 하는 것도 필요하다.

연구문제

1. 사회복지 실천방법이 갖는 의미와 목표를 설명하시오.
2. 전통적 3분법에 의한 실천방법과 통합적 실천의 차이를 설명하시오.
3. 사회복지실천의 기반이 되는 이론에는 어떠한 것이 있는지 설명하시오.

제2장

사회복지정책

1. 사회복지정책의 의의

사회복지정책이란 '사회복지'와 '정책'이라는 두 가지 용어의 합성어로서 정책이란 일반적으로 정부의 활동지침, 계획, 특정한 목표를 달성하기 위한 행동의 원칙 등을 의미한다. 따라서 사회복지정책이란 '정책'이라는 용어에 초점을 두고 정의하면, 사회복지에 관한 정부의 의사결정에 활용되는 지침, 계획 또는 행동원칙이라고 할 수 있다.

한편, '사회복지'의 성격이나 범위를 어떻게 규정하는가를 중심으로 사회복지정책을 정의하기도 한다. 재화와 서비스의 분배체계로서 사회복지제도는 경제제도와 원리적인 면에서 구별된다. 경제정책은 수요(demand)와 공급(supply)에 의한 시장경제의 원리에 기초하여 재화와 서비스를 분배한다. 여기에서의 수요는 구매력이 있는 소비자를 대상으로 한다. 반면 사회복지정책은 빈민이나 노인, 아동 등 구매력이 없는 사람들의 욕구(needs)를 대상으로 포함하기 때문에 시장경제의 원리가 아닌 다른 원리에 의하여 재화와 서비스를 분배한다. 여기에서 시장경제의 원리가 아닌 다른 원리란 사회적 연대(social solidarity)의 원리로서 도움이 필요한 사람들에게 일방적으로 원조를 제공하거나, 상호부조(mutual support)의 원리에 의하여 사회구성원들이 서로 도움을 주고받는 것을 의미한다. 따라서 이러한 관점에서 사회복지정책은 시장경제의 메커니즘 밖에서 작동하는 재화와 서비스의 분배체계로 정의된다.

오늘날 사회복지 활동의 대부분은 국가의 제도나 정책으로서 확립되고 있다. 그러므로 공공과 민간의 다양한 사회복지의 실천은 제도의 틀을 벗어나거나 국가의 정책을 떠나서 전개되기가 어렵다. 이처럼 사회복지정책과 실천은 불가분의 관계에 있으며, 사회복지정책의 과제는 사회복지 실천과정의 효과적인 전개에 필요한 인적·물적 자원의 효율적인 조달과 배분을 위한 구체적인 원칙이다. 따라서 사회복지정책에서는 정책의 형성과 결정과정의 메커니즘에 관한 분석뿐 아니라 사회복지의 실현을 위한 구체적인 프로그램의 집행이나 정책효과에 대한 분석이 중요한 과제가 된다. 여기에서 정책의 형성이나 결정과정에 관한 분석을 과정분석(process analysis)이라고 하며, 정책의 내용과 구체적인 프로그램의 내용에 관한 분석을 산출분석(product analysis)이라고 한다. 그리고 정책을 집행한 결과 의도한 정책목표에 비추어 그 효과성이나 효율성을 분석한 것을 이행분석(performance analysis) 또는 효과분석이라고 한다.

그리고 사회복지정책과 사회사업실천은 긴밀한 상호작용 관계에 있다. 일반적으로 사회복지활동에서는 두 가지의 시각을 갖게 되는데, 하나는 정책적인 것이며 다른 하나는 기술적인 것이다. 사회복지정책이 사회적 자원의 배분에 관한 거시적 수준의 활동인 반면, 사회사업은 인간행동의 변화에 관한 미시적 수준의 기술이라고 파악하는 견해다. 특히 기술적 견해의 특징은 사회사업을 인간과 사회환경 간의 관계를 조정하는 기술(skill) 또는 아트(art)로서 받아들이고 있는 것이다. 그러나 거시적 차원의 사회복지정책과 미시적 차원의 사회사업은 상호보완적인 관계에 있다. 전문 사회사업가는 사회복지정책의 수립과 분석에 관한 지식을 갖고 있어야 하며, 정책을 수립하고 분석하는 사회복지정책 담당자들도 전문 사회사업실무를 알아야 한다.[1] 그 이유로는 첫째, 정책수립과정에 중앙정부부처의 책임자뿐 아니라 실무담당자들도 정책의 방향에 대한 의견 개진을 통하여 영향력을 행사하고 관여할 수 있기 때문이다. 둘째, 직접적인 서비스를 담당하고 있는 전문 사회사업가들이 어떤 의미에서는 정책결정에 가장 중요한 위치를 차지하고 있기 때문이다. 전문 사회사업가가 클라이언트와 일차적이고 직접적인 접촉관계를 갖고 있기 때문에 클라이언트가 실제로 필요한 서비스를 받고 있는가 하는 것은 전문 사회사업가가 정책을 제대로 적용하느냐의 여부에 달려 있다. 셋째, 사회복지정책의 수립은 한 사람에 의하여 이루어지는 것이 아니라 다양한 사회문제와 관련하여 각각 다른 역할을 수행하는 다수의 사람들에 의하여 이루어지고, 이들에 의하여 다시 정책수행을 위한 기능적 역할이 나누어지기 때문이다. 사회복지정책은 사회사업실무와 광범위하고 밀접한 관계를 가져야 한다.

2. 사회복지정책의 과정

정책형성과정의 분석은 역사적 맥락에 의한 분석과 정치적 과정의 분석방법이 있다.

1) 역사적 분석방법

역사적 분석방법을 정책과정에 적용하면, 사회경제적 조건의 변화에 따라 이루어지는 거시적인 정책적 대응방식의 흐름에 초점을 두게 된다. 그러므로 특정한 역사적 시점에서 특정 문제에 관한 사람들의 관심이 어떻게 사회문제로 인식되느냐에 따라 사회적 반응이 나타나며, 사회복지

1. 전남진, 『사회정책학강론』, 서울대학교출판부, 1987, pp. 267-270.

의 개입형태가 달라진다. 역사적 맥락에서 사회복지정책을 분석할 때 고려해야 할 사항은 다음과 같이 제시되고 있다.[2]

- 역사의 특정한 시기에 어떤 사회적인 현상이 왜 문제로서 제기되는가?
- 그것은 새로운 문제인가?
- 사회문제로 정의함에 사용되는 이념이나 가치는 무엇인가?
- 그것을 사회문제로 규정하게 하는 행위자는 누구인가?
- 그 이슈와 관련된 역사적 전례는 무엇이며, 어떠한 조건이 과거와 다른 새로운 변화를 가져오게 하는가?

2) 정책과정 분석방법

한편 정치적 과정에 초점을 둔 정책과정은 사회복지에 관한 요구나 문제가 사회적 이슈로서 인식되고, 정책의제로 형성되며, 나아가 정책대안들이 제시되고, 여러 가지 정책대안들 중에 하나의 정책대안이 선택되는 정책결정이 이루어지고, 그것이 프로그램으로 형성되어 집행되는 일련의 과정이다. Prigmore와 Atherton은 이러한 정책형성과정에서 고려되어야 할 요소로서 다음의 사항을 제시하고 있다.[3]

① 가치와 관련하여 고려되어야 할 사항

- 현재의 방식과 양립하는가?
- 평등과 정의에 기여하는가?
- 사회복지의 가치와 일관성이 있는가?
- 사회의 다른 가치와 일관성이 있는가?

---

2. Donald Chambers, *Social Policy and Social Programs: A Method for Practical Public Policy Analysis*, 2nd ed., New York: Macmillan, 1993, pp. 41-42.
3. Charles Prigmore and Charles Atherton, *Social Welfare Policy: Analysis and Formulation*, New York: The Heath and Company, 1979.

② 정치적 영향과 의사결정 차원에서 고려되어야 할 사항

- 정치적으로 수용가능성이 있는가?
- 합법적인가?
- 관련되는 이익집단들을 만족시키는가?

③ 지식에 관하여 고려되어야 할 사항

- 과학적으로 건전한가?
- 합리적인가?

④ 경제적 비용에 관한 사항

- 경제적으로 실현가능성이 있고, 다른 대안보다 나은가?
- 비용 효율적인가?
- 다른 사회문제를 야기할 가능성이 있는가?

이러한 사항들은 정책형성과정에서 다양한 요인들이 정책결정에 영향을 미치는 과정을 분석하게 한다.

이와 같이 모든 사회복지정책은 일정한 과정을 거쳐서 형성된다. 정책과정에 관하여 학자들은 상이한 모델을 다양하게 제시하고 있는데, 이러한 모델들은 각각 정책형성과정, 문제해결과정 또는 정책 프로그램의 개발과정에 초점을 두고 있다. 일반적으로 사회복지정책은 사회 내에서 발생하는 사회문제를 해결하기 위하여 채택되는 방안이라는 관점에서 볼 때, 넓은 의미의 사회복지정책의 과정은 다음과 같은 과정을 거치게 된다.[4]

> 사회적 조건 → 사회문제 → 사회적 요구 → 정책 의제
> → 정책 대안 → 집행 → 평가

4. 송근원·김태성, 『사회복지정책론』, 나남, 1995, pp. 38-39.

(1) 사회적 조건

사회적 조건이란 정책에 영향을 미치는 정치적·경제적·사회적·문화적 환경을 의미한다.

(2) 사회문제

사회복지의 대상이 될 수 있는 사회문제는 인간으로서 기본적인 생활을 누리지 못하여 고통을 받고 있는 사람들이 그러한 상황이나 조건을 해결해야 할 문제로 인식할 때 비로소 문제로 성립된다.

(3) 요구

사회복지 문제의 해결을 정부에 요청하는 구체적인 행동을 요구(demand)라고 한다.

(4) 의제

정치체제에 어떤 사회복지 문제의 해결에 관한 요구가 성공적으로 투입되면 그것은 정책행위자들의 관심을 받으면서 그 해결방법들이 논의된다. 이때 정책행위자들의 논의에서 다루어지는 문제나 요구를 의제라 한다.

(5) 정책대안

문제나 요구가 일단 정책의제로 성립되면 정책행위자들에 의하여 그 해결이 논의되고 여러 가지 해결방안 가운데 하나를 선택하게 되는데, 그때의 해결방안들을 정책대안이라고 하며, 선택된 대안을 정책이라고 부른다. 이때 정책대안의 선택과정을 정책결정과정이라고 한다.

(6) 집행

사회복지정책이 결정되면 그것은 사회복지문제를 해결하기 위하여 일선기관을 통하여 구체화된다. 이와 같이 의도된 정책목표를 달성하기 위하여 결정된 정책을 구체화시켜 나가는 과정이 정책집행이다.

(7) 평가

정책평가란 정책활동의 가치를 따져보기 위하여 정보를 수집, 분석, 해석하는 활동이다. 좁은 의미의 정책평가는 정책집행의 결과에 대한 평가, 곧 정책이 의도한 목표를 얼마나 성취하였는가를 평가하는 것이다. 한편, 넓은 의미의 정책평가는 정책과정 전반에 걸친 모든 평가활동을 의미한다.

정책형성에 관한 분석틀을 특정한 사회복지정책의 형성과정에 적용하면, 정책분석의 다양한 맥락을 이해하게 하며, 실천적인 측면에서는 바람직한 사회복지정책의 형성을 위한 구체적인 방법과 전략에 관한 교훈이나 함의를 얻을 수 있는 의의가 있다.

3. 사회복지정책의 산출분석

사회복지정책의 산출분석이란 앞에서 언급한 바와 같이 정책의 내용이나 구체적인 프로그램의 내용에 관한 분석으로서 정책의 목표, 대상, 급여, 전달체계, 재정에 관한 분석을 포함한다.

사회복지정책은 정책의 기초가 되는 가치기반과 정책목표를 가지고 있다. 따라서 정책의 분석에서는 이러한 정책의 목표와 가치가 무엇인가를 우선 살펴보아야 한다.

사회복지정책의 일반적인 정책목표에는 최저생활수준의 보장, 사회적 불평등의 감소, 사회적 적절성의 달성, 사회통합의 달성 등이 있다. 이러한 사회복지정책의 목표는 개별 사회복지 프로그램에 반영되는데, 어떤 사회적 가치가 강조되느냐에 따라 정책목표가 달라진다. 사회복지정책에 영향을 미치는 사회적 가치에는 평등, 자유, 효율성, 적절성 등이 있다. 사회복지정책의 목표는 이러한 가치들 중에서 그 사회의 지배적인 가치나 정책 결정자의 의지를 반영하고 있다. 그리고 사회복지정책과 프로그램의 내용에는 정책목표와 가치가 반영되어 구체화된다.

사회복지정책에는 어떤 급여가, 누구에게 제공되며, 어떻게 전달되며, 어떤 재원에 의하여 조달될 것인가를 결정하기 위한 원칙이나 지침이 선정되어야 한다. 이러한 정책의 선택에는 위와 같은 정책목표와 가치가 영향을 미치게 된다. 정책분석의 준거틀(framework)로는 다음의 네 가지 차원이 고려될 수 있다.

① 사회적 할당(social allocation)의 기반은 무엇인가?
② 배분되는 사회적 급여(social provision)의 성격은 어떠한가?
③ 급여의 전달체계(delivery)의 구조는 어떠한가?
④ 급여를 위한 재정방식(financing)은 무엇인가?

이와 같은 준거틀은 사회복지정책의 내용을 분석하거나 그 구성요소를 구체화하는 데에 크게 도움이 된다. 정책내용을 분석하는 방법은 Gilbert와 Terrell에 의하면, 급여나 서비스의 대상, 급여나 서비스의 성격과 내용, 전달체계, 재정방식이라는 네 가지 틀에 의하여 이루어진다.[5]

1) 대상체계

이것은 사회복지 급여나 서비스의 대상을 결정하는 차원이다. 여기에 적용되는 원칙으로는 보편주의와 선별주의가 대표적이다. 대상의 자격

---

5. Neil Gilbert and Paul Terrell, *Dimensions of Social Welfare Policy*, 6th. ed., Pearson Education, 2005.

을 결정하는 조건의 형태로는 거주여부나 기간, 시민권, 연령 등 인구학적 조건, 근로능력, 사회보험에의 기여여부, 소득/자산조사, 전문적·행정적 판단 등이 있다.[6] 이러한 조건들은 사회통합, 소득재분배, 운영과 비용효율성, 근로동기에의 영향 등에 관한 서로 다른 가치관을 반영하여 그 선택이 결정된다.

2) 급여체계

이것은 어떠한 형태의 급여나 서비스를 제공할 것인가를 결정하는 차원이다. 대표적인 급여의 형태로는 현금과 현물이 있다. 현금급여를 선택하는 기준이 되는 가치는 경제적 효용의 극대화, 소비자 주권의 보장, 인간존엄성의 유지 등이며, 현물급여의 기준이 되는 가치는 목표효율성의 제고, 규모의 경제 효과 등이다. 이 외에도 사회복지의 급여체계에는 서비스, 바우처, 기회의 제공 등이 있다.

3) 전달체계

이것은 급여나 서비스를 효율적으로 전달하기 위하여 어떤 조직과 인력을 활용할 것인가를 결정하는 차원이다. 사회복지정책을 통하여 제공되는 재화나 서비스가 여러 영역에서 다양하기 때문에 전달체계도 다양하다. 전달체계의 형태로는 공공부문, 민간부문, 공공과 민간부문의 혼합형태, 순수 민간부문이 있다. 공공부문은 모든 국민을 대상으로 공공재를 전달할 때 유용하고, 사회적 적절성과 서비스의 통합성을 성취할 수 있다는 장점이 있다. 반면, 가격과 질의 저하, 관료주의적 경직성, 접근의 어려움 등이 단점으로 지적된다. 민간부문은 선택의 자유, 창의성, 접근의 용이성, 융통성이라는 장점이 있는 반면, 서비스의 통합성과 지속성,

---

6. 송근원·김태성, 앞의 책, 1995, pp. 281-296.

안정성이 취약한 단점이 있다.

사회복지 부문의 급여와 서비스 전달체계는 공공부문과 민간부문의 장점을 결합한 혼합형태가 많이 활용되고 있다. 이것은 사회복지가 대체로 공공재로서의 성격을 지니고 있으므로 공공부문의 역할이 필요하다는 점과 민간부문의 장점을 도입해야 할 필요성에 의하여 서구의 복지국가에서 복지의 혼합경제(the mixed economy of welfare) 논리와 함께 확대되고 있다.

4) 재정체계

이것은 급여나 서비스의 비용을 어떠한 방식으로 조달할 것인가를 결정하는 차원이다. 사회복지를 실현함에 필요한 재원을 공공재정으로 충당할 것인가, 민간재정으로 충당할 것인가, 공공재정은 사회보장세로 할 것인가, 일반조세로 할 것인가? 민간재정은 사용자 부담, 민간의 기부금의 비중을 어떻게 할 것인가를 결정해야 한다. 재정방식의 다양성은 그 사회의 가치관, 정책결정자의 입장, 사회집단 간의 이해관계 등을 반영한다. 공공재정을 선택하는 경우는 재정의 안정성과 지속성이 보장되는 장점이 있으나 정부부담의 확대에 대한 조세저항의 문제가 발생할 수 있다. 민간재정을 선택하는 경우는 집단이나 지역의 특수한 욕구에 대처하기가 쉽고 창의성 있는 서비스의 개발을 촉진할 수 있으나 지속적이고 안정적인 재원이 되지 못하는 한계가 있다.

연구문제

1. 사회복지정책의 형성과정에 관하여 설명하시오.
2. 사회복지정책 산출분석의 네 가지 분석틀에 관하여 설명하시오.

제 3 장

사회복지행정

1. 사회복지행정의 의의

사회복지행정이란 사회복지정책을 사회적 서비스로 전환하는 과정이다. 이러한 전환과정에서 사회복지 분야는 다른 어떠한 분야보다 충분한 인적 · 물적 자원의 획득과 자원의 효율적인 활용이 중요하다. 사회복지 활동은 인력이나 물적 자원의 투입만으로는 소기의 성과를 거둘 수 없으며, 인력이나 물적 자원을 효율적으로 활용하는 합리적인 행정과정을 통하여 이루어질 수 있다. 여기에서 행정의 필요성이 대두하게 되는데, 행정의 개념은 다음과 같이 요약할 수 있다. ① 행정이란 조직과 관리의 총체이다. ② 행정이란 사업의 목적을 성취하기 위하여 인적 · 물적 자원을 활용하고 효율적으로 만드는 과정이다. ③ 행정이란 사회적 서비스를 제공해 줄 수 있도록 하는 사람들 간의 협동적인 활동이다. 이처럼 사회복지행정은 사회복지정책을 사회적 서비스로 전환하는 과정으로서 조직관리, 인적 · 물적 자원의 효율적 동원과 활용을 주요 내용으로 한다.

그리고 사회복지행정은 국가나 지방자치단체 수준의 공공부문의 사회복지행정을 의미하기도 하며, 공공과 민간 사회복지기관의 관리행정을 의미하기도 한다. 후자의 개념은 사회복지실천행정(social work administration)으로 일컬어지기도 하는데, 사회복지조직의 일부인 변화체계의 활동을 초래하고 간접적으로는 사회복지의 대상인 클라이언트 체계인 개인이나 가족, 소집단 및 지역사회의 성장과 변화를 초래하기 때문에 사회복지실천의 한 방법으로서 인식된다.[1] 넓은 의미의 사회복지행정은 공공과 민간기관의 모든 사회복지행정을 포함하여 사회복지조직의 활동 과정에 기여하는 조직구성원들의 협동적이고 조직적인 노력이라고 할 수 있다. 반면에 좁은 의미의 사회복지행정은 주로 사회복지실천행정에 국한하여 사회복지실천의 지식과 가치, 기술을 적용하여 사회복지기관의 특정한 목적을 달성하기 위하여 목표를 설정하고, 프로그램을 기획하며, 자원을 동원・활용하고, 평가하는 전반적인 활동이다.

사회복지행정을 사회복지기관에 한정하면, 일반행정과는 다른 다음과 같은 특성을 갖고 있다. 첫째, 사회복지행정의 클라이언트는 투입(input)인 동시에 산출(output)이다. 둘째, 사회복지행정은 인간관계의 기술에 크게 의존하고, 따라서 사회복지전문가에 의하여 수행된다. 셋째, 사회복지행정은 높은 비율의 비일상적인 사건을 다루게 된다. 가족의 위기, 위급한 건강문제, 주택문제 등 긴박한 상황에 처한 클라이언트들의 행동은 가끔 돌발적으로 발생하고 예측하기 어렵다는 것이다.[2] 이러한 점에서 사회복지행정은 인간서비스행정(administration for the human service)으로 불리기도 한다. 이와 같은 인간서비스행정의 특성으로 인하여 사회복지행정은 인간의 존엄성과 가치에 대한 존중, 인간의 개별적 특성과 창조적 잠재성에 대한 존중, 인간관계의 중요성, 삶의 의미추구 등 사회복지 전문직의 가치를 반영하게 된다.

그리고 행정의 접근방법에는 크게 관료적 행정과 민주적 행정이 있다. 관료적 행정은 사전에 설정된 절차와 규칙의 체계를 강조하고, 전문화에

---

1. 최성재・남기민, 『사회복지행정론』, 나남출판, 2006, p. 27.
2. Walter H. Ehlers, et al., *Administration for Human Services*, New York: Harper & Row, 1976, p. 3.

기초한 노동의 분업, 인간관계에서의 비인격성을 특징으로 하는 반면, 민주적 행정은 참여에 의한 의사결정, 우호적이고 협력적인 업무관계를 특징으로 한다. 건전한 사회복지행정은 관료적인 특성과 민주적인 특성이 적절하게 혼합된 조직구조를 발전시키되, 민주적인 접근방법에 보다 많은 강조점을 두고 있다.

2. 사회복지행정의 기본구조

1) 조직환경

사회복지조직은 그 조직을 둘러싸고 있는 환경과 밀접한 관련을 갖고 있다. 이러한 조직과 환경과의 관계를 이해하고 대처해 나가는 방법을 아는 것은 사회복지조직의 유지와 발전에 필수적인 지식과 기술이 된다. 사회복지조직의 환경은 일반환경과 과업환경으로 나눌 수 있다.[3]

일반환경이란 조직을 둘러싼 정치경제, 인구, 문화, 법률, 과학기술의 조건들을 의미하는 것으로서 비록 간접적이지만 조직에 중대한 영향을 미친다. 경제적 상황은 사회복지조직에 대한 자원의 공급을 결정하는 주요 요인이 되고 서비스 수요에 영향을 미친다. 사회인구학적 조건은 문제와 사회적 욕구의 발생 정도 등 장기적 서비스 수요 변동과 밀접한 관련이 있다. 문화적 조건은 사회복지조직의 목표와 방법을 결정하는 데 영향을 미친다. 정치, 법률의 조건은 자원분배를 통제하는 과정으로서 영향을 미치며, 과학기술적 조건은 인간의 문제와 욕구에 대응하기 위한 전반적인 실천에 영향을 미친다.

과업환경은 사회복지조직이 직접적으로 업무를 하는 과정에 관련된

---

3. 위의 책, pp. 132-137.

것으로서, 여기에는 재정자원의 공급자(정부, 기업, 개인 후원자, 서비스 이용자), 클라이언트 및 클라이언트 제공자(개인, 가족, 의뢰기관), 합법성과 권위의 제공자(정부, 전문직단체, 운영법인), 보충적 서비스 제공자(보충적으로 서비스를 제공하는 다른 서비스 기관), 경쟁조직(클라이언트나 자원에 대하여 경쟁관계에 있는 다른 조직) 등이 포함된다.

이러한 일반환경과 과업환경과의 관계에서 나타나는 사회복지조직의 특성은 다음과 같이 설명된다.[4] 첫째, 사회복지서비스는 다양한 환경적인 요소들에 의존적이다. 서비스 생산에 필요한 자원들을 조직이 자체적으로 해결할 수 없기 때문에 자원을 통제하는 외부환경에 의존적이 된다. 둘째, 환경은 고정되어 있지 않고 역동적으로 변화한다. 이러한 변화는 사회복지조직에 압력으로 작용한다. 셋째, 사회복지조직의 환경에서는 대립적이고 갈등적인 가치들이 항상 존재할 수 있다. 공공과 민간의 자원제공자, 서비스 이용자, 전문가집단, 그 외 각종 이해집단들은 서비스와 관련하여 다른 목표와 이해를 추구할 수 있으며, 이러한 상반된 이해관계는 대립과 갈등을 노출하기도 한다.

사회복지행정의 역할은 이처럼 다양한 환경조건 속에서 조직의 활동을 성공적으로 수행해 가야 할 책임을 갖는다. 사회복지행정은 상반된 가치와 이해들을 조정하고 관리할 수 있는 능력을 필요로 하며, 이러한 상반된 가치들을 조화시키면서 조직의 목표를 지속적으로 추구해 나가는 과제를 수행하는 것이다.

2) 조직구조

조직은 조직의 구성원이 공동의 목표를 위하여 일할 수 있는 구조를 의미하며, 그 구조를 형성하고 변화시키는 과정이기도 하다. 조직의 구

4. 김영종, 『사회복지행정』, 학지사, 1998, pp. 76-78.

조적 요인으로는 분업, 계층적이고 기능적인 과정, 구조 및 통제범위가 포함된다.[5] 분업은 특정한 업무를 수행하기 위하여 기능을 분담하는 것과 전문화를 의미한다. 계층적이고 기능적인 과정이란 명령계통, 권한의 위임, 명령의 통일성을 의미한다. 조직에는 권력과 권한, 의사결정이 상부로부터 하부로 연결되는 서열적 체계로 이루어진 명령계통이 있다. 조직의 구조는 조직의 기능을 수행하기 위하여 만들어진 권력과 권한, 책임, 체계의 실질적인 배열과 위상을 말한다. 통제의 범위는 통제가 미치는 계통의 길이를 말하며, 한 지도자 밑에 하위 부서의 수를 얼마나 두며 이들 간의 관계를 어떻게 규정할 것인가에 관한 것이다.

조직에는 공식조직과 비공식조직이 있다. 공식조직은 조직의 정관이나 운영규정에 의하여 임명되고 선출된 이사회, 행정책임자, 직원 및 위원회의 배열이며, 가시적으로 조직된 기구도표에 배열된 지위와 관계를 의미한다. 비공식조직은 가시적이고 계획된 구조 밖에 존재하는 구조로서, 조직의 구성원들이 일상적인 접촉을 해나가는 과정에서 자연발생적으로 이루어지는 인간관계 및 역할관계다.

사회복지조직은 클라이언트에게 사회복지서비스를 직접 제공하거나 계획해 줌으로써 인간 또는 사회문제를 해결 내지 완화시키는 기능을 수행하는 조직으로서 다음과 같은 특수성이 있다.[6] ① 사회복지조직은 변화되어야 할 속성을 지니고 있는 클라이언트와 직접 접촉하여 활동하고 있다. ② 둘째, 사회복지조직은 서비스를 제공받는 클라이언트의 복지를 보호하고 증진하도록 사회로부터 위임을 받았고 이로써 그 존재가 정당화된다. ③ 사회복지조직에 투입되는 원료가 도덕적 가치를 지닌 인간이기 때문에, 클라이언트에 대한 모든 활동은 도덕적으로 정당화되어야 하며 기술과 활동에 제한이 많다. ④ 사회복지조직의 대상이 인간이기 때

5. 최성재 · 남기민, 앞의 책, pp. 145-148.
6. 위의 책, pp. 22-25.

문에 목표가 모호하고 애매한 경우가 많다. ⑤ 사회복지조직은 외부의 많은 조직환경과 관련을 가지고 있고 외부의 재정원천에 의존하고 있기 때문에 가치와 이해관계에서 갈등이 발생하면 어려움을 겪게 된다. ⑥ 사회복지조직의 핵심적인 활동은 조직 구성원과 서비스 대상자인 클라이언트와의 관계를 통하여 이루어진다. 따라서 전문성을 갖고 있는 직원들에 의존하게 된다. ⑦ 사회복지서비스의 효과를 신뢰성 있고 타당성 있게 측정할 척도가 부족하다. 이에 따라 조직의 효과성이나 프로그램 평가에 대한 논란이 많고, 변화와 혁신에 대한 저항이 다른 조직에서보다 크다.

3. 사회복지행정의 과정

사회복지행정의 기본적인 과정은 일반적으로 기획(planning), 조직(organization), 인사(staffing), 지시(directing), 조정(coordination), 보고(reporting), 재정(budget) 및 평가(evaluation)이며, 이것은 영어 알파벳의 첫 글자를 따라 POSDCORBE로 표현된다. 여기에서는 대표적인 내용으로서 인사관리, 재정관리, 정보관리에 관하여 살펴본다.

1) 인사관리

인사관리란 사회복지조직의 목적을 달성하기 위해 인적자원을 최대한 활용하는 관리활동이다. 인사관리의 주요 과정은 충원, 선발, 임용, 오리엔테이션, 승진, 평가, 해임의 일곱 가지다.[7] 인사관리에서 직원의

---

7. Rex A. Skidmore, *Social Work Administration*, New Jersey: Prentice-Hall, 1983, pp. 200-210.

능력개발은 직원의 기술과 전문적 태도의 심화를 위한 기회를 제공하고, 기관의 효과성을 직접·간접적으로 향상시킨다. 특히 변화하는 조직환경에 비추어 능력개발은 효과적인 서비스를 제공하기 위해 매우 중요하다. 사회복지기관에서는 기관 내에 훈련 프로그램을 만들어 직원에 대한 교육훈련을 실시하며, 필요한 경우 외부에 파견하여 능력을 개발하기도 한다.

사회복지기관의 직원능력개발에서 효과적인 방법의 하나는 슈퍼비전이다. 슈퍼비전(supervision)이란 직원의 능력을 향상시키기 위한 교육적 행정과정으로서 책임 있는 지위에 있는 상급자가 그 직무에 관한 지식이나 기술을 부하 직원에게 지도하는 것을 말한다. 그리고 현장교육을 중요시하는 사회복지교육에서는 사회복지기관의 슈퍼비전을 학생들의 실습교육의 방법으로 활용하고 있다. 인사관리에는 이 외에도 직원의 신체적·정신적 건강을 유지하기 위한 인력보전관리, 복지후생, 사기앙양, 인간관계관리 등이 포함된다.

2) 재정관리

재정관리는 사회복지조직의 운영에 필요한 재원을 합리적이고 계획적으로 동원·배분하고 이를 효율적으로 사용하고 관리하는 과정이다. 사회복지기관은 사회복지수요자에게 서비스를 제공하기 위해 재원을 필요로 한다. 따라서 필요한 재원을 확보하고 분배하고 조정하는 문제는 사회복지행정에서 필수적이다. 행정가는 재원의 획득을 위한 예산수립, 재정운영, 회계관리 등에 관한 지식과 기술을 적용하여 효과적으로 재정을 관리하여야 한다. 재정관리는 예산을 수립하고(예산편성), 예산상의 수입과 지출을 관리하고(예산집행), 수입과 지출에 관한 사항을 기록·정리하고(회계), 재정의 전반적인 과정을 평가하는 절차(재정평가)로 이루어진다.

3) 정보관리

정보관리란 행정에 필요한 정보를 효율적이고 합리적으로 생산하기 위한 관리활동이다. 정보관리는 사회복지조직에서 관리자들이 의사결정을 하는 데 필요한 정보를 제공하고 직원들의 직무수행에 필요한 정보를 제공하여 조직의 목표달성에 기여한다는 점에 의의가 있다.

정보기술의 발전으로 사회복지조직에서도 조직의 업무에 관한 전산화가 빠르게 진행되고 있다. 조직업무의 전산화를 위하여 정보시스템이 활용되고 있는데, 정보시스템은 다양한 자료들을 수집·저장·처리하여 유용한 정보로 전환하는 체계다. 사회복지조직에서도 클라이언트에 관한 정보를 생성하고 관리하기 위하여 사용될 수 있고, 재정자원의 관리와 내부 운영의 통제를 위하여 사용된다.[8]

(1) 클라이언트 정보시스템

클라이언트 정보시스템은 클라이언트와 클라이언트에 제공되는 서비스과정에 관한 정보를 관리하는 것으로, 클라이언트의 접촉에서부터 종료에 이르기까지의 정보를 관리한다. 여기에는 수요자 명단, 개인과 가족에 관한 개인력, 자격 여부의 판단에 관한 자료, 문제와 욕구에 관한 기록, 서비스 제공에 관한 기록·평가·종료에 관한 모든 정보가 포함된다.

(2) 조직정보시스템

조직정보시스템은 기획이나 예산, 보고, 비용통제와 같이 기본적인 행정 기능들을 보조하는 역할을 수행하는 것이다. 조직정보시스템에 의하여 지원되는 기능에는 기획, 예산, 직원 및 임금 대장, 회계 및 비용통제, 통계보고와 예측 등이 있다.

---

8. 김영종, 앞의 책, pp. 152-157.

(3) 업적정보시스템

업적정보시스템은 기획에 관한 정보와 프로그램의 생산성 및 효과성을 평가하기 위한 정보를 다룬다. 기획정보는 미래의 계획을 수립하기 위한 것으로서 계획기간 동안의 욕구를 가진 인구와 서비스 대상인구를 예측하는 데 필요한 정보를 다룬다. 이러한 정보는 지역에 관한 서베이나 이용자 기록 등으로부터 획득한다. 평가정보는 서비스의 성과와 비용에 관한 정보를 다룬다.

4. 사회복지행정조직

우리나라 사회복지행정의 실천에는 공공과 민간의 다양한 조직들이 관련되고 있으며, 각 조직은 법률에 따라 정해진 목적과 기능, 역할을 수행하는 체계로 이루어지고 있다. 정부 차원의 사회복지행정은 국가와 지방자치단체의 집행기관에 의하여 처리되고, 민간사회복지는 주로 사회복지법인에 의한 기관, 단체, 시설 또는 사회복지관련 기관 · 단체에 의하여 수행된다. 이와 같이 사회복지 행정조직은 공공조직과 민간조직으로 구분할 수 있는데, 각 조직의 특성과 기능은 다음과 같다.

1) 국가 수준의 행정조직

국가 수준의 사회복지행정을 담당하는 조직은 주로 정책입안에 관한 업무를 관장하는 중앙행정기관과 그 집행업무를 담당하는 지방행정기관으로 구분된다. 헌법 제34조(사회보장권) 및 제117조(자치권)의 규정에 의하여 국가와 지방자치단체는 사회복지에 관한 영역 · 기능 · 권한을 배분하며, 협동 분담하는 것으로 되어 있다. 특히 국가 수준에서 사회복지행정은 정부조직법 및 관련부처의 직제에 따라 보건복지부, 노동부 등 다원적인 행정조직에 의해 수행되고 있다. 보건복지부는 국민기초생활보장과 국민연금, 건강보험, 사회복지서비스, 여성과 아동보육, 가족복지 업무를 관장하고 있으며, 노동부는 산재보험과 고용보험 업무를 관장하고 있다. 이들 국가수준의 중앙행정조직은 국민기초생활보장법, 국민연금법, 국민건강보험법, 고용보험법 등 사회보장 관련 법률과 사회복지사업법 등 사회복지서비스 관련 법률에 의해 사회복지에 관한 행정책임과 권한을 구체화하고 있다.

2) 지방자치단체의 행정조직

지방자치단체의 사회복지행정조직은 국민기초생활보장과 사회복지서비스를 담당하는 광역자치단체인 서울특별시 · 광역시 · 도와 기초자치단체인 시 · 군 · 구 및 그 보조기관인 읍 · 면 · 동, 그리고 지방자치단체 소속의 지방행정기관들이 있다. 지방의 사회복지행정조직은 광역자치단체(서울특별시 · 광역시 · 도) → 기초자치단체(시 · 군 · 구) → 일선행정조직 → 수급자로 이어지는 사회복지전달체계다. 광역, 기초 및 일선의 행정조직은 시 · 도 또는 시 · 군 · 구의 조례나 규칙, 인구규모에 따라 다소 차이가 있다.

지방자치단체 사회복지행정조직의 기능은 주민의 복지증진에 관한 사무인 주민복지에 관한 사업, 사회복지시설의 설치운영 및 관리, 저소득층 보호 및 지원, 노인 · 아동 · 장애인 · 청소년 및 여성의 보호와 복지증진 등이 중심이 되어 있다.

한편 2006년 7월부터 주민의 복지체감도 향상을 위하여 기초자치단체의 복지서비스 전달체계를 개편하였다. 조직개편의 핵심내용은 시 · 군 · 구 본청의 각 실 · 과에 분산되어 있는 각종 주민생활지원 서비스 기능이 하나의 주민생활지원국으로 통합되고, 통합부서에는 주민생활지원 종합기획, 서비스 조정 · 연계, 통합조사 등 관련 기능이 부여되어 주민생활지원 부서의 주무·총괄기능을 수행하게 되었다. 읍·면·동사무소도 일반행정과 민원업무 중심으로 운영되던 것을 주민생활지원 기능 중심으로 개편하였고, 주민생활지원팀을 설치하여 현장성과 접근성을 강화하고 복지수요자에 대한 현장방문과 심층상담, 사후관리 및 통합 서비스를 제공하기 위해 필요한 공공기관 간 연계방안과 공공기관 및 민간기관에서 제공하는 각종 서비스에 대한 종합 정보제공시스템을 구축하도록 했다.

그러나 주민생활지원서비스 전달체계의 개편 이후에도 인력부족, 업무부담의 증대로 실효성이 낮다는 문제가 제기되어 복합적 욕구를 가진 대상자에게 통합사례관리를 통해 공공·민간의 급여·서비스·자원 등을 맞춤형으로 연계·제공하는 통합서비스 제공체계를 제공하기 위하여 2012년에 시·군·구에 희망복지지원단을 설치하였다. 희망복지지원단은 통합사례관리, 지역의 공공·민간자원 관리, 긴급복지, 개별 사례관리 및 방문형 서비스 연계체계 구축, 읍·면·동 주민센터의 복지업무 지도감독 등의 기능을 수행하며, 기초수급자 및 차상위 계층의 탈빈곤·빈곤예방을 주요 목표로 하고, 전체 지역주민의 다양한 복지수요에도 능동적 대응하도록 하였다.

3) 민간 수준의 행정조직

사회복지의 실천은 국가 및 지방자치단체의 공공부문의 활동뿐 아니라 민간의 사회복지활동을 크게 요구하고 있으며, 최근 지역사회를 중심으로 한 사회복지서비스가 확대되면서 민간의 사회복지가 중요시되고 있다.

민간 사회복지조직이란 영리를 목적으로 하지 않는 사회복지법인, 사단법인, 재단법인, 종교단체, 법정단체 및 기타 특수법인, 등록단체, 그리고 기업체 및 개인이 사회복지사업을 목적으로 설치·운영하는 시설과

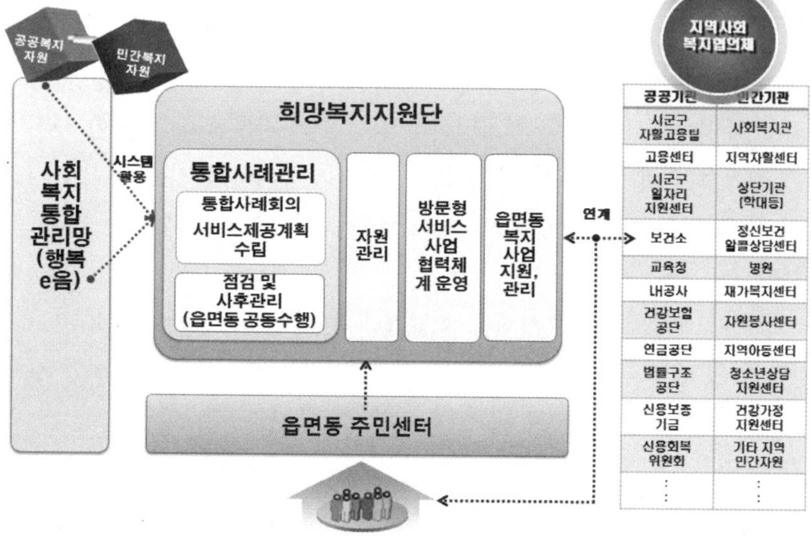

자료: 보건복지부, 2012.

〈그림 Ⅱ-3-1〉 기초자치단체의 사회복지 관련 행정조직(예시)

기관을 말한다. 민간 사회복지의 운영조직으로는 사회복지기관 · 단체와 사회복지시설을 들 수 있다.

(1) 사회복지 기관 · 단체

사회복지 기관 · 단체란 사회복지사업을 수행하는 전국적 규모 또는 지역사회의 운영주체다. 전국적 규모의 단체로는 어린이재단, 월드비전, 굿네이버스 등이 있고, 사회복지 직능별 단체로는 노인복지, 아동복지, 장애인복지, 여성복지 등 분야의 협회가 있다. 한국사회복지협의회와 시 · 도 사회복지협의회, 한국사회복지사협회와 시 · 도 지회, 사회복지공동모금회와 시 · 도 지회 등은 민간사회복지조직의 조직 · 인력 · 자원동원의 중추적인 기관 · 단체다.

(2) 사회복지이용시설

지역사회 수준의 사회복지 운영주체로는 종합사회복지관과 노인복지관, 장애인복지관 등 종별 사회복지관이 있으며 이들은 직접적인 서비스를 제공하는 사회복지이용시설로 분류된다. 이 외에도 지역자활센터, 지역아동센터, 노인보호전문기관, 아동보호전문기관, 가정위탁지원센터 등 다양한 서비스를 제공하는 이용시설이 있다.

(3) 사회복지생활시설

사회복지시설이란 다양한 문제로 인하여 생활의 위협을 받으며 살아가는 사람들이 어떤 이유로 스스로의 힘으로 인간다운 삶을 영위할 수 없을 때 도움을 제공하기 위하여 설립된 시설이다. 사회복지시설은 시설에 거주하면서 도움을 받는 생활시설과 자기 집에 거주하면서 시설을 이용하는 이용시설의 형태가 있다. 고령화 사회가 도래하고 사회통합과 정상화의 이념의 대두로 시설보호에서 지역사회보호로 방향이 점차 전환되고 있다. 그러나 심한 신체적 · 정신적 장애나 경제적 어려움으로 자신의 가정에서 생활할 수 없는 사람들을 위하여 시설에서의 원조가 불가피한 경우가 많이 있다. 재활과 치료를 위하여 전문적인 시설과 인력의 도움을 받아야 하는 사람들에게 사회복지시설은 삶의 필수적인 조건이며 생활의 일부다.

사회복지시설은 국가나 지방자치단체가 설치 · 운영하기도 하며, 사회복지법인이나 비영리법인, 기업체, 개인 등 민간이 설치 · 운영하기도 한다. 또한 국가나 지방자치단체는 사회복지시설을 설치하여 민간에 위탁 운영하기도 한다. 사회복지시설의 운영은 보건복지부의 사회복지시설시설관리안내에 따라 조직, 인사, 재정 등 시설의 관리에 관한 필요한 사항을 자체에서 제정하여 시행하고 있다.

〈표 Ⅱ-3-1〉 사회복지시설 현황

<table>
<tr><th rowspan="2">관련법</th><th rowspan="2">시설종류</th><th colspan="2">세부종류</th><th rowspan="2">소관부처</th></tr>
<tr><th>생활시설</th><th>이용시설</th></tr>
<tr><td>사회복지사업법</td><td>사회복지관
결핵 · 한센시설</td><td>ㅇ결핵 · 한센시설</td><td>ㅇ사회복지관
ㅇ상담보호센터</td><td rowspan="10">보건복지부</td></tr>
<tr><td>노인복지법</td><td>노인복지시설</td><td>ㅇ노인주거복지시설
ㅇ 노인의료복지시설</td><td>ㅇ재가노인복지시설
ㅇ노인여가복지시설
ㅇ노인보호전문기관</td></tr>
<tr><td>농어촌주민의 보건복지증진을 위한 특별법</td><td>복합노인복지시설</td><td colspan="2">ㅇ농어촌에 지역에 한해 노인복지법 제31조 노인복지시설을 종합적으로 배치한 복합노인복지시설을 설치 · 운영 가능</td></tr>
<tr><td>아동복지법</td><td>아동복지시설</td><td>ㅇ아동양육시설
ㅇ아동일시보호시설
ㅇ아동보호치료시설
ㅇ자립지원시설
ㅇ공동생활가정</td><td>ㅇ아동상담소
ㅇ아동전용시설
ㅇ지역아동센터</td></tr>
<tr><td>장애인복지법</td><td>장애인복지시설</td><td>ㅇ장애인유형별거주 시설
ㅇ중증장애인거주시설
ㅇ장애영유아거주시설
ㅇ장애인단기거주시설
ㅇ장애인공동생활가정</td><td>ㅇ 장애인지역사회재활시설
ㅇ장애인직업재활시설
ㅇ장애인의료재활시설
ㅇ장애인생산품판매시설</td></tr>
<tr><td>정신보건법</td><td>정신보건시설</td><td>ㅇ정신요양시설
ㅇ사회복귀시설 중 생활(주거)시설</td><td>ㅇ사회복귀시설 중 이용시설</td></tr>
<tr><td>노숙인 등의 복지 및 자립지원에 관한 법률</td><td>노숙인시설</td><td>ㅇ노숙인자활시설
ㅇ노숙인재활시설
ㅇ노숙인요양시설</td><td>ㅇ노숙인종합지원센터
ㅇ노숙인일시보호시설
ㅇ노숙인급식시설
ㅇ노숙인진료시설
ㅇ쪽방상담소</td></tr>
<tr><td>국민기초생활보장법</td><td>지역자활센터</td><td></td><td>ㅇ지역자활센터</td></tr>
<tr><td>영유아보육법</td><td>어린이집</td><td></td><td>ㅇ어린이집</td></tr>
</table>

〈표 Ⅱ-3-1〉 계속

관련법	시설종류	세부종류		소관부처
		생활시설	이용시설	
성매매방지 및 피해자 보호 등에 관한 법률	성매매피해 지원시설	○ 일반지원시설 ○ 청소년지원시설 ○ 외국인여성지원시설	○ 자활지원센터	여성가족부
성폭력방지 및 피해자 보호 등에 관한 법률	성폭력피해 보호시설	○ 성폭력피해자보호시설	○ 성폭력피해상담소	
가정폭력방지 및 피해자보호 등에 관한 법률	가정폭력 보호시설	○ 가정폭력피해자보호시설	○ 가정폭력상담소	
한부모가족지원법	한부모자 복지시설	○ 모(부)자보호시설 ○ 모(부)자자립시설 ○ 미혼모(자)시설 ○ 공동생활가정 ○ 일시보호시설	○ 여성복지관 ○ 한부모가족복지상담소	
다문화가족지원법	다문화가족 지원센터		○ 다문화가족 지원센터	

자료: 2013년도 사회복지시설관리안내, 보건복지부.
2013년도 한부모가족지원사업안내, 여성가족부.

연구문제

1. 인간서비스행정으로서 사회복지행정의 특성을 일반행정과 비교하여 보시오.
2. 사회복지행정의 과정을 설명하시오.
3. 사회복지행정에 영향을 미치는 조직환경에 관하여 설명하시오.

제4장

사회복지조사, 계획, 평가

1. 사회복지조사의 의의

사회복지조사는 과학적인 방법을 통하여 사회복지 현상에 관한 질문에 해답을 구하는 것이다. 여기에서 과학적인 방법이란 연구대상을 체계적으로 관찰하고, 분석하며, 해석하는 일련의 절차다.

사회복지에서 조사방법을 적용하는 것은 여러 가지 목적을 갖고 있다. 첫째, 과학의 관점과 방법은 사회복지의 실천활동을 위한 준거틀을 제공해 줄 수 있다는 것이다. 사회복지실천가들이 가능한 한 최선의 결과를 얻기 위해서는 과학적인 탐구자세를 가져야 하며, 이것은 실천현장에서 일어나는 실제적이고 경험적인 사건과 밀접한 관련이 있는 개념의 사용, 체계적인 자료의 수집, 인과관계의 추론, 조사에 기초한 지식의 적용을 요구한다. 둘째, 과학적인 조사는 사회복지 실천을 위한 지식체계를 구축하는 데 도움을 준다. 이것은 실천을 위한 새로운 개념을 만들고 발전시키며, 일반화된 이론을 구축하며, 실천방법의 효과성을 확인하게 한다.[1]

1. William J. Reid, "Research Overview," *Encyclopedia of Social Work*, 19th ed.,

보다 구체적으로 사회복지조사의 의의를 살펴보면, 사회복지조사는 사회적 욕구의 이해, 사회복지 실천방법의 기초, 사회복지실천의 효과측정, 사회복지이론과 실천의 과학화, 사회개혁 등의 목적을 갖고 있다.

1) 사회적 욕구의 이해

일반적 형태의 사회적 현상은 일반 사회조사에서 이해될 수 있지만 사회 내에 잠재되어 있는 사회적 욕구(social needs)는 사회복지조사를 통하지 않고서는 파악하기 어렵다. 사회복지라는 실천활동은 지역사회의 사회적 욕구의 이해가 선행됨으로써 수행되는 것이다. 따라서 사회적 욕구의 이해는 사회복지조사의 가장 주요한 기능이다.

2) 사회복지 실천방법의 기초

개인과 가족의 생육내력(life history)과 퍼스낼리티, 생활상황 등을 알게 되면 그만큼 사회복지 실천활동에 도움이 된다. 사회복지조사는 이러한 사항들을 체계적으로 규명하게 한다. 그리고 집단의 역학과 지역사회의 이해에도 사회복지조사가 필요하다. 이와 같이 개인과 가족, 집단, 지역사회 수준에서 적용되는 다양한 사회복지 실천방법의 기초로서 사회복지조사가 필요한 것이다.

3) 사회복지실천의 효과측정

사회복지 프로그램이나 서비스가 의도한 목적을 어느 정도 달성하였는지 그 효과를 측정하는 방법이 사회복지조사다. 사회에 대한 책임성이

NASW, 1995, p. 2040.

증대하고 있는 최근의 사회복지활동에서 가장 요구되고 있는 것이 이 효과측정이다. 따라서 앞으로의 사회복지조사에서는 이 분야에서 필요한 측정도구와 절차의 개발이 더욱 요청되고 있다.

4) 사회복지이론과 실천의 과학화

과거의 사회복지 활동은 지식과 활동체계에 과학성이 다소 결여되어 있었다. 그러나 사회복지조사는 학문과 실천의 과학화에 크게 기여하였으며, 학문과 실천체계는 과학적인 조사에 의하여 체계화되고 있다.

5) 사회개혁

이것은 사회복지조사를 통해 사회적 모순이나 병리를 해명하여 사회개혁이나 사회개량을 시도하는 것이다. 실천적 성격을 띤 사회복지의 한 방법인 사회복지조사는 사회개혁의 실천에 관여하지 않을 수 없었다. 역사적으로 사회복지조사의 선구자인 Howard, Le Play, Charles Booth, Rowntree 등이 행한 조사는 사회개혁과 사회복지의 발전에 원동력이 되었다.

한편, 사회복지조사의 역사를 보면, 사회복지조사가 가장 먼저 실시되고 발전한 나라는 영국이다. 18세기 이후 산업혁명과 자본주의의 발달에 의하여 초래된 산업화나 도시화는 많은 사회문제를 발생시켰으며, 특히 빈곤과 노동문제 등 사회복지조사를 필요로 하는 문제들이 대두하게 되었다. 초기에 시행된 대표적인 사회조사들을 몇 가지 찾아보면 다음과 같다. 영국의 John Howard(1726~1790)의 형무소 조사는 사회복지 조사의 선구다. 그는 형무소의 조건과 재소자들의 실태에 관심을 갖고 영국의 각 형무소를 방문하여 직접 죄수들과 면접 · 청취 · 조사를 하였으며, 1777년 '잉글랜드 및 웨일즈에서의 형무소 실태'라는 보고서를 의회에 제출하여 이 조사결과에 입각한 형무소의 개선방안의 통과를 보게 되었다. 지역사회조사의 또 다른 선구자는 영국의 사회개량가이며 통계학자인 Charles Booth(1840~1916)이다. 그는 1886년부터 1903년까지 17년 동안 런던 동부에 있는 빈민가를 중심으로 빈곤실태를 조사하여 『런던 시민의 생활과 노동』이란 방대한 결과보고서를 간행했다. 특히 이 조사는 통계조사와 사례조사가 적절히 배합되어 있었으며, 표본추출과 통계적 처리, 빈곤에 관한 규정 등 사회복지조사에 대한 공헌에 있어서 높은 평가를 받고 있다. 이러한 Booth의 조사에 자극을 받아 20세기에 들어와서는 Rowntree가 영국 중동부의 York 시를 대상으로 하여 '빈곤선 측정조사'를 실시하여 과학적 방법에 의한 사회복지제도의 발전에 크게 공헌하였다. 이 밖에 프랑스의 사회개량가이며 경제학자인 Frederic Le Play(1806~1882)의 '가계조사'와 Engel의 '생계비에 관한 통계조사'는 사회복지조사의 발전에 공헌한 바가 크다. 이와 같이 실천적인 목적에서 출발한 사회조사는 대부분 사회개량이나 사회문제와 관련해서 발전하였다.

이보다 좀 늦게 미국에서도 20세기에 들어오면서 Russel Sage 재단에 의해 Paul Kellog의 '피츠버그 조사', S. Harrison의 '스프링필드 조사' 등 대규모의 지역사회조사가 실시되었다. 이것은 당시 공업화와 도시화의 발전에서 나타난 심각한 사회문제를 해명하기 위한 것이었다. 1917년에는 Richmond에 의하여 『사회진단(*Social Diagnosis*)』이 출간되었는데, 이것은 사례기록에 기초한 사회복지 실천의 전문화에 기여하였다.

사회복지조사는 초기에는 사회문제, 사회병리 등에 주로 관심을 기울였으나 점차 사회복지실천 자체에 중심을 두게 되었다. 그리하여 아동복지, 가족복지, 노인복지, 지역사회복지, 사회복지자원 등이 주된 조사영역으로 되고 있다. 또한 사회복지 영역으로서 주택, 교육, 보건, 환경, 실업, 범죄, 특수 서비스 등 다양한 사회문제에 관한 조사가 확대되었으며, 컴퓨터프로그램을 이용한 통계처리기법과 다양한 과학적 방법의 발전으로 사회복지조사의 수준과 기법이 점차 고도화되고 있다.

2. 사회복지조사의 방법

사회복지연구를 크게 나누어 보면, 양적 방법과 질적 방법이 있다. 양적 방법은 정확하고 일반화될 수 있는 통계적 절차를 중요시하는 반면, 질적 방법은 현상에 대한 깊이 있는 이해를 중요시하며, 인간행동과 사회현상이 갖는 의미를 더욱 깊이 이해하려는 접근방법이다.[2] 양적 방법의 대표적인 것으로는 서베이 조사, 상관관계 조사, 실험조사 등이 있고, 질적 방법으로는 사례연구, 해석학, 민속학적 방법론, 현실기반이론(grounded theory) 등이 있다.

1) 조사연구의 단계

조사연구의 과정은 다음의 단계를 거쳐 이루어진다.[3]

(1) 문제의 설정

해결을 필요로 하는 문제의 존재와 이에 관한 새로운 지식과 정보의 필요성을 인식하면서 연구에 관한 질문을 이끌어낸다. 연구질문에 내재된 개념들을 구체화시키며, 해당 분야에 대한 관련성과 의미를 갖게 한다. 그리고 연구의 궁극적인 목적이 무엇인가를 밝힌다.

---

2. 이인재 · 이선우 · 류진석, 『사회복지통계분석』, 나남출판, 1997, p. 12.
3. 김영종, 『사회복지조사방법론』, 학지사, 1999, pp. 51-52; Allen Rubin and Earl R. Babbie, *Research Methods for Social Work*, Belmont: Wadsworth Publishing Co., 1993; 성숙진 · 유태균 · 이선우 공역, 『사회복지조사방법론』, 나남출판, 1998, pp. 124-126.

(2) 연구설계

연구설계란 연구를 계획하고 진행해 나가는 모든 행위를 의미하며, 구체적으로는 양적 방법 또는 질적 방법의 채택 여부의 결정, 실증적 연구설계 또는 기술적 연구 등 연구설계의 유형뿐만 아니라 표본추출방법, 자료수집과정, 측정방법, 자료분석방법 등 연구의 수행에 필요한 모든 결정을 말한다.

(3) 자료수집

연구설계에서 채택된 자료수집방법에 따라 자료를 직접적으로 수집하는 단계다.

(4) 자료의 처리와 분석

수집된 자료를 분류・부호화 등 작업을 거쳐서 입력하고 입력된 자료를 통계적으로 분석한다.

(5) 결과해석

결과해석은 연구문제에 대한 조사연구의 결론을 내리는 것이다. 연구문제에서 제시된 가설의 검증, 결과에 대한 일반화의 가능성, 연구결론의 한계설정, 연구결과의 이론적・실천적 함의 등을 포함한다.

(6) 보고서 작성

문제 설정의 과정에서 해석에 이르는 과정을 체계적으로 기술한다.

2) 통계분석

통계분석에는 기술적 통계와 추론적 통계가 있다. 기술적 통계(descriptive statistics)란 주어진 자료를 토대로 개별 변수에 대한 묘사와, 그들 변수 간에 나타나는 다양한 관계에 대한 분석을 목적으로 한다. 추론적 통계(inferential statistics)는 연구자료가 모집단의 일부인 점을 감안하여 표본에 관한 분석결과가 모집단의 성격을 어느 정도 반영하는가를 분석하는 방법이다.

(1) 기술적 통계

기술적 통계는 분석하는 변수의 수와 관계에 따라 일원적 분석, 이원적 분석, 다원적 분석으로 나누어진다.[4]

① 일원적 분석은 단일 변수에 대하여 묘사하는 것이다. 예를 들면, 성별 분포, 평균소득이 얼마인가를 단순하게 제시하는 것이다.

② 이원적 분석은 두 개의 변수 간의 관련성을 분석하여 설명하는 것이다. 여기에서는 상관관계(correlation), 교차분석(crosstab), 변량분석(ANOVA)이 포함된다.

③ 다원적 분석은 세 개 이상의 변수들 간의 관계를 설명하는 것이다. 두 변수 간의 관계를 알아보는 과정에서 제3의 변수의 영향력을 배제하려는 통제의 목적으로 사용되기도 하며, 하나의 변수에 작용하는 다양한 변수들의 영향을 종합적으로 설명하기도 한다. 여기에는 부분상관관계(partial correlation), 공변량분석(ANCOVA), 다중회귀분석(regression), 군집분석(cluster analysis), 요인분석(factor analysis) 등이 포함된다.

(2) 추론적 통계

추론적 통계는 표본의 결과를 가지고 모집단의 특성을 유추하는 것으로서, 표본의 결과를 모집단에 확대 해석하는 데 필요한 경험적 타당성

---

4. 루빈 · 바비, 성숙진 · 유태균 · 이선우 공역, 위의 책, pp. 216-217.

을 제시하는 것이다. 여기에는 카이스퀘어 검증(χ^2 test), 티 검증(t-test) 등이 있다.

3. 사회복지계획

1) 사회복지계획

사회복지계획이란 예측, 체계적인 사고, 조사 및 가치의 적용을 통해 사회문제를 해결하며, 일의 진행을 통제하고자 하는 의도적인 시도다. 계획은 객관화 및 가치의 적용 등에 입각한 정책대안의 선정과 프로그램화이다. 즉, 계획은 정책의 구체적인 형성이며 선택과 합리화를 통한 실천이다. 위의 정의를 보면, 사회복지 계획은 사회복지서비스의 효율성을 높이기 위해서 문제해결과 방향에 대한 사전의 면밀한 검토와 가치의 적용에 입각한 정책대안의 선정과 그것의 단계적인 실천에 관한 의식적인 노력이라고 할 수 있다.

Alfred Kahn에 의하면, 다음과 같은 요인과 필요에 의하여 사회복지계획이 비롯된다고 설명하고 있다.[5]

① 사회적 목표를 효과적인 프로그램으로 전환
② 주요한 사회문제의 처리
③ 사회적(비시장적) 고려사항의 도입
④ 서비스 프로그램 실시에서의 결함이나 일관성 결여 및 실패 등에 대한 반응
⑤ 의도했던 목표를 달성하고, 표적집단의 문제를 해결하기 위한 서비

5. Alfred Kahn, *Theory and Practice of Social Planning*, New York: Russel Sage Foundation, 1969, pp. 1-12.

스의 재설계
⑥ 특수 분야의 존립 가능성 검토
⑦ 서비스의 전략에서 일관되지 못한 사항이나 산만한 사항에 대한 반응
⑧ 부족한 자원의 효과적 할당
⑨ 사회복지의 개념이 한 분야에서 다른 분야로 이행해 갈 때 이를 실제화
⑩ 새로운 기술의 흡수

위의 항목들 중에는 중복되는 경우가 있지만 넓은 의미에서의 사회복지서비스의 목표달성은 잘 개발된 계획이 없이는 성공적으로 이루어질 수 없다는 사실을 제시해 주고 있다.

그리고 사회복지계획은 보다 구체적인 실천적 요소를 갖는다. 이러한 관점에서 볼 때 계획은 미래의 결정 및 행동에 대한 일련의 일반화된 지침인 것이다. 따라서 사회복지계획은 다음의 요소를 수반하여야 한다.[6]

(1) 계획의 선결요건
① 관심, 경향, 문제, 사회적 목표나 가치 등에 대한 사정평가 및 상기 내용들에 대한 광범위한 인식에 입각해서 목적을 설정
② 신뢰와 확고한 계획에 기반을 두고 앞을 내다보며 행동하고자 하는 의욕
③ 정책을 구체적인 목적, 프로그램 및 활동으로 전환
④ 계속적인 평가와 피드백

(2) 계획의 일반적 과정
① 목적, 우선순위, 관심을 명확히 한다.

6 위의 책, pp. 15-16.

② 제반 사실, 사회적 현실, 경향 등을 확인한다.
③ 활용할 수 있거나 획득할 수 있는 지식, 기술, 자원을 조사하여 목록화한다.
④ 예측할 수 있는 성과를 분석한다.
⑤ 우선순위 및 선택과정을 공식화한다.
⑥ 각각 다른 프로그램을 정책에 연관시킨다.
⑦ 프로그램의 결과를 측정한다.

(3) 계획의 성과

계획의 성과로서 추구될 수 있는 것들은 다음과 같다.

① 새로운 정책
② 프로그램 및 정책 조정
③ 서비스의 통합
④ 프로그램의 혁신
⑤ 자원활용을 위한 우선순위의 결정
⑥ 행정적 결정

(4) 계획의 구성요건

계획은 규범적 활동으로 간주할 수 있다. 계획은 가치의 적용에 따라 이룩되는 정책선정과 프로그램화이기 때문이다. 따라서 계획의 과정에는 다음의 요소들이 갖추어져야 한다.

① 조사(사실발견, 조사설계, 조사목록 작성)
② 가치분석
③ 정치적 기제를 통한 정책의 공식적 표명
④ 행정적 구조화(programming)
⑤ 측정과 피드백(feedback)

(5) 사회복지 계획의 영역

① 사회복지기관이나 조직
② 지역사회 수준에서의 서비스의 제공을 위한 계획
③ 사회적 요인들을 주택계획 및 재개발 활동 등에로 연계하는 계획
④ 전국적 또는 지역적 중재제도를 위한 계획
⑤ 문제 중심 또는 사회적 경향 중심의 계획
⑥ 일반 재정정책이나 공공 프로그램의 사회적 측면에 대한 계획
⑦ 균형 개발을 위한 사회적 측면의 계획

사회복지계획은 이와 같이 보다 작은 영역에서 시작하여 보다 광범위한 사회적 단위에까지 확대되고 있음을 알 수 있다. 일반적으로 사회복지계획에서 수행되어야 할 과제는 다음과 같다.

① 현재의 사회복지서비스가 지니고 있는 문제들을 공식화하여 앞으로의 목적을 설정하기 위한 계획에 반영시킨다.
② 설정된 목표달성을 위해서 개별적 서비스 체계의 검토, 개선방안의 비교검토, 필요한 서비스 자원의 추산과 비용의 추계 등을 행한다.
③ 구체적인 사회복지활동의 전개를 위한 계획을 수립한다.
④ 실행에 옮긴 계획의 사정평가를 통해서 앞으로의 새로운 계획이나 단계들을 고려함으로써 계획으로서의 실체를 갖춘다.

2) 사회복지계획에서 고려되어야 할 영역

사회복지계획의 제반 과정이 실제로는 소홀히 다루어지고 있으므로 사회복지 계획가는 계획의 중요성과 당면과제에 대한 인식을 확고히 해야 한다. 사회복지계획에서 우선적으로 고려되어야 할 영역으로는 계획의 계량화, 사회복지사업의 촉진을 위한 부문계획, 사회복지계획의 전문제도화 등을 들 수 있다.

(1) 계획의 계량화

사회복지계획이 그 실효를 거두기 위해서는 사회복지 욕구의 파악, 서비스 수준의 측정, 소요자원의 추계 등에 관련하여 계획목표와 그 달성정도를 계량화함이 요구된다. 계량화가 요구되는 것으로는 ① 경제적·사회적 상태에 대한 지표, ② 서비스의 요구·양·범위를 표시하는 지표, ③ 서비스의 공급의 지표, ④ 서비스의 자원 표시의 지표, ⑤ 서비스 평가 지표 등이 열거될 수 있다. 복지지표의 개발을 위해서는 사회복지와 관련된 통계조사나 행정통계의 체계화가 당연한 선결요건이다.

(2) 사회복지사업의 촉진을 위한 부문계획

사회복지계획에는 이를 구성하는 여러 부문의 계획이 선행되어야 한다. 즉, 사회복지인력계획, 재정계획, 시설정비계획, 전달계획 등이 그것이다. 우리나라에 있어서 전문인력의 수급계획과 재원의 조달과 배분을 위한 재정계획은 시급히 해결해야 할 당면과제다.

(3) 사회복지 계획의 전문제도화

사회복지계획에는 특별히 전문적 지식과 주민의 의사 반영이 중요하므로 전문가 활용의 계획구조의 제도화와 시민의 참가를 통해 서비스의 선정, 자원조달이나 서비스의 평가가 이루어질 수 있는 민주화가 요청된다.

4. 사회복지 프로그램의 설계

사회복지에서 프로그램이란 서비스를 실제로 전달하는 서비스 단위조직에서 이루어지는 어떤 목적을 달성하기 위한 행동의 집합체로서 사회구성원들에게 도움을 제공하기 위한 사회적 욕구를 반영한 것이다.[7] 사회복지기관이나 조직은 대체로 한 개 이상의 다양한 프로그램을 갖고 있고, 하나의 팀이나 조직단위가 여러 개의 프로그램을 수행하기도 한다. 그리고 여러 개의 독립된 조직단위가 하나의 프로그램을 위하여 활동하기도 한다.

프로그램 설계에서 고려해야 할 사항으로는 ① 사회복지실천의 가치와 프로그램의 결합, ② 정보에 대한 지속적인 요구, ③ 다양한 수준의 개입방법의 활용 등이다.

사회복지 프로그램 설계는 일반적으로 다음의 절차를 거쳐 이루어진다.[8]

(1) 사회문제의 분석

사회문제의 분석은 프로그램의 목적을 설정하기 위한 기초가 된다. 사회문제의 분석에서는 사회가 갖고 있는 문제상황, 개인들이 갖고 있는 문제상황, 이러한 문제의 존재나 유포에 영향을 미치는 물리적·사회적·심리적·경제적 요인들을 분석할 필요가 있다.

(2) 프로그램 수혜자의 정의

프로그램 수혜자의 정의는 누가 프로그램의 혜택을 받을 것인가를 결정하는 것이다. 프로그램 수혜자를 명확하게 하기 위해서는 프로그램 인구의 여러 가지 유형을 이해할 필요가 있다. 일반인구(General Population)는 대상지역의 전체인구를 의미하며, 위험인구(At-Risk Population)는 일반인구의 하위집단으로서 특정 사회문제에 노출된 인구다. 표적인구(Target Population)는 위험인구의 하위집단으로서 프로그램 수혜 자격이 있는 인구다. 클라이언트 인구(Client Population)는 표적인구의 하위집단으로서 서비스에 직접 참여하는 인구다. 따라서 프로그램 수혜자

---

7. Charles Rapp and John Poertner, *Social Administration: A Client-Centered Approach*, New York: Longman, 1992, pp. 29-30.
8. 위의 책, pp. 37-64.

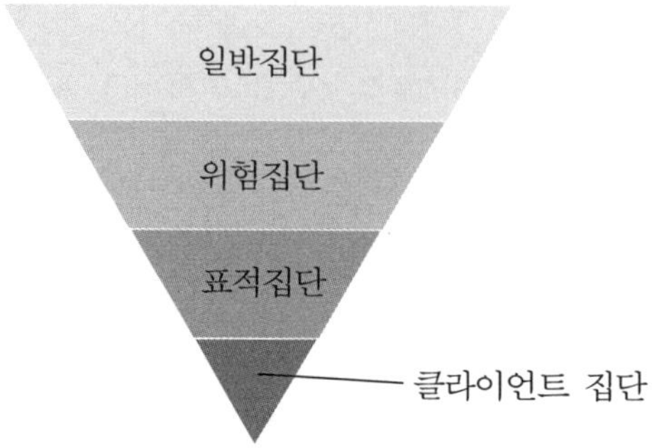

〈그림 Ⅲ-4-1〉 프로그램 인구집단의 유형

를 결정하는 과정에서는 이러한 인구의 유형을 확인하여 최종 수혜 집단을 결정하여야 한다.

(3) 사회복지 실천이론과 목적의 정의

프로그램에 관한 개입이론의 결정은 프로그램 설계의 핵심에 해당된다. 프로그램의 내용이 기초하고 있는 사회복지실천의 이론이나 경험적 기초를 제시한다.

또한 이러한 프로그램의 구성요소에는 목적, 결과목표, 하위목표, 사회복지사와 클라이언트의 기대 등에 관한 내용이 포함되어야 한다.

① 목적

목적(Goal)은 프로그램의 개입으로 달성하고자 하는 바람직한 성과를 나타내는 것으로서 포괄적이고 일반적인 개념으로 기술된다. 목적은 앞선 사회문제의 분석에서 도출되어야 하며 성과지향적이어야 한다. 또한 목적은 현실적이고 명확하게 기술되는 것이 바람직하다.

② 결과목표

결과목표(Objectives)는 주어진 시간에 프로그램이 성취하기를 원하는 결과와 영향으로서 일반적으로 하나의 목적 하에서 다수의 목표를 갖는다. 목표는 목적과 관련되어 계량적으로 측정 가능해야 하며, 명확하고 구체적으로 기술되어야 한다. 또한 각각의 결과목표에는 수행되어야 할 구체적인 과업에 관한 하위목표(Sub-objectives)를 둘 수 있다.

③ 사회복지사와 클라이언트의 기대

서비스에 관한 사회복지사와 클라이언트의 기대를 기술한다.

(4) 서비스 절차의 구체화

서비스 절차는 원조과정에 관한 단계적 기술로서 각 단계별 수행내용을 포함한다. 예를 들면, 사정, 계획, 서비스 제공, 모니터링, 평가 등 서비스의 단계별 과정에 관한 기술이다.

(5) 프로그램 환경과 서비스 내용의 구체화

① 클라이언트에게 급여를 제공하는 주요 인물의 확인

사회복지 서비스의 효과성은 사회복지사와 클라이언트에 의해서만 결정되는 것이 아니라 이차적인 관련 인사들에 의하여 결정된다. 따라서 서비스 제공에 관련된 주요 인물들이 누구이며, 프로그램의 목표달성을 위한 구체적인 행동이 무엇이며, 이들의 활동을 이끌어내고 유지하기 위하여 필요한 사항이 무엇인가를 제시해야 한다.

② 서비스 환경의 구체화

이것은 서비스가 제공되는 현장(service setting)에 관한 물리적인 환경, 사회적인 환경 등에 관한 기술로서 물리적 공간, 위치, 시간, 교통수단, 접근을 용이하게 하는 편의시설(탁아시설 등) 등에 관한 내용을 포함한다.

③ 실제적인 원조 활동의 기술

사회복지사와 클라이언트를 비롯한 모든 구성원들이 어떠한 행동을 취할 것인가를 기술하는 것이며, 특히 사회복지사가 수행하는 역할과 과업,

프로그램에서 활용되는 매개체(상담, 집단활동, 역할극 등)를 기술한다.

④ 정서와 반응의 확인

서비스 전달과정에서 예상되는 클라이언트의 감정과 반응들은 미리 명시해 둔다.

(6) 프로그램 예산

프로그램에 소요되는 예산을 인건비, 관리비, 기자재비, 사업비, 수용비 등으로 각 항목의 산출근거를 제시한다.

5. 사회복지의 평가

사회복지의 평가에는 사회복지시설이나 기관을 대상으로 하는 조직의 평가와 이들 시설이나 기관이 수행하는 프로그램을 대상으로 하는 프로그램 평가가 있다. 이러한 평가를 수행하는 목적은 다음의 세 가지로 요약할 수 있다.9

첫째, 책임성의 이행이다. 사회복지조직은 국가나 사회로부터 사회복지활동을 수행할 수 있도록 인가를 받았고, 활동에 필요한 재정을 지원받고 있다. 평가는 이러한 사회적 인가와 지원에 비추어 사회복지조직이 어느 정도 책임성을 이행하고 있는가를 확인하는 것이며, 평가결과는 조직의 운영자로 하여금 더욱 책임성 있는 운영을 수행하게 하는 자극이 된다. 사회복지사업법 제43조의2에서도 보건복지부장관과 시·도지사는 보건복지부령으로 정하는 바에 따라 시설을 정기적으로 평가할 수 있으며, 이를 시설의 감독 또는 지원에 반영할 수 있도록 규정하고 있다.

둘째, 프로그램의 계획이나 운영에 필요한 정보를 제공한다. 평가는

9. 최성재·남기민, 『사회복지행정론』, 나남출판, 2001, pp. 471-472.

프로그램의 중단, 축소 또는 확대여부를 결정하는 데 정보를 제공하며, 보다 효율적인 운영에 필요한 정보를 제공한다.

셋째, 사회복지실천에 관한 이론형성에 기여한다. 평가는 조직과 프로그램의 운영에 관한 가설을 검증하고 이를 이론으로 발전시키거나 이론을 수정하는 데 기여한다.

(1) 사회복지조직의 평가

사회복지조직은 지역사회와 클라이언트의 복지 향상을 목적으로 한다. 사회복지조직의 평가는 이러한 조직의 목표를 얼마나 효과적으로 달성하고 있는가에 초점을 맞추어 이루어진다. 이러한 목표달성의 정도를 조직의 효과성이라고 한다. 조직의 효과성은 조직을 둘러싼 환경과의 관계, 조직 내부의 구조 등 다양한 요인에 의하여 영향을 받기 때문에 평가를 수행하기가 대단히 어렵다. 조직의 효과성은 외적 효과성과 내적 효과성으로 나눌 수 있다. 조직의 외부 효과성은 주로 서비스나 프로그램을 중심으로 하여 서비스에 대한 클라이언트의 만족도, 클라이언트의 수, 생산성, 효율성 등을 평가기준으로 사용한다. 조직의 내부 효과성은 조직의 유연성, 통합성, 개방적 의사소통, 긴장이나 갈등의 부재 등 다양한 요인을 평가기준으로 사용한다.10

일반적으로 조직의 평가에서는 사회복지조직과 관리, 인력과 재정, 서비스와 프로그램, 지역사회와의 관계 등을 포함한다. 사회복지사업법 제43조의2 규정에 의한 사회복지시설의 평가에서는 이러한 항목을 중심으로 평가기준을 마련하여 조직의 평가가 시행되고 있다.

(2) 사회복지 프로그램의 평가

프로그램의 평가는 과정 평가, 효과성 평가와 효율성 평가가 있다. 과

---

10. 성규탁, 『사회복지행정론』, 법문사, 1993, pp. 100-105.

정(process) 평가는 프로그램 진행의 과정 목표에 관심을 두고 프로그램에 명시된 과정 절차들이 적시에 이루어지고 있는가를 평가하는 것으로서 모니터링 평가라고 불린다. 효과성(effectiveness) 평가는 프로그램을 수행한 결과가 원래 프로그램이 의도한 목적을 달성한 정도를 평가하는 것이다. 효율성(efficiency) 평가는 프로그램에 투입되는 자원들이 경제적이고 효율적으로 사용되고 있는지를 평가하는 것으로서 투입과 산출의 비율로서 표현된다. 그리고 이러한 평가에서는 평가의 지표, 측정도구, 평가방법이 명시되어야 한다. 평가의 주체는 프로그램을 시행하는 기관이 될 수도 있고, 외부의 기관이 될 수도 있다.

개별 사회복지기관들은 프로그램을 수행하기 위하여 정부나 지방자치단체 등 공공기관의 재정지원이나 사회복지공동모금회, 사회복지재단 등의 민간재정을 획득해야 하는 경우, 이들 외부 기관에 대하여 프로그램의 필요성과 우수성을 입증해야 한다. 재정을 지원하는 공공과 민간기관에서 프로그램을 평가할 때에 사용하는 기준으로는 프로그램의 필요성, 창의성, 적합성, 실현가능성, 전문성, 생산성, 자원 동원성 등이 포함되고 있다.[11]

연구문제

1. 사회복지조사의 필요성과 의의에 관하여 설명하시오.
2. 사회복지조사의 단계별 과정을 설명하시오.
3. 사회복지 프로그램의 설계 절차에 관하여 설명하시오.
4. 사회복지평가의 필요성과 방법을 설명하시오.

11. 삼성복지재단, 『사회복지프로그램개발지원 안내』, 1996, p. 14.

제5장

사회복지인력

1. 사회복지사 자격증 제도

우리나라의 사회복지 인력에 관한 자격증 제도는 1970년에 제정된 사회복지사업법에 따라 사회복지에 관한 전문지식과 기술을 가진 자에게 사회복지사업종사자 자격증을 교부할 수 있다고 규정함에서 비롯되었다. 당시의 종사자 자격증은 학력과 실무경험을 중시하였는데, 초등학교 이하의 학력소지자일지라도 사회복지사업에 7년 이상 근무경험이 있거나 8개월 이상 사회사업에 관한 훈련을 이수하면 자격증을 받을 수 있기 때문에 자격증에 대한 사회적 인정도가 낮고 전문직으로서의 역할을 수행하는 데 문제가 있었다.

이에 따라 1983년 사회복지사업법 개정 시에 사회복지사업종사자 자격증을 사회복지사로 개칭하여 자격기준을 강화하고 사회복지사를 1, 2, 3급으로 등급을 구분하였다. 그러나 아무런 자격인정시험이 없이 자격증을 교부하는 것에 대한 비판이 제기되었고, 전문성이라는 관점에서 1급 사회복지사의 자격수준을 높여야 한다는 당위성, 등급 구분에 있어 직무분담의 필요성 등이 문제로 제기되어 1998년 사회복지사업법의 개정 시에 사회복지사의 전문성을 높이기 위하여 사회복지사 국가시험제도가 도

〈표 Ⅱ-5-1〉 사회복지사의 자격

등급	자 격 기 준
1급	법 제11조 제3항의 규정에 의한 국가시험에 합격한 자
2급	· 고등교육법에 의한 대학원에서 사회복지학 또는 사회사업학을 전공하고 석사학위 또는 박사학위를 취득한 자 · 고등교육법에 의한 대학에서 보건복지부령이 정하는 사회복지학 전공교과목과 사회복지학 관련교과목을 이수하고 학사학위를 취득한 자 · 법령에서 고등교육법에 의한 대학을 졸업한 자와 동등 이상의 학력이 있다고 인정하는 자로서 보건복지부령이 정하는 사회복지학 전공교과목과 사회복지학 관련교과목을 이수한 자 · 고등교육법에 의한 전문대학에서 보건복지부령이 정하는 사회복지학 전공교과목과 사회복지학 관련교과목을 이수하고 졸업한 자 · 법령에서 고등교육법에 의한 전문대학을 졸업한 자와 동등 이상의 학력이 있다고 인정하는 자로서 보건복지부령이 정하는 사회복지학 전공교과목과 사회복지학 관련교과목을 이수한 자 · 고등교육법에 의한 대학을 졸업하거나 이와 동등 이상의 학력이 있는 자로서 보건복지부장관이 지정하는 교육훈련기관에서 12주 이상 사회복지사업에 관한 교육훈련을 이수한 자 · 사회복지사 3급 자격증 소지자로서 3년 이상 사회복지사업의 실무경험이 있는 자
3급	· 고등교육법에 의한 전문대학을 졸업한 자 또는 법령에서 이와 동등 이상의 학력이 있다고 인정하는 자로서 보건복지부장관이 지정하는 교육훈련기관에서 12주 이상 사회복지사업에 관한 교육훈련을 이수한 자 · 고등학교를 졸업하거나 이와 동등 이상의 학력이 있는 자로서 보건복지부장관이 지정하는 교육훈련기관에서 24주 이상 사회복지사업에 관한 교육훈련을 이수한 자 · 3년 이상 사회복지사업의 실무경험이 있는 자로서 보건복지부장관이 정하는 교육훈련기관에서 24주 이상 사회복지사업에 관한 교육훈련을 이수한 자 · 법 제2조 제1항의 규정에 의한 업무에 8급 이상 또는 8급 상당 이상으로 3년 이상 종사한 공무원으로서 보건복지부장관이 지정하는 교육훈련기관에서 4주 이상 사회복지사업에 관한 교육훈련을 이수한 자

입되고 등급별 자격 기준의 설정, 사회복지학 전공 교과목, 국가시험 교과목의 규정이 이루어지게 되었다. 개정된 법률에 의하여, 2003년부터 사회복지사 1급 자격증은 국가시험에 합격한 자에 한하여 주어지게 되었다.

〈표 II-5-2〉 사회복지학 전공 교과목과 관련 교과목 (2010.1.1 시행)

구분	교과목	이수과목(학점)	
		대학원	대학 · 전문대학
필수과목(10)	사회복지개론, 인간행동과 사회환경, 사회복지정책론, 사회복지법제, 사회복지실천론, 사회복지실천기술론, 사회복지조사론, 사회복지행정론, 지역사회복지론, 사회복지현장실습	6과목 (18학점) 이상	10과목 (30학점) 이상
선택과목(4)	아동복지론, 청소년복지론, 노인복지론, 장애인복지론, 여성복지론, 가족복지론, 산업복지론, 의료사회사업론, 학교사회사업론, 정신건강론, 교정복지론, 사회보장론, 사회문제론, 자원봉사론, 정신보건사회복지론, 사회복지지도감독론, 사회복지자료분석론, 프로그램개발과 평가, 사회복지발달사, 사회복지윤리와 철학	2과목 (6학점) 이상	4과목 (12학점) 이상

개정된 법률에 의한 사회복지사의 자격은 <표 II-5-1>과 같다.

사회복지사 자격취득을 위하여 필요한 사회복지학 전공교과목은 다음 <표 II-5-2>의 내용과 같다(2010.1.1 시행). 2년제와 4년제 대학 졸업자(원격대학, 학력인정학교 포함)는 필수 10과목(30학점), 선택 4과목(12학점) 등 총 14과목(42학점) 이상을 이수해야 한다. 대학원은 사회복지현장실습을 포함하여 필수 6과목(18학점) 이상, 선택 2과목(6학점) 이상 총 8과목(24학점) 이상을 이수해야 한다.

2003년 1월부터 시행된 사회복지사 1급 국가시험의 응시자격은 다음과 같다.

① 고등교육법에 의한 대학원에서 사회복지학 또는 사회사업학을 전공하고 석사학위 또는 박사학위를 취득한 자

② 고등교육법에 의한 대학에서 보건복지부령이 정하는 사회복지학 전공교과목과 사회복지학 관련 교과목을 이수하고 학사학위를 취득한 자

③ 법령에서 고등교육법에 의한 대학을 졸업한 자와 동등 이상의 학력이 있다고 인정하는 자로서 보건복지부령이 정하는 사회복지학 전공교과목과 사회복지학 관련 교과목을 이수하고 졸업한 자
④ 외국의 대학 또는 대학원에서 사회복지학 또는 사회사업학을 전공하고 학사학위 이상을 취득한 자로서 상기 제1호 및 제2호의 자격과 동등하다고 보건복지부장관이 인정하는 자
⑤ 다음에 해당하는 자로서 시험일 현재 1년 이상 사회복지사업의 실무경험이 있는 자
- 고등교육법에 의한 전문대학에서 보건복지부령이 정하는 사회복지학 전공교과목과 사회복지학 관련 교과목을 이수하고 졸업한 자
- 법령에서 고등교육법에 의한 전문대학을 졸업한 자와 동등 이상의 학력이 있다고 인정하는 자로서 보건복지부장관이 정하는 사회복지학 전공교과목과 사회복지학 관련 교과목을 이수한 자
- 고등교육법에 의한 대학을 졸업하거나 이와 동등 이상의 학력이 있는 자로서 보건복지부장관이 지정하는 교육훈련기관에서 12주 이상 사회복지사업에 관한 교육훈련을 이수한 자
- 사회복지사 3급 자격 취득자로서 3년 이상 사회복지사업의 실무경험이 있는 자

2005년 제3회 사회복지사 1급 국가시험부터 적용되는 시험과목은 다음과 같다.

필수 과목 (3)	1. 사회복지기초(인간행동과 사회환경, 사회복지조사론) 2. 사회복지실천(사회복지실천론, 사회복지실천기술론, 지역사회복지론) 3. 사회복지정책과 제도(사회복지정책론, 사회복지행정론, 사회복지법제론)

2. 사회복지의 인력

1) 공공사회복지 인력

사회복지의 영역에서 반드시 사회복지사로 충원되어야 하는 지위를 가진 집단은 사회복지전담공무원이다. 사회복지전담공무원은 별정직으로서 전국에 배치되었고, 2000년부터 사회복지직의 직렬화가 이루어져 공공 사회복지인력의 전문직화가 촉진되었다. 그리고 국민연금, 국민건강보험, 산재보험, 고용보험, 노인장기요양보험 등 사회보장 분야가 확충되면서 다수의 사회복지사들이 이 분야에서 활동하고 있다.

2) 민간사회복지 인력

사회복지사가 활동할 수 있는 영역은 지역사회복지, 아동복지, 노인복지, 장애인복지, 여성복지, 정신보건 등의 민간 사회복지기관 영역을 들 수 있다. 이들 각 영역은 전적으로 사회복지사들로만 그 업무가 수행되는 것은 아니지만, 그 밖의 다른 영역에 비해 사회복지사들이 다수를 차지하고 있고 주된 책임을 지고 있는 것이 특징이다.

그리고 사회복지의 영역에서 활동하는 또 다른 사회복지사 집단은 사회복지법인의 시설에서 종사하는 사회복지사들이다. 모든 사회복지법인은 단순노무자를 제외한 종사자의 3분의 1 이상은 사회복지사를 채용하게 되어 있다. 그러나 그 인원은 충분치 않을 뿐 아니라 반드시 1급이 아닌 2급을 고용해도 좋게 되어 있고, 그 처우에 있어서도 법인에 따라 차이가 있고 과다한 업무와 열악한 근무여건으로 서비스 질의 저하를 초래하는 한편 사회복지사들의 사기를 저하시키는 요인이 되기도 한다.

3) 자원봉사 인력

자원봉사 활동은 자유로운 의사에 의하여 자발적으로 하는 실천 행위이며 복지사회를 건설하는 데 적극적으로 참여하는 의도적, 계획적인 일상활동이라 할 수 있다. 최근 일간지에서 자원봉사활동 캠페인을 전개하는가 하면 중·고등학교에서는 내신성적에 봉사활동 반영, 대학에서의 자원봉사 학점인정, 대학 졸업 후 취업과 기업 내 인사고과에도 가산점을 주는 등 자원봉사운동이 전개되고 있다. 그러나 우리나라의 자원봉사 참여는 선진국과 비교하면 낮은 실정이다. 자원봉사자의 체계적인 양성 및 관리, 자원봉사활동 중의 사고나 불이익을 보상하는 보험제도와 종합적인 관리시스템의 도입으로 자원봉사활동관리는 사회복지분야의 중요한 프로그램으로 정착될 것으로 예상된다.

3. 사회복지사의 활동영역

사회복지사의 활동영역은 공공기관과 민간기관에 걸쳐 다양하다. 공공기관에서는 공무원으로서 중앙정부부처와 지방자치단체, 시·군·구, 읍·면·동에 사회복지 담당 부서에 배치되어 있다. 민간기관으로는 각종 사회복지기관, 시설, 단체 등의 운영에 관한 영역이 있다.

현재 사회복지사업법과 아동복지법, 노인복지법, 장애인복지법, 한부모가족지원법, 영유아보육법, 정신건강증진법 등에 의한 각종 사회복지사업, 국민기초생활보장법에 의한 공공부조, 의료법에 의한 의료사회복지 등 실제 활동영역 외에 학교사회복지 등 다양한 확장 가능한 영역이 있다.

현재 우리나라에서 사회복지사들이 다수 활동하고 있는 일차적인 영역은 사회복지사업으로서, 그 구체적인 영역은 사회복지사업법과 사회복지 관련 법률에 명시되어 있다. 사회복지사업법에서 정의된 사회복지사업(제2조)은 "다음 각 목의 법률에 따른 보호·선도 또는 복지에 관한 사업과 사회복지상담, 부랑인 보호, 직업보도, 무료숙박, 지역사회복지, 의료복지, 재가복지, 사회복지관 운영, 정신질환자 및 한센병력자 사회복귀에 관한 사업 등 각종 복지사업과 이와 관련된 자원봉사활동 및 복지시설의 운영 또는 지원을 목적으로 하는 사업"이다.

가. 국민기초생활보장법, 나. 아동복지법, 다. 노인복지법, 라. 장애인복지법, 마. 한부모가족지원법, 바. 영유아보육법, 사. 성매매방지및피해자보호 등에 관한 법률, 아. 정신건강증진법, 자. 성폭력범죄의 처벌및피해자보호 등에 관한 법률, 차. 입양특례법, 카. 일제하일본군위안부피해자에 대한 생활안정지원 및 기념사업 등에 관한 법률, 타. 사회복지공동모금회법, 파. 장애인·노인·임산부등의 편의증진보장에 관한 법률, 하. 가정폭력방지 및 피해자보호 등에 관한 법률, 거. 농어촌주민의보건복지증진을 위한 특별법, 너. 식품기부 활성화에 관한 법률, 더. 의료급여법, 러. 기초노령연금법, 머. 긴급복지지원법, 버. 다문화가족지원법, 서. 장애인연금법, 어. 장애인활동지원에 관한 법률, 저. 노숙인 등의 복지 및 자립지원에 관한 법률, 처. 보호관찰 등에 관한 법률, 커. 장애아동복지지원법.

이러한 법령의 규정에 따라 공공사회복지기관, 민간사회복지기관과 시설, 각종 사회단체, 사회운동기관에서 사회복지사들이 활동하고 있다.

보건의료분야의 사회복지 활동은 현재 사회복지사들이 그 전문성을 인정받고 있는 영역이다. 의료법 시행규칙은 종합병원에 사회복지사 자격을 가진 자 중에서 환자의 갱생, 재활과 사회복귀를 위한 상담 및 지도 업무를 담당하는 요원 1인 이상을 둔다고 정하고 있다. 그러나 실제로 업무를 수행하기 위해서는 병원의 규모에 따라 보다 많은 의료사회복지사들이 증원되어야 할 것이다. 정신보건 분야에서는 정신과 병원, 요양시설뿐 아니라 지역사회 정신건강증진센터 등 다양한 장소에서 정신건강사회복지사들의 활동이 이루어지고 있다.

한편 사회변화의 추세에 따라 확장 가능한 사회복지사의 새로운 활동 영역은 다음과 같다.[1]

1) 학교사회복지사

교육부는 비행학생, 결손가정 학생, 소년소녀가정 아동, 장애학생 등을 학교 차원에서 상담 · 지원하고 취업 알선하는 학교사회복지제도를 도입한다고 밝힌 바 있다. 이러한 학교사회복지에 대한 정책적 관심으로 학교사회복지는 학교사회복지사의 학교 상주형 모델, 지역사회기반 모델 등 다양한 실험적 학교사회복지의 실천이 진행되어 왔다. 교육부는 2003년부터 교육복지투자우선지역 지원사업이란 명칭으로 교육취약 아동 · 청소년의 교육, 문화, 복지 등의 통합지원시스템을 구축하였으며, 현재 2011년부터 초 · 중등교육법 시행령에 사업의 근거를 마련하고 전국 저소득층 밀집 초중등학교에 교육복지우선지원사업을 추진하고 있다.[2]

미국과 서구의 교육선진국에서 이미 오래전부터 발전되어 온 학교사회복지는 가정 · 학교 · 지역사회를 연계하고 부적응 심리, 사회환경적 요인 등에 사회복지실천의 개입을 활용함으로써 학생문제 등을 효과적으로 치료하고 예방하고 있다. 따라서 사회복지계는 교육복지우선지원사업 운영을 계기로 이를 사회복지의 전문분야로 정착시키기 위해 교육계와 긴밀한 관계를 수립하고 새로운 모형을 개발, 그 효과성을 입증하고 제도화하는 노력을 주도되어야 할 것이다.

---

1. 한국사회복지사협회, 『한국사회복지사협회 30년』, 1997.
2. 오정수 · 정익중, 『아동복지론』, 2판, 학지사, 2013, p. 471.

2) 교정사회복지사

경찰, 검찰, 법원을 거친 범죄인 혹은 비행청소년이 마지막으로 들어서는 곳은 교정시설, 보호시설이다. 사회적 범죄의 증가와 피해가 증가하고 있는 추세에 비추어 범죄의 피해를 최소화하거나 범죄인의 예방과 재활이 중요하다. 이와 같이 증가하고 있는 범죄를 이해하고 대처해 나가기 위한 방안으로서 범죄인과 비행청소년의 재활과 범죄의 예방차원에서 교정사회복지사의 개입이 절대적으로 필요할 것으로 예상된다. 이를 위해 대학에서 교정사회복지에 대한 교육이 활성화되고 실습을 통한 학교와 교정현장 간의 상호이해가 촉진되어야 할 것이다. 21세기에는 전문직으로서의 교정사회복지사가 제도적으로 활동할 수도 있고 자원봉사자의 자격으로 교정현장에 참여할 수 있을 것이다.

3) 장애인재활전문가

우리나라의 등록장애인은 2011년 말 현재 251만 9,000명으로 전체 인의 약 5%에 이르고 있다. 장애인복지의 목표는 장애인의 완전한 사회참여와 평등을 보장하는 것이다. 이에 따라 적절한 복지서비스 제공과 함께 장애유형에 따른 조기교육, 특수교육 및 직업재활 부문에 많은 전문인력이 필요할 것이다.

4) 기타 활동영역

21세기 가족구조의 변화와 건전 가족 육성의 강조에 따라 가족을 중심으로 발생하는 문제를 예방 · 치료하는 가족치료 전문가, 가족문제의 상담을 위한 임상사회복지사, 실업문제의 해결을 위한 고용상담원 등의 역할이 증대될 전망이다. 또한 군대 장병들의 신상과 복지문제를 해결하기 위한 군사회복지사의 도입이 논의되고 있다.

연구문제

1. 우리나라 사회복지사 자격증제도의 발전과정을 설명해 보시오.
2. 사회복지사의 현재 활동영역과 새로운 활동영역에 관하여 설명하시오.

제6장

사회복지의 법체계

1. 사회복지의 법체계

한국의 사회복지에 관한 법체계는 헌법을 정점으로 하여 그 하위에 법률, 시행령, 시행규칙의 순서로 체계화되어 있으며, 지방자치단체의 조례, 규칙 등이 이를 보완하여 시행되고 있다. 법률은 헌법 다음의 규범으로서 국회에서 의원입법 제안이나 행정부에서 법안을 제출하여 국회의 의결을 거쳐 만들어진다. 법률이 실효성을 갖기 위해서는 그에 따른 시행령과 시행규칙을 필요로 한다. 시행령은 대통령의 명령으로서 법률에서 구체적인 범위를 정하여 위임받은 사항과 법률을 집행하기 위하여 필요한 사항을 정한다. 시행규칙이란 국무총리나 행정 각부의 장이 대통령령의 위임에 의한 위임명령이나 직권에 의한 직권명령을 제정하는 규범이다. 법률과 시행령, 시행규칙은 중앙정부가 제정하는 법규범인 반면, 조례와 규칙은 지방자치단체가 정하는 규범이다. 이것은 헌법이 정한 지방자치단체의 자치입법권(제117조)에 따라 지방의회가 정하는 조례와 지방자치단체장이 법령과 조례의 범위 안에서 정하는 규칙이 있다.

헌법은 사회복지법률을 지도하는 최고의 규범으로서 우리나라 헌법에는 행복추구권, 평등권, 생존권을 규정하고 있다. 인간의 존엄성 유지와 행복추구는 인간의 기본권으로서 현대의 모든 민주국가에서는 이를 명문화하여 보장하고 있다. 우리나라의 헌법 제10조에서도 모든 국민의 존엄성과 행복추구의 권리를 명문화하고 있다. 헌법의 평등에 관한 조항은 기회의 균등, 법 앞에서의 평등, 성별·종교·사회적 신분에 의한 차별금지, 교육기회의 균등, 혼인과 가정생활에서의 양성의 평등 등이 있으며, 사회복지에 관한 법률은 헌법의 이러한 평등원칙을 따라야 한다. 생존권은 생활권 또는 복지권이라고도 하며, 국민이 인간다운 생활을 하기 위한 국가의 적극적인 책임을 요구할 수 있는 권리로서 헌법의 전문에는 국민생활의 균등한 향상을 기할 것을 선언하고 있고, 헌법 제34조에서는 모든 국민은 인간다운 생활을 할 권리를 가지며, 국가는 사회보장 사회복지의 증진에 노력하여야 한다고 명시하였다. 보다 구체적으로 교육을 받을 권리(제31조), 근로의 권리(제32조), 노동자의 단결권, 단체교섭권, 단체행동권(제33조), 환경권(제35조), 양성의 평등과 모성보호(제36조), 보건에 관하여 국가의 보호를 받을 권리(제36조)를 규정하고 있다.

법률 차원에서 중심적이고 지도적인 규범의 성격을 갖는 것으로 기본법이 있다.[1] 이것은 헌법과 법률 사이에 양자를 연결해 주며, 헌법의 이념을 구체화하고 하위법률들을 구속하고 지도하는 역할을 한다.

2. 사회보장기본법

우리나라에서 사회복지 전반에 관한 기본적인 사항을 규정한 법은 사회보장기본법이다. 1995년에 제정되어 2012년에 전부 개정된 법이 2013년부터 시행되고 있다. 이 법의 기본이념은 모든 국민이 다양한 사회적 위험으로부터 벗어나 행복하고 인간다운 생활을 향유할 수 있도록 자립

---

1. 윤찬영, 『사회복지법제론』, 4판, 나남출판, 2008, p. 147.

을 지원하며, 사회참여 · 자아실현에 필요한 제도와 여건을 조성하여 사회통합과 행복한 복지사회를 실현하는 것으로 규정하고 있다.

이 법에서 사회보장이라 함은 출산, 양육, 실업, 노령, 장애, 질병, 빈곤 및 사망 등의 사회적 위험으로부터 모든 국민을 보호하고 국민 삶의 질을 향상시키는 데 필요한 소득 · 서비스를 보장하는 사회보험, 공공부조, 사회서비스를 말한다(제3조). 그리고 평생사회안전망이란 생애주기에 걸쳐 보편적으로 충족되어야 하는 기본욕구와 특정한 사회위험에 의하여 발생하는 특수욕구를 동시에 고려하여 소득·서비스를 보장하는 맞춤형 사회보장제도를 말한다.

따라서 사회보험에 관한 법률, 공공부조에 관한 법률, 사회서비스에 관한 법률 등은 사회보장기본법의 하위 법률로서 사회보장에 관한 다른 법률을 제정하거나 개정하는 경우에는 사회보장기본법에 부합되도록 하여야 한다(제4조).

사회보장기본법의 주요 내용으로는 국가 및 지방자치단체의 책임(제5조), 국민의 책임(제7조), 외국인에 대한 적용(제8조), 사회보장 수급권(제9조), 사회보장급여의 수준(제10조), 사회보장급여의 신청(제11조), 사회보장 수급권의 보호와 제한(제12조, 제13조), 사회보장기본계획의 수립(제16조), 사회보장에 관한 지역계획의 수립 · 시행 등(제19조), 사회보장위원회(제20조), 평생사회안전망의 구축 · 운영(제22조), 사회서비스 보장(제23조), 소득보장(제24조), 사회보장제도의 운영원칙(제25조), 민간의 참여(제27조), 비용의 부담(제28조), 사회보장정보시스템의 구축 · 운영 등(제37조)을 규정하고 있다.

국내에 거주하는 외국인에 대한 사회보장제도의 적용은 상호주의 원칙에 따르도록 하였다.

사회보장제도의 운영원칙으로는 보편성, 형평성, 민주성, 연계성과 전문성을 규정하고 있다. 즉 국가 및 지방자치단체는 사회보장제도를 운영함에 있어 이를 필요로 하는 모든 국민에게 적용하여야 하고, 사회보장제도의 급여수준 및 비용부담 등에 있어서 형평성을 유지하여야 하며, 사회보장제도의 정책결정 및 시행 과정에 공익의 대표자 및 이해관계인 등을 참여시켜 민주성을 확보하여야 한다. 그리고 사회보장제도를 운영함에 있어서 국민의 다양한 복지욕구를 효율적으로 충족시키기 위하여 연계성과 전문성을 높여야 한다.

사회보장의 비용부담에 있어 사회보험에 소요되는 비용은 증신건강증진법으로 개정 입법예고되었다. 사용자, 피용자 및 자영업자가 부담하는 것을 원칙으로 하되, 관계법령이 정하는 바에 따라 국가가 그 비용의 일부를 부담할 수 있다. 공공부조의 비용 및 관계법령이 정하는 일정소득수준 이하의 국민에 대한 사회서비스에 소요되는 비용의 전부 또는 일부는 국가 및 지방자치단체가 이를 부담한다. 부담능력이 있는 국민에 대한 사회서비스에 소용되는 비용은 그 수익자가 부담함을 원칙으로 하되, 관계 법령이 정하는 바에 따라 국가 및 지방자치단체가 그 비용의 일부를 부담할 수 있다고 규정하고 있다.

3. 사회보험법

사회보험은 국민에게 발생하는 사회적 위험을 보험방식에 의하여 대처함으로써 국민건강과 소득을 보장하는 제도를 말한다. 사회보험에 관련된 법률은 연금보험에 관한 법률, 건강보험에 관한 법률, 고용보험에 관한 법률, 산재보험에 관한 법률, 노인장기요양보험에 관한 법률이 있다.

연금에 관한 법률로는 국민연금법, 공무원연금법, 군인연금법, 사립학교교직원연금법이 있다. 전 국민을 대상으로 하는 국민연금법은 1986년 12월에 제정되어 1988년부터 시행되고 있으며, 공무원연금법, 군인연금법, 사립학교교직원연금법은 특수직역 종사자를 위한 연금으로 1960년대와 1970년대에 제정되어 시행되고 있다. 그리고 이러한 4대 연금보험

외에도 2007년에 저소득 노인의 소득보장을 위한 기초노령연금법이 제정되어 2008년 1월부터 시행될 예정이다.

건강보험에 관한 법률로는 1963년에 의료보험법이 처음으로 제정되었고, 1976년 12월에 전면 개정되어 실시되어 왔으며, 1997년 12월에 국민의료보험법이 제정되어 지역의료보험과 공·교의료보험이 통합되었다. 그리고 1999년에는 국민건강보험법이 제정됨으로써 이 법에 의하여 2000년 이후에는 직장의료보험까지 통합하는 의료보험의 완전통합이 이루어졌다.

고용보험에 관한 법률은 1993년 12월에 고용보험법이 제정되었고, 고용보험법 시행령(1995.4.6)과 시행규칙(1995.6.12)이 제정되어 1995년 7월부터 시행되고 있다. 산재보험에 관한 법률은 1963년에 산업재해보상보험법이 제정되어 1964년부터 시행되고 있다.

그리고 고령이나 노인성 질병 등의 사유로 일상생활을 혼자서 수행하기 어려운 노인 등에게 제공하는 신체활동 또는 가사활동 지원 등의 장기요양급여에 관한 사항을 규정하여 노후의 건강증진 및 생활안정을 도모하고 그 가족의 부담을 덜어 줌으로써 국민의 삶의 질을 향상하도록 함을 목적으로 2011년에 노인장기요양보험법이 제정되었다.

사회보험에 관한 각각의 법률의 내용에는 목적, 적용대상, 급여, 전달체계, 비용부담 등에 관하여 규정하고 있다.

4. 공공부조법

공공부조는 국가 및 지방자치단체의 책임 하에 생활유지능력이 없거나 생활이 어려운 국민의 최저생활을 보장하고 자립을 지원하는 제도를 말한다. 공공부조에 관한 법률로는 국민기초생활보장법, 의료급여법, 긴급복지지원법이 있다.

1) 국민기초생활보장법

이 법은 1961년에 제정되어 40년간 시행되어 온 생활보호법을 대체하여 1999년 9월에 제정되어 2000년 10월 1일부터 시행되고 있다. 국민기초생활보장법은 생활이 어려운 자에게 필요한 보호를 행하여 이들의 최저생활을 보장하고 자활을 돕는 것을 목적으로 한다고 규정하였다. 과거 생활보호법의 시혜적 성격에서 벗어나 절대빈곤 계층의 기초생활을 국가가 보장하는 국민적 권리로서의 수급권을 부각시켰다.

용어의 정의(제2조)에서 "최저생계비"라 함은 국민이 건강하고 문화적인 생활을 유지하기 위하여 소요되는 최소한의 비용으로서 제6조의 규정에 의하여 보건복지부장관이 매년 공포하는 금액을 말한다. 급여의 기본원칙(제3조)으로는 이 법에 의한 급여는 수급자가 자신의 생활의 유지・향상을 위하여 그 소득, 재산, 근로능력 등을 활용하여 최대한 노력하는 것을 전제로 이를 보충・발전시키는 것으로 하고, 부양의무자의 부양과 다른 법령에 의한 보호는 이 법에 의한 급여에 우선하여 행하여지는 것으로 하였다.

그리고 급여의 기준, 수급권자의 범위를 규정하고 있다. 특히 수급권자의 범위를 확대하여 근로능력 여부, 연령 등에 관계없이 최저생계비 이하의 모든 사람에 대하여 생계비를 지급하도록 하였으며, 급여의 종류(제7조)에서는 생계급여, 주거급여, 의료급여, 교육급여, 해산급여, 장제급여, 자활급여를 규정하였다. 또한 중앙자활센터, 광역자활센터, 지역자활센터를 설치하고, 수급자 가구별 자활지원계획을 수립하여 자활에 필요한 서비스를 체계적으로 제공하도록 하였다. 이 밖에도 급여의 실시방법, 보장기관, 보장시설, 생활보장위원회, 수급자의 권리와 의무, 보장비용 등에 관한 사항을 규정하고 있다.

2) 의료급여법

이 법은 기존의 의료보호법을 2001년에 의료급여법으로 명칭을 변경하여 시행되고 있다. 법의 목적은 생활이 어려운 자에게 의료급여를 실시함으로써 국민보건의 향상과 사회복지의 증진에 이바지함을 목적으로 한다고 규정하였다. 용어의 정의에서 수급권자라 함은 이 법에 따라 의료급여를 받을 수 있는 자격을 가진 자를 말한다.

수급권자는 국민기초생활보장법에 의한 수급자, 재해구호법에 의한 이재민, 의사상자보호법에 의한 의상자 및 의사자 유족, 독립유공자 예우에 관한 법률 및 국가유공자 예우 등에 관한 법률의 적용을 받고 있는 자와 그 가족으로서 국가보훈처장이 의료보호가 필요하다고 요청한 자 중 보건복지부장관이 의료급여가 필요하다고 인정한 자, 문화재보호법에 의하여 지정된 중요 무형문화재의 보유자 및 그 가족으로서 문화재청장이 의료보호가 필요하다고 요청한 자 중 보건복지부장관이 의료급여가 필요하다고 인정한 자, 북한이탈주민의보호및정착지원에관한법률의 적용을 받고 있는 자와 그 가족으로서 보건복지부장관이 의료급여가 필요하다고 인정한 자, 광주민주화운동관련자보상등에관한법률 제8조의 규정에 의하여 보상금 등을 받은 자와 그 가족으로서 보건복지부장관이 의료급여가 필요하다고 인정한 자, 기타 생활유지의 능력이 없거나 생활이 어려운 자로서 대통령령이 정하는 자로 하였다.

보장기관으로 의료급여에 관한 업무는 수급권자의 거주지를 관할하는 시장·군수·구청장이 행한다고 규정하였고 의료급여심의위원회에 관하여 규정하였다. 의료급여의 내용은 진찰·검사, 약제·치료재료의 지급, 처치·수술과 그 밖의 치료, 예방·재활, 입원, 간호, 이송과 그 밖의 의료목적의 달성을 위한 조치다. 급여비용은 대통령령이 정하는 바에 의하여 그 전부 또는 일부를 의료급여기금에 부담한다고 규정하였다.

3) 긴급복지지원법

이 법은 2005년 12월에 제정되었으며, 생계곤란 등의 위기상황에 처하여 도움이 필요한 자를 신속하게 지원함으로써 이들이 위기상황에서 벗어나 건강하고 인간다운 생활을 영위하게 함을 목적으로 한다(제1조). 이 법에서 "위기상황"이라 함은 본인 또는 본인과 생계 및 주거를 같이 하고 있는 가구구성원이 다음 각 호의 어느 하나에 해당하는 사유로 인하여 생계유지 등이 어렵게 된 것을 말한다. ① 주소득자가 사망, 가출, 행방불명, 구금시설에 수용되는 등의 사유로 소득을 상실하고 가구구성원에게 다른 소득원이 없는 때, ② 중한 질병 또는 부상을 당한 때, ③ 가구구성원으로부터 방임·유기되거나 학대 등을 당한 때, ④ 가정폭력을 당하여 가구구성원과 함께 원만한 가정생활이 곤란하거나 가구구성원으로부터 성폭력을 당한 때, ⑤ 화재 등으로 인하여 거주하는 주택 또는 건물에서 생활하기 곤란하게 된 때, ⑥ 그 밖에 보건복지부장관이 정하여 고시하는 사유가 발생한 때.

이 법의 주요 내용으로는 기본원칙, 국가 및 지방자치단체의 책무, 긴급지원기관, 지원요청 및 신고, 긴급지원의 종류 및 내용, 긴급지원의 기간 등을 규정하고 있다. 긴급지원의 종류로는 금전 또는 현물 등의 직접지원으로서 생계지원(식료품비·의복비 등 생계유지에 필요한 비용 또는 현물 지원), 의료지원(각종 검사 및 치료 등 의료서비스 지원), 주거지원(임시거소 제공 또는 이에 해당하는 비용 지원), 사회복지시설 이용 지원(사회복지사업법에 의한 사회복지시설에의 입소 또는 이용 서비스의 제공이나 이에 필요한 비용 지원), 그 밖의 지원(연료비 그 밖에 위기상황의 극복에 필요한 비용 또는 현물 지원과 민간기관·단체와의 연계 등의 지원)이 포함된다.

5. 사회서비스 관련법

사회서비스라 함은 국가·지방자치단체 및 민간부문의 도움이 필요한 모든 국민에게 복지, 보건의료, 교육, 고용, 주거, 문화, 환경 등의 분야에서 인간다운 생활을 보장하고 상담, 재활, 돌봄, 정보의 제공, 관련 시설의 이용, 역량 개발, 사회참여 지원 등을 통하여 국민의 삶의 질이 향상되도록 지원하는 제도를 말한다(사회보장기본법 제3조).

1) 사회복지사업법

사회복지서비스에 관한 법으로는 사회복지사업법이 그 기본법이다. 1970년에 처음 제정되었고, 최근에 이르기까지 수차례의 개정이 되어 실시되고 있다. 사회복지사업법은 사회복지사업에 관한 기본적 사항을 규정하여 사회복지를 필요로 하는 사람에 대하여 인간의 존엄성과 인간다운 생활을 할 권리를 보장하고, 사회복지사업의 전문성을 높이며, 사회복지사업의 공정·투명·적정을 도모하고, 지역사회복지의 체계를 구축함으로써 사회복지의 증진에 이바지함을 목적으로 한다.

이 법에서 사회복지사업의 뜻은 관련 법률에 의한 보호·선도 또는 복지에 관한 사업과 사회복지상담, 직업지원, 무료숙박, 지역사회복지, 의료복지, 재가복지, 사회복지관운영, 정신질환자 및 한센병력자의 사회복귀에 관한 사업 등 각종 복지사업과 이와 관련된 자원봉사활동 및 복지시설의 운영 또는 지원을 목적으로 하는 사업을 말한다.

그리고 사회복지서비스란 국가 지방자치단체 및 민간부문의 도움을 필요로 하는 모든 국민에게 상담, 재활, 직업소개 및 지도, 사회복지시설의 이용 등을 제공하여 정상적인 사회생활이 가능하도록 제도적으로 지원하는 것을 말한다.

사회복지사업에 관련된 법률은 다음과 같다.

가. 국민기초생활보장법
나. 아동복지법
다. 노인복지법
라. 장애인복지법
마. 한부모가족지원법
바. 영유아보육법
사. 성매매방지 및 피해자보호에 관한 법률
아. 정신보건법
자. 성폭력 범죄의 처벌 및 피해자 보호에 관한 법률
차. 입양특례법
카. 일제하 일본군 위안부 피해자에 대한 생활안정지원 및 기념사업 등에 관한 법률
타. 사회복지공동모금회법
파. 장애인·노인·임산부 등의 편의증진보장에 관한 법률
하. 가정폭력방지 및 피해자보호 등에 관한 법률
거. 농어촌주민의 보건복지 증진을 위한 특별법
너. 식품기부 활성화에 관한 법률
더. 의료급여법
러. 기초노령연금법
머. 긴급복지지원법
버. 다문화가족지원법
서. 장애인연금법
어. 장애인활동 지원에 관한 법률
저. 노숙인 등의 복지 및 자립지원에 관한 법률
처. 보호관찰 등에 관한 법률
커. 장애아동복지지원법

사회복지사업법과 위의 법률과의 관계에서는 사회복지사업의 내용, 절차 등에 관하여 위의 법률에 특별한 규정이 있는 경우를 제외하고는 사회복지사업법에 의하며, 위의 법률을 개정하는 경우에는 사회복지사업법에 부합하도록 하여야 한다(사회복지사업법 제3조). 이와 같이 사회서비스 분야에서는 사회복지사업법이 기본법으로서의 성격을 가지며, 위의 법들은 특별법으로서의 성격을 갖는다. 사회복지사업법은 과거에는 사회복지법인과 시설에 대한 규제 내용을 주로 하여 사회서비스의 기본법으로서의 내용이 취약하였으나, 최근에는 사회복지상담, 직업지원, 의료복지, 지역사회복지, 재가복지, 사회복지관 운영 등에 관한 기본적인 사항을 담고 있어서 사회서비스의 기본법으로서 내용이 강화되었다.

사회복지사업법의 주요 내용으로는 제1장 총칙에서 사회복지사업의 정의(제2조) 외에 복지와 인권증진의 책임(제4조), 인권존중 및 최대봉사의 원칙(제5조), 시설설치의 방해 금지(제6조), 사회복지업무의 전산화(제6조의2), 사회복지위원회(제7조), 지역사회복지협의체(제7조의2), 복지위원(제8조), 사회복지사 자격증의 발급(제11조), 국가시험(제12조), 사회복지 전담공무원(제14조)을 규정하였다. 그리고 지역사회복지계획의 수립·시행(제1장의2), 사회복지법인(제2장), 사회복지서비스의 실시(제2장의2), 사회복지시설(제3장), 재가복지(제3장의2)에 관한 사항을 규정하고 있다.

또한 사회복지서비스에 관련된 입법에는 제2조의 관련법률 외에도 적용대상별로 특별법이 제정되어 있다. 장애인고용촉진및직업재활법은 장애인복지법의 특별법이며, 고령자고용촉진법은 노인복지법의 특별법이다.[1] 사회복지사업에 관한 주요 입법의 내용은 다음과 같다.

1. 윤찬영, 위의 책, p. 148.

2) 아동복지법

이 법은 1963년에 아동복리법으로 제정되어 시행 중이던 것을 1981년에 아동복지법으로 명칭이 변경되었고, 2011년에 전면 개정되어 2012년부터 시행되고 있다. 아동복지법은 아동이 건강하게 출생하여 행복하고 안전하게 자랄 수 있도록 아동의 복지를 보장하는 것을 목적으로 하고 있다. 제1장 총칙에서는 제2조(기본이념)에서 성별, 연령, 종교, 사회적 신분 등에 따른 차별금지, 안정된 가정환경에서 행복하게 자라날 권리, 아동의 이익 최우선의 원칙, 아동을 위한 보호와 지원을 받을 권리가 규정되었다. 제3조(정의)에서 이 법에서 아동이라 함은 18세 미만인 사람을 말한다고 정의하고 있으며, 보호대상아동이란 보호자가 없거나 보호자로부터 이탈된 아동 또는 보호자가 아동을 학대하는 등 그 보호자가 아동을 양육하기에 적당하지 아니하거나 양육할 능력이 없는 경우의 아동을 말한다. 제4조에서는 국가와 지방자치단체의 책무, 제5조에서는 보호자의 책무와 모든 국민의 책무를 규정하였다.

제7조의 2에서는 보건복지부장관은 아동정책의 효율적인 추진을 위하여 5년마다 아동정책기본계획을 수립하여야 하며, 종합적인 아동정책을 수립하고 관계부처의 의견을 조정하며, 그 정책의 이행을 감독하고 평가하기 위하여 국무총리 소속으로 아동정책조정위원회를 두게 하였다.

아동에 대한 보호서비스 및 아동학대의 예방 및 방지(제3장)의 내용으로는 보호조치(제15조), 친권상실 선고의 청구(제18조), 아동의 후견인 선임청구(제19조), 아동학대 신고의무와 절차(제25조), 피해아동 및 그 가족 등에 대한 지원(제29조)을 규정하였다.

아동에 대한 지원서비스(제4장)의 내용으로는 아동안전 및 건강지원, 취약계층 아동 통합서비스 지원 및 자립지원 등이 규정되었다. 아동복지전담기관 및 아동복지시설(제5장)의 내용으로는 아동보호전문기관의 설치(제45조), 가정위탁지원센터의 설치(제48조), 아동복지시설의 설치

(제50조), 아동복지시설의 종사자(제54조)를 규정하였다. 아동복지시설의 종류는 아동양육시설, 아동일시보호시설, 아동보호치료시설, 공동생활가정, 자립지원시설, 아동상담소, 아동전용시설, 지역아동센터다(제52조).

기타 재정에 관하여 국가와 지방자치단체의 비용보조(제59조)와 비용징수(제60조), 벌칙(제71조)에 관하여 규정하였다.

3) 노인복지법

1981년에 제정되고 이후 최근까지 일부 개정되어 온 이 법은 노인의 질환을 사전예방 또는 조기발견하고 질환상태에 따른 적절한 치료・요양으로 심신의 건강을 유지하고, 노후의 생활안정을 위하여 필요한 조치를 강구함으로써 노인의 보건복지 증진에 기여함을 목적으로 규정하고 있다(제1조). 법의 기본이념으로는 ① 노인은 후손의 양육과 국가 및 사회의 발전에 기여하여 온 자로서 존경받으며 건전하고 안정된 생활을 보장받는다. ② 노인은 그 능력에 따라 적당한 일에 종사하고 사회적 활동에 참여할 기회를 보장받는다. ③ 노인은 노령에 따르는 심신의 변화를 자각하여 항상 심신의 건강을 유지하고 그 지식과 경험을 활용하여 사회의 발전에 기여하도록 노력하여야 한다고 규정하고 있다(제2조). 노인복지증진의 책임주체로서 국가와 지방자치단체는 노인의 보건 및 복지증진의 책임이 있으며, 이를 위한 시책을 강구하여 추진하여야 한다고 규정하였다(제4조).

노인을 위한 경로연금(제2장)에 관한 내용으로는 지급대상, 지급액, 지급기간 및 지급시기 등(제9조~제22조)이 규정되어 있었으나, 2008년 1월부터 시행되는 기초노령연금법(2007.4.25)의 제정으로 경로연금에 관한 모든 조항이 삭제되었다.

보건・복지 조치(제3장)에서는 노인 사회참여 지원(제23조), 지역봉사

지도원 위촉 및 업무(제24조), 생업지원(제25조), 경로우대(제26조), 건강진단(제27조), 상담 · 입소 등의 조치(제28조), 노인재활요양사업(제30조)을 규정하였다.

노인복지시설의 설치 · 운영(제4장)에서는 노인복지시설의 종류(제31조)로서 노인주거복지시설, 노인의료복지시설, 노인여가복지시설, 재가노인복지시설, 노인보호전문기관을 규정하였다.

비용(제5장)에 관한 내용으로는 제45조의 규정에 의하여 노인일자리전담기관의 설치 · 운영 또는 위탁에 소요되는 비용, 건강진단 등과 상담 · 입소 등의 조치에 소요되는 비용, 노인복지시설의 설치 · 운영에 소요되는 비용은 대통령령이 정하는 바에 의하여 국가 또는 지방자치단체가 부담하도록 하였다.

4) 장애인복지법

1981년에 제정되었던 심신장애자복지법은 1989년에 장애인복지법으로 새로이 제정되었으며, 1999년과 2007년에 전면 개정되었다. 장애인복지법은 총칙(제1장)의 내용 중 제1조(목적)에서 장애인의 인간다운 삶과 권리보장을 위한 국가와 지방자치단체 등의 책무를 명백히 하고, 장애발생의 예방과 장애인의 의료, 교육, 직업재활, 생활환경개선 등에 관한 사업을 정하여 장애인복지대책을 종합적으로 추진하며, 장애인의 자립생활, 보호 및 수당지급 등에 관하여 필요한 사항을 정하여 장애인의 생활안정에 기여하는 등 장애인의 복지와 사회활동 참여증진을 통하여 사회통합에 이바지함을 목적으로 한다고 규정하였다(제1조). 장애인의 정의에서 장애인은 신체적 · 정신적 장애로 오랫동안 일상생활이나 사회생활에서 상당한 제약을 받는 자를 말한다(제2조). 장애인복지의 기본이념은 장애인의 완전한 사회참여와 평등을 통하여 사회통합을 이루는 데 있다(제3조). 또한 장애인의 권리(제4조)에서 인간으로서 존엄과 가치존중,

국가·사회 구성원으로서 모든 분야의 활동에 참여할 권리, 장애인 관련 정책결정과정에 우선적으로 참여할 권리를 규정하고, 장애인 및 보호자 등에 대한 의견수렴과 참여(제5조), 중증장애인의 보호(제6조), 여성장애인의 권익보호(제7조), 차별금지(제8조)를 규정하였고, 장애인복지의 실천주체로서 국가와 지방자치단체의 책임(제9조), 국민의 책임(제10조)을 규정하고, 장애인정책조정위원회를 국무총리 소속하에 두고(제11조), 지방자치단체에는 지방장애인복지위원회를 두도록 하였으며(제13조), 4월 20일을 장애인의 날로 정하였다(제14조).

기본시책의 강구(제2장)에서는 장애발생 예방, 의료와 재활치료, 사회적응 훈련, 교육, 직업, 정보에의 접근, 편의시설, 안전대책 강구, 선거권 행사를 위한 편의제공, 주택 보급, 문화환경의 정비, 복지연구 등의 진흥, 경제적 부담의 경감 등에 관하여 규정하였다.

복지 조치(제3장)에서는 3년마다 장애인의 실태조사 실시, 장애인 등록, 장애인복지상담원, 재활상담 및 입소 등의 조치, 장애유형·장애정도별 재활 및 자립지원 서비스 제공, 의료비 지급, 자녀교육비 지급, 장애인사용 자동차 등에 대한 지원, 장애인보조견의 훈련·보급 지원, 자금의 대여, 생업 지원, 자립훈련비 지급, 생산품 구매, 생산품 인증, 고용촉진, 공공시설의 우선 이용, 장애수당, 장애아동수당과 보호수당 등에 관한 내용을 규정하였다.

자립생활의 지원(제4장)에서는 자립생활지원, 중증장애인자립생활지원센터, 활동보조인 등 서비스 지원, 장애동료간 상담을 규정하였고, 복지시설 및 단체(제5장)에서는 시설의 종류로서 장애인생활시설, 장애인지역사회재활시설, 장애인직업재활시설, 장애인유료복지시설을 규정하였다. 그리고 장애인보조기구(제6장), 장애인복지 전문인력(제7장)에 관한 내용을 규정하였다.

5) 한부모가족지원법

1989년에 모자복지법으로 제정되었으나 2007년 한부모가족지원법으로 명칭이 개정되어 시행되고 있는 이 법은 한부모가족이 건강하고 문화적인 생활을 영위할 수 있게 함으로써 한부모가족의 생활안정과 복지증진에 기여함을 목적으로 한다(제1조).

이 법에서의 모·부의 정의는 배우자와 사별 또는 이혼하거나 배우자로부터 유기된 자, 정신이나 신체의 장애로 장기간 노동능력을 상실한 배우자를 가진 자, 교정시설·치료감호시설에 입소한 배우자 또는 병역복무 중인 배우자를 가진 사람, 미혼자(사실혼 관계에 있는 자는 제외한다) 등이며, 한부모가족은 모자가족 또는 부자가족 아동은 18세 미만의 자이다(제4조).

한부모가족복지의 실천주체로서 국가와 지방자치단체는 한부모가족의 복지를 증진할 책임을 지며(제2조), 한부모가족의 모 또는 부와 아동은 그가 가지고 있는 자산과 노동능력 등을 최대한으로 활용하여 자립과 생활향상을 위하여 노력하여야 함을 규정하고 있다(제3조). 그리고 이 법은 한부모가족복지의 전달체계로서 한부모가족복지시설(제19조)에 관하여 규정하고 있다. 제2장에서는 보호대상자의 조사·보고, 복지급여의 신청, 복지급여내용, 복지자금 대여, 고용의 촉진, 시설우선이용, 가족지원서비스 등 복지의 내용과 실시를 규정하고 있다. 제3장에 규정된 한부모가족복지시설의 종류는 모자가족복지시설, 부자가족복지시설, 미혼모가족복지시설, 일시지원복지시설, 한부모가정복지상담소이다(제19조).

복지급여의 내용(제12조)으로는 생계비, 아동교육지원비, 아동양육비, 기타 대통령령이 정하는 비용이다. 국가 또는 지방자치단체는 대통령령이 정하는 바에 의하여 한부모가족복지사업에 소요되는 비용을 보조할 수 있다.

6) 영유아보육법

1991년에 제정된 이 법은 2004년에 전면 개정되고, 이후 일부 개정되어 시행되고 있다. 이 법은 영유아를 심신의 보호와 건전한 교육을 통하여 건강한 사회성원으로 육성함과 아울러 보호자의 경제적·사회적 활동을 원활하게 함으로써 가정복지 증진에 기여함을 목적으로 한다(제1조). 용어의 정의에서 "영유아"라 함은 6세 미만의 취학전 아동을 말하며, "보육"이라 함은 영유아를 건강하고 안전하게 보호양육하고 영유아의 발달특성에 적합한 교육을 제공하는 사회복지서비스를 말한다(제2조). 보육이념은 영유아의 이익을 최우선적으로 고려하는 원칙, 영유아가 안전하고 쾌적한 환경에서 건강하게 성장할 수 있도록 하는 원칙, 어떠한 종류의 차별도 금지하는 원칙을 포함하고 있다(제3조).

영유아보육의 실천주체로서 모든 국민, 국가와 지방자치단체는 영유아를 건전하게 보육할 책임을 규정하였다. 보육정책기관으로는 국무총리소속하의 보육정책조정위원회(제5조), 중앙보육정책위원회와 지방보육정책위원회(제6조) 설치에 관한 내용을 규정하였다. 제2장에서는 보육시설의 설치를 규정하였으며, 구체적으로 보육시설의 종류(제10조)와 보육계획의 수립 및 시행(제11조)을 포함하고 있다. 제3장에서는 보육시설 종사자에 관한 내용을 규정하고 있다. 보육시설 설치기준과 종사자의 배치는 보건복지부령에서 정하였다. 제4장 보육시설의 운영에 관하여는 운영기준, 이용대상, 우선 제공, 보육과정, 보육시설생활기록, 보육시설평가인증에 관한 사항을 규정하였다(제24조~제30조). 제5장 건강·영양 및 안전에서는 건강관리 및 응급조치, 치료 및 예방조치 등에 관한 내용을 포함하였다.

비용의 부담에 관하여 초등학교 취학 직전 1년의 유아와 장애아에 대한 보육은 무상으로 한다고 규정하였으며(제35조), 국민기초생활보장법에 의한 수급자와 보건복지부령이 정하는 일정소득 이하 가구의 자녀 등의 보육에 필요한 비용은 국가 또는 지방자치단체가 그 전부 또는 일부를 부담하여야 한다고 규정하였다(제34조).

7) 정신건강증진법

1995년에 정신보건법으로 제정되고 2013년에 정신건강증진법으로 개정되어 시행되고 있는 이 법은 정신질환의 예방과 정신질환자의 의료 및 사회복귀에 관하여 필요한 사항을 규정함으로써 국민의 정신건강증진에 이바지함을 목적으로 한다. 기본이념으로는 ① 모든 정신질환자는 인간으로서의 존엄과 가치를 보장받는다. ② 모든 정신질환자는 최적의 치료를 받을 권리를 보장받는다. ③ 모든 정신질환자는 정신질환이 있다는 이유로 부당한 차별대우를 받지 아니한다. ④ 미성년자인 정신질환자에 대하여는 특별히 치료, 보호 및 필요한 교육을 받을 권리가 보장되어야 한다고 규정하였다. ⑤ 입원치료가 필요한 정신질환자에 대하여는 항상 자발적 입원이 권장되어야 한다. ⑥ 입원 중인 정신질환자는 가능한 한 자유로운 환경이 보장되어야 하며 다른 사람들과 자유로이 의견교환을 할 수 있도록 보장되어야 한다고 규정하였다(제2조). 용어의 정의에서는 정신질환자, 정신보건시설, 정신의료기관, 정신질환자 사회복귀시설, 정신요양시설을 규정하였다. 특히 개정 법률에서는 정신질환자를 '사고장애, 기분장애, 망상, 환각 등 정신질환으로 인하여 독립적으로 일상생활을 영위하는 데 중대한 제약이 있는 사람'으로 한정하였다.

정신보건의 실천주체인 국가와 지방자치단체는 국민의 정신건강을 증진시키고, 정신질환을 예방하며, 정신질환자의 의료 및 장애 극복과 사회복귀 촉진을 위한 연구·조사와 지도·상담 등 필요한 조치를 하여야 하며(제4조), 국민은 정신질환자의 장애극복 및 사회복귀노력에 협력하여야 함을 규정하였다(제5조).

정신보건전문요원(제7조)에서 보건복지부장관은 정신보건 분야에 관한 전문지식과 기술을 가진 자에게 정신보건전문요원의 자격증을 교부할 수 있으며, 정신보건전문요원은 정신보건임상심리사, 정신보건간호사 및 정신보건사회복지사로 한다고 규정하였다. 정신보건전문요원의 구체적인 업무의 범위·한계 및 자격·등급, 자격증의 교부절차 등에 관하여 필요한 사항은 대통령령으로 정하였다.

전달체계로서 정신보건시설(제2장)에 관한 사항을 규정하고, 서비스 내용으로 보호 및 치료(제3장), 퇴원의 청구·심사(제4장), 권익보호 및 지원 등(제5장)에 관한 사항을 규정하였다.

비용의 부담(제50조)에서 국가와 지방자치단체는 진단 및 치료에 소요되는 비용의 전부 또는 일부를 부담할 수 있으며, 비용의 부담에 관하여 필요한 사항은 시행령으로 정하고, 비용의 징수(제51조)에 있어 사회복귀시설·정신요양시설의 설치·운영자는 그 시설을 이용하는 자로부터 보건복지부장관이 정하여 고시하는 비용징수 한도액의 범위 안에서 그에 소요되는 비용을 징수할 수 있으며, 그리고 국가와 지방자치단체의 보조금(제52조)에 관하여 규정하였다.

8) 사회복지공동모금회법

1997년에 제정되고 1999년 전문개정되어 시행되고 있는 이 법은 사회복지에 대한 국민의 이해와 참여를 제고함과 아울러 국민의 자발적인 성금으로 조성된 재원을 효율적이고 공정하게 관리·운용함으로써 사회복지의 증진에 이바지함을 목적으로 한다고 규정하였다.

이 법에서 사용하는 용어인 "사회복지사업"이라 함은 사회복지사업법 제2조 제1항의 규정에 의한 사회복지사업을 말하며, "사회복지공동모금"이라 함은 사회복지사업 기타 사회복지활동의 지원에 필요한 재원을 조성하기 위하여 이 법에 의하여 기부금품을 모집하는 것을 말한다고 규정하였다. 기본원칙(제3조)으로는 기부금품은 기부하는 자의 의사에 반하여 모집하여서는 아니되며, 조성된 재원은 복지수요가 공정하게 충족되도록 배분하여야 하고, 공정하게 관리・운용하여야 한다고 규정하였다.

공동모금회의 설립에 있어 전국단위의 공동모금사업을 관장하기 위하여 사회복지공동모금회를 두고(제4조), 지역단위의 공동모금사업을 관장하기 위하여 특별시・광역시・도에 지회를 두도록 하였으며, 사업(제5조), 정관(제6조), 임원(제7조), 이사회(제8조), 분과실행위원회(제13조)에 관하여 규정하였다.

공동모금회의 활동내용으로 기부금품의 모집, 배분기준, 배분신청, 배분신청의 심사, 배분결과의 공고, 재원의 사용 등에 관하여 규정하였다.

연구문제

1. 우리나라 사회복지법의 체계도를 그려보시오.
2. 사회복지 법률체계에서 헌법, 법률, 시행령, 시행규칙, 조례, 규칙이 제정되는 절차를 설명하시오.
3. 사회복지 법률체계에서 사회복지사의 역할이 무엇인지를 사회보험, 공공부조, 사회서비스 관련 법률을 중심으로 기술해 보시오.

제3부

사회복지의 실천분야

제1장

공공부조

사회복지의 기능적 포괄성을 생각할 때, 사회복지 실천분야의 방대함은 당연하다. 제3부에서는 공공부조와 사회보험, 그리고 9개의 사회복지 서비스 분야를 한국의 현실을 중심으로 살펴본다. 공공부조와 사회보험이 주로 현대 산업사회의 빈곤문제에 대처하는 사회복지 제도라면, 사회복지 서비스는 아동, 노인, 장애인, 여성처럼 전통적으로 보호가 필요한 인구집단이나 학교, 가족, 지역사회, 비행과 범죄, 의료기관과 같이 미충족 욕구가 발생하는 현장에서 다양한 대상자에게 기본적인 욕구를 충족시키기 위하여 통합적으로 제공되는 서비스를 가리킨다.

공공부조란 사회보험, 사회수당과 함께, 소득보장의 세 가지 정책도구 중의 하나로서, 국민의 최저생활을 보장하는 최후의 안전망 기능을 수행하는 제도다. 공공부조의 역사는 영국의 1601년 엘리자베스 빈민법으로 거슬러 올라간다. 빈민법이라는 용어가 지니고 있는 사회통제적이고 경멸적인 함의 때문에, 20세기 초부터, 공공부조라는 용어가 선호되기 시작하였다. 공공부조의 기본적인 특징은 조세를 재원으로 하며, 자산조사에 의한 욕구의 측정과 확인을 근거로, 빈곤한 사람에게 부족한 만큼의 생계비를 보충해 준다는 점이다. 사회보험은 노령, 질병, 재해, 실업 등 사회적 위험에 대한 대응으로 급여의 대상이 사회보험에 가입하여 보험료를 지불한 보험가입자다. 사회수당은 노령이나 아동과 같이 일반적으로 국가 또는 사회의 보호가 필요하다고 인정되는 범주적 인구집단에게 사회적 욕구 확인을 요건으로, 이들에게 국가가 합의한 생활수준을 보장하기 위하여, 정액의 급여를 조세의 방법에 의한 재원으로 제공하는 것이다. 노령수당, 아동수당이 대표적인 예다.

공공부조제도의 구체적인 명칭은 국가마다 달라서, 영국에서는 국민부조(national assistance)라 부르고 미국에서는 공공부조(public assistance)라고 그대로 부르고 있으며, 독일과 프랑스에서는 사회부조(social assistance)라 부른다. 한국과 일본에서는 생활보호라는 명칭을 사용해 왔으나, 한국은 1999년 12월 국민기초생활보장법을 제정하여 생활보호법을 폐지함으로써 기초생활보장이라 부르게 되었다. 그리고 공공부조 체계와는 별도로 빈곤한 장애인과 노인에게 정액으로 지급되는 장애수당제도와 기초노령연금제도가 있다. 학자에 따라서는 국가유공자 보훈제도를 공공부조에 포함하는 경우도 있다.

공공부조는 다른 사회보장제도를 모두 적용하고도 충족되지 않는 욕구를 충족시키는 마지막 안전망 제도이기 때문에, 이론적으로는 일차적 배분의 결과가 동일할 때, 사회보험제도나 사회수당 및 사회적 서비스제도가 정비되어 있을수록 공공부조에 대한 수요는 줄어들게 된다.

1. 국민기초생활보장제도의 연혁

우리나라의 공공부조 제도의 역사는 1961년 생활보호법 제정으로 시작된다. 1944년 일제하에서 일본의 구호법(1929)을 그대로 가져온 조선구호령(1944)이 선포된 바 있으나 해방 이후 1961년에 생활보호법이 제정되기까지 우리나라의 공공구호 행정은 공공부조에 관한 기본법이 없는 상태에서 미군정시대의 보건후생국 통첩이나 조선구호령에 준하여 이루어졌다. 1961년에 만들어진 생활보호법은 노령, 아동, 불구폐질 등으로 근로능력이 없으며, 부양의무자가 없으며, 있다 하여도 근로능력이 없거나 근로능력이 있어도 소득이 낮아, 생계보호를 필요로 하는 사람에게 국가의 재정으로 생계비를 지원해 주는 제도로 설계되었다. 제정 당시에는 정부재정이 충분치 못하여 시행령이 정비된 것은 8년이 지난 1969년이었다. 생활보호제도 도입 초기에는 보호수준이 매우 낮았으나, 경제성장으로 정부의 재정능력이 확충됨에 따라 보호수준이 향상되고 내용도 다양해졌다.

1977년에는 의료보호법이 제정되어 의료보호제도가 공공부조의 일부로서 확충되는 계기가 마련되었으며, 1982년에 생활보호법이 전면 개정되어 보호의 종류가 다양해지고, 특히 노동능력이 있는 생활 곤궁자를 위한 자활조성사업이 생활보호제도의 범위 안에 들어오게 되었다. 그러나 이 같은 생활보호제도는 노동 무능력자로 생계보호의 대상을 제한하고 있으며, 자산조사와 보충급여가 이루어지지 않고, 비과학적인 빈곤선의 책정과 낮은 급여수준 등 근본적인 구조의 문제점이 지적되어 왔다.

IMF 외환위기를 계기로 장기실업자의 빈곤문제, 다시 말해서 노동능력이 있는 장기실업자들의 생존권 문제가 사회문제로 대두되었다. 이에 사회복지제도 개혁의 필요성을 인식한 시민활동단체들이 생활보호제도의 한계를 극복할 혁신적인 공공부조의 틀로서 국민기초생활보장법의 제정을 요구하게 되었다. 이에 따라 1999년 12월 생활보호법을 폐지하고 국민기초생활보장법을 제정하여 2000년부터 시행하고 있다. 한편 의료보호법은 2001년 의료급여법으로 명칭이 변경되어 시행되고 있다.

2. 국민기초생활보장제도의 내용

이미 언급한 바와 같이 공공부조란 국민의 최저생활을 보장하는 최후의 안전망으로서, 누구든지 자산조사에 의한 개별적인 욕구의 측정과 확인을 근거로 최저생활 유지에 부족한 소득을 국가로부터 보충지원 받을 수 있게 해 주는 제도를 말한다. 종래의 생활보호제도는 이러한 기본적인 기능과 구조를 부분적으로 공유하면서, 첫째, 노동능력 유무에 따른 철저한 차별처우, 둘째, 친족부양책임 우선의 원칙, 셋째, 개별적인 자산조사 없는 범주적 보충급여를 기본 골격으로 운영되었다. 새로 제정된 국민기초생활보장법은 위의 세 가지 틀 중에서, 둘째, 친족부양책임우선의 원칙은 오히려 강화하고, 첫째, 노동능력 유무에 따른 제한과 차별처우의 원칙은 노동능력 유무에 상관없이 생존권은 확실히 보장하되, 차별처우의 취지는 적극적으로 살리도록 하였다. 그리고 셋째, 자산조사와 보충급여의 원칙은 전면적으로 시행하는 것으로 바꾸었다.

이 법은 해마다 공식적인 빈곤선을 보건복지부장관으로 하여금 공표하게 하고, 자산조사를 실시하여 빈곤선까지의 생활을 유지하도록 보충급여를 실시하며, 노동능력 유무에 상관없이 빈곤선 이하의 소득을 가진 사람에게는 생계급여를 받을 수 있게 하였다. 국민기초생활보장법의 취지는 노동능력 유무와 상관없이 모든 국민에게 국민최저생활을 보장하는 명실상부한 사회안전망 제도를 확충하여야 한다는 것이지만, 노동력이 있는 사람들의 근로동기를 유지하고 자활을 조성하기 위하여 노동능력이 있는 사람에게는 조건부 생계급여제도를 도입하고 있다.

1) 수급 자격 기준

과거의 생활보호제도의 대상자가 되기 위해서는 다음의 세 가지 요건을 충족시켜야 했다. 첫째, ① 65세 이상 노쇠자, ② 18세 미만의 아동, ③ 임산부, ④ 폐질 또는 심신장애로 인하여 근로능력이 없는 자, ⑤ 기타 생활이 어려운 자로서 보호기관이 이 법에 의한 보호를 필요로 한다고 인정하는 자의 다섯 가지 범주 중 어느 한 범주에 속해야 한다. 둘째,

위의 다섯 가지 범주 중 어느 하나에 속한 자로서 부양의무자가 없거나 있어도 부양능력이 없는 자여야 한다. 셋째, 보건복지부가 매년 정하여 발표하는 생활보호대상자 책정기준에 해당하는 소득과 자산액 이하의 소득 및 자산을 가진 자라야 했다.

새로 제정된 국민기초생활보장법은 첫 번째 조건, 즉 인구학적 구분을 전면 폐지하고, 부양의무자 규정과 소득 조건만을 남겼다. 새 법은 해마다 보건복지부장관이 최저생계비를 공표하게 하고, 소득인정액이 그 최저생계비에 못 미치는 사람들에게는 모자라는 부분을 공공부조로써 도와주게 하고 있다. 단 여기에 두 가지 조건이 있다. 하나는 부양의무자가 없거나 있어도 일정 수준 이하의 소득을 가진 경우여야 한다는 것이고, 다른 하나는 노동능력이 있는 경우 자활노력을 조건으로 생계급여가 지급된다는 것이다. 이 법은 소득인정액이라는 개념을 도입하고 있는데, 이것은 소득과 재산으로 이원화된 자산조사 기준을 소득과 재산의 소득환산액을 합하여 소득인정액으로 일원화한 것이다.

새로운 제도의 가장 획기적인 조치는 생계급여에 보충급여 방식을 전면 도입하고, 수급자가 근로활동을 통한 소득을 갖게 될 경우 그 소득에 대해서는 공제제도를 적용하여, 생계급여액과 수급대상자의 소득평가액을 합한 금액이 최저생계비의 100% 이상이 될 수 있도록 한 점이다. 소득평가액은 수급대상자의 실제소득에서 가구 특성에 따른 지출요인을 반영한 비용(경로연금, 장애수당, 아동양육비, 의료비, 중·고교생 입학금 및 수업료 등)과 근로활동을 통하여 얻어지는 소득에 대한 공제액을 제외한 액수를 말한다.

기초생활수급자 선정기준은 부양의무자가 없거나 있어도 부양능력이 없거나 또는 부양을 받을 수 없는 자로서 소득인정액이 최저생계비 이하인 자이다. 즉 새로운 수급자 선정기준은 소득인정액을 기준으로 하며, 부양의무자 기준을 동시에 충족하여야 한다. 여기서 소득인정액의 기준은 다음과 같이 산정된다.

소득인정액 = 소득평가액* + 재산의 소득환산액**

*소득평가액 = 실제소득 − 가구특성별 지출비용 − 근로소득공제
**재산의 소득환산액 = (재산 − 기본재산액 − 부채) × 소득환산율

2) 급여의 종류

생활보호제도에 의한 보호의 종류는 생계보호, 의료보호, 자활보호, 교육보호, 해산보호, 장제보호의 여섯 가지 보호를 두어, 보호대상자의 필요에 따라 하나의 보호만을 행하거나 둘 이상의 보호를 함께 행하였다. 이중 의료보호는 의료보호법에 의하여 실시되어 왔다. 국민기초생활보장법은 보호라는 용어 대신 급여라는 용어를 사용하여 기존의 여섯 가지에 주거급여를 신설하여 일곱 가지로 만들었다. 또 이 법은 생계급여에 긴급급여를 신설하여 급여제공 여부의 결정 전에 긴급한 필요가 있을 시 생계급여를 지급할 수 있도록 하였다.

가구별 급여액은 가구별 최저생계비에서 가구의 소득인정액, 타 급여액 및 타 법령 지원액을 차감한 금액을 보충적으로 급여한다. 생계급여는 소득인정액과 가구원수에 따라 차등 지원하며, 주거급여는 가구원수에 따라 차등지원하고,, 의료급여는 의료급여법에 의한 외래 및 입원비를 지원한다. 그 외 교육급여, 해산급여, 장제급여, 자활급여가 지원된다.

급여액 = 최저 생계비 − 가구의 소득인정액 − 타 급여액 − 타 법령 지원액

또한, 이 법은 노동능력자를 기초보장 급여 대상으로 포함하고 있으므로, 이들의 자활의지를 유지하기 위한 자활급여를 대폭 강화하였다. 근로능력이 있는 수급대상자에 대해서는 전담공무원으로 하여금 가구별

자활지원계획을 수립토록 하고, 이 자활지원계획에 따라 수급대상자는 자활에 관련된 활동에 참여할 것을 의무화하여 근로능력이 있는 수급대상자(조건부 수급자)가 자활에 관련된 활동에 참여하지 않을 경우에는 생계급여를 중지시킬 수 있도록 하였다. 자활지원사업의 주요 사업은 사회적응 프로그램, 지역봉사, 자활근로사업, 자활공동체(자활기업)사업, 저소득층 생업자금융자 및 기초생활보장기금 등이 있다. 이중 자활근로사업은 참여자의 자활능력과 사업유형에 따라 근로유지형, 사회서비스일자리형, 인턴형, 시장진입형으로 나누어져 다양하게 시행되고 있다. 사업내용은 간병, 집수리, 청소, 폐자원 재활용, 음식물 재활용 등 5대 표준화사업과 영농, 도시락, 세차, 환경정비 등 지역실정에 맞는 특화된 사업으로 추진된다.

이 외에 빈곤 노인을 위한 기초노령연금제도와 기초보장 수급 등록 장애인을 위한 장애수당, 18세 미만의 재가장애아동 보호자로서 수급자인 경우 장애아동부양수당, 그리고 중증 중복장애인을 위한 장애인 생계보조수당제도가 도입되어, 공적 연금의 혜택을 받지 못하는 현 세대 노인들과 장애인들의 생계 및 부양의 추가비용을 고려하고 있다.

3) 행정체계와 재정

국민기초생활보장법의 취지를 살리기 위해서는 행정관리 하부구조의 확립이 전제되지 않으면 안 된다. 개별적인 자산조사와 보충급여, 부양의무자의 부양능력 판정, 근로능력 유무의 판정, 조건부 수급자의 자활계획 수립 및 자활관리 등 사회복지전담공무원 업무의 양이 폭증하는 것은 피할 수 없다. 국민기초생활보장법의 실시는 생계급여 등 급여비의 증가에 따른 예산의 확보는 물론, 업무의 합리적인 수행을 위한 행정체계의 확립이 동반되어야 한다.

특히 근로능력 유무를 묻지 않고 급여를 제공하는 국민기초생활보장제도하에서는, 근로능력자들의 자활이라는 목표가 매우 중요하다. 이 법에서는 자활사업에의 참여를 조건으로 급여를 결정하고, 자활지원계획을 수립하고, 참여하지 않을 경우 급여 중단을 결정하는 일은 사회복지전담공무원의 업무로 되어 있다. 그러나 자활지원 서비스의 생산과 전달은 자활후견기관을 중심으로 하는 민간부문의 참여를 전제로 하고 있다. 따라서 자활지원 부문에서는 민간부문과의 긴밀한 협조가 필수적이다.

국민기초생활보장은 비용 전액을 정부가 부담하는 것이 원칙이다. 생활보호제도에서는 국가와 지방자치단체 간의 분담비율은 서울특별시의 경우에는 국가가 50%를, 서울특별시가 50%를, 지방의 경우에는 국가가 80%를, 해당 자치단체가 20%를 분담하였다. 그러나 국민기초생활보장제도에서는 국가는 시·군·구 보장비용 총액 중 40% 이상 90% 이하를 부담하고, 시·도는 국가 부담 분을 뺀 금액 중 30% 이상 70% 이하를, 시·군·구는 나머지 금액을 부담하도록 법으로 정하고 있어서, 시·군·구의 재정여건, 사회보장비 지출 등을 고려하여 국가, 시·도 및 시·군·구의 분담을 다양하게 조정할 수 있는 가능성을 열어 놓고 있다.[1]

3. 국민기초생활보장제도의 쟁점과 과제

국민기초생활보장법 제정의 취지는 기존의 생활보호법이 가진 공공부조로서의 전근대성을 버리고 전 국민에게 생존권을 보장하는 것이었다. 새로운 공공부조제도로서의 국민기초생활보장제도는 공공부조제도이기 때문에 고려되어야 할 기본적인 쟁점들이 있다.

첫째는 대상자 선정기준과 관련하여 공공부조가 보장할 최저생계비, 즉 공식적인 빈곤선을 어떻게, 어떤 수준으로 정할 것인가가 중요한 쟁

1. 2013년 현재로는 국가는 서울특별시, 50%, 지방, 80%를 부담하고 있음.

점이다. 1999년에 처음 공표된 공식적인 빈곤선은 전물량 방식에 의해 계측된 최저생계비였다. 가구규모별 동등화지수를 적용하여, 일인당 최저생계비에 가구규모별 차등을 두고 있어서 이전의 생활보호 대상자 선정기준에 비하면 진일보한 것이지만, 앞으로도 매번 전물량 방식으로 빈곤선을 정할 것인지, 언제까지나 도시와 농촌 간의 실제적인 최저생계비의 차이를 무시할 것인지, 노인이나 장애인과 같은 가구원 특성별 추가비용, 물가의 변동, 전반적인 생활수준의 변동은 어떻게 얼마나 반영할 것인지 등이 남아 있는 쟁점이다. 공식적인 빈곤선이 결정되어, 기초생활보장 수급자를 선정하는 데 있어서도 대상자의 자산조사 즉 소득의 평가에 기준이 필요하다. 현재 기초보장의 자산조사에서는 소득평가액이라는 개념이 사용되고 있는데, 예컨대 실제 소득이 발생하지 않는 재산의 소유를 소득발생으로 간주하는 재산의 소득환산액 개념이라든가 근로소득 공제율의 적절성 문제는 계속해서 쟁점이 될 수 있다. 부양의무자의 부양능력기준에 관하여서도 견해의 차이가 있을 수 있다. 공식적인 빈곤선의 결정에 합의한다 하더라도, 재산기준과 부양능력판정 기준만 가지고도 얼마든지 기초생활보장급여 대상자의 범위가 조정될 수 있기 때문이다.

둘째, 공공부조제도의 중요한 쟁점 중의 하나는 최저생활보장과 근로유인 간의 충돌문제다. 누구에게나 기본적인 생활이 보장된다면 누가 힘들게 일하여 자립하려 하겠는가라는 질문이 전제되어 있다. 이와 관련하여 국민기초생활보장법은 근로능력자의 경우 자활노력 조건부로 생존권을 보장하는 구조를 선택하고 있다. 다시 말해서, 국민기초생활보장법에 의한 근로능력자의 생존권 보장은 자활노력을 조건부로 하고 있다. 따라서 근로능력이 있는 빈곤계층을 위하여, 자활지원서비스를 얼마나 충실히 제공할 것인가가 중요한 정책 쟁점이 된다. 자활지원서비스의 효과성은 자활지원서비스에 대한 적정한 투자 없이는 기대할 수 없으며, 자활할 수 있는 노동시장 환경과도 관련된다. 더구나, 국민기초생활보장법은 자활지원서비스 공급체계를 민간부문과의 협력체계로 설계하고 있으므로, 이미 언급한 바와 같이, 공공부문과 민간부문 간의 협력체제의 구축도 중요한 과제다.

셋째, 근로유인 관련 또 하나의 중요한 쟁점은 보충급여의 원칙이 근로유인을 저해할 수 있다는 인식이다. 공공부조의 보충급여 원칙이란 국가가 정한 빈곤선과 개인의 소득 간의 차이를 보충함으로써 빈곤에서 벗어나게 한다는 것인데, 이 원칙은 결과적으로 소득이 빈곤선 이하라서 국가의 보충적 급여를 받는 사람들은 자신의 소득액에 관계없이 누구나 최종 가처분 소득이 빈곤선 수준(최저생계비)으로 동일하게 만든다. 따라서 일단 수급자가 되면 자신의 소득을 높일 동기가 사라지게 된다는 것이다. 그래서 우리나라 기초보장제도에서도 근로능력이 있는 수급자들에게 근로동기를 부여하기 위하여 기초보장 급여산정에 소득공제율을 적용하고 있다. 이제 쟁점은 어떤 수준의 공제율이 효과적인가라고 할 수 있다.

넷째, 기초보장의 수급자들에게 근로소득 공제율을 적용하면서, 기초보장과는 별도로 비수급 근로빈곤층을 위하여 이들의 근로의욕을 저하시키지 않고 실질소득을 지원하는 제도로서 2008년에 근로장려세제[2]를 도입하여 2009년에 첫 근로장려금을 지급하였다. 아시아 국가 중 근로빈곤층을 위한 근로장려세제(Earned Income Tax Credit)를 시행하는 국가는 우리나라가 유일하다. 그러나 근로장려세제가 보충급여의 약점을 보

2. 2008년부터 시행된 근로장려세제는 연소득(부부합산)이 1,700만 원 미만이고 재산합계약이 1억 원 미만이고, 18세 미만 자녀를 2인 이상 부양하는 무주택가구(단 18세 이상의 자녀일지라고 장애인인 경우에는 근로장려세제의 대상자가 된다)가 대상이며, 지원금액은 연소득 800만 원 미만이며 소득의 15%, 800만 원 이상 1,200만 원 미만이면, 120만 원, 1,200만 원 이상 1,700만 원 미만이면 1,700만 원에서 소득을 뺀 값의 24%다.

완하여 근로동기를 부여하고, 스티그마 없이 근로빈곤층의 소득을 지원하는 제도로서 성공하려면, 적용대상과 범위, 급여수준, 공제율(역소득세율)의 선택이 중요하다. 도입초기부터 쟁점이 되었던 기초수급자의 포함여부, 영세 자영업자의 포함여부가 계속 쟁점으로 남아 있다. 보건복지부와 고용노동부는 빈곤층 지원을 위한 '2013년 종합자활지원계획'으로 기초수급자에게도 혜택을 확대하겠다고 밝히고 있으나, 기초수급자를 근로장려세제의 대상에 포함할 경우 기초보장의 근로공제제도와의 조정이 필요한 부분이 있고, 저소득 영세 자영자를 포함할 경우 소득파악의 인프라가 전제되어야 할 것이다.

다섯째, 현안의 쟁점으로는 부양의무자 제도 폐지와 통합급여를 개별급여로 전환하라는 요구가 있다. 국민기초생활보장법은 수급권자의 1촌의 직계혈족(부모, 아들, 딸 등) 및 배우자(며느리 사위)를 부양의무자로 규정하고, 부양의무자 재산기준과 부양비 부과율을 적용하고 있는데, 가족부양의 현실과 가족주의가치의 괴리를 지적하면서 부양의무자 제도를 폐지하라는 요구가 높아지고 있다. 다른 한편으로 현행 국민기초생활보장제도는 수급권자에게는 일곱 가지 종류의 모든 급여에 대한 권리가 부여되지만, 탈 수급하면 모든 권리를 잃게 되기 때문에 탈빈곤, 탈수급의 동기를 저해한다는 관찰에 기초하여 생계급여는 탈수급하여도 예를 들어 의료급여는 지속적으로 받을 수 있게 하는 식의 개별급여제도로의 전환이 논의되고 있다.

마지막으로 공공부조 정책결정의 가장 근본적인 쟁점은 국민의 생존권보장을 위한 국가전략으로서 공공부조의 우선순위 문제다. 국민기초생활보장법은 현재로서는 공공부조제도의 근대적인 요건들을 갖추게 되었다는 점에서 역사적인 의미가 있지만, 이를 구체적으로 시행하고 정착시켜 가는 과정에서 반드시 고려해야 할 질문이 사회보장제도의 하위정책 간 우선순위 문제라 할 수 있다. 다시 말해서, 공공부조의 필요성은 일차적인 배분의 형평성과 다른 재분배 기제의 기능 여하에 따라 크게 달라질 수 있는 것이다. 공공부조는 직접적인 재분배 효과는 크지만, 행정비용이 많이 들고, 궁극적으로는 낙인효과를 피하기 어렵다는 제도 자체의 약점이 있다. 사회보장제도의 구성으로 볼 때, 사회보험과 사회복지 서비스, 그리고 공적부조의 상대적인 비중이 국가에 따라 다른 것도 이와 같은 재분배 기제들 간의 우선순위 차이 때문이다. 대체로 사회민주주의 모형의 복지국가들은 공적부조의 비중이 자유주의 모형의 국가들에 비해 상대적으로 매우 낮다. 공공부조제도의 기본구상은 다른 사회보장제도 및 관련 재분배정책들과 함께 종합적·통합적으로 고려되어야 한다.

연구문제

1. 공공부조제도의 원칙에 관하여 설명하시오.
2. 국민기초생활보장제도의 쟁점에 관하여 조사해 보시오.

제2장

사회보험

공공부조가 빈민법의 전통을 이어 국가책임의 원칙에 입각하고 있다면, 사회보험은 자조의 원칙과 집합적인 책임의 원칙을 절충하고 있다. 사회보험은 노동시장에 참여하고 있는 근로자들로 하여금 스스로 소득의 중단에 미리 대비하도록 보험가입을 강제하되, 그 비용을 근로자와 자본가 및 국가가 분담케 하는 제도다. 노령이나 재해, 실업에 의한 근로자들의 소득중단은 근로자 개인이 책임질 수 없는 사회적인 사고라는 인식을 전제로 한다. 전통적으로 근로능력이 없는 인구집단을 주 대상으로 하는 전통적인 빈민법과는 전혀 다른 접근이다. 사회보험제도는 개인의 자조의 원칙과 협동적 연대의 원칙, 그리고 국가책임의 원칙을 결합하고 있다. 다시 말해서 사회보험제도는 경쟁적 시장 논리와 협동적 사회연대주의, 개인주의와 집합주의라는 대립되는 두 원칙을 조화시키는 데 성공한 사회복지의 역사를 바꾼 사회적 혁신이다.

세계에서 최초로 사회보험이라는 사회적 혁신을 실험한 나라는 1880년대의 독일이었다. 그 후 사회보험은 유럽 대륙 국가들은 물론 영국을 포함한 자유민주주의 국가들에도 급속도로 확산되었다. 제2차 세계대전 후에는 선·후진국을 막론한 자유진영의 모든 국가들이 사회보험제도를 주축으로 하는 사회보장제도를 도입하게 되었다. 우리나라도 1960년의 공무원연금을 시작으로 1963년 군인연금, 1964년 산업재해보상보험, 1975년 사립학교교직원연금, 1977년 의료보험, 1988년 국민연금, 그리고 1995년 고용보험제도를 도입하였다. 그리고 2007년에는 인구 고령화 및 가족구조의 변화에 따른 노인 돌봄의 사회화를 위하여 장기노인요양보험법을 제정하고 2008년에 시행을 보게 되었다. 이로써 다른 여타의 선진국에 비하여 사회보험제도의 도입 시기는 늦었지만, 제도도입과 적용범위 확대의 속도는 빠르게 진행되어, 불과 40여 년에 걸쳐서 4대 사회보험제도의 골격을 갖추고 노인을 위한 장기요양보험제도까지 갖추게 되었다.

우리나라 사회보험제도의 현황과 쟁점을 제도 도입의 순서에 따라 살펴본다.

1. 산업재해보상보험제도

대부분의 선진 공업국가들이 사회보험제도 중에서 가장 먼저 도입한 것이 산업재해보상보험이다. 한국에서도 산업재해보상보험이 가장 먼저 도입되었다. 정부수립 이전인 1915년 조선광업령에 의하여 광업자에게 업무상의 재해에 대한 부조 의무제도가 도입되었고, 1953년 근로기준법이 산업재해의 개별 사용주 책임제도를 확립하였다. 1963년 제정, 1964년부터 실시된 산업재해보상보험제도는 개별 사용주 책임제도를 강제보험화한 것으로서, 노사 양자부담의 일반 노동자 보험과는 성격을 달리한다. 산업재해보상보험제도는 첫째, 업무상 재해를 당한 근로자에게 신속하고 공정한 보상을 실시하여 생활안정에 기여하고, 둘째, 사업주에게는 뜻하지 않은 사고로 일시에 부담되는 과중한 비용을 경감, 분산시켜 기업의 안정을 도모하며, 셋째, 보험시설 설치 운영으로 재해근로자의 사회복귀를 촉진하고 재해예방과 재해근로자 및 그 가족의 생활을 보호

〈표 Ⅲ-2-1〉 산재보험의 급여종류, 수급요건, 급여수준

<table>
<tr><th colspan="2">급여종류</th><th>수급요건</th><th>급여수준</th></tr>
<tr><td colspan="2">요양급여</td><td>산재로 인한 부상 또는 질병
(3일 이내에 치유되는 부상 · 질병일 경우에는 산재보험급여를 지급하지 않고 근로기준법에 의하여 사용자가 재해 보상)</td><td>요양비 전액</td></tr>
<tr><td colspan="2">휴업급여</td><td>산재로 인한 휴업(요양급여와 같이 '3일 이내'는 예외규정을 둠)</td><td>1일 평균임금의 70%</td></tr>
<tr><td rowspan="2">장해급여</td><td>장해보상연금</td><td>산재로 인한 부상· 질병의 치유 후 장해가 남아 있음; 장해등급 1~3급 또는 4~7급 중 연금을 선택한 피재자</td><td>329일분(1급: 90.1%)~
138일분(7급: 37.8%)</td></tr>
<tr><td>장해보상일시금</td><td>산재로 인한 부상 · 질병의 치유 후 장해가 남아 있음; 장해등급 8~14급 또는 4~7급 중 일시금 선택자</td><td>1,012일분(4급)~
55일분(14급)</td></tr>
<tr><td rowspan="2">유족급여</td><td>유족보상연금</td><td rowspan="2">피재 근로자 사망 시 유가족에게 연금 또는 일시금으로 지급</td><td>47%(유족 1인)를 기본으로 일인당 5% 증가 (상한 67%)</td></tr>
<tr><td>유족보상일시금</td><td>1,300일분</td></tr>
<tr><td colspan="2">장의비</td><td>재해근로자 사망 시 장제 실행자에게 지급</td><td>120일분</td></tr>
<tr><td colspan="2">상병보상연금</td><td>2년 이상 장기요양을 하는 재해근로자가 폐질자로 판정됨; 휴업급여를 받지 않음</td><td>장해급여 1~3급과 동일</td></tr>
<tr><td colspan="2">특별급여</td><td>보험가입자의 고의 · 과실로 인한 재해(민사배상의 대불제도로서 유족특별급여 또는 장해 특별급여 지급)</td><td>라이프니츠 방식으로 산정한 손해액에서 보험급여액을 공제한 금액(그 금액은 보험가입자로부터 1년간 4회 분할하여 징수함)</td></tr>
<tr><td colspan="2">간병급여</td><td colspan="2">요양 · 치유 후 실제 지급된 간병비용 지급
(1999년 개정으로 신설)</td></tr>
<tr><td colspan="2">직업재활급여</td><td colspan="2">직업훈련이 필요한 장해급여, 진폐보상연금, 장해급여 수급권자에게 직업훈련 비용, 직업훈련수당 지급.
산재발생 사업장에 복귀한 장해급여자에게 직장복귀 지원금, 직장적응 훈련비, 재활운동비 지급. (2007년 개정으로 신설)</td></tr>
</table>

하는 사업을 실시함으로써 근로자 복지증진에 기여함을 목적으로 하는 사회보험제도다.

1) 보험사고와 적용대상

산업재해보상보험은 근로자가 업무상의 사유로 부상, 질병 또는 사망한 경우에 각종 보상급여를 지급하기 위하여 고용주가 가입하는 사회보험이다. 다시 말해서, 업무상 재해가 발생했을 때 피해자에게 질병 및 부상 치유 비용을 보상하고, 업무상 재해로 인해 상실된 소득을 보장하며, 산업재해를 예방하고 기타 근로자의 복지증진을 위한 사업을 도모하기 위한 제도다. 따라서 산업재해보상보험은 일상생활의 위험을 보호하기 위한 제도가 아니고 노동관계에서 발생하는 재해에 대한 보호 장치다. 현행법상 산업재해란 업무상의 사유에 의한 근로자의 부상, 질병, 신체 장해, 또는 사망을 말한다. 여기서 업무란 근로계약을 기초로 하여 형성되는 노사관계 하에서 근로자가 그 근로계약 내용에 따라 행하는 제반 행위를 뜻한다. 업무상 사유란 업무와 관련하여 부상, 질병, 신체 장해 또는 사망을 발생케 한 사유를 말하며, 동 재해와 상당한 인과관계가 있는 경우에 보상대상이 된다. 업무상 재해 인정의 일반적 기준은 사업주의 지배 관리 하에 근로자가 작업 중, 작업 준비 중, 작업종료 전후에 업무와 관련하여 발생(업무수행성)하였거나 근로자가 담당하는 업무와 재해 발생 간에 상당한 인과관계가 있는 경우(업무기인성)들이다. 업무상 재해와는 달리 순간적인 사고의 결과로 발생하는 것이 아니고 장기적인 진행과정을 거쳐 발병되는 직업병의 경우에는 해당 질병이 업무와 관련된 행위가 원인이 되어 발생한 것인가 아니면 업무수행과 관계없는 개인적인 건강조건에 의해서 발생한 것인가의 판단이 쉽지 않다. 따라서 산재보험법에 의하여 보호되는 직업병의 종류와 범위는 근로기준법에 목록화되어 있다. 이 목록에는 35가지의 각종 직업병이 열거되어 있다. 이것은 직업병과 업무와의 인과관계를 확인하기 어렵기 때문에 근로자가 보호받지 못하게 되는 우려를 극복하기 위한 것이다. 직업병의 특수한 형태인 진폐증은 특별법, 즉 진폐의 예방과 진폐근로자 보호에 관한 법률을 통해서 보호되고 있다. 통근상의 재해에 대해서는 아직 일률적으로 보호하고 있지는 않다.

산업재해보상보험은 당초에는 근로기준법 적용을 받는 광업과 제조업의 두 업종, 500인 이상의 64개 사업장 8만 1,000명에 적용되던 것이, 그 후 수차례에 걸친 법 개정으로 2000년부터 5인 미만 사업장으로 적용이 확대되고, 2005년에는 1인 이상의 모든 사업장에 강제적용되게 되었다. 따라서 회사가 산재보험에 가입하고 있지 않은 상태라도 피재노동자는 산재보상을 받을 수 있게 되었다.

2) 보험급여

산재보험이 제공하는 급여는 요양급여, 휴업급여 또는 상병보상연금, 장해급여가 그 근간이며, 이 외에 중증 장해가 생기거나 사망한 경우에 민사손해배상에 갈음하여 지급하는 장해 및 유족 특별급여제도가 있다. 특별급여는 사업주의 고의·과실을 미리 대불하는 제도다. 산재보험은 현물급여와 현금급여를 모두 갖추고 있으며 다른 제도와 비교하여 볼 때 휴업급여의 수준이 평균임금의 70%로 높게 설계되어 있으며, 휴업급여를 받던 피보험자가 2년 이상 장기요양을 필요로 하는 폐질자로 판정될 경우 상병보상연금으로 소득을 보장받게 되어 있고 이 경우 급여지급기간에 제한이 없다.

산재보상보험법상의 요양급여는 의료보험법상 급여의 종류 및 내용과 거의 동일하다. 진찰 약제, 치료제재와 의지, 기타 보철구의 지급, 처치 수술, 기타의 치료, 의료시설에의 수용, 개호 이송 등이 그것이다. 부상 또는 질병이 발생한 후 3일이 경과한 후부터 지급된다. 요양급여는 완치

될 때까지, 혹은 고정된 상태에 이르러 장해정도가 확정될 때까지 지급된다. 의료보험과는 달리 의지 등 현물급여가 추가되어 있다.

휴업급여는 요양급여를 받는 동안 일시적인 임금대체 급여로서 지급되는 단기급여이다. 휴업급여는 당해 근로자 평균임금의 70%에 해당하는 액이 지급된다. 휴업급여는 취업하지 못한 기간이 3일 이내일 때에는 지급되지 않는다. 요양급여가 개시된 후 2년이 경과하여도 질병 또는 부상이 치유되지 않으면서, 일정한 폐질상태가 남아 있는 경우에는 요양급여를 받으면서, 임금대체급여로는 휴업급여 대신 상병보상연금이 지급된다.

장해급여로는 장해보상 연금과 장해보상 일시금이 있다. 장해급여는 장해등급에 따라 차등 지급된다. 장해등급은 신체기능의 감소정도에 따라 14등급으로 나누어져 있다. 장해등급 1급에서 3급에 해당하는 장해급여 수급권자에게는 장해보상연금이 지급된다. 장해등급 4등급에서 7등급에 해당하는 장해급여 수급권자는 연금과 일시금 중 급여의 형태를 선택할 수 있다. 그러나 8등급에서 14등급까지에 해당하는 장해급여 수급권자에게는 일시금 형태로만 급여가 지급된다. 사용자의 책임에 귀속되는 피해가 발생한 경우 원래 피해자는 사용자에 대해서 손해배상 청구권을 행사하는 것이 가능할 것이다. 다만 산재보상보험법은 이 경우 손해배상청구권을 행사하는 데 갈음하여 장해보상연금에 추가하여 장해특별급여를 받을 수 있는 가능성을 제도화하였다. 장해특별급여가 지급되면 이에 해당하는 액은 전액 보험가입자로부터 징수된다.

산재보상보험에 가입한 근로자가 업무상의 행위 중 사고로 사망한 경우 유족에게 유족 급여가 지급된다. 근로자의 실종은 사망으로 추정된다. 실종의 요건은 법으로 정한다. 장해연금 수급권자가 사망한 경우에는 유족급여는 지급되지 않는다. 유족급여의 대상은 사망 당시 근로자에 의하여 부양되고 있던 배우자, 자녀, 부모 손자녀 및 조부모다. 유족급여의 종류로는 장제비, 유족보상 일시금, 유족보상 연금, 그리고 유족일시금 등이 있다.

3) 재정, 관리 운영

이미 언급한 바와 같이 산업재해보상보험의 보험료는 가입자인 사업주가 전액 부담한다. 보험료액은 임금 총액과 동종의 사업에 적용되는 보험료율이다. 보험료율은 사업의 종류별로 노동부령에 의해서 구분·결정된다. 이때, 사업장에서의 과거 3년간의 재해율, 즉 임금총액에 대한 보험급여 총액의 비율이 보험료 결정에 반영된다. 사업주의 산재예방을 위한 노력을 유인하기 위하여 개별사업장 단위로 보험료율을 산재발생 빈도에 따라 증감할 수 있는 가능성을 열어 놓고 있다. 즉 과거 3년 보험료액에 대한 보험급여비용의 비율이 85%를 넘거나 75% 이하인 경우에는 보험료율을 40% 범위 내에서 인상 또는 인하할 수 있다. 사무집행에 관한 비용과 보험급여비용에 대해서는 일부를 국고가 부담한다. 산업재해보상보험제도는 정부기관인 노동부가 직접 관리·운영하여 왔으나, 1995년 7월 1일 실시된 고용보험제도의 운영을 노동부가 직접 관리하게 됨에 따라 그동안 노동부가 관리하던 산재보험 업무는 정책업무와 관리업무를 구분하여 보험료율의 결정, 보험급여 수준의 결정과 같은 정책업무는 노동부에서 담당하고, 보험료의 징수, 보험급여의 지급, 보험 시설의 설치운영, 피재근로자의 요양과 재활, 근로자의 복지증진 등 집행업무는 근로복지공단을 설립하여 위탁하였다. 근로복지공단은 공단본부와 지방조직으로 이원체계로 구성되어 있으며 지방조직은 6개 지역본부, 49개 지사, 10개 병원, 1개 인력개발원으로 구성되어 있다.

4) 산업재해보상보험의 쟁점과 과제

우리나라는 노사가 분담하는 산업재해보험이 아니라 고용주가 보험료를 전액 부담하는 산재보상보험을 선택하고 있다. 그동안 여러 차례 법 개정을 통하여 개선하여 왔으나, 여전히 보상의 대상이 되는 업무상 재해의 인정범위가 제한적이라는 점, 적용되는 근로자의 범위문제, 3일 이라는 급여자격 기간 문제, 보상수준의 형평성 문제, 업종별 분류체계 문제, 재활사업의 확충과 재해 예방사업의 확대 문제 등이 현안의 과제가 되고 있다.

첫째, 보상의 대상이 되는 업무상 재해의 판단요건은 크게 업무 기인성과 업무 수행성 두 가지로 나누어지는데, 두 가지 요소를 모두 충족하는 경우에만 업무상 재해로 인정된다. 업무기인성이란 이미 언급한 바와 같이 재해가 업무에 기인한 것, 즉 업무수행과 재해발생 간에 상당한 인과관계가 있음을 말한다. 업무 수행성이란 사용자의 지배 또는 관리 하에 이루어지는 당해 근로자의 업무수행 및 그에 수반되는 통상적인 활동 과정에서 재해의 원인이 발생하는 것을 의미한다. 업무상 재해의 개념을 이렇게 엄격하게 정의하면 산업재해의 인정 범위가 좁아지게 되는 것이 당연하고, 그래서 결국 자본가에게 유리한 제도로 운영되게 된다는 것이다. 특히 직업병의 경우 원인이 되는 시간적으로 명확히 할 수 있는 사고가 없기 때문에 업무상 여부를 판단하기 곤란하고 산업이 고도화되면서 종래의 원시적인 직업병에서부터 병명조차 생소한 직업병으로 확대되고 있는 실정이므로, 산재보험법에 의하여 보호되는 직업병의 종류를 35가지로 근로기준법에 목록화하는 방법은 개선이 필요하다.

둘째, 산재보험법은 공무원연금법, 군인연금법의 적용을 받는 사업, 선원법, 사립학교교직원연금법의 적용을 받는 사업의 근로자는 적용에서 제외하고, 그 외에 무면허업자에 의한 건설공사 중 총 공사금액이 2천만 원 미만인 공사, 무면허업자에 의한 건설공사 중 연면적 330 제곱미터 이하인 건축 또는 대수선공사, 가사서비스업, 법인이 아닌 농·임·어·수렵업 중 상시 5인 미만 사업장을 적용제외 사업장으로 명시하고 있다. 재해위험에 취약하다고 생각되는 영세사업장 근로자들이 포함되지 않는 것은 개선이 필요한 일이다. 2007년 동 법의 전면개정으로 4개 특수형태 근로자(골프장 캐디, 학습지 교사, 레미콘 기사, 보험설계사)에게 산재보험이 적용되게 되었고, 아르바이트생, 임시직, 현장실습생 및 연수생, 해외출장 노동자, 외국인 노동자(불법체류자), 노동조합 전임자, 대표이사 지휘감독을 받는 이사 등은 산재보험이 적용된다. 또, 기본적으로 산재보험의 대상이 되는 근로자의 범위는 근로기준법에 의해 사용자가 재해보상 책임을 지는 근로자를 기본으로 하여 여기에 국한하고 있기 때문에, 지입차주, 보험모집인 등 임금, 출퇴근, 지휘감독, 노동시간, 노동장소 등에 비추어 현행법상 사업주와 사용종속관계가 인정되지 아니하는 경우에는 산재보험이 적용되지 않는다. 이른바 가사근로자, 가내 근로자, 자영근로자 등의 재해는 포함되지 않는다. 산재보험법상 업무상 외의 인정 등의 기술의 제약이나 사무처리 체제상의 문제가 있지만, 장기적으로는 모든 중소기업 사업주[3]나 일정 범위의 자영자에게도 점진적으로 가입을 추진하여야 할 것이다.

셋째, 산재보험법에는 요양급여와 휴업급여에 있어서 업무상 부상 또는 질병이 3일 이내로 치유될 수 있거나 취업하지 못한 기간이 3일 이내일 때는 요양 또는 휴업급여를 지급하지 못하도록 되어 있다. 그러나 대부분의 선진국에서는 이러한 최소한의 급여자격을 두고 있지 않다. 저임금 근로자의 경우 생활안정이라는 측면에서 이와 같은 급여자격 기간은 저임금 산재 근로자의 실질적인 보상의 걸림돌이 된다는 주장이다. 따라서 급여자격 기간을 1일 이상으로 확대 실시해야 한다는 주장이 제기되고 있다.

넷째, 산재보상보험제도의 중요한 목적의 하나는 피재 근로자의 사회복귀 및 그 가족과 유족의 원호, 재해예방 등 근로자 복지의 제고라 할

---

3. 2000년 7월 1일 이후부터는 사실상 근로에 종사함으로써 근로자와 같이 재해의 위험에 노출된 중소기업 사업주도 재해를 입을 경우 산업재해보상보험의 보험급여를 받을 수 있도록 특례제도(임의가입)를 신설하여 운영하고 있다.

수 있다. 이 목적에 충실하기 위해서는 근로복지사업을 구체적으로 확충하고 업무상 재해를 입은 근로자의 원활한 사회복귀를 촉진하기 위하여 의료재활, 직업재활 서비스뿐 아니라 재해근로자와 유족의 생활 정착을 위한 다양한 서비스의 확충이 요구된다. 사후대책도 중요하지만, 궁극적으로는 산업재해의 예방이 무엇보다 중요하다. 안전의식을 높이는 교육서비스가 확충되어야 할 것이다.

2. 건강보험제도

건강보험[4]제도는 질병, 부상, 분만, 사망 등 4종의 보험사고에 대하여 보험급여를 실시함으로써 국민보건을 향상시키고 사회보장의 증진을 목적으로 하고 있다. 즉 질병, 부상, 분만, 사망으로 인한 추가적인 가계지출 부담을 보험의 원리를 이용하여 전 국민에게 분담시켜 국민생활의 안정을 도모하고 국민의 의료서비스 접근을 용이하게 하여 국민건강을 향상시키는 것을 목적으로 한다.

우리나라의 건강보험제도는 1963년에 제정된 의료보험법에 의하여 임의적용이 시도된 후 성공하지 못하고 있다가, 1976년 의료보험법의 전면개정이 이루어져, 1977년 500인 이상 사업장에 당연 적용되기 시작함으로써 본격적인 의료보험이 실시되었다. 같은 해 공무원 사립학교 교직원 의료보험법이 따로 제정되어 1979년부터 실시되었으며, 10년 후인 1988년에 농어촌 지역의료보험이 시행되고, 1989년에는 전국 60개 도시를 대

4. "건강보험"이라는 용어는 1999년 국민건강보험법 제정 이후 사용되고 있는 용어다. 그 이전에는 "의료보험"이라고 칭하였는데, 건강보험이라는 용어는 질병의 치료에서 한 걸음 더 나아가 질병의 예방 및 건강한 삶을 유지하기 위한 보장이라는 의미에서 진일보한 용어라 할 수 있다. 서양의 "실업보험"을 우리나라에서 "고용보험"이라고 부르는 것과 같은 맥락이다.

상 지역으로 하여 도시자영업자들에게까지도 의료보험을 실시하게 됨으로써 의료보험 시행 13년 만에 전 국민 의료보험 시대를 열게 되었다. 1999년 2월 국민건강보험법을 제정하여 목적에 건강진단과 재활 및 예방까지 포함하고, 직장의료보험조합(140개), 지역의료보험조합(227개), 공무원 사립학교교직원 의료보험공단(1개)의 세 가지 형태로 분리 운영되던 보험자를 통합하여 국민건강보험공단이 단일 보험자로 운영하게 하고, 2000년 1월부터 시행을 보게 되었다. 2003년 7월부터는 재정통합도 이루어져서 명실공히 전 국민건강보험의 시대가 열리게 되었다.

1) 적용대상 및 범위

건강보험의 적용대상은 국내에 거주하는 국민이며, 직장가입자와 지역가입자로 구분된다. 직장가입자는 상시 1인 이상의 근로자를 사용하는 사업장에 고용된 근로자와 사용자, 그리고 공무원과 교직원으로 임용 또는 채용된 자이고, 직장가입자의 피부양자는 직장가입자에 의해 생계를 유지하는 자로서 직장가입자의 배우자, 직장가입자의 직계존속, 직계비속 및 그 배우자, 직장가입자의 형제, 자매 등과 직장가입자에 의해 생계를 유지하는 자이고 보수 또는 소득이 없는 자로 19세 미만의 미성년자이다. 지역가입자는 직장가입자와 피부양자, 의료보호대상자를 제외한 모든 사람이다. 2011년 현재 건강보험 가입자는 직장 3,326만 명, 지역 1,604만 명으로 총 4,930만 명이며, 의료보호 대상자 161만 명을 합친 의료보장 대상자는 총 5,091만 명에 달한다. <표 III-2-2>가 보여 주는 바와 같이, 500인 이상 사업장 근로자를 대상으로 건강보험을 도입한 1977년에는 총인구의 8.8%인 320만 명이 의료보험 적용대상이던 것이 한 세대를 지나면서 의료급여와 함께 사실상 전 국민을 적용대상으로 하는 통합적 의료보장제도를 완성하였다.

〈표 Ⅲ-2-2〉 연도별 건강보험 적용인구 현황

(단위: 1,000명, %)

구 분		1977년	1980년	1987년	1989년	1990년	2000년	2011년
의료보장		5,296	11,368	25,643	44,168	44,110	47,466	50,909
건강보험		3,200	9,226	28,906	39,922	40,180	45,896	49,299
직장	적용인구	3,140	9,161	19,335	20,982	20,759	22,404	33,257
	부양률(명)	1.65	2.15	2.24	2.24	2.19	2.08	1.48
지역	가입자	-	-	325	18,878	19,421	23,492	16,043
	부양률(명)	-	-	3.30	2.56	2.46	1.86	1.03
의료급여		2,095	2,142	4,348	4,246	3,930	1,570	1,609
사업장(개소)		7,523	8,808	87,595	120,248	122,923	222,859	1,068,188

주: 1977~1980년 건강보험 합계에서는 임의지역 가입자가 포함되어 있음.
자료: 건강보험공단, 『통계로 본 건강보험시행 35년』.

2) 보험급여

건강보험에서 제공하는 급여의 근간은 질병·부상·출산 등에 대하여 진찰·검사, 약제·치료제의 지급, 처치·수술 기타의 치료, 예방·재활, 입원, 간호, 이송 등을 제공하는 요양급여다. 요양급여를 행하는 의료기관을 법이 정하고 있는데 의료법에 의하여 개설된 의료기관, 약사법에 의하여 등록된 약국, 지역보건법에 의한 보건소·보건의료원 및 보건지소 등이다. 이 조항은 흔히 당연지정제라 부르는 중요한 조항이다. 이 조항으로 인해 대부분의 요양기관들이 당연히 국민건강보험과 계약하게 되며 국민건강보험에 가입한 국민들이 대부분의 요양기관에서 요양급여를 받을 수 있게 된다. 요양급여 외에 공단은 가입자 및 피부양자에 대하여 질병의 조기발견과 그에 따른 요양급여를 행하기 위하여 건강검진을 실시한다. 공단은 이 법에 규정된 요양급여 외에 대통령령이 정하는 바에 의하여 장제비·상병수당, 그 밖의 급여를 실시할 수 있다. 이러한 부가급여는 현재로는 임신·출산 진료비로 되어 있다. 임신 출산 진료비는

〈표 III-2-3〉 건강보험의 급여종류, 수급요건, 급여수준

종 류		수급요건	급여수준
현물급여	요양급여	피보험자 및 피부양자의 질병 또는 부상	365일/년 외래 진료비의 50~70% 입원 진료비의 80%
	분만급여	피보험자 및 피부양자의 분만	위와 동일
	건강진단	사무직 매 2년 기타 매 1년	전액
현금급여	요양비	부득이한 사정으로 요양기관 외에서 요양	요양급여에 준함
	분만비	부득이한 사정으로 요양기관 외에서 분만	분만급여에 준함
	분만수당	피보험자 및 피부양자의 분만	
	장제비	피보험자 및 피부양자의 사망	
	본인부담금 보상금	본인부담금이 월 50만 원 초과	

임신한 가입자 또는 피부양자가 지정된 요양기관에서 받는 임신과 출산에 관련된 진료에 드는 비용으로 하되, 그 지급액은 2012년 현재 50만 원의 범위에서 임신한 가입자 또는 피부양자가 실제 부담한 금액으로 한다. 부가급여는 현재 사회복지 이용권의 형태로 사용되고 있다. 건강보험제도의 급여내용을 <표 III-2-3>이 요약하고 있다.

3) 행정과 재정

건강보험 운영의 재정은 가입자의 보험료로 충당함을 원칙으로 한다. 2012년 기준으로 직장가입자는 보수월액[5]의 5.80%(사용자가 보험료의 50% 부담)를 부담하며, 지역가입자는 소득, 재산, 자동차 소유 여부 등에

5. 2006년 12월 법 개정으로 보험료 부과기준이 되는 표준보수월액 및 부과 표준소득의 등급제를 폐지하였음.

따라 차등 부과한다.[6] 2012년 6월 현재 직장보험 가입자의 세대당 월평균 보험료는 9만 2,373원(일인당 3만 7,365원), 지역보험 가입자의 세대당 월평균 보험료는 7만 8,380원(일인당 3만 8,239원)이다. 같은 해 보험료 징수율은 직장보험 99.4%, 지역보험 96.6%였다.

2011년 12월 국민건강보험법 전부개정으로 직장가입자에 대하여 보수월액 보험료 외에 보수를 제외한 다른 소득을 기준으로 산정하는 소득월액보험료를 징수하는 근거가 마련되었고, 건강보험제도의 안정적 운영을 위하여 2011년까지로 되어 있던 건강보험 재정에 대한 정부지원 규정의 유효기간을 2016년 12월 31일까지로 연장하였다.

이미 언급한 바와 같이 건강보험의 행정은 1999년 법 개정으로 2000년 1월 1일부터 국민건강보험공단 단일 보험자 체제로 전환함으로써, 조합주의와 통합주의의 오랜 논쟁을 종식시켰다. 2008년 법 개정으로 새롭게 건강보험이 적용되는 사업장이 되거나 기존의 적용대상 사업장에서 적용제외 사업장이 되는 경우 사업장 신고를 의무화하여 건강보험의 관리를 강화하였고, 2009년에는 4대 사회보험의 보험료 징수 업무를 국민건강보험공단으로 일원화하였다.

4) 건강보험의 쟁점과 과제

일본식 조합주의로 시작한 우리나라의 의료보험제도가 국민건강보험제도로 다시 태어난 것은 매우 의미 있는 일이다. 의료보장의 방법은 영국의 국민보건서비스처럼 의료서비스를 사회화하여 단일 체제로 조세로 운영하는 방법이 있는가 하면, 질병금고 운영의 전통이 깊었던 독일처럼 분립형 사회보험제도를 오랜 기간에 걸쳐 합리화하면서 다수의 의료보험조합을 운영하는 방법도 있다. 일본은 직역과 지역, 피용자와 자영자,

6. 보험료 부과점수×170.0원.

그리고 특수직역을 구별하여 각기 다른 원칙으로 운영하고 있다. 그것이 과거 우리의 조합방식과 유사한데, 일본형은 단기간에 적용대상을 전 국민으로 확대하는 데 매우 효율적이지만, 내적인 합리성이나 사회통합의 관점에서는 한계가 있다. 일본은 자영자 농어민을 위한 국민건강보험은 급여비의 50%를 정부가 부담하고 있다. 그것이 정부 재정적자의 요인이 되는 부담도 있지만, 그런 부담 없이 일본식의 3원 체제가 유지되기는 어렵다. 국민복지 향상이라는 측면에서 볼 때, 자영자를 사회보험제도에 편입시키는 일은 매우 중요하다. 그러나 자영자는 피용자보다 두 배의 보험료를 부담해야 하고, 제도의 형평성을 고려할 때, 자영자 소득파악이 중요하지만, 현실을 고려하여 자영자 의료보험은 일본도 등급별 정액제로 운영하고 있으며 국고보조는 결국 불가피한 것이다.

일본식으로 시작한 우리나라의 의료보험제도는 조합주의와 통합주의의 격렬한 논쟁을 거쳐 1999년 국민건강보험법의 제정으로 그 논쟁이 종식되었다. 일본식의 분산관리, 조합주의방식을 탈피하여 국민건강보험공단을 단일 보험관리자로 하는 전국민 통합방식의 건강보험제도 개혁에 성공한 것이다. 조합방식은 조합단위의 보험재정관리가 가능하고 주민참여가 가능하며 관료제도의 단점을 보완한다는 장점이 있는가 하면, 사무관리비가 많이 들고, 조합 간 재정 격차가 커서 형평성의 문제가 심각하다는 약점이 있다. 반면 통합주의는 사무관리비가 절약되고 소득재분배의 범위가 확장되며, 보험수리적으로 강하고, 전체적으로 형평성과 보장성을 높이는 데 유리하다는 장점이 있는 반면, 관료적 통제가 강화되고 주민참여가 약화된다는 것이 약점으로 지적된다.

의료보험통합 논쟁이 끝나고 단일 보험제 체계로 통합되었다 해도 자영자 소득파악의 문제, 낮은 보장성, 의료비 상승의 문제는 여전히 남아있는 쟁점이고 과제다. 주로 근로자인 직장가입자의 경우 근로소득에만 보험료를 부과하고 있으나 자영업자인 지역가입자의 경우 정확한 소득파악이 불가능하여 소득과 재산 등 다양한 요소를 반영하고 있다. 국민건강보험에서 보험료 단일 부과체계의 개발은 아직 이루어지지 못하여 통합의 핵심 목표의 하나였던 보험료 부담의 형평성은 이루지 못하고 있는 실정이다.

국민건강보험제도의 가장 중요한 과제는 진료비 억제와 보장성 강화라는 일견 배치되는 과제라고 할 수 있다. 우리나라뿐 아니라 다른 나라에서도 증가하는 의료비는 심각한 문제가 되고 있다. 한편으로는 새로운 의료기술이나 신약의 개발이 의료비 증가를 초래할 것이고, 다른 한편으로 인구고령화로 의료수요가 증가하고 생활환경의 악화로 질병률이 높아질 수 있다. 건강보험 총진료비[7] 증가 추이를 보면 2005년 24.9조 원에서 2011년 46.2조 원으로 6년 사이에 두 배 가까이 증가했다. 2005년에서 2011년 사이에 2008년과 2011년을 제외한 모든 해의 전년대비 증가율이 10% 이상이었다.[8] 일인당 국민의료비, GDP 대비 국민의료비는 다른 나라와 비교하면 높은 편은 아니다. 2010년 일인당 국민의료비는 2,035달러(ppp)였고 GDP 대비 7.1%였는데, 같은 해 미국은 8,233달러(ppp)와 17.6%, 일본은 3,035달러(ppp)와 9.5%, 영국은 3,433달러(ppp), 9.6%였다.[9]

진료비 상승을 억제하는 방안으로 현행 행위별 수가제의 문제점을 개선하기 위하여 포괄수가제, 총액예산제가 논의되고 있고, 포괄수가제는 조심스럽게 도입이 시도되고 있다. 이보다도 급증하는 노인의료비의 억제 대책이 필요한데, 2008년 7월 1일부터 시행되고 있는 노인장기요양보험제도는 이른바 노인의 "사회적 입원", 즉 단지 보호를 위해 비싼 의료시설을 이용하는 현상을 막는다는 점에서 진료비 억제 대책이라고 할 수 있다.

---

7. 건강보험진료비는 공단부담금과 본인부담금 합계이며 비급여인 선택진료료, 병실료 차액 등 제외.
8. 보건복지부, 『2012 주요업무 참고자료』, p. 173.
9. OECD, OECD Health Data, 2012.

〈표 Ⅲ-2-4〉 본인부담금 비율 변화 추이

(단위 : %)

구분		2007년	2008년	2009년	2010년
본인부담금 비율	한국	34.7	34.2	32.4	32.1
	OECD	18.7	18.1	17.4	17.1

주: 2007, 2008년 제외된 국가: 그리스, 아일랜드, 이탈리아, 멕시코. 2009년 제외된 국가: 그리스, 아일랜드, 이스라엘, 이탈리아, 멕시코, 터키. 2010년 제외된 국가: 호주, 칠레, 그리스, 아일랜드, 이스라엘, 이탈리아, 일본, 룩셈부르크, 멕시코, 노르웨이, 스페인, 터키.

우리나라 건강보험은 외국에 비하여 급여의 보장수준이 매우 낮은데, 그동안 보장성 강화를 위하여 보험급여 계속 확대하고 요양급여 일수도 늘려 왔으나 본인부담률은 매우 높기 때문이다. <표 III-2-4>에서 보듯, 2010년 OECD 국가의 본인부담률 평균이 17.1%였는데 한국은 32.1%로 두 배 가까운 가계부담률을 보였다. 2007년에서 2010년 사이에 주요국들의 본인부담률은 18.7%에서 17.1%로 1.6%p 감소했으나, 한국은 34.7%에서 32.1%로 2.6%p 감소했다. 줄어든 추세에 있기는 하나 환자 본인이 전액을 부담해야 하는 비급여 항목이 많다. 대표적인 비급여 항목인 선택 진료비와 상급 병실료가 환자들의 과도한 부담을 초래하기 때문에 우선적으로 급여화가 필요하다.

국민건강보험제도의 탄생은 한국 의료보장의 공동체적 위험분산 효과를 최적화할 수 있는 가능성을 열었다고 할 수 있다. 그러나 아직 초기 안정적 정착을 위해 고안되었던 대로 낮은 부담과 낮은 급여의 형식을 취하고 있다는 한계를 극복하여야 하는 과제를 안고 있다. 급여 수준의 향상과 본인 부담률 하향 조정을 통한 적정급여로 전환과 이를 위한 재정 부담을 적정화하는 작업이 필요하다.

3. 국민연금제도

연금제도란 노령, 폐질, 불구, 사망 등으로 인한 소득의 상실이나 중단에 대비하여, 갹출료를 주된 재원으로 하여 연금급여를 통한 장기 소득보장을 실시함으로써 국민의 생활안정과 복지증진을 실현하는 사회보험제도다. 우리나라는 1973년 12월에 국민복지연금법이 통과되었으나 1973년 말의 석유파동, 물가 폭등 등 경제적·사회적 여건의 악화로 실시를 연기하여 오던 중, 경제의 지속적인 성장과 고용안정 등으로 경제여건이 성숙됨에 따라 1986년 12월 국민연금법으로 전면 개정하여 1988년 1월 1일부터 10인 이상 사업장부터 시행해 오고 있다. 국민연금법의 시행으로, 1960년 공무원연금법과 1963년 군인연금법, 1975년 사립학교교직원연금법에 의하여 공무원과 군인, 교직원이라는 특수 직역에만 적용되어 오던 노후생활보장 수단으로서의 공적연금제도가 일반 국민(우선 피용자)에게 적용되기 시작하였다. 그리고 1995년부터 농어민에게 적용이 확대되었고, 1999년 4월부터 도시지역 자영자에게로 그 적용범위가 확대됨으로써 전국민연금 시대를 열게 되었다. 이후에도 경제와 사회발전에 맞추어 여러 번 국민연금법 개정이 있었는데, 연금 급여대상자를 확대하는 한편 연금재정의 안정을 위한 보험료의 조정과 기금문제 개선, 연금보험료 추후납부제도 도입 고령층의 연금수급기회 확대 등이 주요 개정 내용이었다.

1) 적용대상

국민연금법에 의하면, 18세에서 60세까지의 전 국민을 적용대상으로 하되, 공무원연금법, 군인연금법, 사립학교교직원연금법에 의한 연금제도의 적용을 받는 사람은 제외한다. 국민연금 가입자는 사업장 가입자와 지역가입자로 구분되며, 사업장 가입자의 경우 법제정 초기에는 10인 이상 근로자를 항시 사용하는 사업장을 당연 적용으로 하였는데, 1995년 8월부터 상시 5인 이상 사업장 근로자를 사용하는 사업장, 2003년도부터 1인 이상 사업장에로 당연 적용 범위를 확대하였다. 지역가입자의 경우, 1995년에 농어촌 지역에 확대 적용하였으며, 1999년에 적용대상을 도시지역 자영자에게로 확대하였다. 이 경우 도시자영자는 5인 미만 사업장 근로자, 임시 및 일용직 근로자, 시간제 근로자 등을 포괄하여 사실상 도시지역 전 주민에게 확대한 것이다. 단, 전업주부, 23세 미만으로서 소득이 없는 자 등 적용대상에서 제외된 자는 임의 가입할 수 있게 하고 있다.

전국민연금 시대가 열렸다고는 하나, 그림이 보여 주는 바와 같이 2010년 현재, 18세 이상 60세 미만 인구 3,079만 명 중, 비경제활동인구(28%), 적용제외자(6.5%), 납부예외자(16%), 미납자(7%), 총 60%가 연금보험의 사각지대에 위치하고 있으며, 18세 이상 60세 미만 인구의 약 40%(1,256만 명) 만이 국민연금 보험료 납부자이거나 특수직역연금 가입자로서 잠재적 수급권자라고 볼 수 있다.

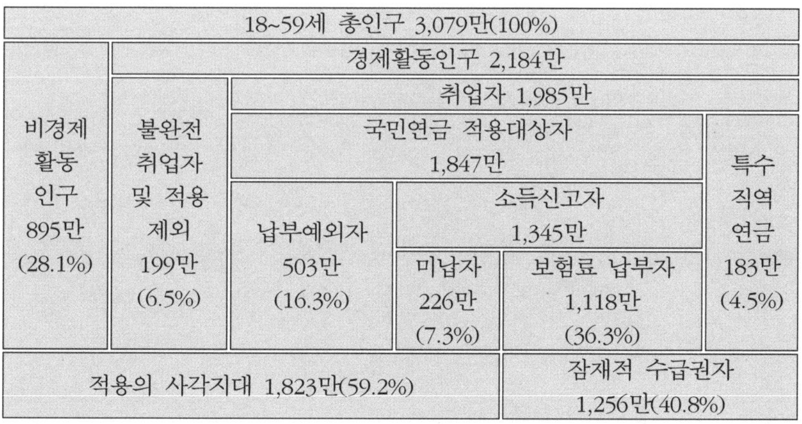

출처: 석재은, 『노후소득보장제도의 현안과 개선방안』, 2011.

〈그림 III-2-1〉 공적연금 적용 대상(2010)

2) 급여의 종류

국민연금은 노령, 퇴직, 장애, 유족연금과 반환 일시금을 지급한다. 노령으로 인한 퇴직으로 소득이 상실되었을 때 노령연금을, 장해로 인해 근로능력이 없어졌을 때 장해연금을, 그리고 사망했을 때 유족에게 유족연금이 지급되며, 가입기간이 10년 미만인 경우 반환 일시금, 가입자 또는 가입자였던 사람이 사망하였으나 유족이 없을 경우 사망일시금이 지급되며, 1988년 제도 도입 당시 이미 45세 이상이어서 60세가 되더라도 20년 가입기간을 충족시킬 수 없으므로, 예외적으로 65세에 도달하면 단기간 동안만 보험료를 납부해도 연금을 받을 수 있게 하는 특례노령연금 제도를 두고 있다. <표 III-2-6>이 국민연금 급여의 종류와 내용을 보여 주고 있다.

〈표 Ⅲ-2-6〉 국민연금제도의 급여 종류, 수급요건, 급여수준

급여유형		수급요건	가입기간 및 수급연령	급여수준
노령연금	완전 노령연금	가입기간 20년 이상; 60세(단 광부, 선원은 55세)	20년 이상 60세 이상	기본연금액의 100% + 가급연금
	조기 노령연금	가입기간 10년 이상; 55세 이상; 소득 있는 업무에 종사하지 않음	10년 이상 55~59세	기본연금액의 47.5%의 75~95% + 가급연금
	재직자 노령연금	가입기간 10년 이상; 60~65세 미만(특수직종 근로자는 55~65세 미만); 소득 있는 업무에 종사	10년 이상 60~64세	기본연금액 47.5%의 50~90%(연령별로)
	감액 노령연금	가입기간 10년~20년 미만; 60세(단, 광부, 선원은 55세)	10~19년 60세 이상	기본연금액의 47.5~92.5% + 가급연금
	특례 노령연금	1988년 1월 현재 45세~60세 미만(단, 광부, 선원은 40~55세)인 자가 가입기간이 5년 이상인 경우	5년 이상 45~60세 미만	기본연금액의 25% + 가급연금
	분할 연금	혼인기간이 5년 이상 배우자와 이혼 후 60세가 되거나 60세 이후 이혼한 경우		배우자였던 자의 노령연금액(가급연금 제외) 중 혼인기간에 해당하는 연금액의 균분액

〈표 Ⅲ-2-6〉 계속

급여유형	수급요건	가입기간 및 수급연령	급여수준
장애연금	가입 중에 발생한 질병 또는 부상으로 완치 후에도 신체 또는 정신상의 장해가 남은 때 초진일 이후 2년 경과 시 장애정도를 결정	장애등급 1~4급	1~3급: 기본연금액의 100, 80, 60% + 가급연금 4급: 기본연금액의 2.25배를 일시보상금으로 지급
유족연금	가입자 또는 가입기간 10년 이상자 또는 노령연금 수급권자 또는 장애2급 이상의 장애연금 수급권자 사망 시 그에 의해 생계를 유지하고 있었던 유족에게 지급 (가입기간 10년 미만 시 특정조건 충족 시 지급)	10년 미만 10년~20년 미만 20년 이상	가입기간에 따라 40, 50, 60% 지급
반환일시금	가입기간 10년 미만인 자가 60세에 달하거나 국적을 상실하거나 국외 이주 시 가입자 또는 가입자였던 자가 사망하였으나 유족연금이 지급되지 않은 경우		사업장가입자; 기여금, 부담금 + 이자 지역, 임의, 임의계속가입자; 보험료 납입액 + 이자
사망일시금	가입자였던 자의 사망; 유족연금에서 규정한 유족이 없는 경우		반환일시금 상당액, 단 가입자 표준소득월액의 4배 한도 내

주: 기본연금액은 가입기간 1년 추가 시 5%씩 가산함.

3) 재정, 기금, 제도운영

연금 보험료는 사업장 가입자의 경우 1993년 이래 가입자, 사용자, 퇴직전환금에서 각각 3%씩 부담하던 것을 퇴직전환금을 폐지하고, 1999년 4월부터 가입자와 사용자가 각각 4.5%씩 부담하여 보험료율 9%를 유지해 오고 있다. 농어촌과 도시 지역가입자의 경우 2005년 7월부터 동일한

〈표 III-2-7〉 우리나라 공적연금 보험료 부담수준

구분		1988~92	1993~97	1998~99.3	1999.4이후
사업장 가입자	계	3.0	6.0	9.0	9.0
	근로자	1.5	2.0	3.0	4.5
	사용자	1.5	2.0	3.0	4.5
	퇴직금 전환금	-	2.0	3.0	-
사업장 임의계속 가입자		3.0	6.0	9.0	9.0
지역 · 임의 및 기타 임의계속 가입자		2000.6까지	2000.7~2005.6		2005.7 이후
		3.0	4.0~8.0		9.0

자료: 국민연금관리공단(1988). 『국민연금 십년사』.

9% 보험료율이 적용되게 되었고, 임의가입자의 경우 1998년부터 9.0%가 적용되고 1999년부터는 지역가입자 기준을 준용하기로 하였다. <표 III-2-7>이 공적연금보험료 수준의 변화를 정리해 주고 있다.

2007년 국민연금법 개정으로, 연금 보험료율을 소득의 9%를 유지하되 급여율은 평균소득의 60%에서 2008년 50%로 낮추고, 그 후 매년 1%씩 낮추어 2018년에 40%가 되도록 하였다. 국민연금 수급 개시연령도 점차적으로 상향조정하여 1969년 이후 출생자는 65세에 노령연금 수급권을 취득하도록 하였다(2011년 개정). 이렇게 하여 기금소진 시점을 연기할 수 있었으나 재정불안정 문제가 근본적으로 해결된 것은 아니다. 2013년 2월 현재 국민연금 기금으로 쌓여 있는 돈은 400조 원이 넘는다. 2012년 우리나라 GDP의 1/3에 달하는 금액이고 앞으로도 계속 늘어나 2043년에 2,561조 원(2010년 불변가격 1,084조 원)으로 정점을 찍고 급격히 감소하기 시작하여 2060년에 소진될 전망이다.[10]

---

10. 5년마다 국민연금 기금의 건강 상태를 검진하여 지속가능한 발전방향을 제시하는 국민연금재정추계위원회의 2013년 3월 발표 내용으로 5년 전 추계치와 동일함. 기금소진 시점에 관해서는 연구주체와 기관마다 의견이 다르다. 2012년 8월, 국회 예산정책처는 「국민연금 장기 지속가능성 확보방안」이라는 보고서에서 기금 고갈시기를 2053년으로 예측했다.

4) 국민연금의 쟁점과 과제

전국민의 적절한 수준의 노후생활을 보장할 수 있으려면, 국민연금제도가 당면하고 있는 과제가 한둘이 아니다. 첫째, 재정적 지속가능성을 확보해야 하고, 둘째, 급여수준의 적절성과 형평성을 확보해야 하며, 셋째, 적용의 사각지대를 축소해야 할 것이며, 넷째, 적용의 사각지대를 축소해야 할 것이다. 그리고 마지막으로 다층적이고 포괄적인 노후소득보장 체계 안에 국민연금제도의 위치를 정리해야 한다.

첫째, 연금재정의 지속가능성문제는 연금의 핵심적인 쟁점이 되고 있는데 그것은 연금재정 운용방식과 수익비(연금 보험료로 낸 금액대비 급여액 비율) 구조 선택의 결과다. 우리나라 국민연금제도의 재정운용방식은 적립방식과 부과방식을 혼합한 수정적립방식이다. 보험료를 적립하지 않으면 연금수혜자격이 주어지지 않기 때문에 적립식의 성격을 가지고 있고, 저부담 고급여의 구조로서 장기적으로 현세대의 근로자들이 이전세대를 부양하는 방식의 부과식 성격도 가지고 있는 것이다. 대부분의 선진 복지국가들은 적립방식으로 시작하여 2차 대전 후 비교적 젊은 인구구조 하에서 부과방식으로 전환하였고, 1980년대 이후 인구구조 고령화가 현저해지면서 부과방식의 연금재정이 위기에 봉착하게 된 것이다. 우리나라는 1973년 국민복지연금법이 제정된 당시에는 연금보험의 장기저축효과와 국내자본동원 능력에 관심이 있었기 때문에 부과방식으로의 전환을 전제로 한 수정적립방식을 택하였다. 1988년 시행 이후 25년이 지나 완전연금이 지급되기 시작된 시점에서 보면, 경제침체와 더불어 급속한 인구 고령화 때문에 부과방식으로의 전환은 선택지로서 합의될 가능성이 매우 낮아졌다. 따라서 보험재정의 안정을 위해서는 보험료율을 높이고 급여수준은 낮추어야 하는데, 정치적 부담이 크고, 현재의 보험료율 9%와 소득대체율 40% 수준을 유지하는 경우 기금고갈은 피하기 어렵다.

둘째, 연금급여 수준의 적절성도 중요한 쟁점이다. 40년 가입자의 연금급여의 소득대체율 40%가 적정한 수준인가에 대해서는 논란의 여지가 크다. 근로자 평균 근로연수가 23년 정도이므로 실제 연금급여의 소득대체율은 20%를 상회하는 정도가 된다. 그러나 이런 구조의 연금 수익비를 보면, 2011년부터 가입했다고 가정할 때 수익비는 최하위소득자는 4.3배, 평균소득자는 1.8배, 최상위 소득자의 수익비도 1.3배에 달한다. 보험료를 거두어 적립하고서 가입자가 일정 나이가 되면 더 많은 연금으로 되돌려주다 보니 국민연금 기금의 소진은 구조적으로 피할 수 없는 운명인 셈이다.

셋째, 연금재정 안정화를 위해서는 연금가입자, 즉 연금 보험료 납부자가 늘어야 한다. 위에서 살펴본 바와 같이, 국민연금 적용대상자의 29%가 비경제활동인구이고, 적용제외자가 6.5%, 납부예외자 16%, 미납자 7%로, 18세에서 60세 미만 적용대상 인구의 60% 가까이가 연금적용의 외부에 위치하고 있다. 국민연금 보험료 납부자가 36.3%에 불과한 것이다. 노인인구 비중은 점점 커지고 젊은 인구 비중은 상대적으로 작아지고 있는데, 경제활동 인구의 고용률이 낮고 보험료 납부자 비율이 낮아서는 보험방식의 공적연금제도는 결코 유지될 수 없다. 남성과 여성, 특히 여성의 고용률을 높이는 노력은 국가 경제를 위해서뿐 아니라 국민연금 재정안정화를 위해서도 반드시 필요한 일이다. 국민연금제도 자체의 사각지대 해소를 위한 노력도 중요하지만, 자영업 비중의 증가, 비정규직의 증가 등 산업구조의 변화, 노동시장구조의 변화를 고려하여 국민연금 제도의 자체 개혁을 통한 사각지대 해소의 한계를 면밀히 분석 검토할 필요가 있다. 이러한 맥락에서 기초노령연금에 관한 논의가 활발해지고 있는 것은 고무적인 일이다.[11]

11. 박근혜 정부 출범 이후 기초노령연금 대상자는 하위소득의 70%, 연금액은 최고 20만 원 범위 내에서 차등지급하고, 지급시기는 2014년 7월로 하기로 하였다.

마지막으로, 지금 필요한 것은 저성장과 고령화시대의 전 국민을 위한 포괄적인 노후소득보장체계의 설계라고 할 수 있다. 고성장, 젊은 인구시대에 선택된 저부담 고급여의 수정적립방식을 교정하여 연금보험의 지속가능성을 높여야 한다. 그러나 국민연금만이 노후소득보장의 유일한 방법은 아니다. 노후 소득보장의 사회부조적 요소, 사회보험적 요소, 사회수당 요소, 개인 및 기업연금 요소의 적정 조합을 포괄적으로 구상해야 한다. 물론 조세제도나 돌봄 서비스 등과의 연계 속에서 노후생활보장제도가 고안되어야 할 것이다.

4. 고용보험제도

고용안정을 위한 고용보험제도 도입은 1987년 대통령 선거에서 노태우 후보가 선거 공약으로 내세웠으나 당선 후 경제계의 반발로 도입되지 못하였고, 1992년 대통령선거에서 김영삼 대통령 후보의 공약으로 제시되어 1993년 고용보험법이 국회를 통과 1995년 7월 1일부터 시행되었다. 고용보험은 어느 나라에서나 사회보험제도 중에는 가장 나중에 시행하게 되는 제도다. 우리나라에서도 고용보험은 4대 보험 중 가장 마지막에, 그것도 저실업 시대에 도입되었다. 우리나라의 고용보험제도는 단순히 근로자의 실업 후 급여 지급만이 아니라 실업의 예방과 고용의 촉진에도 노력을 기울이는 적극적 노동시장 정책의 핵심 수단으로 기능하고 있다. 따라서 실직 시의 생계안정을 위한 실업급여 외에 고용안정사업과 직업능력개발사업의 적극적 노동시장정책수단을 포함하고 있다. 1997~1998년 외환위기 이후 실업률이 증가하게 되자 1998년 9월 법 개정으로 4인 이하의 영세사업장에까지 고용보험제도를 확대적용하게 되고, 2001년 8월 개정으로 육아휴직 급여 및 출산전후 휴가급여가 신설되었다. 따라서 공무원 및 사립학교교직원 등을 제외한 일반 여성들이 육아휴직 급여와 출산 전후 휴가 급여의 혜택을 받기 위해서는 고용보험에 가입되어 있어야 한다. 2011년 7월 개정에서는 자영자도 고용보험 실업급여 혜택을 받을 수 있게 하고 육아기 근로시간 단축급여제도를 신설하며, 자활급여의 수급자도 고용보험의 보호를 받을 수 있도록 하고 있다.

1) 적용대상

고용보험제도는 법정 퇴직금제도의 적용을 받고 있던 30인 이상 사업장 근로자들로부터 시행하였다. 도입 이후 지속적인 적용범위 확대를 시도하여 1998년에 실업급여제도는 10인 이상 사업장, 고용안정과 능력개발사업은 50인 이상 사업장으로 적용범위가 확대되었다. 그리고 같은 해 3월부터는 실업급여 사업이 5인 이상 사업장까지 확대되고 1998년 10월부터는 고용보험의 3대 사업이 일용직 근로자를 제외한 전 사업장의 근로자 및 임시 시간제 근로자에게로 확대되었다. 일용근로자도 2002년 12월 개정을 통해서 고용보험의 혜택을 받게 되었으며, 2011년 법 개정으로 자영자와 자활급여 수급자에 애해서도 고용보험이 적용되게 되었다. 현재 고용보험법은 "근로자를 사용하는 모든 사업 또는 사업장에 적용한다. 다만, 산업별 특성 및 규모 등을 고려하여 대통령령으로 정하는 사업에 대하여는 적용하지 않는다"로 되어 있다.

적용제외 사업은 농업 · 임업 · 어업 또는 수렵업 중 법인이 아닌 자가 상시 4명 이하의 근로자를 사용하는 사업 등이며 적용제외 근로자는 65세 이상인 자, 소정 근로시간이 대통령령으로 정하는 시간 미만인 자, 국가공무원법과 지방공무원법에 따른 공무원, 사립학교교직원연금법의 적용을 받는 자 등이다.

2) 급여의 종류

고용보험제도가 제공하는 급여는 실업자에게 주어지는 구직급여와 직업·교육훈련 및 구직활동보조, 재직자 및 이직 예정자에게 주어지는 직업·교육훈련이다. 구직급여는 이직 전 평균임금의 50%를 지급하고 있으며, 급여지급의 상한선과 하한선이 설정되어 있다.

구직급여 외에 고용보험은 직업능력개발 및 고용유지를 유도하는 각종제도를 가지고 있다. 이들 제도 중 실업자 재취직훈련 및 수강 장려금, 교육수강비용 대부 등은 근로자에게 지원되는 것이나 기타 직업능력개발사업 및 고용안정사업은 주로 사업주에게 지원되는 것으로 근로자 개개인에게 직접적으로 급여가 주어지지 않는다.

3) 재정, 관리운영

고용보험 사업에 필요한 재원은 보험료로 조달한다. 다만 보험료를 부담하는 방식이 사업별로 다른데, 실직자의 생계를 보장하기 위한 구직급여(실업급여)는 근로자와 사용자가 공동으로 반씩 부담하고 고용안정과 직업능력개발사업과 같이 사용자에게 직접적으로 지원하는 급여는 사용자가 단독으로 부담한다. 보험료율은 실업급여는 1.1%(노동자 0.55%, 사업주 0.55%), 고용안정·직업능력개발사업은 0.25~0.85%(사업주)[12]로 하여, 소규모 사업장에 대하여는 부담이 적도록 하고 있다. 임금대장 미비, 임금자료 확인이 곤란할 경우 고시한 기준 임금을 적용하며, 기준임금에 의거하여 보험료 납부액 및 급여를 산정한다. 징수된 고용안정·직업능력개발사업의 보험료 및 실업급여의 보험료는 가각 그 사업에 드는 비

12. 150인 미만 기업 0.25%, 150인 이상(우선지원 대상 기업) 0.45%, 150인 이상 1,000인 미만 기업 0.65%, 1,000인 이상 기업, 국가, 지방자치단체 0.85%.

〈표 III-2-8〉 고용보험의 급여종류, 수급요건, 급여수준

<table>
<tr><th></th><th colspan="2">급여종류</th><th>수급요건</th><th>급여수준</th></tr>
<tr><td rowspan="9">실업
급여
사업</td><td colspan="2">구직급여</td><td>비자발적 이직; 실직 전 1년 중 6개월 이상 피보험상태; 구직활동</td><td>이직 전 평균임금의 50%(상한: 3.5만 원/일, 하한: 최저임금 기초일액의 70%)</td></tr>
<tr><td rowspan="3">연장
급여</td><td>훈련연장
급여</td><td>직업안정기관의 훈련 지시에의한 훈련</td><td>구직급여를 최대 2년까지 연장</td></tr>
<tr><td>개별연장
급여</td><td>지정된 업종 또는 지역에서 실직; 취업곤란; 훈련받기 곤란; 재취직을 위한 지원 필요</td><td>60일 범위 내에서 구직급여일액의 70%를 연장 지급</td></tr>
<tr><td>특별연장
급여</td><td>실업이 급증한 경우</td><td>60일 범위 내에서 구직급여일액의 70%</td></tr>
<tr><td colspan="2">조기재취직
수당</td><td>소정급여일수 1/2 이상 남기고 재취직한 경우</td><td>잔여 구직급여액의 1/2</td></tr>
<tr><td colspan="2">직업능력
개발수당</td><td>구직급여 수급자격자; 지시된 직업능력 개발훈련을 받는 경우</td><td>5천 원/일</td></tr>
<tr><td colspan="2">광역구직
활동비</td><td>구직급여수급자격자; 거주지에서 50 km 이상 떨어진 곳에 구직활동할 때</td><td>운임+숙박비</td></tr>
<tr><td colspan="2">이주비</td><td>취직 혹은 훈련을 위해 거주지 이전시</td><td>43,150~348,790원(이주거리 및 동반 가족수에 의존)</td></tr>
<tr><td colspan="2"></td><td></td><td></td></tr>
<tr><td rowspan="4">직업
능력
개발
사업</td><td colspan="2">실업자재취직
훈련 지원</td><td>구직등록, 훈련기관의 실업자재취직훈련과정에 등록</td><td>훈련비용 전액; 최저임금의 70%; 가족수당(3만/인월); 교통비 3만 원</td></tr>
<tr><td colspan="2">수강장려금
지원</td><td>이직예정자 또는 50세 이상 재직자</td><td>직업훈련 수강비용 전액
(100만 원/인 이내)</td></tr>
<tr><td colspan="2">교육수강
비용대부</td><td>전문대학 이상에 재학 중인 근로자</td><td>학자금 전액
(대부연리 1%)</td></tr>
<tr><td colspan="2">훈련관련
사업주 지원</td><td>직업훈련이나 유급휴가 훈련실시</td><td>훈련비의 70~100%</td></tr>
<tr><td>고용
안정
사업</td><td colspan="2">고용유지, 채용장려, 고령자·여성 고용촉진 사업</td><td>고용유지, 고용조정 이직자 채용, 고령자 및 여성 채용, 보육시설설치 등의 경우</td><td>지급임금의 1/2~2/3를 6개월 동안 지급, 대부분의 고령자·여성 고용촉진 프로그램의 경우 일정액 지원</td></tr>
<tr><td rowspan="2">모 성
보 호
사업</td><td colspan="2">육아휴직급여</td><td>남녀고용평등법 규정에 의한 육아휴직을 부여받았고 육아휴직개시일 이전에 피보험자단위기간이 180일 이상일 것</td><td>월통상임금의 100분의 40에 해당하는 금액</td></tr>
<tr><td colspan="2">산전 후
휴가급여</td><td>근로기준법의 규정에 의한 산전후휴가를 부여받고 휴가시작 이후 1개월부터 종료일12개월이내에 신청할 것</td><td>근로기준법상 통상임금에 해당하는 금액.</td></tr>
</table>

용에서 충당한다. 다만 실업급여의 보험료는 육아휴직 급여 및 출산 전후 휴가 급여 등에 드는 비용에 충당할 수 있다. 자영업자인 피보험자로부터 징수된 고용안정 직업능력개발사업의 보험료 및 실업급여의 보험료는 각각 자영업자인 피보험자를 위한 사업에 든 비용에 충당한다.

고용보험 업무는 노동부가 직접 관장하며, 실제적으로 업무를 담당하는 기관은 근로복지공단과 고용노동부의 지방관서다. 이에 따라 사업장 관리, 고용보험 사무조합 업무는 근로복지공단 각 지사에서, 피보험자 신고, 실업급여 등의 각종 지원업무는 고용센터에서 담당한다.

4) 고용보험의 쟁점과 과제

고용보험은 1995년 7월 1일 제도 시행 이래 급속한 변화와 발전을 거듭해 왔다. 특히 1997년 말 외환위기 이후 대량실업 사태를 거치면서 고용보험은 종합적인 실업 및 고용대책으로서 중요한 역할을 수행하였다. 우리나라의 고용보험제도는 실업보험과 적극적 노동시장정책을 결합하고 있는 것이 특징이다. 선진국에서도 사후구제적 성격의 현금급여에 한정된 실업보험에서 고용안정 및 직업능력개발 등 사전적·예방적 대책으로 중점이 옮겨지고 있다. 독일은 고용촉진법(1966), 일본은 고용보험법(1974)으로 기존의 실업보험을 개선하여 고용보험으로 전환하였다. 우리나라 고용보험은 실업자들에게 생계를 보장할 뿐 아니라 교육훈련 제공으로 인적 자본을 형성하고 새로운 취업의 기회를 확대하는 복합적 기능이 기대된다. 따라서 관리체계의 합리성, 책임성, 효과성이 중요하다.

이미 언급한 바와 같이 고용보험의 관리책임은 노동부에 있고, 각 지역의 지방노동사무소가 직접적으로 서비스를 제공하는데, 이같은 관리체계의 이중적 구조는 문제가 될 수 있다. 보험료의 부과 징수는 근로복지공단에서 담당하고, 구직급여 구직 신청은 지방노동사무소에서 담당하고 있어서 업무의 연계가 제대로 이루어지지 못하고 있다. 실업자들은 사안별로 다른 곳을 방문해야 하는 번거로움이 있으며, 이에 대한 관리도 이중으로 이루어지고 있어서 개선이 시급하다.

둘째, 실업급여가 매우 중요하다는 것은 중언을 요하지 않는다. 그러나 많은 실직자들이 경기가 호전된다고 곧바로 취업되리라고 기대하기는 어렵다. 이들이 변화하는 작업장 요건에 맞추어 새로운 지식과 기술로 대응할 수 있어야 한다. 만일 그렇지 못하면 실업은 장기화될 수밖에 없다. 이런 의미에서 정부의 고용보험정책이 장기적이면서도 산업구조조정의 요구에 부응하는 형태로 재조정될 필요가 있다. 앞으로 서구 선진국처럼 5% 이상의 실업률을 유지한 채 경제를 운영해야 하는 경우, 능력개발사업과 직업안정사업의 중요성은 아무리 강조해도 지나치지 않을 것이다. 이와 관련하여 종사자들의 전문성 확보가 중요하다. 특히 직업안정 조직의 종사자들의 전문지식과 경험의 부족으로 고유 업무인 직업상담, 취업알선 등이 부실하다는 지적을 받고 있다. 고용정보망이 구축되어 있다고 하지만 지역사회의 고용동향과 직업정보에 관한 자세한 최신정보를 갖추는 노력이 필요하다.

셋째, 비정규직 근로자 및 영세사업장 근로자들에 대한 고용보험 가입율을 제고하는 노력이 필요하다. 이를 위하여 국세청, 사회보험 등 유관기관과의 정보연계체계를 강화하고 4대 보험 간의 업무연계를 활성화할 필요가 있다. 이와 함께 노동시장 정보의 체계화, 조직화 작업이 병행되면 고용보험제도의 기반을 튼튼히 하고 장기적인 청사진을 마련하는 데 도움이 될 것이다.

마지막으로 제도내용과 관련하여 고용보험의 구직급여는 수급자격요건으로 일정 기간 이상 가입을 전제하기 때문에 전혀 노동시장에 진입해본 경험이 없는 청년 실업자의 경우 구직급여를 받을 수 없게 되어 있다. 수급조건을 충족하여 구직급여를 받는다 해도 받을 수 있는 기간이 최대 240일로 헌정되어 만성적인 실업시대에 장기실직자들의 생계를 보장하기 어렵다. 따라서 일부 선진국에서는 보험원리가 아니라 부조의 원리를 적용하는 실업부조제도를 두기도 한다. 실업부조제도 도입과 관련하여서도 공공부조와 자활사업 등과 연계하여 지속적인 연구와 검증이 요구된다.

5. 사회보험제도의 쟁점과 과제

우리나라의 사회보험제도는 비교적 짧은 기간 내에 4대 사회보험의 제도적 틀을 갖추게 되었다. 그러나 이상에서 살펴본 바와 같이 각각의 제도가 아직도 보완되고 개선되어야 할 문제점을 많이 가지고 있다. 사회복지제도란 어차피 사회변동을 수용하여 끊임없이 변화하게 마련이다. 아래에서는 우리나라 4대 사회보험 각각이 아니라 전체의 적용대상의 보편성, 보험사고의 포괄성, 행정관리의 합리성과 효율성, 그리고 사회통합과 배분적 정의의 차원에서 남아 있는 과제와 쟁점을 검토해 본다.

1) 적용대상의 보편성

먼저 적용대상의 보편성을 보면, 국민연금과 건강보험은 전 국민을 적용대상으로 하고 있지만, 산업재해보상보험과 고용보험은 피용자를 적용대상으로 하고 있다. 일용근로자가 고용보험의 적용대상이 된 것은 최근의 일이다. 어떤 나라에서든지 사회보험제도의 적용대상을 전 국민으로 확대하는 데는 피용자와 자영업자의 종사상의 지위 차이를 어떻게 처리하는가가 중요한 정책 쟁점이 된다. 이 문제는 각국의 공공행정의 능력이나 하부구조와도 관련되며, 국가에 따라서는 피용자 중심으로 사회보험제도를 발전시켜 온 경우와 비교적 일찍이 자영업자를 포함하려 한 경우를 구별할 수 있다. 전자의 경우는 전 국민에게 사회보험을 확대하는 데 오랜 시간이 걸리고, 그 과정에서 발생하는 직업집단 간의 형평성의 문제를 사회적으로 수용할 수 있어야 하고, 후자의 경우는 피용자와 자영업자의 소득파악의 차이 때문에 생기는 형평성 문제를 사회적으로 수용할 수 있을 정도까지는 개선해야 한다. 다시 말해서, 피용자는 고용주라는 사회보험 보험료 갹출부담의 분담자가 있고, 소득의 파악과 보험료의 부과와 징수가 용이한 데 비하여, 자영업자는 사회보험의 보험료 갹출부담의 분담자가 없고, 소득의 파악, 보험료의 부과징수가 용이하지 않다는 것이다.

현실적인 선택은 두 가지로 나누어진다. 하나는 피용자와 자영업자의 사회보험을 분리시켜 운영하는 방법이고, 다른 하나는 자영업자들의 소득파악의 문제에도 불구하고 하나의 제도로 통합 운영하는 방법이다. 두 가지 접근방법이 각각 다른 장점과 다른 단점을 가지고 있으며, 중요한 것은 각각의 단점들이 어떻게 제도적으로 보완되고 있는가이다.[13] 우리나라의 국민건강보험이나 국민연금보험처럼 피용자와 자영업자가 통합된 하나의 보험체계로 정착되려면, 자영업자의 소득파악 향상을 위한 노력이 전제되어야 한다.

사회보험 적용대상의 확대와 관련된 또 하나 중요한 쟁점은 5인 미만 사업장 피용자의 관리문제다. 영세성과 행정관리체계의 미흡 때문에 의료보험이나 국민연금제도에서는 이들을 지역보험 가입자로 관리해 오고 있다. 이들 영세사업장의 피용자를 실업이나 산재의 위험으로부터 보호해야 하는 당위성은 매우 높다. 그러나 5인 미만 영세사업장의 피용자를 고용보험과 산업재해보상보험의 당연적용 대상으로 확대함에 따라, 한

13. 독일의 사회보험은 소득비례 사회보험 분리운영의 전통을 고수해 온 나라이고, 미국의 노령연금은 자영업자들의 소득파악 문제에도 불구하고, 소득비례 통합운영의 예이다. 영국 Beveridge의 사회보험은 소득파악의 문제를 피하여 정액보험료를 부과하는 통합운영을 선택하였다. 일본은 피용자는 소득비례, 자영자는 정액보험을 원칙으로 분리 운영한다. 우리나라는 의료보험이 분리운영 원칙으로부터 통합운영 원칙으로 최근에 바뀌었으며, 연금보험은 자영업자들의 소득파악 문제를 보완하여 미국처럼 소득비례 통합운영 방식을 채택하였다.

편에서는 그 실효성에 의문을 제기하고 있고, 다른 한편에서는 국민연금과 건강보험도 이들을 피용자로서 관리하여야 한다고 주장하고 있다.

모든 국민이 사회보험의 적용을 받아 예측 가능한 소득중단 사고에 대비하도록 하는 것은 현대 복지국가의 일차적인 과제다. 20세기 복지국가의 틀은 남성가구주, 정규직 피용자를 기준으로 한 사회보험 모형이었다. 그러나 20세기를 통하여 계속적으로 여성의 노동시장 참여가 늘었고, 최근에 이르러서는 무엇보다도 비정규직이 급격히 증가하였다. 이러한 노동시장구조의 변화는 새로운 사회적 수요를 창출하며, 20세기형 사회보험제도로는 해결할 수 없는 적용상의 사각지대를 생산하게 된다.

2) 보험급여의 포괄성과 적절성

보험급여의 포괄성과 관련하여 우리나라 사회보험 및 소득보장체계의 과제를 살펴보면, 우선 4대 사회보험으로 대개의 소득중단 사고를 예방하고 있다고 볼 수 있다. 선진국들이 가지고 있는 소득보장급여로서 우리나라에 아직 도입되지 않은 것으로는 질병 시의 현금급여와 아동수당, 그리고 출산급여를 들 수 있다. 질병급여는 아직 본격적으로 논의되지 않고 있으며, 아동수당은 과거에는 인구증가 억제정책과 방향이 반대된다 하여 논외로 되어 왔으나 최근에 저출산대책의 일환으로 다시 논의가 활발해지고 있다. 출산급여는 여성계가 오랫동안 요구해 왔으나, 현실화되지 못하고 있다가 최근 출산장려책으로 지자체 단위에서 시행하는 사례가 늘고 있다. 이와 같은 소득보장급여의 종류의 포괄성뿐 아니라, 각각의 보험제도하에서 제공되고 있는 급여의 적절성 문제도 중요하다. 산재보상의 급여조건과 급여수준, 실업급여의 적절성 문제는 보험료의 수준, 국고부담의 수준, 계층 간 재분배효과 등 사회보험 재정정책 선택과 직결되므로, 이에 대해서는 지속적인 조사연구검토와 합의도출을 위한 논의의 제도화가 필요하다.

3) 행정관리체계의 합리성과 효율성

최근 4대 사회보험이 적용범위를 확대하고 체계를 잡아가면서, 사회보험 행정관리체계의 합리성 및 효율성 제고문제에 관한 관심이 높아지고 있다. 각기 다른 법체계와 행정체계 하에서 분립적으로 운영되어 온 사회보험제도들을 총괄적으로 조정하고, 효율화시켜 보고자 하는 노력의 일환으로 1998년 11월 국무총리실 산하에 사회보험통합추진기획단이 설치되었다. 예컨대, 동일한 피보험자에 대하여 각각의 사회보험제도가 상이한 방식으로 보험료를 산정하게 되어 있고, 피보험자는 각각의 사회보험료를 다른 시기에 따로따로 납부하게 되어 있다. 뿐만 아니라 중앙 부처의 업무 관장을 보면, 국민연금과 국민건강보험은 보건복지부 업무이고 산재보험과 고용보험은 노동부 업무로 되어 있어서, 4대 사회보험의 제도적 조정은 부처간의 협의사항으로 되어 있다. 이에 따라 정부는 2006년 말 국민건강보험 · 국민연금보험 · 고용보험 · 산업재해보험 등 '4대 보험'의 부과 · 징수 업무를 일원화하기로 결정하고, 여러 가지 방안의 검토를 거쳐 2009년 국민건강보험법 개정에 의하여 2011년 1월 1일부터 4대 보험 징수업무가 국민건강보험공단으로 일원화되었다.

4) 사회통합기제로서의 사회보험

사회보험제도는 무엇보다도 시장자유주의가 결여하고 있는 사회통합과 사회적 연대의 기능을 보완하려는 데 궁극적인 목적이 있다. 사회보험제도는 임금경제체계 하에서 예측이 가능한 빈곤을 예방, 추방하는 기제로서, 빈곤의 사후대책인 공공부조에 비해 훨씬 선호가 높은 상부상조의 사회복지제도라 할 수 있다. 우리나라는 지속적인 고도 성장기를 거치면서, 2000년까지 공공부조의 근대화는 거의 외면하고 사회보험제도의 골격을 갖추는 데 주력해 왔다.

우리나라의 사회보험제도는 사회통합의 기제로서 어떠한 기능을 수행하고 있는가. 의료보험제도의 경우, 그동안 공무원교직원 의료보험조합과 직장의료보험조합, 지역의료보험조합으로 3분하고 그 밑에 다수의 의료보험조합을 두어 분립 운영함으로써 분립된 조합 내에서의 제한된 사회적 연대, 제한된 집합적 책임의 원칙을 이행해 왔다고 할 수 있다. 그러나 1997년 공무원교직원 의료보험조합을 지역의료보험조합과 통합하고, 1999년에는 다시 직장의료보험조합을 통합하는 국민건강보험법을 통과시킴으로써 의료보험의 대통합이 이루어지게 되었다. 보험료 부과체계의 일원화를 아직 이루지 못하고, 보장성과 형평성등의 쟁점이 남아 있지만, 전 국민이 하나의 통합된 보험제도로 보호된다는 것은 역사적인 성취라 할 수 있다.

연금보험의 경우는 공무원, 군인, 사립학교교직원은 별도의 연금제도가 이미 성숙하여 완전연금이 이미 지급되고 있으나 기금의 고갈과 만성적 재정적자에 허덕이고 있다. 이들 특수직역연금은 노령연금이라기보다 퇴직연금으로서의 성격이 강하고, 급여조건도 국민연금에 비하여 가입자에게 유리하기 때문에 국민연금과의 재정통합은 기대하기 어렵다. 국민연금제도는 1999년에 도시자영자를 당연적용 대상으로 확대함으로써 명실상부한 단일 보험체계로 발전시켰다.

우리나라의 국민연금제도나 국민건강보험제도는 제도 자체의 구상은 단일행정체계와 사회통합의 기반확립에 우선순위를 부여해 왔다고 할 수 있다. 그러나 보험행정관리체계의 통합이 직역 간, 계층 간 통합과 재분배 효과로 확실히 연결되기 위해서는 보험료 부담의 형평성 문제가 해결되지 않으면 안 된다. 소득파악을 위한 노력을 강화해야 할 뿐 아니라 자영자 소득파악의 어려움도 수용할 수 있어야 할 것이다. 동시에 보험급여의 포괄성과 적절성의 보장은 보험재정의 건전성 확보라는 동일한 동전의 다른 면이라고 할 수 있다. 보험급여의 수준이 높아질수록 보험료 부담이 높아질 수밖에 없다. 그러나 급여수준에 대한 욕구와 보험료 부담의 의지 사이에는 괴리가 있게 마련이고, 그 괴리는 보험행정의 건전성을 해친다. 여기에 실업률이 높아지고 비정규직이 증가하면 사회보험의 사각지대가 확대되게 됨은 논리적인 귀결이다. 사회보험제도의 사회통합기능은 제도의 틀만의 문제가 아니다. 전체 국민이 가진 사회보험제도의 사회통합 기능에 대한 합의와 신뢰가 중요하다.

사회보험제도는 제도를 둘러싼 정치 · 사회적 환경에 적응하는 유연성도 필요하다. 새로운 세기의 고령화와 건강서비스 수요의 증대를 고려하고, 여성노동력의 증대와 고소득 자유직과 임시직 등 비정규직이 증가하는 노동시장구조의 변화를 예측할 때, 기본적으로 피용자의 보험료 갹출을 조건으로 하는 20세기형 사회보험제도의 틀은 보완되지 않으면 안 될 것이다. 21세기 새로운 시대가 요구하는 사회통합의 과제는 의료서비스 수요의 폭발적인 증가를 막는 공중보건 위생서비스, 보건교육, 환경 분야에의 투자, 노후의 의료수요를 보완하는 노인요양 서비스체계의 개발, 노후 취업기회의 개발, 청년 · 장애인의 직업훈련, 교육, 정신건강, 상담 등, 금전적인 빈곤의 예방과 소득보장을 넘어서는 인간개발 서비스의 확충을 요구한다. 새로운 시대의 사회보험제도는 인간개발 서비스와 함께 다양한 사회적 배제의 문제에 접근하는 유연성을 가짐으로써 새롭게 정의된 사회통합에 기여하게 될 것이다.

연구문제

1. 우리나라 4대 사회보험의 적용대상, 급여내용, 재정, 전달체계를 설명하시오.
2. 4대 사회보험의 쟁점과 과제를 설명하시오.

제3장

아동복지

1. 아동문제와 아동복지의 의의

1) 아동의 문제와 아동복지의 필요성

한국의 산업화와 경제성장으로 인한 사회변동은 전통적인 가족제도에 지대한 영향을 미치고 있으며, 그중에서도 특별히 다음과 같은 가족구조와 관련된 사회변동 요인들과 가치관의 변화, 사회경제적 위기 상황이 아동문제의 원천을 형성하면서 아동복지에 대한 새로운 사회적 요구를 창출하고 있다. 최근에는 저출산으로 인한 아동인구의 감소로 저출산고령사회대책으로서 아동복지의 중요성이 부각되고 있다.

(1) 가족구조의 변화

첫째, 출산율이 감소하고 있다. 2012년 현재 합계출산율[1]은 1.30이며 세계에서 가장 낮은 수준이다. 아동복지법상 18세 이하로 규정하고 있는 아동인구는 저출산의 사회적 추세로 매년 감소하는 추세다. 통계청의 장

1. 한 여성이 가임기간(15~49세) 동안 낳을 출생아 수.

래인구추계에 의하면, 아동인구비율은 1980년의 40.9%, 1990년의 31.9%, 2000년의 25.7%, 2005년 22.9%로 계속 감소하여 왔다. 더욱이 장래의 아동인구는 계속 감소하여 0~14세의 유소년 아동인구는 2010년 798만 명(16.1%)에서 2016년까지 100만 명 이상 급감하고, 2060년에는 447만 명으로 2010년의 56% 수준으로 감소하는 것으로 추계되고 있다.[2] 따라서 감소되어 가는 아동인구를 보다 효율적으로 육성하기 위한 국가적 차원의 지원과 대책이 뒤따라야 할 것이다.

둘째, 아동문제를 유발하는 하나의 요인은 핵가족화의 경향이다. 산업화가 진전됨에 따라 많은 젊은이들이 토지 중심의 대가족 생활양식에서 벗어나 부모-자녀 중심의 핵가족에로 이행할 수밖에 없었다. 부모와 미혼 자녀로 구성된 가구를 핵가족이라 할 때 전체 가구구성 중 핵가족의 비율은 지속적으로 증가하고 있다. 더욱이 저출산과 인구구조의 변화로 아동인구가 크게 축소되고 있다. 이러한 핵가족화의 경향은 자녀교육에 있어 많은 영향을 미치고 있다. 즉 자녀수의 감소로 형제자녀간 상호 돌볼 수 있는 정서가 결여되고 조부모나 친척 등이 손자녀를 돌볼 수 있는 경우도 드물게 되었다. 핵가족의 교육적 기능이 대가족의 그것보다 훨씬 약하다는 사실이다. 이러한 관점에서 핵가족화의 기능이 가족의 교육적 기능의 약화를 초래하게 되며 아동문제의 원천이 될 수도 있다.

셋째, 아동문제를 초래한 또 하나의 요인은 이혼으로 인한 가족해체의 증가다. 한국인의 조이혼율은 2012년 현재 인구 1,000명당 2.3건으로 증가하는 추세에 있다. 이혼의 이유로는 기능의 변화, 자유결혼, 여성의 취업, 도덕·종교적 제재의 완화, 보다 관대해진 이혼법, 그 밖에 성적 문제, 부정, 생활난, 시대상 등이다. 이혼으로 인한 영향은 아동양육 책임과 역할이 모호하게 됨에 따라 건전한 아동발달이 어려워지는 것이다. 이혼은 이혼한 당사자들의 정신건강이나 안정된 생활을 위협할 뿐 아니라 특

2. 통계청, 『장래인구추계』, 2012.

히 자녀들에게 불안, 갈등, 분노 등 정신적인 고통이나 생활의 어려움을 겪게 할 것이다. 어린 시절의 부모의 별거나 이혼에서 받은 아픈 경험들이 아동의 성격과 정서 형성에 커다란 부정적인 영향을 미친다는 사실을 간과해서는 안 될 것이다.

넷째, 최근 한국사회의 가장 현저한 변화로는 여성취업인력의 급격한 증가를 들 수 있다. 한국여성의 경제활동참가율은 현재 지속적으로 증가하는 추세에 있다. 모성취업의 경향은 세계적인 추세이며, 맞벌이는 우리나라에서도 일반적인 생활양식으로 되어 가고 있다. 특히 기혼여성은 노동시장에서 급속하게 성장하는 집단이다. 이러한 현상은 가족의 생계를 유지하고 생활수준을 향상시키고자 하는 경제적 이유와 아울러 여성의 일과 사회진출에 대한 의식의 변화에 따른 것이다. 여성운동의 활발한 전개도 취업에 대한 성차별을 철폐하고 여성으로 하여금 새로운 직업과 기회를 갖도록 격려함으로써 여성취업을 증대시키고 있다. 여성의 사회진출은 사회변화의 불가피한 현상이기도 하지만 아동발달에 결함을 초래할 수 있다는 점에서 이 문제는 우리 사회에 주어진 핵심과제다.

다섯째, 가족변동의 또 하나의 현상은 한부모가족의 출현이다. 과거 보호대상 모자가족의 경우는 경제적으로 자녀양육이 어려운 빈곤가정이 대상이 되었으나 오늘날에는 어머니의 사회활동과 취업으로 인한 아동양육이 문제가 되고 있다. 더욱이 어머니의 경우는 가사나 육아의 역할 외에 가장으로서의 책임이 가중됨으로써 상당한 압박감을 받아 스트레스 상태에 빠지기 쉽다. 역할의 과중한 부담으로 긴장의 연속이 되어 아동에게 미치는 영향이 매우 부정적인 상황이 될 수 있다. 모자가족에는 정서적 안정의 상실, 자녀의 양육이나 교육의 문제, 자녀들이 동일시할 대상의 상실에서 나오는 문제들이 야기될 수 있다. 또한 최근에는 이혼이나 어머니의 가출, 사망 등으로 부자가족의 문제도 다수 출현하고 있다. 이혼이나 어머니의 부재로 인한 부자가족의 출현은 아동의 기본적인 양육과 발달에 부정적인 영향을 미칠 가능성을 더욱 많이 내포하고 있다.

여섯째, 미혼모와 그 자녀의 문제도 아동복지의 관점에서 중요한 대상이다. 서구의 개방적이고 선정적인 성문화의 도입과 가치관의 변화로 청소년의 혼전 성관계, 성폭력에 의한 성관계가 증가하면서 미혼모의 수가 증가하고 있다. 미혼모 문제는 사회적 은닉성이라는 특성으로 인하여 그 실태를 정확하게 파악하기가 어려운 실정이다. 미혼모의 발생은 미혼모 자신뿐 아니라 가정, 사회에 부정적인 영향을 미치게 된다. 미혼모는 자녀와 관련하여 그의 모성역할에 많은 현실적 어려움을 경험한다. 특히 아동 양육을 위한 재정적 지원, 즉 생활비, 의료비, 주거비와 함께 법적 보호와 서비스가 필요하다. 따라서 미혼모와 자녀가 안정적인 생활을 할 수 있도록 사회적 인식의 개선과 제도적 대책이 마련되어야 할 것이다.

(2) 양육의 가치관 변화

아동복지에 대한 사회적 요구를 증대시키는 또 하나의 사회적 요인은 아동양육에 관한 사회적 가치관의 변화를 들 수 있다. 부모의 자녀에 대한 책임과 역할에 있어 과거에는 부모가 자녀의 보다 나은 삶과 지위 향상을 위하여 자신의 삶을 희생하고 헌신하였으나 오늘날에는 지난 세대에 비하여 부모의 태도가 덜 희생적이며 자녀 지향적 가치보다는 부부 또는 자기 지향적인 가치가 지배적 경향이 되어 가고 있다. 이에 따라 이혼 등 여러 가지 원인으로 인한 가족해체의 위기상황에서 아동이 부모로부터 적절한 양육을 받지 못하고 방치되는 사례가 다수 발생하고 있다. 이러한 새로운 가치관과 태도는 아동의 양육이 부모만의 전적인 책임이라는 사고로부터 부모를 해방시키는 한편, 아동양육에 대한 국가 또는 사회적 차원의 보호와 책임의 요구를 증대시키고 있다.

(3) 경제사회적 위기

1998년 이후 외환위기와 최근에 우리 사회에서 발생한 경제사회적 위기는 여러 가지 사회문제와 함께 아동복지에 대한 새로운 사회적 요구를 발생시키고 있다. 대량실업과 절대빈곤의 증가, 빈곤과 실직으로 인한 가정불화와 가정파괴 등의 사회문제들이 폭발적으로 증가하고 있는데 이러한 문제는 동시에 아동양육의 문제를 안고 있다. 경제사회적 위기의 국면에서 가장 어려움을 당하는 계층은 사회취약계층으로서, 실직과 이로 인하여 발생되는 가족문제, 가정해체 및 저소득의 문제로 인하여 아동들이 가정으로부터 적절한 보호를 받지 못하고 사회적 위험에 노출되고 방치되고 있다. 이러한 경제사회적 위기는 1960년대 이후 최근에 이르기까지 한국의 지속적인 경제성장 시기에는 경험하지 못하였던 것으로서 커다란 사회적 충격이 되었다. 그러나 이러한 위기는 세계화 경제와 자본주의 체제의 불안정한 경제구조에 의하여 언제든지 재현될 수 있는 것이어서 이에 대비한 장기적 차원의 대책이 필요하다. 특히 고실업과 저성장의 새로운 경제구조에서 발생하는 가족문제와 아동복지에 대한 대응이 필요하게 되었다.

2) 아동복지의 의의

아동복지의 상위 개념으로서 사회복지 개념은 역사적 발전의 맥락에서 고정된 개념으로 존재하는 것이 아니라 시대적 배경이나 사회사상에 따라 각기 다르게 표현되어 왔다. 특히 산업화 이후의 사회복지는 가족이나 시장기구의 역할에 부수적인 잔여적 개념이 아니라 다른 사회제도와 동등한 위치의 독립된 사회제도의 의미로 받아들이는 것이 일반적인 추세가 되었다. 따라서 아동복지의 정의도 제도적 의미를 받아들이는 것이 사회복지 개념의 일반적인 발전과 일치한다.

사회제도로서의 아동복지의 개념을 규정하고자 할 때, 여기에서 사회제도란 사회구성원들의 기본적 욕구를 충족시키며 여러 가지 활동을 가능하게 하는 공식화된 방법과 절차를 의미한다. 그리고 하나의 제도로서 사회복지가 수행하는 기능은 사회구성원 간에 서로 도와주는 상호부조(mutual support)의 기능이다. 이러한 사회제도적 측면에서 아동복지를 정의하면, "아동복지란 사회구성원으로서 아동의 기본적 욕구를 충족시키고 건전한 성장과 발달을 도모하기 위하여 여러 가지 활동을 가능케 하는 공적 방법과 절차"라고 할 수 있다. 여기에서 공식적 방법과 절차란 아동복지와 관련된 법령, 공공과 민간의 조직, 사회복지 전문직과 같이 제도화된 실천방법 등을 의미하는 것으로 볼 수 있다.

2. 아동복지의 기본원칙

아동이란 인간의 생활주기에서 가장 특별한 보호와 지도를 필요로 한다. 더욱이 오늘날의 아동은 산업화와 도시화, 서구문화의 유입, 전통적 가족구조 및 가치관의 붕괴, 인구이동 및 다양한 외적·환경적 요인에 잘 적응해야 하는 과제에 직면하고 있다. 또한 아동들은 아동기의 독특한 문제와 욕구를 갖고 있으므로 이들의 건전한 성장과 발달을 위해서는 그만큼 다양한 대책 프로그램과 서비스가 요구된다. 아동복지의 기본적인 원칙으로서 다음의 다섯 가지가 있다. ① 권리와 책임의 원칙, ② 보편성과 선별성의 원칙, ③ 개발적 기능의 원칙, ④ 포괄성의 원칙, ⑤ 전문성의 원칙.

1) 권리와 책임의 원칙

아동, 청소년을 위한 건전한 육성대책은 아동, 부모 및 사회가 3자간의 각각의 권리와 책임의 확립에 기반을 두고 있어야 한다는 것이 원칙적인 방향이다. 이 3자의 각 부분은 계속적인 균형유지와 아울러 적절한 상호 작용 관계를 유지해야 할 것이다. 이 3자 중 어느 한 부분의 권리와 책임에서 야기되는 갈등이나 부적응 또는 지나친 욕구는 아동들에게 어려운 문제점을 갖게 하는 기본적인 원천이 된다는 것이다.

(1) 아동의 권리와 책임

모든 아동은 하나의 인간으로서 부모와는 상관없이 독자적 권리를 지니고 태어났다. 따라서 이들은 마땅히 생존하고 성장하여야 하며, 양호와 지도를 받아야 하는 것이다. 아동들은 어떤 형태로든 적절한 보호를 필요로 하며 이를 통하여 육체적 · 정신적으로 성장해 나가는 것이다. 이러한 아동들의 권리는 권리와 자격을 수반하는 법적 규정에 입각해 있을 뿐 아니라 제네바의 아동권리선언을 비롯하여 UN의 아동권리국제협약, 어린이헌장, 청소년헌장 등에 이르기까지 모든 권리선언이 이를 뒷받침해 주고 있다.

아동 자신은 권리를 가지고 있는 것과 동시에 책임도 또한 가지고 있다. 그들은 책임지고 있는 성인들의 명백한 기대를 충족시켜야 하며, 그들에게 부과되는 합리적 요구를 받아들여야 하고, 개인의 책임감을 발전시켜야 하며, 자발적 활동이나 계획 등에 참여하여 자신들의 발전에 도움이 되는 기회를 적극적으로 활용해야 할 것이다.

아동들의 권리나 책임 측면에는 현실과 많은 간격이 있다. 이것은 아동들을 비생산적인 사회 구성원으로 인식하는 경향에서 나온다. 아동이 모든 사회생활의 측면에서 전적으로 사회에 통합되어 있지는 않으나 이들에게도 미래 사회의 일원으로 성인과 동등한 권리를 인정해 주어야 한다.

(2) 부모의 권리와 책임

아동의 보호육성을 위한 일차적인 권리와 책임은 그들의 부모에게 주어지고 있다. 부모는 자기들에게서 태어났다는 사실에 의하여 후견(guardianship)의 권리를 갖게 되는 것이다. 또한 부모는 아동들의 인격발전에 영향을 주는 매일의 행동이나 생활양식에 어떤 기준을 결정해야 한다. 교육, 종교, 직업이 영향을 미치며, 아동들이 받는 건강보호의 질적인 면은 그 지역사회의 보건서비스 활용 여하에 좌우될 뿐 아니라 의료적 보호가 요청될 때 부모가 갖는 지식의 정도와 부모에 의해서 이루어지는 선택에 달려 있는 것이다.

부모의 권리와 이에 관련된 책임의 이행 여부는 아동에게 매우 중요한 영향을 미치게 되는 것이다. 부모는 책임으로서 ① 재정적 지원, ② 신체적 보호에 대비하는 일, ③ 정서적 교양 보호, ④ 기타 광범위한 부모의 의무를 감당할 수 있어야 한다. 부모들은 일상생활에서 많은 책임과 역할기대에 직면하게 되는데, 이와 같은 주요 역할을 수행할 수 없을 때에는 자녀들에게 갈등과 부적절감을 불러일으키는 결과를 초래하게 되는 것이다. 더욱이 급속한 사회발전과 함께 아동양육에서 부모 능력의 제한이 인식됨에도 불구하고 무거운 책임이나 요구가 부모에게 부과되는 현실에 비추어 볼 때 부모들을 위한 제반 사회교육과 지원이 제공되어야 한다.

(3) 국가 · 사회의 권리와 책임

사회는 사회생활에서의 질서를 유지하고 아동의 복지를 증진시키기 위한 권리와 책임을 가진다. 아동들을 보호하기 위해서 국가는 단속이나 통제력을 행사하여 의무교육에서와 같이 부모를 다스릴 규정을 설정할 수 있고, 아동이나 청소년을 고용하는 기업주들에 대한 규정을 부과하고, 청소년들에게 술이나 담배 등 유해물질을 판매하지 못하도록 하는 규정을 설정할 권리와 책임을 갖고 있다. 국가는 아동의 건전한 육성 대책을 위해서 그들에게 보호와 혜택을 제공할 수 있는 제반 권한을 행사해야 하는 것이다. 그러나 아동청소년들의 자율적 활동이나 참여 정신을 북돋아 주기 위해서는 지나친 단속을 위한 권리 행사는 주의해야 할 것이다. 그리고 아동들을 위한 국가의 권리와 책임의 적용은 부모-자녀관계에 개입하는 경우에 이루어진다. 부모의 양육보호가 법률이 정한 바의 수준 이하일 때, 아동에 대한 학대가 이루어질 때, 또는 아동들이 비행이나 범죄에 빠지게 될 때, 아동들이 자기의 본래의 가정에서 도저히 적응할 수 없을 때, 이들을 일시적으로 강제 보호하거나 위탁가정이나 시설의 보호를 받도록 해야 할 것이다. 특히 국가의 권리나 책임은 다양한 아동복지 정책의 개발을 위해 입법의 권한을 행사하는 일이다. 즉 제반 규정을 채택하고 광범위한 정책을 수립하여 아동복지를 위한 복지시설의 설치와 이를 운영할 수 있는 재정적 근거를 마련할 수 있는 입법의 책임을 적극 수행해야 할 것이다. 아동이나 그 가족에 대한 사회적 서비스를 발전시키기 위하여 국가의 권리와 책임의 중요성은 아무리 강조해도 지나치지 않을 것이다.

2) 보편성과 선별성의 원칙

아동보호육성 대책에는 보편성과 선별성의 원칙이 동시에 적용될 수 있다. 보편주의는 전체 아동을 대상으로 하여 급여나 서비스를 제공하는 원칙이다. 보편주의에 의한 제도는 다수의 국가들이 실시하고 있는 아동수당이나 가족수당, 무상교육 등을 들 수 있으며, 대체로 일반조세에 의하여 재정이 충당된다. 이러한 재정방법은 누진적 조세구조를 통해서 이루어지는 경우 소득계층 간의 소득재분배 효과가 나타나게 된다.

선별주의는 빈곤아동이나 가장 욕구가 큰 아동들에게 급여나 서비스를 제공하는 원칙이다. 선별주의 원칙에 의한 급여와 서비스는 그 성격에 있어서 시혜적이고, 열등처우(less eligibility)의 원칙이 불가피하여 사회적 낙인 효과에 의한 수치심을 초래할 수 있다. 이러한 원칙은 사회복지의 개념에서도 찾아볼 수 있다. Wilensky와 Lebeaux에 의하면, 사회복지의 두 가지 개념은 잔여적(residual)인 것과 제도적(institutional)인 것으로 나누어진다. 잔여적 개념이란 가족이나 시장기구와 같은 정상적인 공급의 기구가 붕괴될 때 비로소 사회복지가 개입하여 활동하는 것이며, 반면에 제도적 개념이란 현대사회에서 사회복지제도는 가족제도나 경제제도와 동등한 위치에서 일차적이고 정상적인 기능을 수행한다고 보는 개념을 의미한다.[3] 우리의 사회복지의 실태는 수용시설 중심의 아동복지사업이 갖는 전통적 한계 때문에 부분적이고 보완적인 프로그램 중심으로 운영되어 왔으며, 근래에 이르기까지의 우리나라 아동과 청소년 복지사업은 민간기관을 통한 잔여적인 사업이 주가 되어 왔다. 그러나 가족의 중요한 제 기능, 가령 경제적 안정, 직업의 기회, 신체적·정신적 건강, 사회적 협동의 기회, 가족관계의 안정, 교육의 기회 및 문화 오락의 참가 등 모든 생활욕구를 충족하기 위하여 사회제도적인 대책이 필요하다. 아동복지의 기본 토대가 되는 가족제도, 의료, 고용, 사회보장 등에 있어서 보편적인 제도로서의 발전방안을 모색해야 할 것이다.

3) 개발적 기능의 원칙

Kendall은 사회복지의 개발적 기능에 관하여 언급하기를, "목적에서 적극성을 띠고, 접근방법에서 포괄성을 가지며, 대상인구의 각 부문에 관련해야 하며 종전의 순수한 치료적 혹은 미시적 수준에서 거시적—지역사회, 국가—수준까지의 제 복지기능의 관여"를 주장하고 있다.[4] 이러한 개발적 기능의 원칙은 많은 사회문제들이 사회구조 또는 사회경

3. H. Wilensky and C. Lebeaux, *Industrial Society and Social Welfare*, New York: The Free Press, 1965; 장인협 역, 『현대사회와 사회복지』, 대한교과서주식회사, 1979, pp. 119-121.
4. Kathenne A. Kendal, "Focus on Prevention and Development," *IASSW*, 1973, pp. 24-25.

제적 변천과정에서 일어난다는 인식에서 연유되고 있다. 따라서 개발적 기능은 보다 적극적으로, 전체적 또는 다부문적인 접근을 통하여 사회문제를 야기하는 사회구조나 조건에 바람직한 변화를 초래하여 국가적 발전을 촉진하는 것이다. 개발적 내용을 가진 과제는 "경제적 성장, 욕구의 발견, 사회계획, 변화와 발전에 대한 사람들의 참여, 지도자의 개발, 기관과 집단 간의 조정과 협조의 향상, 인력의 훈련과 감독 등에 관여하는 일" 등과 같이 그 구체적 사항들을 지적할 수 있다.

우리나라의 아동복지는 구호적이며 사후적인 기능이 주가 되어 왔으며, 고아나 기아, 특별보호가 필요한 아동들의 시설보호 등이 지배적이었다. 그러나 이러한 기능만 가지고는 사회발전의 역기능으로 나타나는 부정적 현상에 효과적으로 대처할 수 없다. 오늘날 아동문제가 발생되는 현실은 예방적 대책의 부재와 경제발전과정에서 야기되는 문제에 대한 적극적인 대책의 결여에서 비롯된다. 따라서 모든 아동들을 위한 보다 적극적이고, 예방적이며, 계획적인 변화를 가져올 수 있는 개발적 기능이 수행되어야 한다.

4) 포괄성의 원칙

포괄성의 원칙이 아동복지의 원칙으로 고려되어야 한다. Wilensky에 의하면, 사회복지는 인간의 욕구에 대한 통합적인 관점을 갖는다.[5] 아동도 하나의 전체성을 띤 인간으로서 그들에게 직접적으로 관련되는 다양한 측면들이 상호 보완되는 가운데 건전한 성장과 발달을 도모할 수 있는 것이다. 사회개발의 개념이 함축하고 있는 바와 같이 "경제적 부문과

---

5. H. Wilensky and C. Lebeaux, *Industrial Society and Social Welfare*, New York: The Free Press, 1965; 장인협 역, 『현대사회와 사회복지』, 대한교과서주식회사, 1979, pp. 125-126. 다양한 형태를 취하고 있는 사회복지를 전체적인 관점에서 본다면 이러한 활동들은 기능적으로 일반적인(functionally generalized) 것으로 묘사된다.

아울러 교육, 보건, 주택, 노동, 오락 및 사회복지 등 제 부문의 포괄적 대책이 제도, 정책 및 프로그램과 서비스에 수반되어야 할 것이다." 어느 한 측면만을 충족한다고 해서 아동의 복지 목표를 달성할 수는 없는 것이다. 흔히 장님이 코끼리를 만지는 부위에 따라서 각각 독자적 의미를 부여하듯이 각기 자기 영역에만 치중한 나머지, 전체로서의 문제는 그대로 남게 되는 결과를 가져온다. 교육부문은 교육 내적 요소만을 강조하고 교육 외적 요소를 등한시하기 쉬우며, 보건부문은 보건 요소만을 강조하고 복지 요소를 소홀히 하기 쉬운 것이다. 근로아동의 경우 기술 훈련의 중요성만 강조한 나머지, 그들의 생활복지를 등한시함으로써 결과적으로 사회적응을 어렵게 할 수 있다. 이와 같이 아동복지는 기본 전제가 되는 제 요소, 즉 안정된 가정생활, 경제적 안정, 교육, 보건, 노동, 오락 및 특수보호 등에 대한 프로그램이나 서비스가 포괄적으로 제공되어야 한다.

5) 전문성의 원칙

전문성은 아동복지사업의 성과를 좌우하는 중요한 원칙과 방향이다. 아동의 건전한 성장과 발달을 위해서는 이들을 위한 전문조직과 아울러 전문직 인력의 배치가 절실하다. 종전과 같은 자원지도자(volunteer leader)만으로 현재 우리 사회가 직면하고 있는 복잡하고도 중요한 아동문제를 다루기란 쉬운 일이 아니다. 아동의 욕구, 사고방식 및 행동문제 등에 관한 전문적 지식이나 기술 없이는 문제를 올바로 해결하기 어렵다. 따라서 아동복지를 실천하는 아동복지기관은 조직 자체의 효율적인 운영뿐 아니라 아동복지 프로그램의 개발과 실천을 위한 전문인력의 양성에 더 많은 노력을 기울일 필요가 있으며, 이를 위한 국가와 지방정부의 정책적 지원도 이루어져야 할 것이다.

3. 아동복지의 기능과 서비스

서비스의 기능에 의한 분류로서 Kadushin은 가정의 역할을 중심으로 가정에 대하여 서비스가 어떠한 기능을 지니는가에 따라 지지적 서비스, 보조적 서비스, 대리적 서비스로 구분하였다.[6]

1) 아동복지의 기능

(1) 지지적 서비스

지지적 서비스(supportive service)는 부모와 아동의 관계에서 일어나는 갈등상황을 처리할 수 있도록 가족의 능력을 지원하고 강화시켜 주는 서비스이다. 지지적 서비스는 다른 서비스와는 달리 아동들이 자신의 가정에 머물러 생활하면서 받을 수 있는 서비스이며, 이러한 서비스를 제공하는 데 있어서 서비스의 기능은 부모나 아동의 역할을 대신해 주는 것이 아니라, 가족의 구조를 침해하지 않고 다만 외부에서 가족 내부의 역할 기능이 제대로 수행될 수 있도록 원조하여 주는 역할을 한다. 지지적 서비스를 제공하는 과정에서는 개인과 가족상담, 가족치료, 지역사회복지실천 등의 방법이 활용된다. 이러한 지지적 서비스를 제공하는 주요기관에는 가족복지서비스기관과 아동상담기관이 있다.

(2) 보조적 서비스

지지적 서비스는 가족서비스를 제공하는 사회복지기관이나 아동상담소 등에서 아동문제에 대하여 부모들이 자신의 역할을 잘 수행할 수 있도록 그들을 강화시킴으로써 아동복지를 실행하는 것이라고 할 수 있다. 따라서 이들 서비스는 가정 외부에서 이루어진다. 반면에 보조적 서비스

6. Alfred Kadushin, *Child Welfare Services*, New York: Macmillan, 1974.

(supplementary service)는 가정 내에서 이루어지며, 부모들이 가진 역할의 일부를 대행하는 서비스다. 따라서 지지적 서비스와 보조적 서비스는 상호 중복되는 측면이 있다. 즉 부모의 역할의 일부가 보조를 받을 때, 부모는 다른 역할을 보다 충실하게 수행할 수 있다. 부모의 역할이 영구적 혹은 일시적으로 충분히 충족되지 못할 때 이러한 보조적 서비스가 필요하게 된다. 보조적 서비스에는 빈곤가정을 지원하는 생활보호 또는 아동수당, 일하는 어머니를 도와주는 아동보육 서비스, 부모의 질병이나 부재 중에 아동의 가사를 도와주는 가사지원 서비스 등이 포함된다.

(3) 대리적 서비스

대리적 서비스(substitute service)란 부모가 아닌 제3자가 부모의 역할의 전부를 떠맡는 경우다. 이러한 급격한 양육 역할의 변화는 아동의 출생가정이 기능을 상실하여 아동에게 필요한 최소한의 사회적, 정서적, 물리적 돌봄을 제공할 수 없게 된 경우가 발생하기 때문이다. 따라서 아동은 자신의 가정을 완전히 떠나서 다른 가족이나 양육자에 의하여 일시적으로 혹은 영구적으로 돌봄을 받게 된다. 여기에는 입양, 가정위탁, 시설보호 서비스 등이 포함된다.

2) 아동복지 서비스

아동복지 서비스는 위와 같이 기능별로 분류되기도 하지만, 아동을 보호하는 방어선의 위치에 따라 분류할 수 있다. 이 개념은 앞에서의 Kadushin의 저서 『아동복지 서비스』(1974)에서도 부분적으로 제시된 바 있으며, Zuckerman은 그의 저서 『아동복지』(1983)에서 방어선의 개념에 의해 아동복지 서비스를 체계적으로 분류하였다.[7]

---

7. Erva Zuckerman, *Child Welfare*, New York: The Free Press, 1983.

(1) 제1차 방어선으로서 가정 내 서비스

가정은 아동에게 일차적 방어선으로서의 기능을 수행한다. 그러나 가정이 아동의 기본적 욕구를 충족시키지 못할 위험에 처하거나 부모-자녀의 역할 관계에 장애가 있을 경우, 가정의 사회적 기능을 회복・유지・강화함으로써 제1차 방어선의 역할을 수행케 해야 한다.

① 소득보장

소득보장 프로그램은 아동양육의 비용을 국가의 재정으로 부담함으로써 가정의 경제적 부담을 덜어 주며, 경제적 어려움으로 인한 가족의 해체를 예방하는 기능을 수행한다. 이러한 소득보장 프로그램의 대표적인 사례가 아동수당이다. 아동수당은 미래의 소중한 인적 자원인 아동에 대한 경제적 부양책임을 국가가 진다는 점에서 가족정책의 필수적인 프로그램으로 인정받고 있다.

우리나라에서 아동의 소득보장은 가정이 해체되거나(소년소녀가정세대), 아동이 가정에서 이탈한 보호상태(시설보호아동)에서 공공부조의 형태로 이루어지고 있어서 소득보장의 취지를 살리지 못하고 있다. 아동양육의 사회적 책임을 확립하고 아동이 가정으로부터 이탈되는 것을 방지하기 위하여 아동수당제도의 도입이 요청된다.

② 학대아동보호

학대받는 아동에 대한 보호와 예방을 위한 학대아동보호 서비스는 아동의 건전한 성장과 발달을 위한 주요 아동복지 서비스다. 아동학대는 신체학대, 정서학대, 성학대, 방임 등의 형태로 구분된다. 우리나라에서는 증가하는 아동학대문제에 대처하여 2000년에 개정된 아동복지법에 따라 2013년 현재 중앙 1개소와 지역 44개소의 아동보호전문기관을 두고 학대아동의 발견, 보호 및 예방사업 등 종합적인 서비스를 제공하고 있다. 아동보호전문기관의 주요업무는 아동학대신고전화의 운영, 현장조사와 격리 등 응급조치, 아동학대사례 판별, 피학대아동서비스, 학대행위자 상담 교육 등으로 이루어지고 있다.

피학대아동에 대한 서비스는 아동이 가정으로 복귀되더라도 가정 내에서 아동학대가 이루어지는 상황이 변화되지 않으면 재발될 수 있기 때문에 다양한 후속적인 서비스가 요구된다. 특히 부모 등 학대행위자에 대한 치료와 교육, 자녀양육 기술훈련 등이 필요하며, 법률적으로도 학대부모에 대한 친권을 제한하는 등의 조치가 필요하다.

(2) 제2차 방어선으로서의 대리가정 서비스

가정이 정상적인 기능을 충분히 수행하지 못하면 아동의 친가정 역할을 대신할 수 있는 다른 보호의 장이 요구된다. 이러한 경우, 가능한 한 가정과 유사한 자연스러운 보호의 장을 마련하여 주는 것이 가장 바람직하다. 이러한 주장은 Goldstein, Freud, Solnit(1973)에 의하여 제안된 것으로 최소침해대안의 원칙이라고 불린다. 이 원칙은 가정의 기능수행에 장애가 있을 경우, 아동에게 가장 적절한 형태의 보호와 서비스가 무엇인가를 결정하는 기준으로 널리 수용되고 있다. 이 원칙이 제시하는 서비스의 목표는 아동과 가정에 대하여 제한적인 요소를 최소한도로 줄이는 것이다. 따라서 구조화된 수용시설에 비하여 덜 구속적이고, 가정생활의 환경에 근접하며, 지역사회에 자유롭게 접근할 수 있는 보호의 장으로서 대리가정이 제안되는 것이다. 대리가정 서비스의 대표적인 형태로는 가정위탁과 입양 서비스를 들 수 있다.

① 가정위탁보호

가정위탁보호란 아동이 부모의 질병, 가출, 실직, 수감, 사망 등 가정 내외의 여러 가지 요인으로 친가정에서 양육될 수 없을 때, 일정기간 동안 위탁가정을 제공하여 아동을 보호 양육함으로써 적합한 가정 안에서 건전하게 생활할 수 있도록 도와주며 친가정이 가족기능을 회복할 수 있도록 지원하는 전문 아동복지 서비스다.

가정위탁보호를 위하여 2013년 현재 중앙 1개소, 17개 지역의 가정위탁지원센터가 설치되어 운영되고 있으며, 가정위탁의 종류는 친조부모, 외조부모에 의한 대리양육 가정위탁, 기타 친인척에 의한 친인척 가정위탁, 일반가정에 의한 일반가정위탁으로 구분되고 있다. 2011년 현재 가정위탁보호를 받는 아동의 수는 1만 5,496명으로, 이 중 대리양육 가정위탁 1만 512명, 친인척 가정위탁 3,955명, 일반가정위탁 1,029명으로 구성되어 있다. 위탁가정의 아동에게는 국민기초생활보장법에 의한 생계, 의료, 교육지원, 양육보조금 지원, 상해보험료 지원 등이 이루어지고 있다.

이와 같은 가정위탁은 탈시설화 정책의 하나로서 선진국에서는 보호아동을 위한 주요 아동복지 서비스다. 우리나라에서는 소년소녀가정 아동을 가정위탁사업으로 보호하는 등 최근 정책적으로 강조되고 있지만, 가정위탁제도는 아직 초기의 도입단계에 있다. 일반가정을 중심으로 하는 가정위탁이 활발하게 전개되지 못하는 원인으로는 ① 혈통을 중시하는 가치관과 가족제도, ② 경제적 불안정, ③ 주택문제(주거공간의 부족), ④ 아동수당 등 사회보장의 미비 등을 들 수 있다.

가정위탁은 입양을 앞둔 일부 아동을 위한 중간 조치로서가 아니라 결손가정이나 빈곤가정의 아동을 가정환경 내에서 보호하기 위한 본래의 의의를 살리는 방향으로 발전되어야 할 것이다. 그리하여 보호대상아동의 발생을 사전에 예방하고 건전한 가정의 환경에서 양육될 수 있도록 사회적 차원의 홍보과 정책 지원이 뒤따라야 할 것이다.

② 입양

국내입양과 국외입양으로 구분되는 입양은 2012년 개정 공표된 '입양특례법'에 의하여 시행되고 있다. 입양특례법은 입양아동의 권리와 원가정 보호를 목적으로 가정법원 허가제, 입양 숙려제, 친모의 출생신고 의무를 규정하였다. 2013년 현재 전국에 21개 입양 지정기관(국내 17개,

국외 4개)을 두어 국내입양을 촉진하는 정책을 추진하고 있다. 국외입양의 감소로 국내입양이 촉진되어야 하지만 국내입양 실적은 1985년도에 2,855명에서 1990년에는 1,647명, 2000년 1,686명, 2010년 1,462명으로 오히려 감소하거나 정체되어 있다. 이러한 국내입양의 어려움의 원인으로는 혈연중심의 가족제도, 장애아동 입양의 기피, 주거공간의 부족, 가족 이기주의, 인간의 존엄성에 대한 인식의 부족 등을 들 수 있다. 국외입양은 1990년 2,962명, 2000년 2,360명, 2010년 1,013명으로 매년 감소하는 추세에 있다.

모든 아동들은 출생과 더불어 자신의 가정을 가질 권리가 있으며 친부모로부터 사랑과 이해 속에서 안전하게 양육·보호되고 성장되어야 한다. 이는 아동의 기본권이며 부모와 사회는 이를 보호하고 보장해 줄 책임과 의무가 있는 것이다. 그러나 이 기본권이 보장되지 못하는 많은 아동들이 있다. 즉 친부모가 아동을 양육할 수 없고, 건전한 성장·발육의 기회를 제공해 줄 능력이 없거나, 정상적인 가정을 갖지 못한 상태에서 출생되어 보호되지 못하는 아동, 또는 부모가 양육할 의사가 전혀 없어 방치되는 아동, 가정의 붕괴나 기타의 사유로 보호가 필요한 아동들이다. 이러한 보호대상아동에 대하여는 사회가 적절한 대책을 제공해 주어야 하며, 입양사업도 이와 같은 아동복지 이념에 입각하여 전개되어야 할 것이다.

(3) 제3차 방어선으로서 생활시설 서비스

생활시설에 의한 서비스는 위에서 언급한 최소침해대안의 원칙에 따라 아동의 욕구가 출생가정이나 대리가정에 의하여 충족될 수 없는 경우에 한하여 집단적인 보호를 제공하는 것이다. 또래집단과의 관계가 중요한 요소인 집단적인 생활환경이 필요한 아동, 특수한 욕구를 가진 장애아동에게 이러한 집단적 주거환경에 의한 서비스가 제공된다.

집단보호는 6~12명의 아동을 수용한 소규모 공동생활가정(그룹홈)에

〈표 Ⅲ-3-1〉 아동복지시설 현황

(2011.12 현재, 단위: 개)

구분	계	양육	직업 훈련	보호 치료	자립 지원	일시 보호	종합 시설	아동 상담소	전용 시설	개인 양육
시설 수	280	242	1	10	12	12	3	9	3	37
인원	16,523	15,313	32	455	249	361	113	-	-	582

자료: 보건복지부, 2012.

서부터 대규모 생활시설에 이르기까지 규모와 형태가 다양하다. 또한 정서적인 장애를 지닌 아동이나 가정에서 행동장애를 일으킨 아동을 위하여 치료적인 기능을 수행하는 시설도 있다. 대부분의 집단보호 프로그램은 공공 또는 민간 복지시설에 의하여 운영되며 공공재원의 지원을 받는다.

우리나라의 아동복지사업은 한국전쟁으로 발생한 수많은 전쟁고아와 기·미아들을 수용해야 했던 사회적 요구로 인하여 시설보호 중심의 서비스를 전개하면서 그 수가 증가되어 오다가 1970년대 이후 인구학적, 사회환경적 요인의 변화로 아동생활시설과 수용아동의 수가 점차 감소되고 있다. 아동인구의 절대 감소와 기아·미아 발생의 감소로 일반적인 보호양육 목적의 양육시설은 앞으로도 줄어들 전망이다. 2011년 말 현재 아동복지시설에서 보호를 받는 아동은 1만 6,523명으로 이 가운데 아동양육시설이 1만 5,313명으로 대부분을 차지하고 있다. 그러나 장애나 특수한 욕구를 가진 보호대상 아동은 증가추세에 있으므로 특수기능의 아동복지시설에 대한 수요는 증가할 것으로 예상된다.

연구문제

1. 아동복지의 기본원칙을 설명하시오.
2. 아동복지 서비스에서 지지적 기능, 보조적 기능, 대리적 기능의 의미와 구체적인 내용을 설명하시오.
3. 아동복지 서비스를 3차의 방어선의 위치에 따라 분류할 때, 각각의 방어선에 속하는 서비스의 내용을 설명하시오.

제4장

노인복지

1. 노인문제와 노인복지의 의의

1) 노인문제와 노인복지의 필요성

인간이 생애과정의 황혼기에 진입하게 되면 신체적, 정신적 및 사회적 측면에서 그 능력이나 적응의 퇴화현상이 나타나고, 이로 인하여 사회적 기능 수행에 장애를 초래하게 된다. 이와 같은 시기를 노년기라 하고 노년기의 사람을 노인이라 칭한다. 일반적으로 노인에게는 신체적인 노화 현상, 즉 신체 기능의 저하와 손상이 일어나고, 심리적인 권태와 고독감에 사로잡히게 된다. 사회적인 지위와 역할구조의 변화로 지금까지 가졌던 가부장적 권위나 사회생활의 영역이 축소되며, 경제적으로도 고용과 생산활동에서의 후퇴로 소득이 감소하고 사회적응에 있어서 어려움에 처하게 된다.

그리고 인간의 노화는 사회문제로서의 노인문제를 심각하게 제기하고 있다. 산업화 이전의 사회에서는 노인은 대가족의 한 구성원으로서 평생을 지낼 수 있었으며 나이가 많아짐에 따라 권위가 함께 증가하였고, 그 속에서 생활의 안정도 찾을 수 있었다. 가족 내에서 가장 존경받고 권위

〈표 Ⅲ-4-1〉 주요국의 인구고령화 속도

구분	도달 연도			소요기간	
	고령화사회 (7%)	고령사회 (14%)	초고령사회 (20%)	고령사회 도달	초고령사회 도달
한국	2000	2018	2026	18	8
일본	1970	1994	2006	24	12
독일	1932	1972	2010	40	38
미국	1942	2014	2030	72	16
프랑스	1864	1979	2019	115	40

있는 사람은 연장자인 노인이었으며, 가부장으로서의 신분은 일종의 노령보험과 같은 것이었다. 그러나 현대사회의 핵가족화 추세로 자녀들은 부모를 떠나 자신의 가정을 이루고 자신의 직업을 찾아 독립하게 되었다. 이렇게 부모를 떠나 핵가족을 이루게 되면서 부모를 존경하고 권위를 세워 주며 부양을 책임질 자녀가 남지 않게 되면서 노인문제는 대다수 노인들의 문제로서 심화되었다. 이에 따라 현대사회에서는 노인문제를 해결하기 위한 사회제도로서 노인복지제도가 형성되었다. 특히 노인문제는 노령화로 인한 소득의 감소, 건강의 악화, 역할의 상실 등과 같은 차원에서 이해되고 있으며, 이에 대한 소득보장, 의료보장, 주거보장, 사회복지서비스 등의 노인복지대책이 필요하게 되었다.

인간의 평균수명이 증가하고, 인구구성 측면에서 65세 이상의 노령인구가 증가하는 추세는 노인문제를 초래하는 인구학적 배경이다. 선진국은 이미 노인인구가 전체 인구의 14% 이상을 차지하고 있는 고령사회(aged society)에 진입하였다. 우리나라의 경우는 2000년에 65세 이상 노인인구비율이 7.0% 이상인 고령화사회(aging society)[1]에 진입하였고,

1. 65세 이상 노인인구 비율이 전체인구의 7% 이상인 사회를 고령화사회(aging society)라고 하며, 14% 이상인 사회를 고령사회(aged society), 20% 이상인 사회를 초고령사회(super-aged society)라고 한다.

〈표 Ⅲ-4-2〉 65세 이상 노인인구 추이

(단위: 만 명)

구분	1990년	2000년	2006년	2018년	2026년
총인구	4,287	4,701	4,850	4,993	4,977
노인인구	220	340	460	716	1,036
비율(%)	5.1	7.2	(9.5)	(14.3)	(20.8)

자료: 통계청, 장래특별인구추계, 2005.

2018년에는 14%를 넘어서는 고령사회로 진입할 것으로 추계되고 있어 노인인구의 빠른 증가와 함께 노인문제도 점차 심각하게 부상하고 있다.

이러한 노령화에 따른 노인문제로서 첫째, 소득의 상실을 들 수 있다. 노인은 산업화 과정에서 파생되는 도시화와 핵가족화로 인하여 전통적으로 대가족제도하에 지금까지 누려 왔던 경제적 안정 대신에 빈곤문제에 직면하게 되었다.

둘째, 질병과 건강상의 문제다. 대부분의 노인들은 만성질환을 한 가지 이상 앓고 있고, 연령이 증가할수록 만성질환 유병률이 증가하고 있다. 이러한 만성질환은 일상생활의 수행능력을 저하시켜 목욕, 옷 갈아입기, 식사 등을 위하여 다른 사람의 도움을 필요로 하게 된다.

셋째, 노인들은 산업구조의 변화와 낮은 교육수준으로 역할을 상실하게 되었다. 노인의 일부만이 수입이 되는 일을 하고 있으며 연령이 높을수록 취업률이 감소한다. 그리고 취업노인의 대부분이 농 · 어 · 축산업이나 단순노무직에 종사하고 있다. 또한 가정이나 지역사회에서도 노인의 역할상실 현상은 뚜렷하다.

넷째, 고독과 소외의 문제로서 이것은 역할의 상실과 밀접한 관계를 가진다. 전통적인 경로사상이 퇴조되고 도시화로 이웃과의 사회적 연대가 약화됨에 따라 노인은 가정과 지역사회에서 고립되어 고독하게 지내는 것이다. 노인의 적극적인 활동을 위한 프로그램이나 서비스가 개발되지 못하여 소외감 속에 소일하고 있다.

2) 노인복지의 의의

노인복지란 "노인이 인간다운 생활을 영위하면서 자기가 속한 가족과 사회에 적응하고 통합될 수 있도록 필요한 자원과 서비스를 제공하는 데 관련된 공적 및 사적 차원에서의 조직적 제반 활동"이다.[2] 여기서 인간다운 생활이란 노인이 자신이 속한 사회의 발전수준에 비추어 의·식·주의 기본적인 욕구를 충족하고 건강하고 문화적인 삶을 사는 것을 뜻하며, 가족과 사회에 적응하고 통합되는 것은 노인이 속한 사회적 조직망에서 사회적·심리적으로 소외감을 느끼지 않게 되는 것이다. 자원과 서비스를 제공하는 것은 이용 가능한 인적·물적 자원을 찾아 연결시켜 주거나 보충하여 주며, 사회적 적응의 문제를 해결해 주는 것과 욕구충족에 필요한 서비스를 제공해 주는 것을 의미한다. 또한 노인복지에 관련되는 활동은 공공과 민간 차원의 모든 활동을 포함하며, 계획에 의하여 조직적으로 이루어지는 활동이어야 한다.

2. 노인복지의 기본원칙

노인복지를 실천하기 위한 사회복지 서비스나 프로그램의 목표 설정에는 다음의 원칙들이 고려되어야 할 것이다.

첫째, 존엄성과 개별화의 원칙이다. 노인은 연령, 신분, 직업, 신체적·정신적 건강 등의 이유로 차별받지 않는 인간의 존엄성이라는 기본적 인권이 존중되어야 한다. 또한 노인은 다른 개인과 구별되는 특성과 욕구를 지니고 있다는 개성을 가진 존재로서 인정되어야 하고 개별적으로 다루어져야 한다.

---

2. 최성재·장인협, 『노인복지학』, 서울대학교출판부, 2002, pp. 300-301.

둘째, 자기결정의 원칙이다. 노인이라고 해서 획일적인 보호대상으로 다루어서는 안 되며, 노인 자신의 복지에 영향을 미치는 어떠한 결정도 자신의 선택에 의하여 이루어져야 한다.

셋째, 권리와 책임의 원칙이다. 노인은 건강하고 안정된 생활을 할 수 있도록 국가와 사회로부터 권리를 보장받으며, 자신의 경험을 활용하여 가족이나 사회의 발전에 기여할 책임을 갖는다.

넷째, 전체성의 원칙이다. 노인복지사업을 전개함에 있어 노인을 하나의 전체성을 지닌 인간으로 받아들여야 하며, 신체적 · 정서적 · 사회적 · 심리적 · 영적인 측면에 대한 총체적인 이해를 기반으로 하여 서비스가 제공되어야 한다.

다섯째, 전문성의 원칙이다. 노인복지는 전문적인 지식과 기술을 기반으로 하여 실시되어야 한다.

여섯째, 변화하는 욕구 반영의 원칙이다. 노인을 위한 사회복지는 급속하게 변천하는 사회적 욕구에 대응할 수 있는 새로운 프로그램 개발과 질적 충실을 기해야 한다.

3. 노후생활을 위한 사회보장과 복지서비스

1) 소득보장

노인을 위한 소득보장이란 노령연금이나 공공부조를 활용하여 노인의 소득상실을 보상하는 사회복지 대책이다. 노령연금은 국민연금, 공무원연금, 군인연금, 사립학교교직원연금에 의하여 퇴직 후 소득을 보장하는 제도이며, 공공부조는 기초생활보장제도를 통하여 저소득 노인의 생활을 지원하는 제도다. 이와 같이 노인을 위한 소득보장은 주로 공적 연금제도와 공공부조를 통하여 시행되고 있다.

우리나라에서는 1989년 노인복지법의 개정으로 노령수당의 지급근거를 마련하였고, 1998년부터는 경로연금제도를 도입하여 실시하였으나 2007년 기초노령연금법의 제정으로 현재 기초노령연금이 시행되고 있다. 기초노령연금의 지급대상은 65세 이상인 자로서 소득인정액이 대통령령으로 정하는 금액 이하인 자에게 연금을 지급한다.

또한 노인의 경제적 수입을 보충하기 위한 제도적 장치로서는 고령자고용촉진법에 의한 고용 권장(사업장 상시 근로자 수의 2~6% 이상 고용토록 권장하고, 고령자고용정보센터와 고령자 인재은행 운영), 노인복지시설이나 경로당에 설치된 노인공동작업장, 시니어클럽 등이 있다.

2) 의료보장

일반적으로 노인은 질병에 걸리기 쉽고, 일단 병에 걸리면 만성화되기 쉬우므로, 노인병을 조기 발견하여 치료에 임할 수 있도록 의료비 지원이나 경감 등의 서비스가 요청된다.

우리나라의 노인 의료보장체계는 국민건강보험, 의료급여, 노인건강지원서비스, 장기요양보험제도로 구성되어 있다. 일반노인을 위한 의료보장체계로서 국민건강보험과 기초생활보장 대상 저소득 노인을 위한 의료보장체계로서 의료급여가 노인의료보장의 기본 골격이다.

그리고 노인건강지원서비스는 노인복지법과 의료법에 근거해 노인들의 건강증진과 관리를 위한 사업으로 실시되고 있다. 노인복지법에 의해서는 노인건강진단, 안 검진 및 개안수술, 경로식당 및 저소득 결식노인 무료급식사업이 시행되고, 노인복지법과 지역보건법에 의거해 치매상담센터가 운영되며, 의료법에 근거해서 공립치매요양병원이 운영되고 있다. 그러나 국민건강보험은 물론 의료급여 수급권자인 노인들도 보험적용이 되지 않는 비급여 진료에 대해서는 본인부담 등으로 노인들의 건강보장은 제한되어 있다.

노인장기요양보험제도는 노인요양시설과 재가서비스 기관에서 서비스와 급여를 제공한다. 장기요양보호제도를 통해 정부는 노인의 삶의 질이 비전문적 가족수발에서 계획적이고 전문적 요양, 간호서비스 제공으로 신체기능이 호전되고, 사망률이 감소하는 등 노인건강이 크게 향상될 것으로 전망하고 있다. 또한 전체 요양비용의 15~20%를 부담함으로써 가족의 부양부담이 경감되고, 장기요양보호서비스의 시장화를 통해 이용자에게 선택권을 부여하고, 다양한 서비스 공급주체 간의 경쟁을 통해 요양서비스의 질 향상과 재정의 효율성을 높일 수 있는 등의 장점이 있다. 그러나 장기요양보험제도의 문제점도 적지 않은 실정이다. 보험혜택이 요양등급 1~3등급, 즉 중증 또는 중등증으로 한정되므로 경증자는 제외되어 서비스 사각지대에 놓이게 되고, 요양보호사 교육기관의 난립과 교육의 질 등 문제점이 나타나고 있다.

3) 주거보장

노인복지의 중요한 프로그램 중의 하나는 주거 서비스의 개발이다. 노인주거보장의 방법으로는 노인을 위한 주택수당, 주택임대료 보조, 공영주택입주권 부여, 생활시설보호형태의 주거보장과 노인주택 등이 있다. 우리나라의 노인주거보장은 생활시설보호인 양로시설과 공동생활가정(그룹홈)이 대부분이고, 노인들을 위한 주택수당이나 임대아파트, 노인주택은 미비한 상태에 있다.

4) 사회복지 서비스

(1) 생활시설보호

노령으로 인하여 독자적으로 생활하기 어렵거나 가정 사정이 특별한 경우에는 시설보호를 받을 수밖에 없다. 우리나라 노인복지법에 의한 노인복지시설의 종류는 노인주거복지시설, 노인의료복지시설, 노인여가복지시설, 재가노인복지시설, 노인보호전문기관이 있다(제31조). 이러한 분류는 생활시설보호와 재가보호로 나누어 볼 때, 대체로 노인주거복지시설과 노인의료복지시설은 생활시설보호에 속하고, 노인여가복지시설과 재가노인복지시설은 재가보호 서비스에 속한다고 볼 수 있다.

노인주거복지시설의 유형은 다음과 같다.

① 양로시설: 노인을 입소시켜 급식과 그 밖에 일상생활에 필요한 편의를 제공함을 목적으로 하는 시설
② 노인공동생활가정: 노인들에게 가정과 같은 주거여건과 급식, 그 밖에 일상생활에 필요한 편의를 제공함을 목적으로 하는 시설
③ 노인복지주택: 노인에게 주거시설을 분양 또는 임대하여 주거의 편의, 생활지도, 상담 및 안전관리 등 일상생활에 필요한 편의를 제공함을 목적으로 하는 시설

노인의료복지시설의 유형은 다음과 같다.

① 노인요양시설: 치매·중풍 등 노인성 질환 등으로 심신에 상당한 장애가 발생하여 도움을 필요로 하는 노인을 입소시켜 급식·요양과 그 밖에 일상생활에 필요한 편의를 제공함을 목적으로 하는 시설
② 노인요양공동생활가정: 치매·중풍 등 노인성 질환 등으로 심신에 상당한 장애가 발생하여 도움을 필요로 하는 노인에게 가정과 같은 주거여건과 급식·요양, 그 밖에 일상생활에 필요한 편의를 제공함을 목적으로 하는 시설

우리나라의 과거 노인복지사업은 생활시설이 중심이 되어 왔다. 자기 가정에서 생활할 능력이 없고, 함께 생활할 자녀들이 없거나, 특히 건강이 좋지 않은 경우는 시설에서 보호받을 수밖에 없다. 따라서 시설보호

〈표 Ⅲ-4-3〉 노인복지시설 현황

구분	시설 종류	시설 수(개소)
노인주거 복지시설	양로시설 노인공동생활가정 노인복지주택	414 303 87
노인의료 복지시설	노인요양시설 노인요양공동생활가정	2,489 1,590
노인여가 복지시설	노인복지관 경로당 노인교실(노인대학)	281 61,537 1,557
재가노인 복지시설	방문요양서비스 주야간보호서비스 단기보호서비스 방문목욕서비스	1,180 842 95 633

자료: 보건복지부, 2013.

의 적절한 활용은 노후 주거생활의 한 방편으로 적극적인 선택(positive choice)이 될 수 있다. 그러나 시설은 일반적으로 노인들에게 환영받는 주거환경이 되지 못하며 시설에서 생활하는 것을 마지못해 선택할 수밖에 없는 것으로 생각하여 시설 입소를 매우 꺼리고 있는 것이 사실이다. 시설에 대한 사회적 낙인을 해소하기 위해서는 시설보호의 질적 향상을 도모하여 노인과 가족들로 하여금 시설에서 생활하는 것이 낫다는 인식을 갖게 하여 자발적으로 입소할 수 있는 수준으로 발전해 나가야 한다.

현재 노인복지시설은 노인주거복지시설인 양로시설 외에, 노인의료복지시설, 노인여가복지시설, 재가노인복지시설 등의 설치로 노인들의 생활 편의를 도모할 수 있는 다양한 시설이 발전되고 있다. 그리고 유료의 양로 및 요양시설은 노인복지법 개정에 의해 사회복지법인이 아닌 개인이나 기업체가 영리를 목적으로 설치 운영할 수 있게 되었으며, 최근에는 유료 노인복지시설이 점차 증가하는 추세에 있다.

(2) 재가노인보호

재가노인들의 다양한 욕구충족이나 문제해결을 위해서는 다양한 서비스들이 적절하게 제공되어야 한다. 이러한 서비스는 지역사회의 자원을 동원하여 가정이나 지역사회 내에서 제공될 수 있어야 하며, 서비스의 욕구가 있는 각각의 노인에게 맞춤형으로 제공해 주는 것이 중요한 과제이다. 이러한 재가 서비스에는 가정봉사원 파견서비스, 식사서비스, 의료서비스, 우호방문서비스, 교통편의서비스, 주택서비스 등이 포함된다.

재가노인보호는 생활시설이 아닌 가정에서 생활하는 허약 노인, 장애노인 등 일상생활에 어려움이 있는 노인들에 대한 돌봄 형태다. 이러한 노인들은 양로원이나 요양원에서 수용・보호하는 것보다 자기 가정이나 지역사회의 그룹홈에 생활하면서 필요한 도움을 받도록 하는 지역사회보호(community care)의 서비스 형태가 바람직하다.

재가노인보호 프로그램에는 건강지원서비스, 사회지원서비스, 접근지원서비스가 있다.

① 건강지원(health support) 서비스: 노인주간보호센터, 가정건강보호, 가정의료서비스

② 사회지원(social support) 서비스: 가정봉사원 파견서비스, 전화확인서비스, 이동배식서비스, 우호방문서비스, 단기보호서비스

③ 접근지원(access support) 서비스: 교통편의서비스, 정보제공과 의뢰, 법률서비스

우리나라의 재가노인보호 서비스를 위한 시설은 재가노인복지시설과 노인여가복지시설이 있다. 재가노인복지시설은 방문요양서비스, 주・야간보호서비스, 단기보호서비스, 방문목욕서비스를 제공하는 시설이다. 노인여가복지시설로서 노인복지관, 경로당과 노인교실이 운영되고 있다.

노인여가복지시설의 유형은 다음과 같다.

① 노인복지관: 노인의 교양・취미생활 및 사회참여활동 등에 대한 각

종 정보와 서비스를 제공하고, 건강증진 및 질병예방과 소득보장 · 재가복지, 그 밖에 노인의 복지증진에 필요한 서비스를 제공함을 목적으로 하는 시설

② 경로당: 지역노인들이 자율적으로 친목도모 · 취미활동 · 공동작업장 운영 및 각종 정보교환과 기타 여가활동을 할 수 있도록 하는 장소를 제공함을 목적으로 하는 시설

③ 노인교실: 노인들에 대하여 사회활동 참여욕구를 충족시키기 위하여 건전한 취미생활 · 노인건강유지 · 소득보장, 기타 일상생활과 관련한 학습프로그램을 제공함을 목적으로 하는 시설

재가노인복지시설은 다음 각 호의 어느 하나 이상의 서비스를 제공함을 목적으로 하는 시설을 말한다.

① 방문요양서비스: 가정에서 일상생활을 영위하고 있는 노인(이하 '재가노인'이라 한다)으로서 신체적 · 정신적 장애로 어려움을 겪고 있는 노인에게 필요한 각종 편의를 제공하여 지역사회 안에서 건전하고 안정된 노후를 영위하도록 하는 서비스

② 주 · 야간보호서비스: 부득이한 사유로 가족의 보호를 받을 수 없는 심신이 허약한 노인과 장애노인을 주간 또는 야간 동안 보호시설에 입소시켜 필요한 각종 편의를 제공하여 이들의 생활안정과 심신기능의 유지 · 향상을 도모하고, 그 가족의 신체적 · 정신적 부담을 덜어 주기 위한 서비스

③ 단기보호서비스: 부득이한 사유로 가족의 보호를 받을 수 없어 일시적으로 보호가 필요한 심신이 허약한 노인과 장애노인을 보호시설에 단기간 입소시켜 보호함으로써 노인 및 노인가정의 복지증진을 도모하기 위한 서비스

④ 방문목욕서비스: 목욕 장비를 갖추고 재가노인을 방문하여 목욕을 제공하는 서비스

⑤ 그 밖의 서비스: 그 밖에 재가노인에게 제공하는 서비스로서 보건복지부령으로 정하는 서비스

(3) 학대노인보호

그리고 국가는 지역 간의 연계체계를 구축하고 노인학대를 예방하기 위하여 중앙노인보호전문기관을 설치·운영하고, 특별시·광역시·도 특별자치도 등 지방자치단체는 학대받는 노인의 발견·보호·치료 등을 신속히 처리하고 노인학대를 예방하기 위하여 다음 각 호의 업무를 담당하는 지역노인보호전문기관을 설치해야 한다.

① 노인학대 신고전화의 운영 및 사례접수
② 노인학대 의심사례에 대한 현장조사
③ 피해노인 및 노인학대자에 대한 상담
④ 피해노인 가족 관련자와 관련 기관에 대한 상담
⑤ 상담 및 서비스 제공에 따른 기록과 보관
⑥ 일반인을 대상으로 한 노인학대 예방교육
⑦ 노인학대행위자를 대상으로 한 재발방지 교육
⑧ 그 밖에 노인의 보호를 위하여 보건복지부령으로 정하는 사항

(4) 일반노인복지

노인은 사회의 일선에서 물러났으나 심신이 건강한 노인에 대해서는 사회의 일원으로서 활동할 기회, 건강을 유지·증진할 수 있는 일자리, 교육·학습의 기회, 취미나 오락의 기회 등을 제공하는 것을 목적으로 하는 여러 가지 복지사업이 요청된다. 구체적 내용으로는 ① 노인일자리 상담, 고용과 취업알선, ② 노인일자리 창출사업, ③ 노인사회봉사단체 활동, ④ 노인 스포츠 장려 및 보급, ⑤ 노인복지센터 설치, ⑥ 고령친화적 관광휴양시설의 조성, ⑦ 노인의 특성에 적합한 문화예술교육 프로그

램의 개발 등이 있다.

그리고 노인권익의 증진을 위해 노인보호전문기관에 의한 노인학대 예방활동과 보호 서비스가 확충되고 있다. 또한 노부모 부양자에 대한 사회적 지원을 강화하고 노부모 부양자에 대한 주택공급 우대방안 등이 확대될 필요가 있다. 노화에 따르는 노인문제로서 역할의 상실과 고독의 문제는 경제문제 못지않게 심각하다. 노인도 인간관계 유지가 계속됨으로써 인간다운 삶을 누릴 수 있으므로 가능한 한 계속적인 사회관계를 갖도록 하는 것이 중요하다. 사회참여의 한 방법은 가족이나 지역사회에서의 역할의 회복이다. 노인이 생활하고 있는 지역사회 내에서도 반상회, 거리질서나 자연보호운동 및 기타 각종 지역사회 행사에 참여하여 지도적인 역할을 수행하는 것도 보람 있는 일이 될 것이다. 그리고 노인회나 노인복지관 등에서 실시하는 각종 프로그램에 적극 참여하여 인생을 스스로 창조하는 노력을 해야 할 것이다.

4. 노인복지의 과제

21세기에 도래한 고령사회에 대비하여 우리나라 노인복지의 발전 방향은 다음과 같이 제시할 수 있다.

첫째, 노인복지의 대상 및 사업내용의 확대가 요구되고 있다. 저소득 노인을 위한 기초생활보장 위주의 사업에서 탈피하여 전체 노인을 대상으로 하는 종합적인 노인복지정책을 개발하고, 지역사회와 가정 중심의 복지체계로의 발전을 도모해야 한다. 재가노인보호서비스가 필요한 노인들에게는 주·야간보호, 단기보호서비스를 제공하는 시설의 확대 등 충분한 서비스를 공적인 제도를 통하여 제공하는 것이 필요하다.

둘째, 노인 소득보장의 사각지대 해소가 필요하다. 우리나라는 OECD 국가 중 노인빈곤율이 가장 높은 나라에 속한 것으로 나타나고 있다. 따라서 공적연금에 가입되지 못한 65세 이상 저소득 노인을 위한 소득지원 방안으로 기초노령연금의 수준향상과 대상이 확대되어야 한다. 또한 사적 소득보장제도로서 퇴직연금제도를 조기에 정착시키고 개인연금을 활성화해야 한다. 안정적인 노후소득보장을 위해서는 공・사적 연금, 기초생활보장, 사적 소득보장 등 다양한 노후소득보장제도가 역할을 분담하여 노후빈곤의 위험을 최소화하는 다층 노후소득보장체계가 구축되어야 할 것이다. 또한 건강하고 능력 있는 노인의 증가로 취업 및 사회활동을 희망하는 노인이 증가하고 있어 이들을 위한 적합한 일자리를 지속적으로 확보하고 사업수행체계를 강화하여야 한다.

셋째, 건강하고 보호받는 노후생활보장을 위하여 사전예방적 보건의료체계가 구축되어야 한다. 평균수명 연장에 따라 75세 이상 노인인구의 증가로 의료・요양 수요 및 진료비가 증가할 것으로 전망되므로 노인의 건강한 생활과 노인의료비의 부담을 완화할 수 있는 예방위주의 보건소 기능 강화와 생애주기별 맞춤형 평생건강관리체계가 구축되어야 한다. 특히 노인요양보호 기반 확충방안으로 2008년 7월부터 노인장기요양보험제도가 도입됨에 따라 다양한 노인요양시설의 확보를 위한 지역사회의 인프라 구축과 요양보호사 등 서비스 인력에 대한 효율적인 관리가 이루어져야 한다. 또한 노인성 질환을 사전에 예방하고, 질환 노인의 치료・요양을 위한 효율적인 사후관리체계를 구축하여야 한다. 특히 치매노인을 위한 종합적인 관리・지원체계와 함께 민간부문의 재가서비스를 활성화함으로써 수요자의 욕구에 맞춘 다양한 서비스 제공 여건이 마련되어야 한다.

연구문제

1. 미래의 고령사회에서 요구되는 노인복지를 위한 국가 또는 사회적 대책을 설명하시오.
2. 노인복지를 위한 생활시설보호와 재가보호의 차이를 설명하시오.

제5장

장애인복지

1. 장애인의 권리와 장애인복지의 의의

1) 장애인의 권리와 장애인복지의 필요성

(1) 장애의 개념과 장애인의 권리

우리나라의 장애인 등록인구는 2011년 말 현재 251만 9,000명이다. 장애인복지는 사회복지서비스 분야 중 가장 핵심적이며 사회적 욕구가 많은 분야의 하나다. 우리나라에서는 1981년에 심신장애자복지법이 제정되어 심신장애인들의 복지증진에 기여할 제도적 기반을 처음 마련하였으며, 1989년에는 장애인복지법이란 새로운 명칭으로 전면 개정되어 시행되고 있다.

국제노동기구(ILO)에 의하면, 장애인이란 신체 또는 정신상의 결함의 결과 적절한 직업을 확보·유지해 나갈 전망이 없는 실질적으로 손상받은 개인을 말한다. 국제연합에 의한 장애자의 권리선언에서는 "장애인이란 말은 선천적이든 후천적이든 신체적 또는 정신적 능력의 결여로 인해 일반의 개인 또는 사회생활에 필요한 것을 자기 자신으로 완전하게 또는 부분적으로 기능할 수 없는 사람을 의미한다"고 하였다. 위와 같은 장애인의 정의를 통하여 장애인은 첫째, 신체적 · 정신적인 면에서 기능적인 장애를 가지며, 둘째는 이러한 장애로 인하여 사회생활이나 직업생활을 영위함에 있어서 영속적으로 제약을 받는 상태에 처하게 된다. 따라서 우리나라의 장애인복지법 제2조에서도 "장애인이라 함은 신체적 · 정신적 장애로 인하여 장기간에 걸쳐 일상생활 또는 사회생활에 상당한 제약을 받는 자로서 대통령령으로 정하는 장애의 종류 및 기준에 해당하는 자를 말한다."라고 규정하고 있다. 여기에서 신체적 장애라 함은 주요 외부신체 기능의 장애, 내부기관의 장애를 말하며, 정신적 장애라 함은 발달장애 또는 정신적 질환으로 발생하는 장애를 말한다.

장애인의 분류는 1980년 세계보건기구(WHO)의 국제장애분류(ICIDH)에 의하여 기능장애(impairment), 능력장애(disability), 사회적 불리(Handicap)로 구분되어 왔다. 그러나 1997년 WHO의 새로운 분류기준(ICIDH-2)에 의하면, 장애는 손상, 활동, 참여, 상황요인으로 구분되고 있다. 손상(impairment)은 신체구조나 물리적 · 심리적 · 기능상의 상실이나 비정상성을 의미하며, 활동(activities)은 일상생활과 관계된 개인의 활동 또는 활동제한을 다룬다. 참여(participation)는 개인의 활동영역이 미치는 사회적인 기회의 영역이나 장애가 되는 영역이며, 상황요인(contexture factors)은 위의 세 가지에 영향을 미치는 개인적 환경과 일반적 환경을 포함한다.

최근에는 UN장애인권리협약이 2006년 12월 14일 제61차 UN총회에서 만장일치로 채택되었다. 장애인권리협약은 2001년 제56차 UN 총회에서 당시 멕시코 대통령이었던 빈센트 팍스의 제안으로 논의가 시작됐으며, 전 세계 모든 장애인들이 기본적인 인권과 자유를 동등하게 누릴 수 있도록 기본적 권리를 보호, 촉진하기 위하여 제정되었다. 협약은 전문과 본문, 선택의정서로 구성돼 있으며 장애인에 대한 인식제고를 위한 조치, 교육, 건강, 근로, 문화생활 등 장애인의 전 생활영역에서의 권익보장에 관한 내용을 포함하고 있다. 또한 장애인 권익보호의 관리와 평가를 위한 국내·국제적 모니터링 조항을 규정하고 있으며, 특히 각국 대표로 구성되는 장애인권리위원회를 설치해 실효성 있게 전 세계 장애인들의 권익보호를 감독하도록 규정하고 있다. 우리나라는 2008년 12월에 UN장애인권리협약에 비준하여 협약의 당사국이 되었다.

(2) 장애의 종류와 그 기준

장애인복지법시행령 제2조에 의하여 다음과 같이 15가지의 장애인 종류와 기준을 규정하고 있다.

① 지체장애인

가. 한 팔, 한 다리 또는 몸통의 기능에 영속적인 장애가 있는 사람

나. 한 손의 엄지손가락을 지골(指骨: 손가락뼈) 관절 이상의 부위에서 잃은 사람 또는 한 손의 둘째 손가락을 포함한 두 개 이상의 손가락을 모두 제1지골 관절 이상의 부위에서 잃은 사람

다. 한 다리를 리스프랑(Lisfranc: 발등뼈와 발목을 이어주는) 관절 이상의 부위에서 잃은 사람

라. 두 발의 모든 발가락을 잃은 사람

마. 한 손의 엄지손가락의 기능을 잃은 사람 또는 한 손의 둘째 손가락을 포함한 두 개 이상의 손가락의 기능을 잃은 사람

바. 왜소증으로 인하여 키가 심하게 작거나 척추에 현저한 변형 또는 기형이 있는 사람

사. 지체(肢體)에 위 각목의 1에 해당하는 장애정도 이상의 장애가 있다고 인정되는 사람

② 뇌병변장애인

뇌성마비, 외상성 뇌손상, 뇌졸중(腦卒中) 등 뇌의 기질적 병변으로 인하여 발생한 신체적 장애로 보행이나 일상생활의 동작 등에 상당한 제약을 받는 사람

③ 시각장애인

가. 나쁜 눈의 시력(만국식시력표에 따라 측정된 교정시력을 말한다. 이하 같다)이 0.02 이하인 사람

나. 좋은 눈의 시력이 0.2 이하인 사람

다. 두 눈의 시야가 각각 주시점에서 10도 이하로 남은 사람

라. 두 눈의 시야의 2분의 1 이상을 잃은 사람

④ 청각장애인

가. 두 귀의 청력 손실이 각각 60데시벨(dB) 이상인 사람

나. 한 귀의 청력 손실이 80데시벨(dB) 이상, 다른 귀의 청력 손실이 40데시벨(dB) 이상인 사람

다. 두 귀에 들리는 보통 말소리의 명료도가 50퍼센트 이하인 사람

라. 평형 기능에 상당한 장애가 있는 사람

⑤ 언어장애인

음성 기능이나 언어 기능에 영속적으로 상당한 장애가 있는 사람

⑥ 지적장애인

정신 발육이 항구적으로 지체되어 지적 능력의 발달이 불충분하거나 불완전하고 자신의 일을 처리하는 것과 사회생활에 적응하는 것이 상당히 곤란한 사람

⑦ 자폐성 장애인

소아기 자폐증, 비전형적 자폐증에 의한 언어·신체표현·자기조절·사회적응 기능 및 능력의 장애로 인하여 일상생활이나 사회생활에 상당한 제약을 받아 다른 사람의 도움이 필요한 사람

⑧ 정신장애인

지속적인 정신분열병, 분열형 정동장애(情動障碍: 여러 현실 상황에서

부적절한 정서 반응을 보이는 장애), 양극성 정동장애 및 반복성 우울장애에 의한 감정조절·행동·사고 기능 및 능력의 장애로 인하여 일상생활이나 사회생활에 상당한 제약을 받아 다른 사람의 도움이 필요한 사람

⑨ 신장장애인

신장의 기능 부전으로 인하여 혈액투석이나 복막투석을 지속적으로 받아야 하거나 신장 기능의 영속적인 장애로 인하여 일상생활에 상당한 제약을 받는 사람

⑩ 심장장애인

심장의 기능 부전으로 인한 호흡곤란 등의 장애로 인하여 일상생활에 상당한 제약을 받는 사람

⑪ 호흡기장애인

폐나 기관지 등 호흡기관의 만성적 기능부전으로 인한 호흡기능의 장애로 인하여 일상생활에 상당한 제약을 받는 사람

⑫ 간장애인

간의 만성적 기능부전과 그에 따른 합병증 등으로 인한 간기능의 장애로 일상생활에 상당한 제약을 받는 사람

⑬ 안면장애인

안면부위의 변형이나 기형으로 사회생활에 상당한 제약을 받는 사람

⑭ 장루·요루장애인

배변기능이나 배뇨기능의 장애로 인하여 장루(腸瘻) 또는 요루(尿瘻)를 시술하여 일상생활에 상당한 제약을 받는 사람

⑮ 간질장애인

간질에 의한 뇌신경세포의 장애로 인하여 일상생활이나 사회생활에 상당한 제약을 받아 다른 사람의 도움이 필요한 사람

이상과 같은 기준에 따라 동법 시행규칙에서는 구체적으로 장애의 등급을 표시하고 있다. 이 규정에서는 장애의 등급을 가장 중증인 1급에서부터, 경증인 6급까지 나누고 있다.

2) 장애인복지의 의의

장애인복지란 장애인들의 재활을 이루기 위한 국가나 사회의 전문적이고 조직적인 활동이라고 할 수 있다. 그리고 장애인복지의 이념으로 정상화(normalization)와 사회통합(social integration)의 개념이 있다. 정상화란 장애인이 지역사회 내에서 정상적인 사회생활의 주류에 동참할 수 있도록 하는 것을 의미한다. 이를 위해서는 장애인을 위한 생활조건이나 환경을 조성하여 장애나 사회적 불리로 인하여 파생하는 문제를 최소화하여야 한다. 사회통합은 정상화의 개념에 기반을 두고 있으며, 장애인들이 지역사회 내에서 하나의 인격체로서 일반인과 같은 대우를 받으면서 함께 생활하게 함으로써 그러한 상호작용의 결과로 이루어지는 사회적 효과를 의미한다. 사회복지의 기본적 가치가 사회적 연대(social solidarity)와 사회통합에 있음에 비추어 볼 때, 장애인복지의 이러한 이념은 사회복지 가치의 구현이라고 할 수 있다. 우리나라의 장애인복지법 제3조에서도 장애인복지의 기본이념은 장애인의 완전한 사회통합과 평등을 통하여 사회통합을 이루는 데 있다고 규정하고 있다.

그리고 장애인복지의 중심이 되는 재활(rehabilitation)의 개념을 중심으로 보면, 재활이란 장애인에게 의료적 · 사회적 · 교육적 · 직업적 훈련을 통합적 · 협동적으로 실시함으로써 각 개인에 대하여 가능한 한 최대한의 기능 회복을 부여하는 것이다. Henry Kessler는 장애인의 경제적 자립과 사회적 책임의식을 보다 중요시하여 다음과 같이 언급하였다. "재활은 광의로는 같은 인간에게 일어난 일에 대한 인도주의적 책임이라는 신념에 기초한 인간행동의 철학이며, 협의로는 의료적 · 직업적 훈련을 통해서 완전하고 생산적인 유용한 생을 만드는 것이다." 또한 미국재활협회에서는 "재활이란 장애인의 신체적·정신적·사회적·직업적·경제적 능력을 가능한 한 최대한으로 회복시켜 주는 것"이라 하여 사회심리적·직업적 재활과정을 강조하고 있다. 재활이란 사회적 책임을 강조하는 인도주의를 기본철학으로 하여 모든 장애를 제거하여 사회에 복귀시키는 데에 그 목표를 두며, 신체장애의 발생 초기부터 의료적·직업적·교육적·사회심리적 개입과정을 통하여 서비스 대상자에 따라 개별화되고, 전문직 간의 팀워크에 의한 통합적인 서비스와 장애인 가족 및 지역사회의 참여를 필요로 하는 사업이라고 말할 수 있다.

19세기 초까지 장애인을 위한 일이란 최소한의 숙식을 제공하는 정도의 자선사업이 위주였으나, 현재의 재활사업은 보다 진전된 의의가 부여되고 있다.

첫째, 장애인은 신체 일부에 장애가 있어도 적절한 치료와 훈련을 받으면 직업을 갖고 자립할 수 있는 경우가 대부분이다. 흔히 장애인은 직업을 가질 수 없다는 잘못된 인식에서 열등감이나 패배감을 가져 자포자기하게 되는데 이들이 재활사업을 통해서 자립한다면 부정적인 자아인식을 극복하고 안정된 생활을 영위하게 되므로 개인과 사회발전에 기여하게 된다.

둘째, 재활사업은 국가의 인간자원 개발에 필요한 것이다. 인간자원의 개발에 의하여 국가의 발전을 추구하는 우리나라에서는 인간의 노동력을 적극 활용하여야 하는데 인적자원의 상당수가 방치되어 있다는 것은 심각한 문제다. 따라서 장애인들이 재활을 통하여 소비적 생활에서 생산적인 생활로 전환될 때 인적자원의 개발이라는 의의가 있다.

셋째, 재활과정에는 의료적 재활, 교육적 재활, 직업적 재활, 사회심리적 재활 등의 여러 과정이 있는데 이 과정 중 어느 한 과정이라도 소홀히 다루어진다면 하나의 인간으로서 사회에 적응하며 원만한 사회생활을 영위하기가 어렵다. 예를 들면, 지체장애인은 의료적 재활만으로는 독립적인 생활을 영위할 수 없다. 이것은 사회심리적 재활과 직업적 재활이 되지 않은 상태인 것이다. 따라서 장애인에게는 한 인간으로서의 전인적이고 종합적인 재활이 요청된다. 재활의 과정을 통해서 문제를 가진 개인으로 하여금 자신의 상황을 극복하고 정서적·직업적·경제적으로 활동할 수 있는 능력을 회복하도록 도와주는 것에 재활의 의의가 있다.

2. 장애인복지의 기본원칙

재활의 이념과 기본원칙

재활의 기본이념은 다음과 같은 원리를 포함하고 있다.

첫째, 모든 인간은 기회의 균등을 보장받아야 한다.

둘째, 인간은 전인격적인 존재다. 인간은 신체적·정신적·사회적·경제적 부분으로 나누어서 인식될 수 없는 총체적인 인격으로서 받아들여져야 한다.

셋째, 모든 인간은 각자의 개성을 지닌 독특한 존재다.

이러한 기본이념에 기초하여 장애인에 대하여 가져야 할 사회의 태도는 다음과 같다.

① 사회는 장애인도 일반 사람들과 동일하다는 점을 인식하여야 한다. 어떠한 중증의 장애가 있어도 그들은 하나의 인격적인 존재다. 장애는 어디까지나 이차적인 것이다. 그러나 장애의 특성으로 인간을 인식하는 사회의 잘못된 편견 때문에 장애인에 대한 태도가 동정적이거나 냉소적이어서 진정한 존엄성을 가진 인간으로서 장애인을 이해하지 못하는 경우가 있다. 모든 인간은 태어날 때부터 평등하며 존중되어야 할 권리가 부여되어 있으며, 장애인도 동등하게 처우받아야 하는 것이 모든 민주사회의 기본이념이다.

② 사회는 장애인의 잠재능력(potentiality)을 인정하는 태도를 가져야 한다. 사회는 장애인들이 가지고 있는 잠재능력을 경시할 뿐 아니라, 이들을 무가치하고 비생산적인 존재로 여기는 경향이 많다. 인간이 가지고 있는 심리적·지적·정서적·사회적 영역의 잠재능력을 발휘하게 하는 데는 개인뿐만 아니라 사회에도 책임이 있다. 사회는 이들로 하여금 사회적 기능을 수행할 수 있도록 도움을 제공할 중요한 책임이 있는 것이다. 즉, 장애인 개개인이 잠재능력을 개발할 수 있도록 부모와 사회 및 서비스기관들이 장애인이 자신 있게 생활할 수 있도록 도와주는 제반 교육과 사회서비스를 제공해야 한다.

③ 사회는 장애인의 사회화에 대한 필요성을 인식해야 한다. 인간은 사회적 존재이기 때문에 사회관계를 떠나서 존립할 수 없다. 출생과 동시에 가정이라는 집단에 속하게 되며, 점차 또래집단, 학교, 이웃, 직업집단 등 사회로 나아가며 성장·발전하게 된다. 이러한 관점에서 장애인에게 활동범위가 제한되어 성숙한 사회적 인간으로 성장할 수 있는 환경이 마련되지 못하면 문제가 되는 것이다. 물론 장애인을 받아들이지 못하는 사회의 태도도 문제이지만 장애인 가족의 열등감이나 태도가 문제 요인이 될 수 있다. 장애인을 가정이라는 울타리 내에 가두어 둘 것이 아니라 가능한 한 조기에 사회참여를 위한 서비스를 받게 함으로써 장애를 극복하고 사회화 과정에 적극 참여케 함으로써 사회적 성숙을 도와야 할 것이다.

재활에 관한 기본원칙은 위와 같은 기본이념에 기초하여 재활의 목표, 시기와 장소, 장애의 수용에 초점을 두고 다음과 같이 제시된다.[1]

첫째, 장애인의 현재 능력을 정확히 파악하며 잠재능력의 가능성을 고려하면서 객관적인 평가를 내려야 한다. 재활의 목표는 이러한 평가에 기초하여야 한다.

---

1. 전용호, 『장애인복지론』, 학문사, 1994, pp. 49-50.

둘째, 재활의 시기는 장애발생과 동시에 가능한 한 조기에 실시하는 것이 바람직하다. 그리고 재활의 장소는 가능한 한 지역사회 내의 전문적인 의료 및 사회서비스 기관에서 실시함으로써 조기에 회복되고 조기에 복귀할 수 있어야 한다.

셋째, 재활과정 속에서 신체기능의 회복과 일상생활 수행능력의 향상과 더불어 장애인이 자신의 장애를 수용하는 것이 중요하다. 장애의 수용을 통하여 장애인은 보다 적극적인 자세로 인생을 설계할 수 있게 된다.

3. 장애인복지의 실천과 서비스

장애인복지의 실천방법은 전문적 사회복지 실천방법의 적용과 다양한 재활서비스의 제공을 통하여 성취되는 것이다. 여기에서는 재활을 위한 사회복지 실천방법과 재활 프로그램 및 사회복지서비스에 관하여 살펴본다.

1) 재활을 위한 사회복지 실천방법의 적용

(1) 개인과 가족을 통한 실천

장애인에게는 개인과 가족을 통한 실천방법을 활용함으로써 ① 내적·외적 압력을 제거하여 자신의 장애를 바로 수용하게 하고, ② 자아의 적응능력의 강화와 주위환경의 개선을 통해 문제해결능력을 강화시키며, ③ 재활에 대한 강한 동기를 갖게 하기 위해서 사물에 대한 흥미나 관심을 개발시키고 적절한 보상기회를 제공해 준다. 가족성원들에게는 ① 정서적 긴장완화와 역기능의 수정을 통해서 가족관계를 강화하고, ② 장애인과 가족성원의 역할에 대한 인식을 바르게 하도록 도움으로써 가족 전체의 역할을 재조직화하며, ③ 장애에 대한 올바른 이해를 갖도록 함으로써 장애인에 대한 부정적인 태도를 수정시킬 수 있다.

(2) 집단을 활용한 실천

장애인에게는 집단활동을 통하여 ① 집단경험을 통해 퍼스낼리티와 행동양식의 발달 및 사회적 능력의 향상을 도모할 수 있고, ② 자신의 장애에 대해서 바른 인식을 갖게 함으로써 정서적인 안정을 갖게 하며, ③ 집단활동을 통한 보상기회의 제공으로 삶에 대한 적극적인 의욕을 갖게 할 수 있다. 가족구성원에게는 ① 집단경험을 통해서 장애에 대한 바른 인식과 정서적 문제의 해결 및 부정적 태도의 개선을 도모하게 할 수 있고, ② 장애에 대한 객관적인 이해를 갖게 하여 정서적인 안정을 얻도록 하며, ③ 집단활동을 통해서 장애인에 대한 올바른 지식을 갖게 되므로 가족 전체의 통합을 이룩하게 한다.

(3) 지역사회복지실천

첫째, 지역사회조직(community organization) 활동을 통하여 ① 재활사업에 필요한 지역사회자원의 동원을 유지시킬 수 있으며, ② 자원봉사자의 활용을 통해서 부족한 자원을 보충하고 주민의 자발적 참여를 촉구할 수 있다.

둘째, 조정(coordination) 활동을 통하여 ① 재활과정에 참여하는 여러 분야의 전문직 간의 팀워크를 더욱 발전시킬 수 있으며, ② 재활시설 간 또는 재활시설과 일반 단체 간의 연락·조정을 위한 체계를 확립할 수 있다.

셋째, 사회계획(social planning) 활동을 통하여 ① 지역사회 내에 있는 재활사업의 욕구나 문제에 대해서 조사활동을 펼칠 수 있으며, ② 재활시설의 설립, 프로그램 및 서비스의 결정, 그리고 재원확보의 방법을 결정할 수 있다.

넷째, 교육과 계몽(education) 활동을 통하여 ① 재활사업의 필요성을 주지시키거나 재활시설의 기능과 역할을 홍보함으로써 지역사회 주민의 이해와 지지를 얻을 수 있으며, ② 구체적인 성공 사례의 제시로 재활 서비스의 이용을 촉구할 수 있다.

다섯째, 사회행동(social action) 활동을 통해서 ① 재활사업에 대한 지역사회의 연대책임의식을 고무시킬 수 있고, ② 장애인재활을 저해하는 물리적 · 사회적 환경을 개선시킬 수 있다.

2) 재활 프로그램

(1) 의학적 재활

의학, 심리학, 교육학, 사회복지학 등 인접과학의 협력으로 이루어지는 재활의 총체 중 의학기술이 담당하는 분야를 의학적 재활이라 한다. 의학적 재활이란 질병이나 사고에 의한 후유증, 만성질환, 노인병 등 장기치료가 필요한 환자의 잠재능력을 개발하여 자연치료를 적극적으로 촉진시키는 기술로서 내과적 · 외과적 치료의 응용과 함께 모든 물리적 · 심리적 수단을 보충적으로 활용하는 일련의 의료조치다. 의학적 재활은 일상생활 동작훈련, 물리요법, 작업요법, 언어요법, 보조구에 의한 처치와 이를 통한 훈련, 의료사회복지사에 의한 원조를 포함하고 있다.

(2) 직업적 재활

장애인의 여러 가지 욕구 중에서 직업적인 생활능력의 회복과 장애자의 직업적 신분보장을 위한 일련의 원조를 담당하는 분야를 직업적 재활이라 한다. "직업적 재활은 계속적이며 총체적인 과정의 한 국면으로서 장애인이 적당한 직업을 확보하며 그것을 유지할 수 있도록 직업상의 원조, 즉 직업훈련, 직업지도, 선택적인 직업소개를 제공하는 것이다"라고 국제노동기구(ILO)에서는 말하고 있다. 또한 직업적 재활은 의학적 재활을 기반으로 하여 장애인의 생활을 일반인의 경제사회생활 수준에서 이루어질 수 있도록 하는 것이다. 장애인이라 할지라도 고용 가능성이 인정되는 한 직업적 재활의 대상이 된다. 이러한 '고용 가능성'에서의 고용이라 함은 일반 노동시장에서의 경쟁고용을 말하는 것은 아니며, 파트타임 고용, 보호고용, 가내고용, 자영 등을 포함하게 된다.

(3) 사회적 재활

사회적 재활은 장애가 의학적으로 치유되고 직업기술을 습득하는 것만으로는 충분하다고 할 수 없으므로 인간이 사회생활을 영위하는 데에 따르는 욕구 전반에 관심을 가지고 장애인이 일반사회의 한 구성원이 될 수 있도록 장애인과 사회와의 관계를 개선하는 것을 목표로 하고 있다. 따라서 사회적 재활은 장애인 개인의 문제해결을 위한 미시적 측면뿐 아니라 장애인을 둘러싸고 있는 사회제도와 환경을 개선하거나 발전시킬 수 있는 거시적인 활동까지도 포함하고 있다.

(4) 교육적 재활

교육적 재활이란 장애인이 가지고 있는 능력을 최대한도로 발휘케 하여 사회에서 활용할 수 있도록 도움을 주는 교육제도나 기술을 총칭하는 말이다. 교육적 재활의 대상자는 교육적 욕구를 가지는 모든 장애인이며, 이들은 특수교육을 필요로 하는 학령기의 장애아동뿐 아니라 대학교육, 전문교육, 사회교육 및 기능교육을 받음으로써 최대한도로 유용한 시민이 될 수 있다고 판정된 모든 연령의 장애인을 포함한다.

여기서 특수교육이라 함은 일반아동에게 맞는 교육을 빌려 오는 것이 아니라 장애인의 조건에 맞는 교육을 뜻한다. 그것은 의학적 재활의 흐름에 따라서 심신의 장애부위를 복원시키려는 노력임과 동시에 독자적인 교육과정을 준비하여 장애인의 특성에 맞는 사회생활능력을 향상시키려는 노력이다. 즉, 특수교육이란 장애인의 특성을 현실적으로 인정하면서 그 사람 나름대로 인간으로서 보람 있는 생활을 영위할 수 있도록 능력을 키워 주려는 노력인 것이다.

(5) 심리적 재활

육체적으로나 직업적으로 또는 의학적으로는 사회복귀가 비교적 용이한 장애인에 있어서도 장애라는 사실 때문에 갖게 되는 정서나 심리의 부적응 현상은 사회복귀를 더욱 어렵게 만든다. 이러한 사실을 장애인 스스로가 자각할 수 있고 극복할 수 있도록 원조하는 것은 물리적인 원조 이상으로 중요하며 전 생애에 영향을 미치게 된다. 장애인의 공통되는 심리적 조건으로서 사회적 열등감과 불안을 들 수 있다. 일반인이 장애인을 볼 때 신체의 일부에 결함을 가지고 있는 인간이라는 생각 대신에 장애자는 인간 전체에 결함이 있다고 오해하기 쉽다. 그런데 장애인으로서는 인간으로서의 기본적인 자기존중의 욕구나 사회적 지위에 대한 욕구를 갖기 때문에 정신적 갈등과 욕구불만에 빠지게 된다.

장애인에게 흔히 있다고 생각되는 태도나 행동은 그들에게 공통되는 특이한 성격에 기인하는 것이 아니라 그들 개인의 성격이 장애나 사회적 조건에 의한 영향으로 형성된다. 장애인의 심리적 재활에 문제되는 열등감, 의존심, 몰이해에 대한 공포, 장애를 숨기려는 욕구 등을 극복할 수 있도록 원조하는 것이 임상심리사, 사회복지사 및 정신과 의사 등의 전문직에 의한 심리적 재활이다.

3) 소득보장과 사회복지서비스

(1) 소득보장

장애인을 위한 소득보장으로는 장애인연금, 경증장애수당, 장애아동수당이 있다. 장애인연금의 대상은 만 18세 이상 등록한 중증장애인(1급, 2급, 3급 중증장애)으로 본인과 배우자의 소득인정액이 산정기준액 이하인 자다(2013년도 산정기준액은 단독가구 58만 원, 부부가구 92만 8,000원). 기초수급자의 경우 연금액은 18~65세 17만 4,000원, 65세 이상 17만 원이며, 차상위 계층은 18~64세 16만 4,600원, 65세 이상 7만 원이다. 경증장애수당은 수급자 및 차상위 계층의 만 18세 이상 등록장애인 중 장애등급이 3~6급인 자에게 월 3만 원을 지급한다. 장애아동수당은 수급자 및 차상위계층의 만 18세 미만 장애아동을 대상으로 기초 중증 일인당 월 20만 원, 차상위 중증 월 15만 원, 기초 및 차상위경증 월 10만 원을 지급한다.

보육과 교육지원으로 만 12세까지의 장애아동에 대한 보육료, 최저생계비 130% 이하인 가구의 1~3급 초중고등학생 장애인 본인과 1~3급 장애인의 자녀에 대한 교육비 지원이 있다.

장애인을 위한 경제적 부담경감 대책으로는 장애인의료비 지원, 건강보험 지역가입자의 보험료 경감, 장애인 등록진단비 지급, 보장구 건강보험급여 적용 등이 있다.

장애인 활동지원서비스로는 만 6~64세의 장애인복지법상 1~2급 장애인 중 활동지원 등급이 결정된 자로 활동보조, 방문간호, 방문목욕, 긴급활동지원을 위한 비용이 바우처로 제공된다. 이동권 보장과 관련하여 철도, 도시철도요금 할인, 항공요금 할인 등이 있다. 공공요금으로 유선통신 요금 감면, 이동통신 요금 감면, 전기요금, 도시가스요금 할인, 공공시설이용요금 할인이 있다. 조세감면 대책으로는 1~3급 장애인 승용자동차 개별소비세·장애인차량 취득세 면제, 승용자동차 LPG연료 사용허가, 소득세 공제 등이 있다. 이러한 지원은 등록장애인의 신청에 의하여 제공된다.

(2) 시설보호서비스

시설보호는 전통적인 장애인 보호서비스로서 여기에는 생활시설과 이용시설이 있다. 생활시설은 장애인이 장기간 시설에 거주하면서 보호를

〈표 Ⅲ-5-1〉 장애인복지시설 현황

(2011년 말 기준, 단위: 개소, 인)

구분		시설수(현원)	
장애인거주시설	지체/뇌병변장애인시설	39 (2,102)	490(25,345)
	시각장애인시설	15 (787)	
	청각/언어장애인시설	9 (361)	
	지적 장애인시설	226(10,788)	
	중증장애인요양시설	191(10,798)	
	장애영유아시설	10 (509)	
지역사회재활시설	공동생활가정	637 (2,703)	
	단기보호시설	119 (1,393)	
전체 시설 수		1,246(29,441)	

자료: 보건복지부, 내부자료, 2012.

받는 형태이며, 이용시설은 장애인이 자신의 가정에서 통원하면서 서비스를 받는 형태다. 장애인복지법에서 장애인복지시설은 다음 각 호의 시설로 한다고 규정하였다(제58조).

① 장애인거주시설: 거주공간을 활용하여 일반가정에서 생활하기 어려운 장애인에게 일정 기간 동안 거주・요양・지원 등의 서비스를 제공하는 동시에 지역사회생활을 지원하는 시설

② 장애인지역사회재활시설: 장애인을 전문적으로 상담・치료・훈련하거나 장애인의 일상생활, 여가활동 및 사회참여활동 등을 지원하는 시설

③ 장애인직업재활시설: 일반 작업환경에서는 일하기 어려운 장애인이 특별히 준비된 작업환경에서 직업훈련을 받거나 직업 생활을 할 수 있도록 하는 시설

④ 장애인의료재활시설: 장애인을 입원 또는 통원하게 하여 상담, 진단・판정, 치료 등 의료재활서비스를 제공하는 시설

⑤ 그 밖에 대통령령이 정하는 시설

(3) 재가장애인서비스

장애인복지를 위한 접근방법은 생활시설보호 중심에서 재가보호 중심의 서비스로 발전하고 있다. 생활시설보호는 운영비용의 증가, 폐쇄성, 개인의 사생활 침해 등 수용보호에 따른 문제점이 제기됨에 따라 생활시설보호의 대안으로 지역사회보호 또는 재가보호서비스가 발전하게 되었다.

지역사회보호는 장애인 가정이나 지역사회 내 소규모 주거시설(그룹홈 등)이나 통원시설에서 보호와 서비스를 받는 형태다. 여기에서는 일상생활의 결정이 개인에 의하여 이루어지고 지역사회 환경과의 통합이 이루어진다는 장점이 있다.

지역사회 중심의 재활사업(CBR: community-based rehabilitation)은 재가장애인 서비스의 대표적인 예로서 가족과 지역사회를 자원으로 하여 포괄적인 재활교육 및 치료과정을 통하여 장애와 재활에 대한 올바른 인식을 고취하고 장애인의 문제를 해결해 나가는 방법이다. 이를 위하여 가정방문팀을 구성하고 장애인가정을 방문하여 물리치료, 작업치료, 상담 및 간호서비스를 제공한다.

재가장애인을 위한 복지 서비스는 다음의 지역사회재활시설에 의하여 제공된다.

- 장애인복지관: 장애인에 대한 각종 상담 및 사회심리 · 교육 · 직업 · 의료재활 등 장애인의 지역사회생활에 필요한 종합적인 재활서비스를 제공하고 장애에 대한 사회적 인식개선 사업을 수행하는 시설
- 장애인주간보호시설: 장애인을 주간에 일시 보호하여 장애인에게 필요한 재활서비스를 제공하는 시설
- 장애인체육시설: 장애인의 체력 증진 또는 신체기능 회복 활동을 지원하고 이와 관련된 편의를 제공하는 시설

- 장애인수련시설: 장애인의 문화 · 취미 · 오락활동 등을 통한 심신수련을 조장 · 지원하고 이와 관련된 편의를 제공하는 시설
- 장애인심부름센터: 이동에 상당한 제약이 있는 장애인에게 차량운행을 통한 직장 출 · 퇴근 및 외출보조 기타 이동 서비스를 제공하는 시설
- 수화통역센터: 의사소통에 지장이 있는 청각 · 언어장애인에 대한 수화통역 및 상담서비스를 제공하는 시설
- 점자 도서관: 시각장애인에게 점자 간행물 및 녹음서를 열람하게 하는 시설
- 점서 및 녹음서 출판시설: 시각장애인을 위한 점자간행물 및 녹음서를 출판하는 시설

이 밖에도 공공건물을 지을 때에는 장애인들의 욕구가 충족될 수 있도록 특수시설을 갖추어야 할 것이다. 또한 오락 활동은 중증 장애인이나 훈련 중인 경증 장애인에게 모두 필요한 것이다. 예를 들어, 경증 장애인에게는 자동차운전 훈련이 자극적인 서비스가 될 수 있다. 심리사회적인 효과를 가져올 수 있는 활동으로는 행사, 창작활동, 옥내 · 옥외 수영장 및 운동장을 사용하는 스포츠 등이 있다. 장애인을 위한 오락 활동 중에서 캠프 프로그램은 사회적 참여능력을 발전시키고 사회적 참여에 자신을 갖게 할 수 있다. 이러한 오락활동 서비스를 폭넓게 제공함으로써 이들이 일상생활이나 활동에서 정서적 안정과 즐거움을 갖게 할 수 있다.

4. 장애인복지의 과제

우리나라 장애인복지의 발전을 위한 과제로서는 다음과 같은 내용이 제시되고 있다.

장애인 소득보장의 향상을 위하여 저소득 장애인에게 지급되는 장애인연금과 장애수당을 최저생계 유지가 가능하도록 경제여건의 변화를 감안하여 상향시켜야 한다. 국민기초생활보장 수급자 및 차상위 계층의 18세 미만의 장애아동에게 지급되는 장애아동수당도 기준이 확대되어야 한다. 그리고 정부와 공공기관 3%, 50인 이상 민간기업 2.7%(2014년) 이상 장애인을 고용하도록 하는 장애인의무고용제가 정착되어야 한다. 이외에도 통합적 재활지원체계의 확립, 장애인 편의시설의 확대 및 사회적 인식 개선, 시설 및 의료시설 서비스의 효율화, 장애인 일자리 지원 등이 장애인복지 향상을 위한 정책과제로 제시되고 있다.

연구문제

1. 장애인복지의 이념으로서 사회통합과 정상화의 개념을 설명하시오.
2. 장애인복지를 위한 사회복지사의 역할을 설명하시오.
3. 우리나라 장애인복지 서비스의 내용과 발전방향을 논하시오.

제6장

여성복지

1. 여성문제와 여성복지의 의의

1) 여성문제와 여성복지의 필요성

산업화와 경제개발이 우리 사회에 미친 가장 큰 영향 중의 한 가지는 가족제도의 변화다. 가족제도의 변화는 또한 여성의 삶에 직접적인 영향을 미치면서, 여성과 관련된 다수의 사회문제를 초래하였다. 이러한 여성의 문제에 대한 사회의 인식은 사회취약계층으로서 보호가 필요한 일부 여성의 문제뿐 아니라 전체 여성의 삶의 문제로 확대되었다. 사회경제구조와 가족의 변화와 관련된 여성문제로는 취업여성에 관련된 문제, 가정 내에서 학대받는 여성의 문제, 저소득 여성세대주의 문제 또는 모자가족이 갖는 문제, 미혼모의 문제, 윤락여성의 문제 등을 포함하고 있다.

여성문제의 유형으로는 우선 취업여성의 증가로 인한 여성과 가족이 갖는 문제를 들 수 있다. 또한 가족의 생계를 책임지는 세대주의 사망이나 이혼은 모자가족의 출현경향을 증가시키고 있다. 더욱이 산업화로 인한 이혼율의 증가 경향은 모자가족의 출현을 늘리는 요인이 되고 있다.

그리고 최근에는 가정 내에서 학대받는 여성의 문제도 심각한 사회문제로서 대두하고 있다.

(1) 취업여성의 문제

출산율의 감소로 가족 내 여성의 전통적인 역할이 감소하고 여성의 사회참여의식 증대로 여성의 취업욕구가 증가할 뿐 아니라 여성의 경제활동참가율이 실질적으로 증가하고 있다. 여성의 경제활동참가율은 1980년 42.8%, 1990년 47.0%, 2000년 48.8%에서 2010년에는 49.4%로 증가하였다.[1] 이러한 여성취업의 증가는 특히 기혼여성의 경제활동참여 증가로 취업여성들의 다양한 복지 욕구를 증대시키고 있다. 여성의 복지욕구는 우선 여성의 출산과 관련된 욕구로서 산전산후휴가, 유급유산휴가, 육아휴직 등 모성보호를 필요로 한다. 둘째, 여성의 취업은 보육에 대한 욕구를 증대시킨다. 이에 따른 보육대상 아동수는 증가하여 왔으나 최근에는 저출산의 영향으로 감소하고 있다. 셋째, 자녀교육과 관련된 욕구가 증가하고 있다. 가정교육에서 모에 대한 의존도가 높은 상황에서 여성취업은 자녀숙제, 준비물 챙기기, 도시락 싸주기 등에 시간과 노력이 많이 소요되는 어려움을 가져오게 된다. 넷째, 가정 내에 노부모와 동거하는 경우나 장애인이 있는 경우 여성은 상당한 부담과 갈등을 갖게 된다. 다섯째, 취업여성들은 집안일과 직장생활이라는 이중부담에서 다양한 가사노동에 시달리게 된다.

(2) 여성세대주 또는 모자가정의 문제

여성세대주 또는 모자가정은 형태상 남편(자녀에게는 아버지)과의 사별이나 이별로 인하여 가족 본래의 기능인 성적 기능, 경제적 기능, 자녀의 사회화 기능 및 교육 기능을 상실하게 되므로 많은 장애를 받게 된다.

1. 통계청, 『2010 한국의 사회지표』, 2011.

즉, 남편이나 아버지를 상실한 모자가족의 문제는 악화되거나 심화될 가능성을 다분히 지니게 된다는 사실이다. 모, 자 또는 그 가족이 겪게 되는 문제는 다음과 같다.

첫째, 경제적 빈곤의 문제다. 경제적인 수입원이었던 남편의 사망이나 이혼으로 발생하는 여성가구주 가정의 일차적인 문제는 경제적 어려움이다. '빈곤의 여성화(feminization of poverty)'로 표현되는 여성가구주 가정의 경제적 열악함은 우리나라 기초생활보장 수급자 가구 중 여성가구주가 차지하는 비율이 50%가 넘는다는 사실에 잘 반영되고 있다. 즉 가족의 해체는 여성세대주의 빈곤과 밀접한 관련이 있는 것이다. 이러한 경제적 어려움으로 인하여 여성은 새로운 직장을 찾아 취업해야 하며, 이는 경제적인 문제로서 그치는 것이 아니라 자녀양육과 교육의 문제, 정서적인 안정의 상실 문제 등을 파급시키게 된다.

둘째, 정서적 안정상실의 문제다. 어머니의 경우는 성적·정서적 안정을 상실하게 될 가능성이 많다. 어머니 본래의 역할인 가사나 육아의 역할 외에 세대주로서의 책임이 추가됨으로써 정신적으로 상당한 압박감을 받아 긴장상태에 빠지게 되는 것이다. 더욱이 경제생활이 곤란한 대부분의 모자가족의 경우 정신적·물질적으로 불안정한 상태에 빠져 가족 성원이 각각의 역할을 충분히 수행하지 못하여 가족 간에 상호 갈등적인 긴장을 고조시키게 된다. Otto Pollak은 가족 혼란의 침투성의 원리에 관하여 다음과 같이 말하고 있다. 가장이나 세대주의 정상 역할을 담당할 부가 없는 결손가족의 경우에는 가족성원의 내부에서 역할의 재분배가 불가피하게 된다. 이러한 역할의 재분배는 어떤 개인에게는 서로 모순되는 역할을 요구하게 되는 경우가 생김으로써 퍼스낼리티의 갈등을 초래할 수도 있는 것이다. 이러한 경우에 자아의 기능에도 연쇄반응을 일으켜 혼란을 야기케 된다. 특히 가족의 구조적 결함이 경제적 문제를 가져오고 이러한 경제적 요인은 다시 가족에게 역할의 과중한 부담을 주어 가족 성원의 정서나 상호작용관계에 많은 문제를 내포하게 된다.

셋째, 자녀교육의 문제다. 모자가족은 결손가족의 한 형태로서 우리나라의 경우는 이러한 결손가족 아동들의 비행현상이 두드러지고 있다. 이러한 현상은 어머니가 부득이 취업하여 생계에 전념하게 되므로 자연히 자녀의 양육이나 교육에 대하여 소홀히 될 수밖에 없기 때문에 나타나는 것이다. 따라서 이들 모자가족의 어린이에 대하여 유아원, 보육시설을 통한 양육 및 적절한 교육의 기회부여와 지원이 매우 중요한 과제다.

넷째, 자녀들이 동일시할 대상의 상실 문제다. 남아의 경우 동성의 동일화 대상의 상실로 남성의 역할을 배울 기회를 잃게 되며, 여아의 경우는 이성을 정신적·육체적으로 바르게 이해할 수 있는 기회상실로 인하여 여러 가지 문제를 야기하게 된다. 많은 미혼모들이 이러한 모자가정 출신이라는 조사결과는 위의 사실을 입증해 주고 있다. 이 밖에도 경제상·직업상 및 일상생활에서 야기되는 아동의 양육·교육 및 심리적·정신적 문제, 법률문제 등 복잡한 문제들을 지니는 경향이 대부분이다. 이와 같이 모자가정은 정서적 안정 상실, 자녀의 양육이나 교육의 문제, 동일시할 대상의 상실 등의 문제가 나타나는 경향이 있다.

(3) 학대받는 여성의 문제

가정 내에서 일어나는 아내에 대한 폭력문제는 전통적인 가부장적 가족제도의 사회문화적 배경 속에서 최근 우리 사회에서도 여권의 신장과 함께 사회적 이슈로 등장함으로써 사회문제가 되고 있다. 아내에 대한 가정 내 폭력은 신체적 폭력뿐만 아니라 다음과 같은 다양한 유형으로 나타나고 있다.[2]

첫째, 신체적 폭력은 남편에 의하여 구타를 당하는 것으로서 두들기거나 목조르기, 흉기로 위협하기, 물건으로 때리기 등으로서 폭력의 동기

2. 김인숙 외, 『여성운동과 사회복지』, 나남출판, 1997, pp. 25-32.

는 남편이 아내를 자신의 통제 하에 두려는 것에서 비롯된다. 폭력은 장기화될수록 강도가 세어지며 빈번한 발생률을 보이게 된다.

둘째, 성적 학대는 남편의 외도, 성적 의심, 성적 폭력을 포함한다. 남편이 폭력을 행하는 과정에서 외도 사실을 공언하거나 노골적으로 묘사하며 아내를 비하하고 수치와 모멸감을 느끼게 하며, 아내를 성적으로 의심하거나, 여성이 성적 수치심을 느끼는 가운데 강제적으로 성 관계를 하는 경우다.

셋째, 강제와 위협은 구타과정에서 일어나며, 남편은 아내가 구타관계를 빠져 나가지 못하게 여러 가지 수단을 강구하는데, 그중 여성을 해치겠다고 위협하는 것이다.

넷째, 정서적 학대는 신체적 폭력과 동반하여 일어나며, 폭력의 원인이 여성에게 있다고 비난하며 여성을 비인간화하며 문제가 있는 사람으로 생각하게 한다.

다섯째, 고립화는 여성으로 하여금 이웃, 친지들과의 교류 또는 사회적 활동을 하지 못하게 함으로써 피해여성을 남편에게 의존하게 만들며, 의존과 더불어 학대를 심화시킨다.

여섯째, 경제적 학대는 폭력을 행하는 남편이 아내에게 경제적 자율권을 주지 않거나 직업을 갖고 유지하는 것을 방해하며, 생활비를 주지 않는 경우 등을 포함한다.

이와 같이 학대당하는 여성에게 필요한 것은 우선 신체적인 안전이며, 심리적 안정과 휴식을 위한 피난처를 제공하는 것이다. 그리고 구타당하는 여성이 갖는 심리적인 문제에 대한 상담이 필요하며, 자녀를 위한 보호, 법률적 지원 등의 다양한 서비스가 필요하게 된다.

(4) 미혼모의 문제

미혼모란 법적 혼인관계가 아닌 남자와의 사이에서 아기를 임신했거나 분만한 여성을 말한다. 미혼모의 문제는 오늘의 문제일 뿐 아니라 핵가족화와 더불어 남녀평등사상이나 여성지위 향상, 결혼관 등 일련의 새로운 사회변화와 시대적 배경으로 인하여 심각한 사회문제로 대두되고 있다. 더욱이 혼외 관계의 아기의 출생은 오랜 세월 동안 비난과 오명의 대상으로 낙인찍혀 왔다. 따라서 미혼모의 문제는 다른 복지 영역과는 달리 미묘하고 복합적인 문제의 요소를 가지고 있는 특정 영역이다.

우리나라에서 미혼모는 해마다 증가추세에 있음이 입양기관들의 상담 실적에서 잘 나타나고 있다. 국내입양기관을 통하여 입양된 아동에 기초한 미혼모 통계를 보면, 증가하는 추세를 보이고 있다. 이 외에 아동을 스스로 양육하는 미혼모 등을 감안하면 미혼모의 수는 더 클 것으로 추정된다.

미혼모에 관한 한국여성정책연구원의 연구결과[3]에 의하면, 미혼모자 시설 입소 미혼모의 연령은 19세 이하가 26%, 20~24세가 37%, 25~29세가 23%, 30세 이상이 55%로 나타나고 있다. 향후 미혼모의 자녀와 관련된 계획은 58.4%가 양육을 하고 있고 6.4%가 양육을 계획하고 있었으며, 국내입양은 21%, 국외입양은 11.9%이었다. 입양이나 양육에 대해서 아직 결정하지 못한 여성은 2.4%로 나타났다.

미혼모는 도움이 필요한 어떤 다른 대상들보다 정서적으로 안정되지 못하고 정상적인 생활을 유지하기가 매우 어려운 환경에 처해 있다. 법적으로나 도덕적으로 미혼모라는 낙인이 찍히는 것에 대해서는 인내하기가 어려운 일임에 틀림없다.

사회적으로 남녀의 이성교제가 자유로워지고 있지만 혼전 성 관계에 따른 임신이나 출산에 대해서는 비도덕적인 것으로 간주되고 용납되지 않을 뿐 아니라 어린아이도 사생아로서 법적으로 적절한 보호를 받기가 어렵게 되어 있다. 이러한 상황에서 많은 어린 미혼모들은 인간의 고귀

---

3. 이미정 외, 『양육미혼모 지원 복지서비스 개선방안』, 한국여성정책연구원, 2010; 김혜영 외, 『미혼부모의 사회통합방안 연구』, 한국여성정책연구원, 2009.

한 생명체를 무책임하게 다루기 쉬운 것이다. 모성의 본능으로 자신이 출산한 아기를 자기의 생명 이상으로 여기는 마음은 간절하지만 현실적으로 그 아기를 키울 수 없는 상황에 부딪칠 때, 아기를 스스로 키울 것인가, 입양을 시킬 것인가, 시설에 위탁할 것인가 등에 대해 결정을 내려야 하는 과정에서 미혼모는 정서적 불안과 갈등에 빠지게 되는 것이다.

미혼모로서 견디기 어려운 또 다른 문제는 가족이나 주변인들의 태도다. 이들을 이해하고 안정감을 주어야 할 가족이 오히려 냉대와 죄인시하는 것은 견디기 어려운 일이다. 그리하여 미혼모 자신의 결정은 거의 무시되고, 일방적으로 아기의 입양만을 강요할 때 이들은 일생을 통하여 정서적 불안과 부정적 감정에 사로잡혀 불행하게 되기 쉬운 것이다.

미혼모는 아동과 관련하여 그의 모성역할에서 많은 현실적 문제에 당면하게 된다. 우선 아동의 장래보호 문제에 대한 결정을 내려야 하는 어려움에 봉착하게 된다. 즉 아이의 양육문제다. 미혼모나 그의 가족들은 아기를 어떻게 해야 할 것인가를 놓고 많은 갈등과 고민에 빠지게 된다. 아기를 직접 키울 것인가, 입양시킬 것인가, 일시 대리가정에 위탁 보호할 것인가, 아니면 추정되는 부에게 맡길 수 있을 것인가 등으로 고심하게 된다. 또한 미혼모로서는 아기 양육을 위한 재정적 지원, 즉 생활비, 의료비, 주거할 장소 및 법적 보호 등을 얻을 수 있는 문제에 대해서 고심하게 되는 것이다.

(5) 성폭력피해여성과 성매매여성의 문제

성 가치관의 타락으로 성폭력 피해를 입은 여성들과, 퇴폐향락업소의 증가로 인한 성매매 여성의 문제가 여성문제로 제기되고 있다. 이러한 문제는 사회적으로 잘 노출되지 않고 은밀하게 진행되고 있어 실태파악이 매우 어렵다. 그러나 이들을 보호하고 이들의 사회적・심리적 고통과 문제를 해결하기 위하여 보다 적극적인 법적・제도적 대책이 요청되고 있다.

2) 여성복지의 의의

여성복지는 여성의 다양한 삶의 문제에 대하여 이러한 문제의 해결과 여성의 삶의 질 향상을 도모하는 국가와 사회의 노력과 활동이다. 여성의 삶의 문제는 성차별 문제, 취업여성 문제, 모자가정 문제, 학대받는 여성 문제, 미혼모 문제, 성폭력과 윤락여성 문제 등 다양하게 나타나고 있으며, 이러한 여성복지의 대상은 요보호 여성과 일반여성을 포함하고 있다.

과거 우리나라에서는 부녀복지라는 개념 아래 윤락여성, 미혼모 등 요보호 여성을 대상으로 하는 상담, 모자보호, 직업보도 등 선별적(selective)이고 제한적인 사업을 전개하였다. 그러나 최근에는 부녀복지의 개념보다는 전체 여성을 대상으로 하는 보편적(universal) 사업을 전개하는 여성복지의 개념이 발전하고 있다. 이러한 여성복지의 개념에서는 남성과 동등한 여성의 권리 신장, 취업기회의 보장, 소득보장, 건강보호, 아동보육, 기타 사회복지 서비스 등의 제공을 포함한다. 또한 여성복지는 전체 여성을 대상으로 할 뿐 아니라 양성 평등의 이념에 기초하여 여성에 대한 성차별의 폐지와 사회참여의 증대 및 삶의 질 향상을 목표로 하고 있다. 이와 같이 여성복지는 여성의 인간다운 삶의 권리를 보장받게 함으로써 여성의 삶의 조건과 질을 향상시키는 국가와 사회의 모든 노력과 실천적 활동이라고 정의할 수 있다.

2. 여성복지의 기본원칙

여성복지를 실천하기 위한 원칙은 여성과 가족에 대한 사회복지 개입을 중심으로 그 의의를 살펴본다.

1) 양성평등의 원칙

여성복지는 양성평등의 이념을 기초로 하여 전개되어야 한다. 헌법 제36조에는 "혼인과 가족생활은 개인의 존엄과 양성의 평등을 기초로 성립되고 유지되어야 하며, 국가는 이를 보장한다."라고 규정하고 있다. 여성이 여자라는 이유만으로 사회적 불평등과 억압을 당하여서는 안 되며, 가정생활, 교육, 취업과 승진의 기회에 있어 남성과 동등한 권리를 보장하여야 한다. 1995년에 제정된 여성발전기본법에서도 이러한 헌법의 정신에 따라 남녀평등과 성차별의 폐지를 기본이념으로 규정하였다.

2) 생존권과 최저생활보장의 원칙

여성복지는 여성의 생존권과 최저생활의 보장을 위해서 전개되어야 한다. 헌법 제34조에는 "모든 국민은 인간다운 생활을 할 권리를 가진다. 국가는 사회보장 · 사회복지의 증진에 노력할 의무를 진다. 국가는 여자의 복지와 권익의 향상을 위하여 노력하여야 한다."라고 규정하였다. 그러므로 여성은 인간의 존엄성과 인간다운 생활의 권리를 보장받아야 하며, 건강과 재산, 행복을 위한 생활의 보장에 필요한 최소한의 조건이 보장되어야 할 뿐 아니라 여성에 대한 신체적 · 경제적 · 사회적 · 문화적 생활의 보장을 위한 대책이 수반되어야 할 것이다.

3) 모성보호의 원칙

헌법 제36조에는 "국가는 모성의 보호를 위하여 노력하여야 한다"고 규정함으로써 모성보호에 대한 국가의 의무를 인정하고 있다. 여성은 여성만이 갖는 임신, 출산, 자녀양육의 기능을 중심으로 특수한 상황에 처하게 된다. 따라서 이러한 모성은 국가와 사회의 보호를 받아야 하며, 이로 인하여 사회적으로 불리한 처우를 받아서는 안 된다.

4) 위기해소의 원칙

생계주이며 가장인 세대주의 불의의 사망이나 이별 등의 사고를 당하게 되면 생활의 안정과 균형을 유지해 오던 가족들은 충격적인 위기에 직면하게 된다. 이러한 위기에서 문제가 되는 것은 정서적인 상황이기보다는 위험한 상황에 대한 개인 및 그 가족집단의 반응인 것이다. 이러한 반응이 공포감, 상실감, 절망감 등의 형태로 계속 작용할 때에는 그 가족은 해체되거나 문제가족으로 전락할 수밖에 없다. 여기에 사회복지 차원의 위기개입(crisis intervention)이 이루어진다면 그 가족은 다시 균형 유지의 상태로 복귀할 수 있을 것이다. 하버드대학의 Erich Lindeman과 Gerald Caplan의 사별에 관한 연구를 보면, 어떤 사람은 슬픔을 당한 후에도 다시 재기하여 생활환경에 잘 적응하지만 어떤 사람은 신경질환이나 정신질환으로 장기간 부적응 상태에 빠지게 되는데, 이러한 초기단계의 문제해결은 위기개입으로 가능하다고 이들은 주장한다. 선진국에서는 위기개입이론을 활용하여 많은 문제가족의 악화를 예방하고 있다. 여성복지는 위기에 개입하는 서비스의 한 방법으로서 가족의 붕괴를 예방할 수 있는 프로그램이다.

5) 자립의 원칙

모자가족 등 취약계층의 여성에 대한 복지기능의 개입은 소극적인 일시보호가 아닌 자립기반 구축을 위한 적극적인 것이어야 한다. 의존적 욕구의 충족이나 보호에 그치는 것이 아니라 여성 스스로가 자립을 도모하며 가정생활 안정과 향상을 기하게 함에 의의가 있다. 가령 시설보호 서비스를 받는 동안 일상생활만을 위한 생존이 아니라 직업보도나 기술

습득으로 건전한 가족의 유지를 위한 정신적 자립의지를 강화하여서 3년 후 퇴소하더라도 어디서든지 정착하여 활동할 수 있는 기반을 마련하게 하는 것이다. 따라서 변화하는 가족체계를 능동적으로 수용할 수 있도록 직업보도나 취업을 위한 복지 서비스가 제공되어야 한다.

6) 생활체계 강화의 원칙

현대사회는 각종 사회조직으로 구성되어 있다. 모든 인간은 크거나 작거나 간에 사회적 체계인 사회조직 속에서 생활을 영위하게 된다. 모자가족이 하나의 조직체계로서 존립하기 어려운 경우에는 보다 큰 사회조직체계를 통해서 보호를 받을 수 있게 하는 것이 우리가 지향하는 복지사회의 기능이며 과제인 것이다. 즉, 약화된 모자가족체계를 강화하기 위해서 지원체계를 확립하지 않으면 안 될 것이다.

7) 모자 일체성의 원칙

여성복지, 특히 모자복지의 기반은 모자일체의 원칙에 입각해서 성립되는 것이다. 자녀들의 건전한 성장발달은 어머니와의 관계를 떠나서는 있을 수 없다는 것이 기본전제다. 즉, John Bowlby가 주장하는 바와 같이 모성상실(maternal deprivation)이 아동에게 미치는 영향은 심각하며 그것이 모든 문제행동의 원인이 된다는 것이다. 일찍이 미국대통령 Roosevelt에 의해 소집된 제1회 백악관회의(1909)에서는 "가정생활은 문명의 가장 높고 아름다운 것이다. 거기에는 정신과 성격을 형성하는 위대한 힘이 있다. 긴급하거나 부득이한 이유가 없는 한 아동을 가정에서 떠나게 해서는 안 된다."라고 하여, 어린이는 어머니와 함께해야 한다는 명제를 주창하였다. 이것이 오늘날의 아동복지 이념으로 고수되어 오면서 모자복지 또는 가족복지사업을 강화하고 있다. 우리나라에서도

모·자의 불가분의 가치를 인정하여 1989년 4월 1일 모자복지법(2005년 모·부자복지법, 2007년 한부모가족지원법으로 개정)을 제정·공포하여 모자가 함께 생활할 수 있도록 하는 모자가족복지시설의 설치운영을 규정하고 있다.

3. 여성복지정책과 서비스

1) 여성복지의 기본정책

여성복지에 관한 기본법으로는 1995년에 제정된 여성발전기본법이 있다. 이 법은 헌법의 남녀평등 이념을 구현하기 위한 국가와 지방자치단체의 책무 등에 관한 기본적인 사항을 규정함으로써 정치·경제·사회·문화의 모든 영역에 있어서 남녀평등을 촉진하고 여성의 발전을 도모함을 목적으로 하고 있다(제1조). 기본이념으로는 개인의 존엄을 기초로 하여 남녀평등의 촉진, 모성의 보호, 성차별 의식의 해소 및 여성의 능력개발을 통하여 건강한 가정의 구현과 국가 및 사회의 발전에 남녀가 공동으로 참여하고 책임을 분담할 수 있도록 함을 규정하였다(제2조). 또한 국가 및 지방자치단체는 남녀평등의 촉진, 여성의 사회참여 확대 및 복지증진을 위하여 필요한 법적·제도적 장치의 마련과 이에 필요한 재원을 조달할 책무를 진다(제5조)고 규정하였다.

이 법에서 규정한 여성복지에 관한 주요 내용으로는 여성정책기본계획의 수립(제7조), 고용평등(제17조), 성희롱의 방지(제17조의2), 모성보호의 강화(제18조), 여성인적자원의 개발(제21조의2), 저소득 모자가정·미혼모·장애인여성·가출여성 등 보호를 요하는 여성을 위한 여성복지 증진(제22조), 직장 및 가정생활의 병행을 위한 영유아보육, 방과후 아동보육, 육아휴직제, 직장 내 수유시설(제23조), 평등한 가족관계 확립

(제24조), 성폭력 및 가정폭력 예방(제25조), 가사노동가치의 평가(제26조) 등을 포함하고 있다.

2) 취업여성 서비스

취업여성을 위한 정책으로는 남녀고용평등법에 의한 직장보육시설과 육아 휴직제가 있다. 육아 휴직제가 남녀고용평등법에 규정됨으로써 이를 활용하는 여성이 꾸준히 증가하고 있으나, 유급보다 무급인 경우가 많아 활용비율이 낮은 실정이다. 맞벌이부부 등이 직장생활과 육아를 병행할 수 있도록 하기 위해 도입된 유급 육아휴직제도가 최근 시행되고 있다. 육아휴직 기준은 ① 계속근로기간 1년 이상, ② 생후 1년 미만의 영아를 가진 노동자이며, 육아 휴직기간은 1년 이내다. 육아 휴직급여 수준은 30일 이상 육아휴직 시 고용안정센터에서 월 50만 원에서 100만 원까지 통상임금의 40%를 육아휴직급여로 지원한다.

또한 영유아보육법에 의하여 설치된 취업여성을 위한 영유아보육시설로는 국공립어린이집, 사회복지법인 어린이집, 법인단체등 어린이집, 민간 어린이집, 가정 어린이집, 부모협동 어린이집, 직장 어린이집이 있다. 보육시설은 정부의 영유아보육시설 확충계획에 의하여 크게 증가하였으며, 2012년도 12월 현재 4만 2,527개 시설에서 148만 7,361명을 수용하고 있다. 이러한 영유아보육시설의 양적 확충은 어느 정도 달성되고 있으나, 모성보호와 보육프로그램의 개발과 향상 등 서비스의 질적 향상을 위한 노력이 요구되고 있다.

그리고 가사와 함께 가정 내의 환자나 장애인 등을 돌보아야 하는 여성의 부담을 경감시킬 수 있도록 사회적 돌봄 시설의 확충, 여성의 돌봄 활동에 대한 수당제도 등 제도적 장치가 마련되어야 한다. 또한 가족에 대한 간병이 필요할 경우 일정기간 휴직할 수 있는 간병휴직제도의 도입이 검토되어야 한다.

〈표 Ⅲ-6-1〉 아동보육시설 현황

(2012년 현재)

구 분	시설수(개소)	보육정원(명)
계	42,527	1,487,361
국공립 어린이집	2,203	149,677
사회복지법인 어린이집	1,444	113,049
법인단체등 어린이집	869	51,914
민간 어린이집	14,440	768,256
가정 어린이집	22,935	371,671
부모협동 어린이집	113	2,913
직장 어린이집	523	29,881

자료: 보건복지부 내부자료, 2013.

3) 시설보호와 재가보호서비스

시설보호과 재가보호의 모자복지서비스는 한부모가족지원법에 기초하고 있다. 이 법은 한부모가족이 건강하고 문화적인 생활을 영위할 수 있도록 함으로써 한부모가족의 생활 안정과 복지 증진에 이바지함을 목적으로 한다. 국가와 지방자치단체는 한부모가족의 복지를 증진할 책임을 진다고 규정하고 있다.

모자복지서비스의 대상은 다음에 해당하는 자로서 아동을 양육하는 자를 말한다.

- 배우자와 사별 또는 이혼하거나 배우자로부터 유기된 여성
- 정신 또는 신체장애로 인하여 장기간 노동능력을 상실한 배우자를 가진 여성
- 교정시설 치료감호시설에 입소한 배우자 또는 병역복무 중인 배우자를 가진 여성

- 미혼여성(사실혼관계에 있는 자를 제외한다)
- 위에 규정된 자에 준하는 여성으로서 여성가족부령이 정하는 여성

성폭력범죄의처벌및피해자보호등에관한법률과 성매매방지및피해자보호등에관한법률에서 규정한 시설로는 성폭력피해자보호시설과 성매매피해자지원시설이 있다.

(1) 시설보호

시설보호를 제공하는 여성복지시설은 다음과 같다.

- 모자가족복지시설: 모자가족에게 기본생활지원, 공동생활지원, 자립생활지원 등을 제공하는 시설.
- 미혼모자가족복지시설: 미혼모자가족과 출산 미혼모 등에게 기본생활지원, 공동생활지원을 제공하는 시설.
- 일시지원복지시설: 배우자(사실혼 관계에 있는 자를 포함한다)가 있으나 배우자의 물리적·정신적 학대로 아동의 건전한 양육이나 모의 건강에 지장을 초래할 우려가 있을 경우 일시적 또는 일정기간 동안 모와 아동 또는 모에게 주거와 생계를 지원하는 시설.
- 성매매피해자지원시설: 성매매피해자등을 지원하는 시설로서 일반지원시설, 청소년 지원시설, 외국인여성 지원시설.
- 성폭력피해자보호시설: 성폭력피해자에 대한 상담, 일시보호, 안정회복, 사회복귀지원 등의 서비스를 제공한다.

(2) 재가보호

① 복지급여

모자가정을 위한 복지급여 내용으로 국가 또는 지방자치단체는 한부모가족지원법 제11조의 규정에 의한 복지급여의 신청이 있는 경우 다음

〈표 Ⅲ-6-2〉 여성복지시설의 유형과 서비스 내용

시설구분	입소기준	입소기간	지원내용
모자가족 복지시설	무주택 저소득 모자가정: 모와 18세 미만(취학 시 20세 미만) 아동 미혼모시설 퇴소자 중 아동을 양육하는 미혼모 모자가정 기본생활지원형, 공동생활지원형, 자립생활지원형	기본생활지원형, 자립생활지원형(3년). 공동생활지원형(2년)	생계지원, 중·고등학교 학비지원, 방과후 지도 및 아동급식비, 직업훈련수당, 영구임대주택 입주지원, 자립정착금, 보육시설 이용 시 보육비용 등
미혼모자 가족복지 시설	미혼모로서 보호가 요구되는 여성 기본생활지원형, 공동생활지원형	기본생활지원형(1년), 공동생활지원형(2년)	숙식, 산전·분만·산후 의료지원, 자립지원(직업교육, 상담) 등
일시지원 복지시설	배우자 학대로 아동의 건전양육과 모의 건강에 지장초래 우려가 있는 모 및 희망 모	6개월 이내	숙식, 상담, 아동의 교육 지원 등
성매매 피해자 지원시설	성매매피해여성(일반, 청소년, 외국인여성)	1년 이내(외국인 3개월 이내)	숙식, 상담치료, 의료지원, 취업정보제공, 기술교육, 자활지원 등
성폭력 피해자 보호시설	본인희망자, 미성년자로서 보호자의 동의가 있는 경우, 보호자의 동의를 받을 수 없는 경우 등 성폭력피해자	6개월 이내 (1개월 1회 연장가능)	상담, 일시보호, 안정회복, 사회복귀지원, 기타보호 등

각 호의 복지급여를 실시할 수 있다. 다만, 이 법에 의한 보호대상자가 국민기초생활보장법 등 다른 법령에 의하여 보호를 받고 있는 때에는 그 범위 안에서 이 법에 의한 급여를 하지 아니한다.

- 생계비
- 아동교육지원비
- 직업훈련비 및 훈련기간 중 생계비
- 아동양육비
- 기타 대통령령이 정하는 비용

② 고용의 촉진

국가 또는 지방자치단체는 모자가정의 모와 아동의 고용을 촉진하기 위하여 적합한 직업훈련의 실시와 취업알선에 노력하여야 한다. 그리고 국가 또는 지방자치단체는 각종 사업장에 모자가정의 모와 아동이 우선 고용되도록 노력하여야 한다.

③ 공공시설 내 매점 및 시설 설치

국가 또는 지방자치단체가 운영하는 공공시설의 장은 그 공공시설 내에 각종 매점 및 시설의 설치를 허가하는 경우 이를 모자가정 또는 모자복지단체에 우선적으로 허가할 수 있다.

④ 시설의 우선 이용

국가 또는 지방자치단체는 모자가정의 아동이 공공의 아동편의시설과 기타 공공시설을 우선적으로 이용할 수 있도록 노력하여야 한다.

⑤ 국민주택의 분양 및 임대

국가 또는 지방자치단체는 주택건설촉진법이 정하는 바에 의하여 국민주택을 분양하거나 임대하는 경우에는 모자가정에 일정비율이 우선 분양될 수 있도록 노력하여야 한다.

(3) 상담 서비스

모자를 위한 생활안정, 그들의 정서적 안정, 자녀들의 올바른 지도 등을 위해서는 특히 상담서비스가 필요하다. 한부모가족지원법에서는 국가 또는 지방자치단체는 한부모가족의 복지를 증진할 책임을 진다고 규정하고 있고, 교육상담 등 가족관계 증진을 위하여 노력하여야 한다. 시설에서도 전문적으로 훈련받은 상담원에 의해 서비스가 제공될 때 바람직한 효과를 가져올 수 있다.

4) 학대받는 여성보호서비스

우리나라에서는 가정폭력방지및피해자보호등에관한법률이 1997년 제정되어 1998년 7월부터 시행되고 있다. 이 법에 의하여, 국가 또는 지방자치단체는 가정폭력상담소를 설치 · 운영할 수 있도록 하였다(제5조). 상담소의 업무는 다음과 같다(제6조).

① 가정폭력에 관한 신고를 받거나 이에 관한 상담에 응하는 일
② 가정폭력으로 인하여 정상적인 가정생활 및 사회생활이 어렵거나 기타 긴급히 보호를 필요로 하는 피해자에 대한 임시보호를 하거나 의료기관 또는 가정폭력피해자보호시설로의 인도
③ 행위자에 대한 고발 등 법률적 사항에 관한 자문을 얻기 위한 대한변호사협회 또는 지방변호사회 및 대한법률구조공단 등에 필요한 협조와 지원의 요청
④ 경찰관서 등으로부터 인도받은 피해자의 임시보호
⑤ 가정폭력의 예방 및 방지에 관한 홍보
⑥ 기타 가정폭력 및 피해에 관한 조사 · 연구

또한 국가 또는 지방자치단체는 가정폭력피해자보호시설을 설치 · 운영할 수 있다. 보호시설은 다음의 업무를 담당한다.

① 제6조 각 호의 업무
② 피해자를 일시 보호하는 일
③ 피해자의 신체적 · 정신적 안정 및 가정복귀를 돕는 일
④ 다른 법률에 의하여 보호시설에 위탁한 사항
⑤ 기타 피해자의 보호를 위하여 필요한 일

쉼터는 공공기관이 직접 운영하거나 사회복지법인 등이 위탁 운영하는 경우, 여성단체나 종교단체 등 민간기관이 운영하는 경우가 있다. 학

대받는 여성을 위한 서비스로는 '쉼터'와 같은 보호시설을 중심으로 다음과 같은 서비스가 제공된다.

① 긴급전화서비스: 가정폭력에 효과적으로 대응하기 위하여 긴급전화가 필요하며, 현재 여성긴급상담전화 1366이 설치·운영되고 있다.

② 교통 및 의료 서비스: 위기 전화가 걸려오면 교통수단을 제공하여 즉각 출동하고 의료기관에 연계하여 치료를 받도록 조치한다.

③ 개별상담과 집단상담: 개별상담을 통하여 피해여성의 심리적·정신적인 문제를 해결하고 장래의 결정(집으로 돌아가거나 배우자를 떠나 독립적인 생활을 계획하는 결정)에 관한 도움을 제공한다. 또한 집단상담을 통하여 같은 처지에 있는 다른 여성과 함께 문제를 나누며 해결할 수 있는 방법을 모색한다.

④ 장기 또는 일시 보호: 장기서비스는 학대받는 여성이 6개월 이상 보호를 받을 때이며, 이러한 결정이 이루어진 다음에 집이나 친정으로 귀가하거나 독립적인 생활을 하게 된다. 그리고 장기보호서비스 후에도 위험의 정도에 따라 일시보호를 제공할 수 있다.

⑤ 교육프로그램: 학대받는 여성에게 필요한 서비스로서 교육프로그램을 통하여 자아를 강화한다. 프로그램의 내용은 교양교육, 자기주장훈련, 법률교육, 의식변화교육 등이 포함된다.

⑥ 자녀보호: 자녀양육이나 피부양자를 보호해야 할 필요가 있을 경우 도움을 제공한다.

⑦ 정보제공 및 자원연결: 지역사회 내에 필요한 서비스를 연결해 준다. 법적 문제, 의료, 경찰, 기타 복지 서비스를 연결한다.

5) 미혼모서비스

미혼모들에게 일반적으로 다음과 같은 두 가지 서비스를 사회복지기관을 통하여 제공할 수 있다.

첫째, 사회치료서비스로서, 생활보호, 쉼터제공, 의료혜택, 법률상담, 직업상담, 교육상담 등을 포함한다.

둘째, 심리치료서비스로서, 이것은 혼외 관계 임신에서 발생하는 정서적인 장애나 갈등, 긴장 등의 문제나 임신과 관련된 심리적인 문제들을 해결하도록 돕는 서비스다. 구체적으로는 미혼모와 그 가족 간의 변화된 관계, 미혼부와의 관계, 동료들과의 변화된 관계, 임신이나 예상되는 출산경험에 대한 미혼모의 반응, 아동에 대한 장래 계획, 자아개념의 변화, 임신을 하도록 동기를 유발한 전반적인 정서적 요인 등에 대한 심리적인 지원과 상담이 될 것이다. Costin은 미혼모와 아기를 위한 서비스로서 구체적으로 일곱 가지를 분류하고 있다.[4]

① 사회복지서비스
② 보건 및 의료 서비스
③ 미혼모를 위한 주거환경서비스
④ 상담과 심리요법
⑤ 10대 미혼모를 위한 서비스
⑥ 법적 서비스
⑦ 미혼부에 대한 서비스

우리의 현실에서도 미혼모 문제의 심각성에 비추어 볼 때 문제 예방과 대책을 위한 적절한 서비스가 제공되어야 하겠다. 우선 미혼모의 상태에 빠지지 않도록 예방 프로그램이나 서비스를 강화해야 할 것이다. 성도덕과 가치관의 변화, 결혼의 신중성 및 성 지식 등의 결핍현상이 미혼모 발생을 초래하고 있다. 따라서 가정이나 학교에서 일반 청소년에 대한

4. Lela B. Costin, *Child Welfare: Policies and Practice*, New York: McGraw-Hill Company, 1972, pp. 235-248.

성교육 프로그램과 서비스를 통하여 미혼모 예방에 노력해야 하겠다.

미혼모를 위하여 우선적으로 강화해야 할 프로그램은 상담 서비스다. 이를 통하여 미혼모의 부정적 상반감정을 완화할 수 있는 전문가의 개입 기술을 활용하며, 또한 자녀의 양육에 대해서도 주도적인 선택과 결정을 할 수 있도록 도와야 한다. 미혼모가 어떤 자기결정에 도달했을 때에는 관련되는 자원이나 서비스를 적절히 제공해야 할 것이다. 자녀의 양육을 희망할 때에는 사후 서비스에 역점을 두어 현실의 문제 해결을 적극적으로 도우며, 경제문제를 가지고 있을 때에는 적절한 취업 알선을 해야 할 것이다. 정부 차원에서는 민간기관의 복지 프로그램과 서비스를 지원하여 미혼모 가족이 당면한 문제를 해결해 나가도록 해야 할 것이다.

6) 성폭력피해여성보호서비스

성폭력피해여성을 보호하기 위하여 1994년에 "성폭력범죄의 처벌 및 피해자보호 등에 관한 법"이 제정되었으며, 2011년 현재 성폭력피해상담소가 전국에 163개소, 성폭력피해자보호시설 19개소가 설치되어 있으며, 여성긴급상담전화가 설치되었다. 이러한 시설의 서비스로는 다음의 내용이 포함된다.

① 성폭력피해를 신고받거나 이에 관한 상담
② 성폭력피해로 긴급히 보호를 필요로 하는 자를 보호시설로 인도
③ 가해자에 대한 고소와 피해보상 청구 등 사법처리 절차에 관하여 대한변호사협회, 대한법률구조공단 등 관계기관에 필요한 협조와 지원 요청
④ 성폭력범죄의 예방 및 방지를 위한 홍보

그러나 이러한 보호시설과 서비스는 지역적으로 매우 한정되어 있어서 성폭력피해자를 보호하기에는 부족한 실정이다. 이러한 성폭력의 예

방과 피해여성보호시설의 확보, 서비스의 향상을 위한 대책이 국가, 여성단체, 민간기관의 협력체계에 의하여 구축함이 필요하다.

연구문제

1. 우리나라 여성복지의 개념의 발전에 관하여 논의하여 보시오.
2. 여성복지의 대상과 이들이 갖고 있는 문제와 사회적 욕구를 설명하여 보시오.
3. 여성복지의 대상별 복지서비스의 발전방향을 논의하여 보시오.

제 7 장

가족복지

1. 가족문제와 가족복지의 의의

1) 가족문제와 가족복지의 필요성

(1) 가족의 의의와 가족문제

인간은 누구나 홀로 생존할 수 없으며, 출생과 동시에 사회의 최소 단위인 가족에 소속될 수밖에 없는 존재다. 인간이란 가족집단에 속해야 할 뿐 아니라 가족이 갖는 고유한 자연적인 생애주기, 즉 태아의 출생, 성장과 발달, 변화와 위기에 적응할 능력, 새로운 가정의 형성과 성장 및 점진적인 축소의 과정을 거치게 된다. 이와 같이 가정은 인간에 있어서 가장 기본적이며 필수적인 삶의 터전이며 과정이다. 고대로부터 현대에 이르기까지 그 형태나 기능은 변화하면서도 가족제도는 유지되고 있다.

가족의 일반적 성격을 이해하기 위해서 다음의 두 가지 정의를 인용할 필요가 있다. 첫째, 가족은 단순한 개인의 집합체가 아니라 소집단이며 생명과 구조와 그 자체에 규제를 갖는 하나의 역동적 실체다. 가족 내부의 어느 한 성원의 활동은 다른 모든 성원에게 영향을 미치고 반응 혹은 반작용을 일으키며, 가족의 균형에 변화를 가져오게 한다. 그리고 상호간에는 서로 관련되는 역할이 내재되어 있다. 이와 같이 가족은 ① 하나의 역동적인 체계이며, ② 개인과 가족의 밀접한 상호관계성이 중요시되며, ③ 역할 기능이 내재되어 있다.

둘째로 가족은 환경과의 상호작용의 산물이다. 가족은 내외의 환경으로부터 받는 각종의 영향에 민감하게 적응하는 융통성을 가진 생활단위이다. 외부와의 관계에서 가족은 사회적 관습이나 제도에 적응해야 하며, 종교적 · 사회적 · 경제적인 힘과 실질적인 관계를 잘 유지해야 한다. 그리고 내적인 관계에 있어서는 부부간 또는 부모자녀 간의 기본적인 관계가 잘 유지되어야 한다. 즉 생물학적으로 가족은 종족을 유지하는 기능을 갖고 있으며, 심리적으로 애정적 욕구를 충족하기 위한 기능을, 경제적으로 물질적 욕구를 충족하기 위한 기능을, 사회적 · 문화적으로는 사회의 도덕이나 관습에 잘 적응할 수 있는 기능을 가지고 있다. Ackerman은 가족의 개념에 ① 진화, ② 적응, ③ 기능의 속성을 반영하고 있다. 따라서 위의 두 정의의 속성을 함께 묶어 분류하면 가족은 ① 구조적 특성(최소단위 인간생활의 집합체, 역동적 실체), ② 기능적 특성(역할, 적응, 상관성), ③ 발달적 특성(진화의 산물)을 가지고 있다. 건전한 가족을 위해서는 이와 같은 특성에 대한 이해가 수반되어야 한다.

(2) 가족의 생활주기와 문제

가족의 생활주기(family life cycle)란 가족생활을 발달단계별로 고찰해서 각 단계가 지니고 있는 가능성과 문제점을 파악하고 가족생활 내에 흐르고 있는 리듬과 생활의 조화를 이해할 수 있도록 가족생활의 유형을 구분해 놓은 것이다. 가족생활주기는 가족구성원의 변동, 가족생활의 수입과 지출, 자녀교육 상태, 주부의 직업유무 및 자녀의 성장발달 등 다양한 요인에 따라 여러 단계로 구분할 수 있다. 일반적으로 가족의 생활주기는 가정의 형성으로부터 자녀의 성장까지 가족확대기로 보고, 자녀들이 가족을 떠나 자신의 가정을 가지며 그 후에 배우자 중의 하나 혹은 양쪽이 사망하여 가족이 축소되는 시기까지를 가정축소기로 보아 두 단계로 구분하는 것이 기본적인 방법이다. 가족생활주기를 단계적으로 ① 결혼적령기 가족, ② 부부만의 가족, ③ 아동기 가족, ④ 사춘기 가족, ⑤ 진수기 가족(중년기 부부가족 포함), ⑥ 노년기 가족으로 나누어 고찰해 본다.

① 결혼적령기 가족

가족은 결혼에 의해 형성된다. 종전의 결혼은 중매를 통해서 이루어졌지만 최근에는 주로 당사자들의 합의에 의해 이루어지고 있다. 그러나 연애결혼에 의한 결혼성공률이 반드시 높지 않다는 점에 문제가 있다. 가족생활에 문제를 초래하게 되는 원인은 혼인에 의해서 이루어진다 해도 무방하다. 그러므로 배우자 선택은 결혼생활의 행복 또는 불행에 영향을 준다. 대부분의 가족연구자에 의하면, 결혼의 행복은 그 부부가 자라난 가정의 행복과 밀접한 관계가 있다. 예외는 있지만, 일반적으로 부부의 출신가정의 부모가 행복하고 서로 사랑하고 정상적이며 사회적으로 적절한 방법으로 자녀들을 사랑할 경우 행복한 결혼을 할 가능성이 높아진다. 반면에 불행한 결혼은 가족의 불화, 생활곤란, 소년비행, 정서적 또는 정신적 장애 등 많은 불행을 초래하며, 이러한 문제를 가진 가정에서 자라온 자녀들은 결혼하여 가정을 가질 때 불행해지는 경우가 있다는 것이다. 가족주기의 첫 단계인 결혼적령기 가족을 위해서는 건전한 배우자 선택이 장래의 건전한 가족을 유지할 수 있는 첩경이므로 미혼성년들에 대한 각별한 관심과 지도가 요청된다.

② 부부 가족

결혼을 고독이나 확대가족에서의 어려웠던 문제를 해결하기 위한 도피처로서 보려고 하는 일부 경향이 있다. 그러나 결혼은 가족성원의 지위를 변화케 하는 복잡한 과정에 새로이 진입하는 것이다. 결혼은 부부로서 어떻게 함께 생활하고 일하며 여가를 보낼 것인가 등 생활양식의 재조정을 요구하며 부모, 형제, 친척들과의 관계도 새로이 재조정되어야 한다.

가족형성기에서의 가족의 목표는 무엇보다도 부부로서의 새로운 생활에 적응함에 있다. 가족생활을 영위하기 위하여 부부는 특별한 상호보완의 기능과 상호적응의 기능을 수행해야 한다. 또한 부부하위체계는 밖으로부터의 스트레스에 대한 피난처가 될 수 있다. 부부체계는 학습, 창조 및 성장을 촉진시키며 상호적응의 과정에서 상대의 잠재적이고 창조적인 측면을 일깨워 서로의 장점을 지지할 수 있어야 한다.

③ 아동기 가족

이 단계의 변화를 위해서는 한 세대 위의 어른들이 어린이 세대를 보살펴야 한다. 첫아이의 탄생과 함께 새로운 가족을 형성하게 된다. 손상되지 않은 부부체계는 그의 특징인 상호적 지지를 잃지 않은 채 아동을 사회화시키는 과제를 수행한다. 또한 자녀가 태어나면 그들의 보호·양육 및 발달이 부모의 목표가 되어야 한다. 그러나 부모가 서로 책임을 전가하거나 자녀양육의 능력이 없을 때에는 문제들이 야기된다. 때로는 부모 중 필요한 권위를 행사하지 못하는 경우도 있다.

자녀양육의 과정은 아동들의 연령에 따라 다르다. Erickson은 아동기를 영아기, 유아기, 학령전기 및 학령기로 분류하여 각기 발달상의 특성과 문제의 위기를 설명하고 있는바 간단히 요약하면 다음과 같다.

- 영아기: 영아의 최초의 과제는 건전한 퍼스낼리티의 토대인 자신을 둘러싼 환경에 대한 기초적인 신뢰감을 조성하는 일이다. 이 신뢰감은 어린이 자신과 중요한 관계를 맺는 초기의 사람들과의 경험을 통해서 얻게 되는 만족 여부와 관련된다. 이러한 감정은 적절한 시간에 음식물을 제공받음으로써 이루어지는 욕구의 충족, 돌보는 사람으로부터의 보호와 사랑을 받고 있다고 느끼는 심리적 안정 등에서 비롯된다. 따라서 어머니와 아동 간의 정서적 유대의 긴밀함이

중요하다.

- 유아기: 어린이에게는 근육발달과 함께 자율적 의지의 발달이 매우 중요하다. 근육조직이 발달하므로 갖가지 복잡한 동작이 가능해지며 무엇이든 해 보겠다는 자율적 의욕이 강하게 발동한다. 이 기간 중 자기의 의지를 발달시킬 기회를 박탈당하면 수치심이나 의아한 감정에 사로잡히기 쉽다.
- 학령전기: 이 단계에 이르면 자유로이 움직일 수 있는 능력이나 의사소통의 능력이 증대되기 때문에 아동들의 상상력이 발휘되며 호기심을 보이는 시기다. 양심이 이 단계에서 발달하게 된다. 아동으로 하여금 지나친 금지나 죄의식을 느끼지 않으면서 어떻게 과도한 의욕의 한계를 경험케 하느냐가 해결해야 할 과제다. 이 단계에서는 자발적 의식이 이러한 노력의 성공적인 결과로서 생기게 된다. 따라서 건전한 퍼스낼리티의 성장을 위해서는 활동의 공간을 많이 주고 격려를 해 주며, 경우에 따라서는 처벌도 일관성 있게 해 주어야 한다.
- 학령기: 사춘기 이전의 긴 성적 잠복기에 있는 아동들은 타인과 함께 활동하며 또한 생산적인 일을 수행하는 방법을 학습하게 된다. 이 시기의 위기적 상황은 그들의 노력이 인정받지 못할 때 갖게 되는 열등감을 들 수 있다. 따라서 아동이 성취감을 갖도록 도와주어야 한다. 아동을 양육함에 있어서 유의할 점은 부모는 통제나 제약함이 없이 아동을 보호, 양육할 수 없으며 아동은 거부나 공격함이 없이 성장하며 자립할 수 없다는 사실이다. 사회화의 과정은 갈등을 내포하고 있다. 이와 같이 자녀양육은 양육, 지도, 통제의 능력을 필요로 한다. 이들 요소의 배분 비율은 아동의 발달상의 욕구와 부모의 능력 여하에 달려 있다.

④ 사춘기 가족

이들은 급속한 육체의 성장과 성적인 성숙으로 인하여 자기정체감을 확립하려고 하며 사회에서의 자신의 역할이 무엇인지 찾으려고 한다. 즉 이 시기는 개별적이며 독자성을 지닌 자아를 의식하게 되며, 새로운 가치나 사상을 받아들이고 자기평가를 통해 자기상의 확립에 힘쓰는 시기이다. 이 단계에서 예측되는 위험성은 자아의 산만성이다. 즉 다양하고 갈등적인 생활 속에서 어떤 쪽을 선택해야 할 것인가 하는 점에서 상반된 감정이나 사고에 사로잡혀 혼란에 빠지기 쉽다. 따라서 건전한 사춘기 가족의 유지를 위해서는 이 사춘기 가족의 구조적 경계가 개방적이어야 한다. 부모의 지나친 통제나 권위의 행사는 오히려 퇴행과 좌절을 초래하여 탈선의 길로 나가게 하기 쉽다. 부모들은 흔히 자신들의 원하고 기대했던 바를 자녀들에게 강요하는 경향이 있는데 이러한 것이 성취되지 못할 때 부모는 자신의 권위마저 상실하기 쉬운 것이다. 부모는 자녀들의 욕구나 기대에 대하여 성숙한 반응을 해야 하며, 동시에 사춘기 자녀들도 가족 내에서의 자기의 지위나 역할기대를 자각하며 자기발견과 실현, 자기선택과 결정을 해야 한다.

⑤ 진수기 가족

이 시기는 첫 자녀의 결혼에서부터 막내 자녀의 결혼까지를 포괄하는 시기다. 과거의 가정들은 결혼 후 대부분의 생애과정을 통해서 자녀양육과 자녀결혼에 오랜 기간 동안 속박되어 있었다. 그러나 출산율의 저하와 노령화로 인하여 부모들은 자녀들을 분가(진수)시킨 후 중년부부가족의 시기에 이르게 된다. 모든 정력을 자녀양육에 바친 부모들은 무력함과 공허감을 경험하게 되며, 그렇다고 새로운 직업이나 사회활동을 할 수 있는 준비도 되어 있지 않다. 이 시기는 어떤 가족들에게는 결실과 완성의 시기로서 받아들일 수 있는가 하면 어떤 가족들에게는 분해, 허무감, 압도적인 상실, 우울, 와해로 나아가게 한다.

⑥ 노년기 가족

심리적 · 신체적 · 사회적으로 의존적이며 도움을 가장 필요로 하는 노년기 가족은 대부분 고독한 가운데 생활하게 된다. 이들은 생리적 기능의 약화, 사회생활의 은퇴 및 경제적 수입의 저하 등으로 대인관계나 사회관계에 있어서 상처받기 쉽고, 고독감과 타인들로부터 받는 경시와 무관심 때문에 자존심이 상하게 되고 불안을 느낀다. 전통적으로 노인은 가정이나 사회에서 존경의 대상이 되었으나 경쟁력이나 생산성으로 개인의 가치를 평가하는 오늘날의 사회에서 노인의 소외감은 심화되고 있다. 노인에게 스트레스가 되는 여건 중에서 가장 큰 타격은 배우자의 사망이다. 게다가 의지할 데 없는 노인은 정든 곳을 떠나 시설에 수용되어야 하는 고통을 감수해야 한다. 따라서 이들에 대한 사회복지 대책은 매우 필요하며, 경제적 소득보장, 의료서비스, 직업이나 활동분야의 개발, 지역사회의 보호와 서비스를 받을 수 있는 대책이 강구되어야 한다.

이와 같이 결혼적령기 가족의 건강한 배우자 선택, 부부만의 가족의 상호보완을 통한 정서적 안정화, 아동기 가족의 부모자녀 중심의 사회화 기능 강화, 부모의 적절한 자유와 통제 및 성숙한 반응을 통한 사춘기 가족의 정체성 확립, 진수기 가족의 공허함이나 우울감으로부터의 탈피, 노년기 가족의 고립 · 불안에 대한 적절한 대비 등은 건강한 가족의 유지와 발달에 필요한 가족복지의 과제다.

2) 가족복지의 의의

가족복지란 가족문제의 해결과 예방, 사회적 기능수행의 활성화, 생활의 질적 향상 등에 직접적으로 관심을 갖는 사회복지서비스나 과정으로서, 가족구성원 개인이나 가족에 대한 서비스뿐만 아니라 가족제도의 강화나 수정 및 변화의 노력까지 포괄한다. 즉 가족의 전 생애에 걸쳐서

행복하고 안정된 삶을 추구하는 사회구성원 전체의 집단적 노력을 의미한다.[1]

그리고 가족복지는 목적, 대상, 주체, 수단 측면에서 다음의 특성을 갖는다.

첫째, 가족복지의 목적은 국민의 생활권의 기본이념에 입각하여 가족의 행복을 유지하는 것이다. 둘째, 가족복지의 대상은 가족구성원 개개인을 포함한 한 단위로서의 가족 전체다. 셋째, 가족복지의 주체는 국가 또는 사회구성원 전체다. 넷째, 가족복지의 수단은 제도, 정책, 기술적 실천방법과 서비스 등 공공과 민간의 조직에 의한 제반 활동이다.

2. 가족문제의 접근방법

핵가족화의 성격을 띠고 있는 현대사회의 가족은 그 구조나 기능이 축소되면서 가족의 복지를 증진시키기보다 오히려 가족으로 하여금 여러 가지 어려운 문제를 겪게 하고 있다. 현대가족의 특징으로는 일반적으로 가족규모의 축소, 가족기능의 약화, 가족관계의 평등화 등을 들 수 있는데 이러한 특징적인 요소들은 오히려 가족의 약화나 무력화 현상을 빚어내어 다수의 가족들로 하여금 많은 문제를 갖게 하고 있다. 가족복지에 영향을 미치는 가족의 문제들은 어떠한 근원에서 출현하는지 몇 가지 분석적 접근방법을 중심으로 고찰해 본다.

1) 구조적 분석

가족구조가 가족의 복지기능 수행에 미치는 영향은 매우 크다. 가족의

---

1. 조흥식 외, 『가족복지학』, 학지사, 2002, pp. 57-58.

구조적 결함은 가족문제 발생에 근원이 되고 있다. 대표적인 것이 결손가족이다. 결손가족이라 함은 부부 중 일방이 사망하거나 별거, 유기, 이혼 등의 원인에 의하여 결손된 가족으로서 모자가족, 부자가족, 자녀만의 가족 등이 여기에 해당된다. 우리나라의 생활보호대상자나 사회복지기관의 수혜 대상자들의 대부분은 결손가족이다. 두 번째 가족문제의 요인은 가족 구성원 간의 관계에서 찾아볼 수 있다. 가족구성원 간의 관계에 대하여 제기될 수 있는 질문은 ① 가족구성원 간의 연령 차이가 심하지 않은가? (부부간, 부모자녀 간, 자녀 간) ② 남녀 형제가 골고루 있는가? ③ 가족구성원의 수가 너무 많이 있는가? ④ 고령이나 장애인이 있는가? 등으로 가족문제를 분석해 볼 수 있다. 여기서 유의해야 할 점은 결손가족이나 구성원상의 문제가족뿐 아니라 부모자녀로 구성된 가족에도 얼마든지 문제의 근원이 존재하고 있다는 사실이다.

2) 기능적 분석

가족의 기능은 생물학적으로는 종족을 유지하는 것이며, 심리적으로는 상호 의존하여 애정적 욕구를 충족하는 것이며, 경제적으로는 물질적 욕구 충족, 사회문화적으로는 사회의 도덕이나 관습에 적응하는 일이다. 가족은 이와 같은 여러 가지 기능의 총체다. 따라서 가족 내의 기능 장애는 가족문제를 일으키는 요인이 되므로 가족문제를 분석하기 위해서는 그 가족의 기능이 어떻게 수행되고 있는가를 파악해야 하는 것이다.

(1) 가족 내 하위체계의 기능

하위체계는 핵가족인 경우와 대가족이나 3세대 가족형태의 경우와는 많은 차이가 있다. 핵가족은 부부관계 기능, 부모자녀관계 기능, 형제자매관계 기능으로 되어 있지만, 대가족인 경우는 이에 가중하여 고부관계 기능, 조부모손자관계 기능, 친족동거자관계 기능 등으로 더 많은 하위체계를 구성하고 있다. 이러한 하위체계 기능이나 장애요인은 다음과 같이 분석해 볼 수 있을 것이다.

- 부부관계 기능에 있어서 정서적 기능, 성적 기능, 경제적 기능 및 자아강화 기능을 상호간 원활히 수행하고 있는가?
- 부모자녀관계 기능으로서 부모의 육체적·정신적 양육을 통한 자녀들의 성장의 촉진, 자녀들의 건전한 사회화 촉진, 성적 동일시의 발판, 초자아 형성의 기틀, 자아기능의 발달, 건강교육, 유희 등을 위한 자원의 제공과 조정, 새 가정을 위한 건전한 분리 등을 도와주고 있는가?
- 형제자매관계 기능에 있어서 형제 간에 우애 혹은 상호존경심이 있는가, 다툼이 있을지라도 관계는 나쁘지 않는가, 또는 극도의 증오나 경쟁이나 무시하는 일이 있는가 등을 검토함으로써 기능적 측면에서의 가족 문제를 파악할 수 있다.
- 대가족인 경우에는 고부관계 기능에서 시어머니와 며느리, 올케와 시누이 사이에 강한 전제적 지배, 질투나 경쟁의식이 있으면 가족문제는 심각해지는 것이다. 또는 조부모손자 관계에 있어서도 그들간의 결합이 과대할 경우 자녀들에게는 침착성의 결여, 의존적 경향 또는 제멋대로의 행동양식이 형성되어 문제를 야기하게 된다.
- 끝으로 동거자와의 관계 기능에서도 친족부양의 필요성으로 생활을 함께해야 할 경우 경제적 문제, 정서적 안정, 역할배분 등에서 복잡한 문제가 발생할 수 있다.

(2) 가족 구성원의 역할기능

개인이 가족의 한 구성원으로서 마땅히 수행해야 할 역할을 다하고 있는가에 대한 평가도 가족문제 분석에 중요한 것이다. 가족도 하나의 집단이므로 각각의 구성원은 일정한 지위와 그에 수반되는 역할 행동이 있는 것이다. 가족 구성원에게 주어진 역할을 그들이 충족하면 가족의 유대강화나 가족집단의 유지와 안녕에 크게 기여할 수 있다. 따라서 가족 간에 역할수행과 역할 기대가 잘 조화되고 있는가, 또는 어떤 역할갈등이나 혼란이 있는가에 따라 가족문제의 성격도 규명할 수 있을 것이다.

오늘날과 같은 가족형태의 급격한 변천과정에서는 많은 역할 갈등이 발생하여 새로운 양상의 가족문제를 파생하고 있다. 가령, 아동양육 상의 문제로는 아버지의 권위적 역할, 어머니의 지배적 역할, 조부모의 과보호적 역할 등을 들 수 있는데, 이에 대한 바람직한 역할행동이나 방향이 제시되어야 한다. 또한 결손가족에서 역할의 재분배 문제, 가족 구성원의 역할기대에 대한 호응 등이 검토되어야 한다. 이러한 역할갈등이나 문제에 대한 복지 개입을 위해서는 가족상담이나 가족치료를 활용하는 가족복지 서비스가 수반되어야 할 것이다.

또한 가족의 기능이나 역할에 대한 분석적 접근에는 체계이론을 적용하기도 한다. 즉 적응(adaptation), 목표달성(goal attainment), 통합(integration), 잠재화(latency patterning)의 네 가지 기능을 가족이 충분히 수행해야만 가족체계가 유지될 수 있다는 것이다.

하나의 사회집단, 사회체계가 그 생명을 유지하기 위해서는 기본적으로 다음의 기능적 전제요건을 충족해야만 한다는 것이다. ① 가족집단이 외부 사회에 적응하기 위한 적응기능(경제적 기능), ② 가족집단 성원의 욕구를 최대한으로 충족하기 위한 목표충족의 기능(관리적 기능), ③ 가족성원의 욕구나 역할을 조정하기 위한 가치규범에 의한 통합적 기능, ④ 가치규범의 내면화와 그것이 규제되면서 일어나는 동기화의 기능 등이 일정한 임계 범위를 넘어설 때 전체로서의 가족의 균형이 유지되지 못하고 문제를 파생하게 된다는 점에 유의해야 한다.

3) 관계적 분석

가족은 상이한 퍼스낼리티의 집합 이상의 것이다. 가족이란 여러 상이한 퍼스낼리티와 그 영향이 상호작용하는 곳이다. 가족 중의 한 구성원의 활동은 다른 모든 구성원에게 영향을 미쳐서 어떤 반응이나 반작용을 일으켜 가족의 균형에 변화를 가져오게 한다.

Otto Pollak은 이러한 가족관계에 대해서 다음과 같이 분석하고 있다. ① 가족의 성원들이 한 구성원 단위로서 가족 전체에 속하려고 하는가? ② 가정은 가족들에게 요새적인 곳인가? ③ 감옥과 같은 곳인가? ④ 자석처럼 끌리는 곳인가? ⑤ 부부관계가 부자연스럽게, 부적절하게 연장되지는 않는가? 이러한 질문을 통해서 가족관계의 상호작용을 파악할 수 있으며 가족의 문제 해결에 적절히 개입할 수 있을 것이다.

가족이란 관계 면에서 적극성을 띠었다 해도 여러 상황에서 양면 감정이나 부정적 감정을 피하기 어려울 때가 있다. 따라서 가족 내의 항상성 균형유지(homeostasis)의 개념 파악이 필요하다. Ackerman에 의하면, 이 개념은 인간의 유기체로서의 완전성과 연속성을 유지하는 생명활동의 원리이며 부단히 변화해 가는 생활조건하에서 효율적으로 대처하는 능력을 의미한다. 이 작용의 형태는 일반적으로 가족의 생명력이 내외 변화에 직면할 때 그들을 균형화하고 안정화하며 상호적응 또는 재적응해 나가게 한다. 즉 어떤 가족의 적응에 대한 균형유지는 그 가족에서 생기는 모든 대인상호작용의 과정으로 볼 수 있는 것이다. 따라서 가족의 역동적인 적응과 균형의 항상성 유지 기능에 주목할 필요가 있다. 신체 각 기관의 조화적인 기능 때문에 신체가 유지되는 것과 같이 가족집단 내의 복잡한 상호작용의 과정에서 효율적으로 또는 조화적으로 관계 기능을 잘 유지하고 있는가 하는 통찰은 매우 중요하다. 더욱이 어느 시점에서 예기치 못한 변화나 위기상황에 직면하였을 때 어떤 적응기제를 갖고 있는지 분석해 볼 필요가 있다.

4) 사회경제적 조건의 분석

개인이 갖는 사회적 기능의 장애나 결여의 원인이 가족 내에만 있다고 할 수 없다. 지역사회, 경제적·사회적·문화적 요인 등과의 관련도 분석해 보아야 한다. 가족의 사회경제적 조건에 대한 조사평가와 아울러 이러한 조건에 대처할 수 있는 가족의 능력을 이해함으로써 적절한 가족복지가 실행될 수 있는 것이다. 아직도 많은 가족들이 빈곤, 실업, 질병, 비행, 범죄 등의 사회경제적 문제에 직면하고 있으며, 이러한 요인이 다시 가족의 관계나 기능에 많은 문제를 파생시키고 있다. 특히 저소득가족의 경우, 노동력은 있으나 그 기회가 주어지지 않으며, 주어진다 해도 저임금이어서 가계에 어려움을 갖게 된다. 이러한 빈곤가정의 유형으로는 모자가족, 부자가족, 노인가족, 다자녀가족, 소년소녀가족, 환자가족, 부적응 가족 및 복합가족을 들 수 있다. 현대사회에서는 생활의 불안정, 실업이나 저임금은 심각한 가족의 위기를 가져오기 때문에 이에 대한 대책으로 소득보장이 제공되어야 한다.

현대가족에 미치는 사회경제적 영향은 부부관계에도 문제를 조성하고 있다. 남편의 수입만으로는 자녀의 교육비, 주거비, 노후 생활비 등을 마련하기 어려운 실정이므로 부부 공동가계의 경향이 점차로 늘어가고 있다. 더욱이 증대되는 여성의 사회진출은 남성의 전통적 권위의 약화, 성별 역할의 혼란 및 육아의 분담 등의 변화를 가져오게 한다. 이러한 변화를 긍정적으로 수용할 때에는 별 문제가 없겠지만 부정적인 상황에서는 부부관계의 갈등, 이혼 등이 파생하게 된다. 또한 빈곤가족 위주의 대상자에 대한 보충적 대책에서 한 걸음 나아가 일반가족을 위한 제도적인 사회보장체계가 마련되어 가족의 경제적 생활안정 패턴이 확립되어야 할 것이다.

5) 역동적 분석

가족문제를 분석함에 있어서 위에서 언급한 바와 같이 구조적·기능적·관계적 또는 사회경제적 조건 등에 대한 접근과 아울러 이러한 다양한 측면의 상호작용에 의한 역동적 요인에 대한 접근도 의미 있는 분석방법이다.

가령, 초기의 단계에서 어떤 문제(예: 질병문제)가 발생하면 그것이 점차 심화되어 장기화함에 따라 여러 가지 문제들이 뒤따르게 된다. 즉 질병이 악화되고 만성화하면 실업과 함께 가산을 탕진하게 되고 마침내 빈곤문제로 가족관계의 해체에까지 이르게 되는 복합성을 띠게 된다. 이러한 연쇄적으로 파생하는 문제의 해결을 위해서는 위기이론 활용의 필요성이 대두된다.

가족의 구조적 결함은 기능적인 장애를 가져오며, 기능적 장애는 가족의 감정관계에 영향을 미치게 된다. 부부관계의 혼란은 부모자녀관계에 혼란을 가져오며 형제자매관계까지도 혼란케 하는 것이다. 이러한 가족관계의 혼란이 가족 내부에서 외부까지 혼란케 하는 경향을 가족혼란의 침투성의 원리로서 개념화되고 있다. 가족이 그 구조상 결함이 있을 경우, 가족 침투성의 원리는 가족성원 간의 역할의 재분배를 가져올 것이며, 이것은 또한 개인에게 있어서는 모순되는 역할을 받아들여야 하기 때문에 퍼스낼리티의 갈등을 초래할 수도 있다. 형제자매가 부모의 역할을 떠맡아야 한다든가, 부모 중 어느 한 편이 상이한 성의 역할을 맡을 수밖에 없는 경우가 발생하게 된다. 이러한 경우, 자아의 방어기제는 혼란에 빠지기 쉬우며 역할수행이 부적절하게 될 우려가 있다. 가령, 아버지의 사망은 어머니로 하여금 아버지의 역할까지 떠맡게 한다. 어머니는 이러한 이중 역할로 긴장에 빠지게 되고, 이러한 긴장의 장기화나 만성화는 부정적 감정을 누적시키며, 마침내 가족해체의 문제까지 초래한다. 이와 같이 가족 내의 하나의 체계 장애가 다른 체계 및 가족 전체의 체계에 역동적으로 영향을 미치게 되는 것이다. 우리의 현실을 보더라도 가족의 구조적 결함이 경제적 문제를 초래하며, 이것은 다시 감정이나 관계 측면에서 어려운 문제를 제기하고 있다. 따라서 가족복지의 관점에서 가족의 집단역학이나 힘의 파장을 막을 수 있는 전문적 개입이 이루어져서 가족의 균형을 찾을 수 있는 접근 방법이 적극 활용되어야 한다. 이러한 역동적 분석과 개입을 적절히 제공함으로써 가족문제가 확대되기 전에 예방할 수 있으며 문제를 조기에 해결할 수 있다.

3. 가족복지의 실천방법

다양한 가족 문제를 해결하기 위한 가족복지의 실천방법은 크게 정책적 접근방법과 사회사업적 접근방법으로 나눌 수 있다. 정책적 실천방법은 제도적 · 거시적인 관점에서 가족이 잘 유지되고 적절한 기능을 수행할 수 있도록 환경이나 조건을 조성해 주는 간접적인 방법이다. 사회사업적 실천방법은 문제나 고통을 당하고 있는 가족에 대하여 가족복지전문가가 개입하여 직접적인 만남을 통하여 서비스를 제공하는 방법이다.

1) 정책적 실천방법

가족복지정책은 사회복지정책의 하위개념으로서 하나의 정책분야(policy field)이며, 가족에 대하여 어떠한 결과를 가져오는 정책의 수단(policy instrument) 또는 사회정책의 결과를 평가하는 정책의 관점이나 기준(criterion)으로 간주될 수 있다. 이와 같은 가족복지정책은 가족을 대상으로 하는 법률, 소득이전정책, 조세정책, 고용정책, 복지 서비스에 관한 정책을 포함한다.

가족복지정책에 관한 핵심적인 질문의 한 가지는 그것이 전체 사회의 모든 가족을 대상으로 하는 보편적인(universal) 것이어야 하는가 또는 일정한 범주의 가족을 대상으로 하는 선별적인(selective) 것이어야 하는가에 있다. 유럽 복지국가들에서의 가족정책은 대체로 보편적이며, 취약한 가족에 특별한 관심을 두는 정책으로 보완되고 있다. 그러나 미국이나 우리나라의 가족복지정책은 빈곤가족과 같이 취약한 가족에 초점을 두는 선별적 경향이 강하다.

가족복지정책의 목표는 다음의 내용을 포괄한다.[2]

① 가족의 경제적 기능의 지원과 강화
② 아동의 출산과 가족의 지원
③ 피임과 가족계획의 지원
④ 여성과 모성의 노동시장 진입의 촉진
⑤ 모성의 가정 내 역할의 강화
⑥ 여성의 평등과 결혼의 지원
⑦ 노동과 가정생활의 균형의 유지
⑧ 위기, 문제, 변화과정의 가정을 위한 지원

그리고 이러한 목표를 달성하기 위하여 사용되는 가족복지정책의 수단은 다음과 같은 내용을 포함한다.[3]

① 소득이전정책(사회보험, 공공부조, 조세정책 등)
② 고용정책
③ 아동양육정책(아동수당과 조세에 의한 보조금)
④ 법률정책(상속, 입양, 후견, 가족위탁, 결혼, 이혼 등에 관련)
⑤ 주택수당과 주택에 관한 정책

---

2. Sheila Kamerman, "Families Overview," *Encyclopedia of Social Work*, NASW, 1995, pp. 930-931.
3. 위의 글, p. 931.

⑥ 가족보건 및 의료에 관한 정책
⑦ 대인사회서비스 프로그램

2) 사회복지 실천방법

가족에 대한 사회복지실천의 목표는 가족 내의 개인이나 구성원이 가족생활을 원만하게 수행하도록 도와주는 데 있으며, 그 내용은 다음과 같은 서비스를 포함한다.[4]

(1) 가족에 대한 직접적 개입

직접적 개입의 대표적인 것으로 가족복지실천은 가족복지기관의 전문사회복지사가 부부관계, 부모자녀관계, 세대간의 갈등과 같은 문제와 관련하여 가족상담과 같은 기법을 통하여 개입하는 방법이다.

(2) 가족에 대한 돌봄 제공(caregiving)

이것은 발달상의 장애나 기타 장애인 가족, 치매노인 가족, 환자 가족 등 가정 내에서 발생하는 장애와 이들의 돌봄에 관한 어려움을 덜어 주기 위하여 적절한 사회적 돌봄(social care)을 제공함으로써 가족의 역할 수행과 능력을 향상시키는 것이다.

(3) 가족보존과 가정기반 서비스

가족보존서비스는 일정한 단기간 동안 클라이언트의 가정에 제공되는 집중적인 서비스로서, 아동학대, 약물남용, 성적 학대 등과 같은 복합적인 문제를 지닌 가족이 외부의 시설에 배치되는 것을 예방하고 가족의 유대를 강화하기 위한 서비스다. 가족보존 서비스의 목표는 가정 내에서

---

4. *Encyclopedia of Social Work*, NASW, 1995, pp. 927-991; 조흥식 외, 2002, pp. 66-68.

안전하게 보호를 받게 하며, 가족의 유대를 유지·강화하며, 위기 상황을 안정화시키며, 문제에 대한 가족의 대처 기술과 능력을 향상시키며, 공식·비공식 자원의 활용을 촉진시키는 것이다.

(4) 가족치료

가족치료는 문제를 지닌 가족을 하나의 체계 단위로 보고 가족 내 역동적인 상호작용 관계를 분석하고 가족의 문제를 치료하는 방법이다.

(5) 가족옹호

가족옹호(family advocacy)는 지역사회에 필요한 변화를 가져오기 위하여 사람들로 하여금 기술의 적용 및 사회행동의 사명을 가지고 가족욕구에 대한 직접적이고 전문적 지식을 이용케 함으로써 가족의 생활조건을 향상시키도록 계획된 전문적 서비스다. 가족옹호의 목표는 현존의 공적·사적 서비스와 전달체계의 향상뿐만 아니라 새롭고 변화된 형태의 서비스를 개발하는 것이다.

4. 가족복지의 과제

1) 가족복지정책의 현황

우리나라의 가족복지정책에 관하여 법적으로 규정한 내용은 헌법 제36조로서 ① 혼인과 가족생활은 개인의 존엄과 양성의 평등을 기초로 성립되어 유지되어야 한다고 규정하고 있고, 제34조에는 ① 모든 국민은 인간다운 생활을 할 권리를 가진다, ② 국가는 사회보장·사회복지 증진에 노력할 의무를 진다, ③ 국가는 여자의 복지와 권익의 향상을 위하여 노력하여야 한다고 규정하고 있다. 이와 같이 헌법은 가족복지정책에 있

〈표 Ⅲ-7-1〉 건강가정기본법에 의한 가족복지정책

구 분	내 용
가정에 대한 지원(제21조)	가족구성원의 정신적·신체적 건강 지원, 소득보장 등 경제생활의 안정, 안정된 주거생활, 태아검진 및 출산양육 지원, 직장과 가정의 양립, 음란물·유흥가·폭력 등 위해환경으로부터 보호, 가정폭력으로부터 보호, 가정친화적 사회분위기 조성
자녀양육지원(제22조)	보육 및 방과후 서비스, 육아휴직제
가족단위 복지증진(제23조)	사회보험, 공공부조의 운용에 적용
가족건강증진(제24조)	생애주기에 따른 종합적인 건강증진대책 마련
가족부양지원(제25조)	영유아 또는 노인의 부양 지원
양성평등가족관계(제26조)	가족생활교육, 부모교육, 가족상담, 평등가족홍보
가정생활문화 발전(제28조)	가족여가문화, 양성평등가족문화, 가족단위 자원봉사활동, 건강한 의식주문화, 합리적 소비문화, 지역사회공동체문화
가정봉사원(제30조)	가사·육아·산후조리·간병 등 가정봉사원 지원
이혼예방이혼가정지원(제31조)	이혼조정제도, 이혼가족 양육비에 대한 집행 강화
건강가정교육(제32조)	결혼준비교육, 부모교육, 가족윤리교육 등
건강가정지원센터(제35조)	가정문제 예방·상담·치료, 건강가정유지 프로그램, 가족문화운동 전개, 가정관련 정보 및 자료 제공

어서 개인의 존엄과 양성의 평등을 기본 가치로 한 가족생활과 인간다운 삶의 권리를 선언하고 있다.

그러나 가족복지정책의 구체적인 내용에서는 인구 전체의 가족의 유지와 기능을 강화하는 사회보장과 예방적 서비스 대책으로서 종합적인 가족복지정책이 결여되어 있었으며, 결손 또는 해체된 일부 가족에 대한 서비스로서 사후 치료적인 대책에 초점을 두고 있었다. 이에 따라 2004년 2월에 가족복지에 관한 기본법으로 건강가정기본법이 제정되었다. 이 법에 의하면, 가족이란 혼인·혈연·입양으로 이루어진 사회의 기본단위를 말하며, 건강한 가정생활의 영위와 가족의 유지 및 발전을 위한 국민의 권리 의무와 국가 및 지방자치단체 등의 책임을 명확히 하고, 가정

문제의 적절한 해결방안을 강구하며 가족구성원의 복지증진에 이바지할 수 있는 지원정책을 강화함으로써 건강가정 구현에 기여하는 것을 목적으로 하고 있다. 보건복지부 장관은 건강가정기본계획을 5년마다 수립해야 하고, 특별시 · 광역시 · 도에는 건강가정위원회를 두고 있다. 이 법이 규정한 건강가정사업으로는 가정에 대한 지원, 자녀양육 지원, 가족단위 복지증진, 가족의 건강증진, 가족부양의 지원, 양성평등 가족관계의 증진, 가정생활문화의 발전, 가정의례, 가정봉사원 지원, 이혼예방 및 이혼가정 지원, 건강가정교육, 건강가정지원센터의 설치 등을 포함하고 있다.

2) 가족복지의 과제

(1) 가족복지정책의 과제

가족은 사회제도의 기본원형으로 가족이 갖는 문제는 사회의 제도나 정책에 따라 크게 좌우된다. 급격한 산업화나 도시화로 인한 가족의 변화과정을 살펴볼 때, 적절한 종합적인 가족복지제도나 정책의 수립이 수반되지 못하여 여러 가지 사회적 갈등과 가족문제를 제기하여 왔다.

가족기능의 유지강화를 위해서는 사회보장, 직업보도, 보건위생, 교육, 주택, 건전한 지역사회관계와 시설, 문화활동 등에 관련된 제도와 정책이 필요할 뿐 아니라 가족성원들이 이러한 정책에 속하는 제도적 기관들을 효과적으로 활용하여 그들의 사회생활과 가족생활을 조화롭게 하도록 돕는 가족복지서비스가 필요하다. 가족복지정책은 가족생활과 직접 관련되는 영역으로 아동복지, 노인복지, 여성복지 및 가족상담, 가족계획, 가정원조, 소득보장, 주택정책, 가정교육 등을 들 수 있으나, 가족의 문제를 가족 전체의 관점에서 접근하기보다는 아동이나 노인 및 부녀 등 부분적인 보호대상에 대한 보충적인 복지 서비스를 제공하는 데 급급하였다. 특히 가족의 기능이나 관계를 강화하는 대책은 거의 전무한 상태에 있었다고 해도 과언이 아니다.

이러한 가족의 문제에 종합적으로 대응하기 위하여 2004년에 건강가정기본법이 제정되었으나, '건강가정'이란 개념과 혼인 · 혈연 · 입양에 의한 공동체만을 가족으로 규정하는 가족의 정의로 인해 우리 사회에 존재하는 다양한 가족유형을 '비건강가족'으로 규정할 수 있다는 비판이 제기되고 있다. 2010년 인구주택총조사에 의하면, 1인 가구, 2인 가구, 여성가구주의 증가가 최근에 높게 나타나고 있으나 건강가정기본법은 이를 가족의 해체나 위기로 인식하고 있다. 따라서 사별이나 이혼으로 인한 한부모가족, 조손가족, 재혼가족, 동거가족, 공동생활가족 등 다양한 가족유형에 적합한 서비스를 제공하기 위해서는 가족의 개념이 확대되어야 하고 법률의 명칭도 가족정책기본법으로 개정될 필요가 있다.

(2) 가족복지 실천의 과제

선진국에서는 오래전부터 가족복지기관이 발달하여 왔으며, 초기에는 민간기관들이 적극 참여하여 왔지만 최근에는 공공기관이 가정상담이나 서비스 제공에 적극 관여하고 있다. 우리나라의 건강가정지원센터는 가족을 중심으로 한 문제해결을 위하여 설립된 전문적인 서비스 기관이다. 특히 부부갈등, 이혼, 미혼모, 맞벌이 부부, 이주가족의 문제 등 점차 심각하게 증가하는 가족문제를 해결할 수 있는 지역사회의 가족지원 서비스는 가족복지의 맥락에서 매우 중요한 과제다. 그리고 가족문제는 가족의 정신건강(mental health)과 밀접하게 관련하고 있으므로 정신건강증진센터를 통한 서비스 제공이 필요하다.

(3) 가족복지 연구와 임상의 과제

우리나라의 가족관계의 연구는 경제발전과 사회변화에 따라 파생된 가족문제를 해결하기 위하여 그 필요성이 점차 높아지게 되었다. 사회학, 문화인류학 및 가족심리학 영역에서는 가족관계에 관한 연구가 비교적 활발하게 전개되어 왔으며, 이 분야의 연구는 주로 가족제도의 구조나 기능에 집중된 것이었다.

가족문제 해결에 관한 연구는 임상심리, 정신의학, 사회복지학 등에서 많은 연구성과들이 발표되고 있다. 소년비행, 아동의 정서장애와 문제행동의 사례들은 가족문제와 연결되어 있다.

가족상담 연구는 가족복지연구 중에서 가장 대표적인 분야다. 가족상담은 개인과 가족을 둘러싼 환경체계와의 관계에 초점을 두고 가족을 진단하고 치료하는 것을 목표로 삼는다.

가족치료는 정신의학이나 임상심리학 분야에서뿐 아니라 문제해결 기능을 갖는 사회복지 분야에서도 많은 임상적 성과가 있다. 가족치료 연구에는 정신분석 가족치료(Nathan Ackerman), 행동주의 가족치료(R. Liberman), 구조적 가족치료(Salvador Minuchin), 전략적 가족치료(Haley) 등 대표적인 이론들이 있다. 다양한 가족치료 이론들은 대체로 가족체계의 관점을 공유하고 있는데, 가족체계 관점이란 개인의 정신병리나 행동장애는 개인을 둘러싼 가족체계 문제의 반영이라고 생각하기 때문에 체계의 상호작용 관계를 변화시킴으로써 개인과 가족 문제의 해결을 추구한다. 즉 개인을 생태체계(ecosystem) 혹은 환경과의 관계에서 이해하여 이것을 치료의 방법으로 활용하고 있다. 가족복지 분야에서 한국의 가족 문화에 적합한 가족치료 이론이나 모형의 개발과 실천적 적용에 관한 연구가 활발히 전개되어야 하며, 이에 기반한 가족상담이나 가족치료의 접근이 활성화되어야 한다.

연구문제

1. 가족문제에 대한 접근방법을 설명하시오.
2. 가족복지의 실천방법을 정책적 접근과 실천적 접근으로 나누어 설명하시오.

제8장

지역사회복지

1. 지역사회복지의 의의

1) 지역사회복지의 개념

지역사회복지란 일정 지역사회 내에서 주민들의 삶의 질 향상을 목표로 지역사회의 문제를 해결하고 주민의 복지욕구를 충족시키기 위한 정부 또는 민간기관의 다양하고 조직적인 활동을 말한다. 여기에서 서비스의 대상으로 삼고 있는 지역사회(community)란 공동의 지리적 위치에 사는 사람들 또는 동질적인 문화와 이해관계, 생활활동에 기초한 사람들의 집단으로 구성된 사회적 단위를 일컫는다. 이와 같이 지역사회복지란 지역의 복지향상을 위한 포괄적인 제도적 개념으로서 전문 또는 비전문 인력이 지역사회 수준에 개입하여 지역사회에 존재하는 각종 제도에 영향을 주고 지역사회의 문제를 예방하고 해결하고자 하는 일체의 사회적 노력이다. 지역사회복지 개념의 속성에는 다음의 내용이 포함되어 있다.

① 지역성과 기능성을 포함하는 일정한 지역사회 내에서 이루어진다.
② 지역주민의 삶의 질 향상이라는 목표를 가지고 있다.

③ 지역사회의 문제를 해결하고 주민의 복지욕구를 충족시키는 기능을 갖고 있다.
④ 정부와 민간기관이 공동주체가 되어 공공과 민간의 협력이 강화되는 추세다.
⑤ 조직적인 활동을 강조하는 전문적인 서비스와 방법을 사용한다.

그리고 지역사회복지를 실현함에는 다음과 같은 지역사회조직이나 지역사회보호와 같은 개입방법을 이해할 필요가 있다.

지역사회조직(community organization)이란 전문사회복지실천의 방법으로서 지역사회를 구성하는 개인, 집단, 이웃이 사회적 복리를 향상시키기 위해 지역사회 수준에서 전개하는 일련의 활동으로, 공공과 민간의 사회복지기관의 사회복지사에 의하여 수행되며, 추구하는 변화에 대해 조직적이고 의도적이고 계획적이며, 과학적 지식과 기술을 사용한다.

지역사회보호(community care)는 사회적 돌봄을 필요로 하는 사람의 가정 또는 그와 유사한 지역사회 내의 환경에서 서비스를 제공하는 사회적 돌봄의 형태다. 지역사회보호의 특징은 첫째, 가정 또는 가정과 유사한 환경, 즉 통원치료기관, 그룹홈 등과 같은 돌봄의 장이 전제된다는 점, 둘째, 서비스 제공을 위해 함께 동거하는 직원이 없으며, 셋째, 일상적인 생활의 결정은 개인에 의하여 이루어지며, 넷째, 가정에서의 돌봄 또는 가정 외부로부터 서비스를 받는다는 점이다.

반면, 지역사회보호와 대비되는 개념으로서 생활시설보호는 노인이나 장애인 등 사회적 돌봄을 필요로 하는 사람들이 하나의 일정한 시설에서 서비스와 함께 의식주를 제공받으면서 장기적으로 또는 단기적으로 거주하는 형태의 사회적 돌봄이다. 특히 생활시설보호는 주거의 개념이 포함된다는 점과 훈련된 직원이 함께 거주한다는 점, 폐쇄성을 특징으로 엄격한 규율과 절차가 있어 개인의 자유와 선택이 제한된다는 점이 특성이다.

재가보호는 돌봄을 필요로 하는 사람들이 자신의 가정에서 돌봄을 받는다는 개념으로서 여기에는 공공과 민간의 공식적 조직에 의한 돌봄과 가족, 친척, 이웃 등 비공식 조직에 의한 돌봄 모두 포함된다. 이러한 개념은 가정이라는 환경을 강조한다는 점에서 지역사회보호와 유사성을 가지고 있으나 가족적 환경과 유사한 지역사회 환경에서의 돌봄을 포함하고 있지 않다는 점에서 지역사회보호와 차이가 있다. 우리나라에서 사용되는 재가복지의 개념은 가정이라는 장을 중심으로 서비스를 제공한다는 것을 강조하는 점에서 재가보호에 더 가까운 개념이다.

2) 지역사회복지의 역사

지역사회복지의 역사적 배경을 살펴보면, 서구에서는 19세기 후반에 영국과 미국에서 자선조직협회(COS: Charity Organization Society)운동과 인보관(Settlement House)운동이 전개되었는데 이러한 운동이 전문적인 실천방법 차원에서의 지역사회조직의 발전과 지역복지서비스 제공의 출발점이 되었다. 당시 COS와 인보관운동의 역사적 배경은 19세기 후반 빈곤에 대한 국가의 개입이 약화된 상황에서 많은 민간자선조직이 생겨나 활동하였는데 COS는 우애방문원을 통한 개별 가정방문을 실시하고 상담과 서비스를 제공하였고, 자선기관들 간의 서비스 중복과 낭비를 피하기 위하여 빈민을 등록을 하게 하고 서비스를 조정하였다. 이중 개별방문활동은 개별지도방법의 출발이었으며 서비스기관 간의 조정활동은 지역사회조직 방법의 출발로서 의의가 있다. 인보관은 빈곤지역 주민에게 서비스를 직접 제공하는 활동을 전개함으로써 지역사회복지관의 출발로서 의의가 있으며, 이후 사회복지관활동이 세계 각국에 전파되어 운영되고 있다.

20세기 초반에는 미국을 중심으로 지역공동모금과 사회복지협의회가 설립되어 지역사회복지 실천기관으로 발전하였다. 1950년대 이후에는 지역사회조직이 사회복지실천방법의 하나로 확립되었다. 최근의 새로운 발전동향으로는 지역사회조직에 대한 공공부문의 참여증대, 지역사회운동의 증대 등을 들 수 있다.

그리고 우리나라의 지역사회복지의 역사를 보면, 전통사회의 지역복지로서 민간부문에서는 두레, 계, 향약, 사창과 같은 제도가 오래전부터 시행되고 있었고, 공공부문에서는 국가에 의하여 운영되는 사궁 구휼, 의창, 상평창과 같은 제도가 있었다. 일제시대를 전후하여 근대적 의미의 지역사회복지제도가 도입되었고, 해방 후에는 1950년대와 1960년대에는 사회적 혼란과 전쟁의 과정에서 외국의 원조 기관 중심의 지역사회복지가 발전하였다. 1970년대에는 지역사회개발의 일환으로 새마을운동이 전개되었다. 그러나 새마을운동은 위로부터의 지역사회개발전략이라는 점에 한계가 있었다. 1980년대 이후에는 지역복지 서비스와 지역사회운동의 발전기로서 지역사회개발모델에서 벗어나 공공과 민간에 의한 지역복지사업이 증가하고 시민사회운동단체에 의한 지역사회운동이 확대되는 등 다양한 형태의 지역사회복지가 발전하고 있다.

2. 지역사회조직의 목표와 실천모형

1) 지역사회조직의 목표

지역사회조직의 목표는 다음과 같이 과업중심의 목표, 과정중심의 목표, 관계중심의 목표가 있다. 과업중심의 목표는 지역사회의 광범한 욕구를 충족하고 욕구와 자원 간의 조정과 균형을 도모하는 것이며, 과정중심의 목표는 지역주민들의 참여, 자조, 협동능력을 개발 · 강화 · 유지토록 도와 그들이 문제에 보다 효과적으로 대처할 수 있게 한다. 관계중심의 목표는 지역사회와 집단들 간의 관계와 의사결정권의 분배에 있어서 변화를 초래한다.

2) 지역사회조직의 세 가지 모형

Rothman은 지역사회조직의 세 가지 모형으로 지역사회개발 모형, 사회계획과 정책 모형, 사회행동 모형을 제시하였다.[1]

지역사회개발(community development) 모형은 지역사회의 변화를 가장 효과적으로 이룩하기 위해 광범위한 주민들을 변화를 위한 목표결정과 실천행동에 참여시켜야 한다는 전제에서 나온 지역사회조직의 한 형태이다. 이 모형에서는 민주적인 절차, 자발적인 협동, 토착적 지도자 개발, 교육 등이 강조된다.

사회계획과 정책(social planning/policy) 모형은 비행, 주택, 정신건강과 같은 사회문제를 해결하고자 하는 기술적인 과정을 강조한다. 이 모형에서 중요한 것은 문제해결을 위한 합리적인 계획수립과 통제된 변화이다.

사회운동(social action) 모형은 소외된 계층의 지역주민들이 사회정의와 민주주의에 입각하여 보다 많은 자원과 권리 향상을 요구하는 활동이다. 이 모형에서는 권력, 자원, 힘과 역할의 재분배를 추구하며, 표적집단이나 제도의 변화를 가져오게 한다.

한편, Weile과 Gamble은 지역사회조직의 8가지 모형으로서 근린지역사회조직, 기능적 지역사회조직, 사회경제개발, 사회계획, 프로그램 개발과 지역사회 연계, 정치사회행동, 연합, 사회운동을 제시하고 있다. 여기에서 유의할 점은 이러한 모형들은 이념형(ideal type)으로서 의의가 있으나, 실제의 실천과정에서는 여러 가지 모형이 중복적으로 활용되고 시간의 변화에 따라 다른 모형으로 전환될 수 있다는 것이다.

---

1. 오정수・류진석, 『지역사회복지론』, 제4판, 학지사, 2012.

3. 지역사회복지의 원칙과 실천과정

1) 지역사회복지의 원칙

지역사회복지는 인간성 회복을 위한 인도주의 정신 아래 사회정의를 실현하고자 하는 사회개혁을 근본이념으로 하고 있다. 이와 같은 이념을 실현하기 위한 전문적 지역사회복지 활동은 다음과 같은 기본원칙 아래 전개될 수 있다. ① 주민화합과 사회통합 ② 지역사회문제의 분석과 문제해결을 위한 노력 ③ 서비스와 프로그램의 제공을 통한 지역주민의 욕구충족 ④ 지역사회의 특성을 반영하는 새로운 서비스와 프로그램의 개발 ⑤ 전문조직과 인력을 기반으로 함.

2) 실천과정

지역사회복지의 일반적인 실천과정은 ① 문제의 발견과 분석, ② 프로그램의 개발, ③ 프로그램의 실천, ④ 평가의 순서로 이루어진다.

3) 사회복지사의 역할

사회복지사의 역할은 실천모형에 따라 다르게 적용된다. 지역사회개발모형에서는 안내자, 조력자, 전문가, 치료자의 역할이 수행되며, 사회계획모형에서는 계획가, 분석가, 행정가의 역할이 수행되며, 사회행동모형에서는 중개자, 옹호자, 행동가의 역할이 수행된다.

4. 지역사회복지의 실천분야와 서비스

지역사회복지는 서비스의 공급 및 실천주체가 공공부문인가 또는 민간부문인가에 따라 공공지역사회복지와 민간지역사회복지로 구분된다. 공공부문은 주로 지방자치단체를 중심으로 이루어지는 지역사회복지실천이며, 민간부문은 직접 서비스 공급기관인 사회복지관과 사회복지공동모금, 사회복지협의회 등을 통하여 이루어지는 지역사회복지실천이다.

1) 공공지역사회복지

실천주체가 공공부문인 지역사회복지의 특성은 다음과 같다. 첫째, 운영 재원이 조세에 의한 정부재정으로 충당되며, 둘째, 서비스의 수급자격이 엄격히 제한되어 있는 편이며, 셋째, 사회적 약자에 대한 권리 보장을 실현하며, 넷째, 사회복지전담공무원에 의한 법적 사회복지업무의 집행이다.

공공지역사회복지 수행의 법적 근거는 주로 국민기초생활보장법과 사회복지사업법에 기초하고 있다. 특히 시장 · 군수 · 구청장은 사회복지사업법에 의하여 지역사회복지계획을 수립하고 시행하여야 한다. 지역사회복지계획에는 복지수요의 측정 및 전망에 관한 사항, 사회복지시설 및 재가복지의 장기 · 단기 공급계획에 관한 사항, 인력 · 조직 및 재정 등 복지자원의 조달 및 관리에 관한 사항, 사회복지전달체계에 관한 사항, 사회복지서비스 및 보건의료서비스의 연계 제공 방안에 관한 사항 등을 포함하여야 한다.

민관 협의체로서 지역사회복지협의체는 지역의 사회복지사업에 관한 중요 사항과 지역사회복지계획을 심의 또는 건의하고, 사회복지 보건 · 의료 관련기관 · 단체가 제공하는 사회복지서비스 및 보건 · 의료서비스의 연계협력을 강화하기 위하여 시 · 군 · 구에 두도록 하였다. 지역사회복지협의체의 운영 목적은 첫째, 지역사회 내 복지문제를 해결하기 위한 민주적 의사소통 구조 확립을 목적으로 하며, 둘째, 수요자 중심의 통합 복지서비스 제공 기반을 구축하며, 셋째, 잠재적 복지자원 발굴 및 자원 간 연계·협력으로 지역사회복지자원의 효율적인 활용체계를 조성하는 것이다.[2]

공공부문의 주요 사업으로는 지역사회서비스투자사업을 들 수 있다. 지역사회서비스투자사업은 저소득층을 넘어 전 국민을 대상으로 하며, 대상자 선정 기준은 욕구사정 중심이며, 지원방식은 수요자에게 바우처를 지급하는 형태다. 이와 같은 새로운 방식의 지역사회복지실천은 첫째, 지역사회 서비스 수요자의 책임성과 권리의식을 증대시키고, 둘째, 지방자치단체의 지역복지 수요에 대한 대응과 반응성을 높이는 계기가 되었으며, 셋째, 복지제공 방식의 변화로 지역복지 공급기관의 역할과 기능을 강화하였다는 의의를 갖고 있다.[3]

2) 사회복지관

사회복지관이란 지역사회 내에서 일정한 시설과 전문인력을 갖추고 지역사회의 자원을 동원하여 지역사회 문제를 해결하고 주민의 복지욕구를 충족시키기 위한 종합적인 사회복지사업을 수행하는 기관이다. 사회복지관 설치의 근거는 사회복지사업법 제2조이며, 보건복지부의『사회복지관 운영관련 업무처리안내』에 의하여 사업이 시행되고 있다.

사회복지관의 형태는 종합사회복지관 외에 노인복지관, 장애인복지관이 있다. 이들 중 노인복지관과 장애인복지관 등은 운영주체가 지방자치단체인 경우가 많으나 종합사회복지관은 주로 사회복지법인, 학교법인,

2. 위의 책, p. 255.
3. 위의 책, p. 236.

종교법인 등 비영리법인에 의하여 운영되고 있다.

(1) 사회복지관의 운영원칙

『사회복지관 운영관련 업무처리안내』에 따라 인도주의와 수혜자 존엄유지를 전제로 하여 다음의 기본원칙에 따라 수행된다.[4]

① 지역성

지역사회복지관란 일정 지역사회 내에서 주민들의 삶의 질 향상을 목표로 지역사회의 문제를 해결하고 주민의 복지욕구를 충족시키기 위한 정부 또는 민간기관의 다양하고 조직적인 활동을 말한다. 이와 같이 일정 지역사회 내에서 지역사회복지 사업을 실시하고 있는 사회복지관으로서는 지역사회의 특성과 지역주민의 욕구를 정확하고 신속하게 반응하여 지역사회의 문제를 해결하고 지역주민의 욕구 충족을 위한 서비스를 제공한다는 것이 최우선의 운영원칙이라고 볼 수 있을 것이다.

② 자율성

다양하게 분출되고 있는 지역사회의 욕구에 적합한 사업이 즉각적으로 이루어지기 위해서는 사회복지관이 갖고 있는 능력을 최대한 발휘할 수 있는 자율성이 확보되어야 할 것이다. 민간 사회복지관의 자율성이 확보되기 위하여 기관의 노력도 중요하지만, 지도감독의 책임을 맡고 있는 중앙 및 지방정부의 통제 완화와 협력에 의한 지원이 필수적이다.

③ 전문성

노인문제, 장애인문제, 아동학대 및 방임문제, 청소년 비행 및 일탈의 문제, 정신건강문제, 알코올 및 약물남용문제 등 다양한 지역사회의 문제에 대처하기 위하여 기본욕구를 충족시키는 일반적인 프로그램과 특

4. 보건복지부, 『사회복지관 운영관련 업무처리안내』, 2012.

정한 문제를 해결할 수 있는 전문적인 프로그램이 병행되어 나가야 할 것이다. 이를 위하여 프로그램을 수행할 수 있는 지식과 기술을 보유한 인력이 확보되어야 하며, 인력에 대한 지속적인 재교육을 통하여 전문성을 증진시켜야 한다.

④ 책임성

사회복지관은 사회복지서비스의 특성과 그 효과성과 효율성을 입증함으로써 재정을 지원하는 정부와 지역사회 및 이용자들에 대한 책임성을 가져야 한다. 정부 또는 공동모금회의 지원이든, 민간기업체의 후원이든지 재정의 확보는 해당 프로그램에 대한 책임 있는 서비스 제공을 입증함으로 이루어지게 될 것이다. 특히 서비스의 유료화는 더욱 기관의 책임 있는 자세와 태도를 요구하게 된다.

⑤ 통합성

지역사회복지체계 내에서 사회복지기관 및 시설의 수는 지속적으로 증가될 것이며, 지방정부 차원에서도 공공서비스 기관이 늘어나게 될 것이다. 따라서 사회복지관은 일정한 지역 내에 함께 있는 공공복지기관과 민간복지기관들의 서비스 간에 연계성과 통합성을 강화시켜 전체 지역사회복지체계 내에서 효과적이고 효율적인 서비스 제공이 이루어지도록 하여야 한다.

⑥ 자원활용의 원칙

사회복지관은 주민욕구의 다양성에 따라 다양한 인력과 재원을 필요로 하므로 지역사회 내의 복지자원을 최대한 동원·활용하여야 한다.

⑦ 중립성의 원칙

사회복지관은 정치활동, 영리활동, 특정 종교활동 등으로 이용되지 않도록 중립성을 유지하여야 한다.

(2) 사회복지관의 기능과 역할

사회복지관의 기능으로는 종합적인 서비스 제공 기능과 지역사회조직 기능이 있다. 종합적인 서비스 제공의 기능에는 일반적 또는 발달적 욕구충족을 위한 서비스 제공, 문제를 지닌 개인과 가족을 위한 서비스 제공, 기타 의뢰 및 정보 제공의 역할이 포함된다.

지역사회조직의 기능에는 지역사회주민의 연대감 조성, 지역사회 자원동원, 타 기관과의 연대와 협력, 특정집단의 이익 대변과 사회행동의 역할이 포함된다.

(3) 조직과 인력

사회복지관의 설치와 운영주체는 지방자치단체, 사회복지법인, 비영리법인이 할 수 있으며, 지방자치단체는 사업의 전문성을 향상시키기 위하여 운영능력이 있는 사회복지법인이나 비영리법인에 위탁 운영할 수 있다.

(4) 서비스 대상과 내용

사회복지서비스 욕구를 가지고 있는 모든 지역사회주민으로 하되, 아래에 명시된 주민을 우선적 대상으로 한다.

① 기초생활보장 수급자 등 저소득층
② 심신장애, 노인 등 특수문제주민
③ 직업부업훈련 및 알선의 필요성이 있는 주민
④ 유아보호 및 교육이 필요한 주민

서비스 내용은 가족복지사업, 지역사회보호사업, 지역사회조직사업, 교육문화사업, 자활사업 분야에서의 각종 단위사업을 포함하고 있다.

사회복지관은 지역의 특성과 지역주민의 복지욕구에 대한 조사결과를 바탕으로 사업내용을 자율적으로 결정하되, 분야별 단위사업 중에서 프

〈표 Ⅲ-8-1〉 사회복지관의 사업분야와 단위사업

분 야	단위 사업	우선사업대상 프로그램
가족복지사업	가족관계 증진, 가족기능 보완,가정문제 해결 · 치료, 부양가족지원	개인 및 가정문제 등 상담, 방과 후 아동보호 프로그램
지역사회보호사업	급식서비스, 보건의료서비스, 경제적 지원, 일상생활 지원, 정서서비스, 일시보호서비스	급식서비스(식사배달, 밑반찬배달, 무료급식 등), 주간보호소, 단기보호소 운영
지역사회조직사업	주민조직화 및 교육, 복지네트워크 구축, 주민복지 증진, 자원봉사자 양성 및 후원자 개발 · 조직	주민조직체 형성 및 운영, 복지네트워크 구축
교육문화사업	아동 · 청소년 기능교육, 성인기능교실, 노인여가문화, 문화복지	노인 여가 · 문화 프로그램, 아동 · 청소년 사회교육 프로그램
자활사업	직업기능훈련, 취업알선, 직업능력개발, 자활공동체 육성	취업 · 부업 안내 및 알선, 취업 · 부업기능훈련 및 공동작업장 운영

보건복지부, 『사회복지관 운영관련 업무처리안내』, 2012.

로그램을 선정하여 수행해야 한다.

3) 재가복지봉사서비스

(1) 재가복지봉사서비스의 의의

지역사회에서 일정한 시설과 전문인력 및 자원봉사자를 갖추고 필요한 재가복지 서비스를 제공하는 사회복지시설로서 재가복지봉사센터는 최근 사회복지관에 통합되었으며, 가정에서 보호를 요하는 장애인, 노인, 소년소녀가정, 한부모가정 등 가족기능이 취약한 저소득가정과 재가복지 서비스가 필요한 사람에게 가사, 간병, 정서, 의료, 결연 등의 서비스를 제공한다.

(2) 기능과 역할

재가복지봉사서비스는 다음과 같은 역할을 수행한다.

① 서비스 대상자 및 가족의 욕구조사와 문제의 진단을 통해 필요한 서비스를 선정한다.
② 욕구와 문제의 진단내용에 따라 서비스를 제공한다.
③ 지역사회의 인적·물적 자원을 동원 활용한다.
④ 서비스의 기능, 효과, 자원동원 및 활용효과를 자체 평가하고 그 결과가 사업에 활용되도록 한다.
⑤ 자원봉사자 및 지역사회 주민들에게 재가복지봉사서비스 등에 관한 교육을 제공한다.
⑥ 지역사회 내 인적·물적 자원 연계를 통한 계층 간의 연대감을 고취시킨다.

(3) 서비스 대상과 내용

재가복지봉사서비스의 대상자는 지역사회 내 저소득층을 우선으로 하되, 그 범위는 기초수급자, 저소득층 가정, 무인가 시설 수용자 등이다.

서비스 내용은 인구학적 특성과 욕구유형에 따라 필요하다고 판단되는 서비스를 제공하며 그 내용은 다음과 같다.

① 가사서비스: 집안 청소, 식사 준비, 세탁, 청소
② 간병서비스: 안마, 병간호 수발, 병원 안내 및 동행, 통원 시 차량지원, 병원수속 대행, 보건소 안내, 약품구입, 체온 측정, 신체운동, 집안소독
③ 정서적 서비스: 말벗, 상담, 학업지도, 책 읽어 주기, 여가지도, 취미활동 제공
④ 결연서비스: 재정적 지원 알선, 의부모·의형제 맺어주기
⑤ 의료서비스: 보건·의료기관과의 연계 및 결연을 통한 정기 수시방문
⑥ 자립지원서비스: 보육, 직업보도, 기능훈련, 취업알선
⑦ 주민교육서비스: 재가보호서비스 요령 및 방법교육

4) 사회복지공동모금회

(1) 공동모금의 의의

사회복지공동모금회는 사회복지사업을 지원하기 위하여 국민의 자발적인 성금으로 공동모금된 재원을 효율적으로 관리·운용함으로써 사회복지의 증진에 이바지함을 목적으로 사회복지공동모금법에 의하여 설립된 민간 비영리조직이다. 우리나라의 공동모금은 1970년 제정된 사회복지사업법에 근거하여 1970년대 초에 일시적으로 운영되었으나 사회경제적 여건의 미비로 중단되었으며, 1980년대부터 사회복지사업기금법에 의하여 관 주도로 모금과 배분을 하여 왔다. 그러나 민간에 의한 자율적인 모금의 필요성이 증대하여 1997년에 제정된 사회복지공동모금법(1999년 사회복지공동모금회법으로 개정)에 의하여 민간주도의 공동모금이 1998년 7월부터 이루어지게 되었다. 사회복지공동모금은 매년 비약적으로 성장하여 2012년도에 4,159억 원을 모금하였으며, 우리나라 사회복지 민간자원동원의 핵심적인 역할을 수행하고 있다.

공동모금은 ① 자주적 민간복지운동, ② 지역사회 중심성, ③ 효율성과 일원화, ④ 투명성, ⑤ 전국적 통일성이라는 특성을 갖고, 미국 등 선진국에서는 1920년대부터 United Way 또는 Community Chest 등의 이름으로 민간자원동원의 방법으로 활용되고 있으며, 공동모금에 의한 민간재원은 사회복지기관 운영의 주요한 재원을 구성하고 있다.

(2) 공동모금의 사회적 기능

공동모금의 사회적 기능은 다음과 같다.

① 민간 사회복지자원의 조성

② 상부상조 정신과 사회통합의 고양

③ 사회복지에 관한 이해와 여론 형성

④ 민주적 시민정신의 고양

(3) 공동모금의 조직과 방법

① 조직체계

전국단위의 공동모금사업을 관장하기 위하여 전국공동모금회를 두고, 지역단위의 공동모금사업을 관장하기 위하여 특별시 · 광역시 · 도에 지역공동모금회를 둔다. 사회복지공동모금회는 사회복지법인으로 설립하고, 지역 단위에는 사회복지공동모금회 지회를 두도록 하였다. 공동모금사업에 관한 중요사항을 심의 · 의결하기 위하여 공동모금회에 이사회를 두며, 이사는 경제계 · 언론계 · 법조계 · 종교계 · 사회단체에 종사하는 자, 사회복지전문가, 기타 학식과 덕망이 있는 자 중에서 선임한다. 그리고 사회복지공동모금회에 기획홍보, 모금, 배분업무를 담당하기 위하여 3개의 분과실행위원회를 두고 있다.

② 모금방법

공동모금회는 사회복지사업의 지원을 위하여 연중 기부금품을 모집 · 접수할 수 있으며, 기업의 사회공헌 활동인 기업모금, 직장인 월급공제형 정기기부를 통한 한사랑 나눔 캠페인, 소규모 사업장의 정기기부 프로그램인 착한가게 캠페인, 개인 정기기부 등이 있다. 희망이웃돕기캠페인을 통한 연말집중모금으로는 방송, 신문, ARS, 지로모금, 사랑의계좌모금 등을 통해 실시하고 있다.

③ 배분방법

공동모금회의 배분사업의 내용은 신청사업, 기획사업, 지정기탁사업, 긴급지원사업, 복권기금사업으로 분류된다. 배분사업의 분야는 프로그램과 기능보강 및 운영으로 나누어진다. 배분의 과정은 배분공고, 배분신청서 접수와 심사, 배분 통보, 사업 실행, 사업결과보고서 제출, 평가의 순서로 이루어진다.

5) 사회복지협의회

(1) 사회복지협의회의 의의와 기능

사회복지협의회는 지역사회의 사회복지 서비스기관들이 효과적인 서비스를 제공할 수 있도록 상호연락 · 협의 · 조정하고, 지역사회복지에 관한 계획을 수립하며, 주민의 참여를 유도하고 자원을 동원하는 중간조직의 성격을 갖는다.

우리나라의 사회복지협의회는 1952년에 민간사회사업기관들의 모임인 한국사회사업연합회로 시작하였으며, 1970년에 현재의 명칭인 한국사회복지협의회가 되었다. 그리고 1983년 개정된 사회복지사업법에 의하여 법정단체가 되었으며, 1998년에는 지방사회복지협의회가 독립법인으로 개편되어 자율적인 민간조직의 중추기관으로 발전하고 있다. 사회복지협의회의 조직은 한국사회복지협의회와 시 · 도 사회복지협의회, 시 · 군 · 구 사회복지협의회가 있다.

사회복지협의회의 기능은 지역사회의 복지증진과 관련된 사실 발견, 사회복지기관들의 연계 · 협력 · 조정, 지역사회복지센터의 역할, 사회복지기관의 질적 수준 제고, 지역사회복지를 위한 공동의 계획수립 및 실천, 정보 제공, 교육과 홍보, 자원동원, 사회행동 등이다. 사회복지사업법 제33조에 의한 사회복지협의회의 업무는 다음 사항을 포함한다.

① 사회복지에 관한 조사 · 연구 및 정책 건의
② 사회복지 관련 기관 · 단체 간의 연계 · 협력 · 조정
③ 사회복지 소외계층 발굴 및 민간사회복지자원과의 연계 · 협력

(2) 사회복지협의회의 조직

한국사회복지협의회의 회원은 사회복지사업법시행령에 의하여 사회복지사업을 목적으로 하는 비영리법인, 사회복지사업과 관련 있는 비영리법인 · 단체, 개인회원으로 구성되어 있다. 정책결정기구인 이사회에는

각각의 회원구성분야에서 균등하게 참여할 수 있도록 이사를 선임하여야 한다. 특히 사회복지의 범위가 사회적 취약계층을 중심으로 한 사회복지사업(사회복지사업법 제2조의 정의 기준) 중심으로 규정되던 과거에 비하여 다양한 사회문제와 사회적 욕구에 대응하여 보건, 주택, 환경, 고용, 교육 등의 분야를 포괄하는 광의로 확대되고 있는 새로운 사회변화의 흐름에 적응하기 위해서는 회원의 조직이 확대 개편되어야 한다. 특히 사회복지 관련분야의 비영리법인 단체 및 사회각계인사가 다수 참여할 수 있는 장을 열어 주어야 한다. 그리고 각 분야의 직능별 협의체와 상호협의하여 민간사회복지분야의 협의체로서 구심축의 역할과 기능을 수행할 수 있는 제도화된 장을 제공하여야 한다.

협의회의 업무는 사회복지에 관한 협의 조정, 조사연구, 교육훈련, 자료수집과 간행물 발간, 대국민 계몽과 홍보, 정책건의, 국제교류, 사회복지사업종사자의 자질향상과 복리증진, 보건복지부장관의 위탁업무 등이다. 따라서 사무국의 조직은 회장・부회장・사무총장 하에 조사연구, 총무관리, 출판홍보, 복지사업, 자원개발 등에 관한 조직이 필요하며, 각 부서의 전문인력을 적절하게 배치하여야 한다.

협의회의 독립성과 전문성을 담보하는 주요 관건인 재정확보는 현재와 같은 회원수입, 정부보조금의 비중을 줄이고, 공동모금 배분수입, 부동산임대 등 수익사업의 수입, 출판사업 수입을 확대하는 방향으로 나아가야 할 것이다.

시・도 단위의 지방사회복지협의회는 사회복지사업법에 의하여 독립된 법인단체가 됨으로써 그 기능이 강화되었다. 지방협의회의 회원은 사회복지 분야의 개별 비영리법인 회원, 사회복지관련 분야의 개별 비영리법인단체 회원, 개인 회원으로 구성한다. 회원의 범위는 사회복지관련 인사 외에 종교계, 언론계, 법조계, 시민단체 등이 참여하여 폭넓은 회원구성이 되도록 하여야 한다. 사무국 조직은 중앙협의회의 조직을 축소한 모형으로 하되, 규모는 재정과 인구 등 지방의 실정에 따라 자율적으로 정함이 바람직하다. 지방협의회의 경우도 그 독립성과 전문성을 담보하기 위해서는 재정확보가 주요 관건이다. 현재와 같은 회원수입, 지방정부보조금 외에 지역공동모금 배분수입, 부동산임대 등 수익사업의 수입, 출판사업 수입을 확대하는 방향으로 나아가야 할 것이다.

현재 한국사회복지협의회의 현안 과제는 독립적인 민간사회복지조직의 최상위 협의체로서의 정체성과 위상을 제고하는 일이다. 이를 위해서는 인사와 재정의 독립성을 확보하는 것이 우선적으로 필요하다. 이것은 회원기관단체에 대한 리더십 향상과 함께 중앙정부 또는 지방정부조직과 대등한 위치에서 정책수행을 견제하고 협력할 수 있는 전제조건이다. 그리고 협의회가 민간조직의 협의체로서 위상이 강화되기 위해서는 자율성, 전문성, 통합성, 책임성의 원칙에 기초하여 회원 조직, 업무의 기능, 사무국 조직을 강화하여야 할 것이다.[5]

연구문제

1. 지역사회복지의 실천영역과 사회복지사의 역할을 설명하시오.
2. 지역사회복지의 실천모형을 비교·설명하시오.

---

5. 오정수, 「우리나라 민간복지부문의 기능과 구조개선방안」, 『사회복지 통권』, 제136호, 한국사회복지협의회, 1998.

제9장

의료 및 정신보건사회복지, 지역사회정신건강

1. 의료사회복지실천

1) 의료사회복지실천의 의의

의료사회복지실천(medical social work)이란 질병에 관련된 개인적 또는 사회적 문제를 병원이라는 현장을 중심으로 의료진과의 협력하에 사회사업가의 전문적 개입을 통하여 환자를 원조하는 과정으로서 병원사회복지실천(hospital social work)으로 일컬어지기도 한다. 일본 후생성 발행의 의료사회복지실천 지침은 "의료사회복지실천이란 의료 및 보건기관 등의 의료팀의 한 부문으로서 사회과학의 입장에서 의사의 진단을 도와주며, 한편으로는 질병의 치료, 예방, 재활의 장애요소인 환자 자신이나 그 가족의 경제적 · 정신적 혹은 사회적 문제를 만족하게 해결 또는 조정해 나갈 수 있도록 개인과 집단을 원조하는 과정이다."라고 정의하여 보다 넓은 개념을 제시하고 있다.

이와 같이 의료사회복지실천은 전문사회복지실천의 특수한 분야로서 주로 사회복지 실천방법을 통하여 환자로 하여금 의료적 보호를 가장 효과적으로 사용할 수 있도록 하며 질병이나 치료에 영향을 주는 사회적 ·

정서적 문제를 해결하도록 하여 가능한 한 빨리 정상적인 사회적 기능을 회복할 수 있도록 도움을 주는 것이다.

의료사회복지실천이 제일 먼저 시작된 곳은 영국이며, 1895년 당시 영국에서는 자선조직협회 사업의 일환으로 시혜병원을 운영하였는데 입원환자의 적격 여부를 결정할 역할을 앨머너(Almoner)가 맡게 하였다. 이외에도 앨머너는 입원환자의 상담활동까지 맡게 되었는데 이러한 상담을 통하여 얻어진 자료는 의료적인 기능에 크게 공헌하게 되었다. 이러한 경로로 의료사회복지사의 활동이 태동하였으며, 런던의 왕립자유병원(Royal Free Hospital)에서 처음으로 의료사회복지사를 채용하기에 이르렀다.

미국에서는 Lillian Wald, Mary Brewster가 시작한 방문간호서비스, 존스 홉킨스(Johns Hopkins) 의과대학 학생들의 현장학습 훈련의 목적으로 시작한 서비스를 기반으로 하여 1905년경에는 매사추세츠, 뉴욕, 볼티모어 및 보스턴에 있는 병원에서 거의 동시에 사회복지전문직을 활용하게 되었다. 의료전문가들은 가정의(family doctor)처럼 환자의 성격, 관습, 생활조건 등에 익숙할 수가 없다. 따라서 의료사회복지사는 환자나 그 가족과 개별적인 접촉을 가지며, 환자에 대해 사회적·개별적 조사를 하며, 의사의 진단과 치료에 도움이 되는 사실적 환경에 관한 정보를 제공하는 일을 했다.

매사추세츠 종합병원의 Richard Cabot 박사는 의료사회복지사의 필요성을 가장 먼저 인식한 사람으로 질병의 원인과 회복이 생물학적 요인뿐 아니라 사회적 요인에 의하여 이루어진다는 것을 인식하고 환자의 생활환경과 조건에 관심을 가졌다. 또한 그는 의료사회복지실천의 필요에 대한 대책으로 사회복지사를 병원 직원으로 채용하여 환자의 생활여건을 조사케 하고 의료직원에 의해 권장된 요법을 수행하도록 환자를 돕게 하였다. 병원 최초의 의료사회사업과는 1906년에 사회사업 훈련을 받은 간호사 Ida Cannon에 의하여 설립되었고, Cabot 박사와 함께 일하게 되었

다.[1]

1918년부터 1932년 사이에는 의학적 조사와 기술의 진보와 함께 병원에서 사회사업의 역할이 발전하였다. 이 시기에 미국병원사회복지사협회가 만들어졌으며, 1920년대 중반에 약 300개의 병원에 사회사업과가 만들어졌고 1930년경에는 1,000개로 증가하였다. 그리하여 사회복지사는 의료적 치료에 장애가 되는 환자의 사회적 문제에 대한 조사·보고 등에 의하여 의사의 치료효과를 증진시킨다는 Cabot의 개념이 확산되었다. 사회복지사의 역할은 이 외에 두 가지의 역할이 있는바, (1) 의사와 환자간의 연계 및 의사와 지역사회자원 간의 연계로서 기여하고, (2) 환자교육을 통하여 의료적 치료계획과 협력활동을 하는 것이다. 의료사회복지사에 대한 요구는 1935년 연방사회보장법과 연방 장애아동 서비스의 설치로 더욱 증가하였다.

우리나라에서는 1973년 제정된 의료법 시행령에 의하여 종합병원 등에 의료사회복지사를 배치하여 왔다. 의료법 시행령에 의하면, 종합병원에는 사회복지사업법의 규정에 의한 사회복지사 자격을 가진 자 중에서 환자의 갱생, 재활과 사회복귀를 위한 상담 및 지도업무를 담당하는 요원을 1인 이상 두도록 규정하였다.

2) 의료사회복지실천의 기능

의료사회복지실천의 기능은 의료사회복지실천의 목적, 방법 및 전문적 기술에 의하여 형성되며, 우선 가장 강조되는 목적은 다음과 같다.[2]

① 질병이나 장애를 가진 사람들로 하여금 그것이 그들의 삶과 중요한

---

1. Judith W. Ross, "Hospital Social Work," *Encyclopedia of Social Work*, 19th ed., NASW, p. 1365.
2. 위의 글, pp. 1369-1370.

사회적 관계에 미치는 영향을 이해하고 대처할 수 있도록 하며, 미래에 관한 계획에 결정을 내리는 것을 돕는다.

② 만성적인 질병과 장애에 대한 적응방식과 조정을 촉진시키며, 새로운 환경에의 적응이나 통합을 돕는다.

③ 종합적 진료팀에 참여하여 환자와 그 가족에 영향을 미치는 의료적 상황의 심리사회적 차원에 대한 통찰과 이해를 제공한다.

④ 지역사회의 지원과 실질적인 자원을 발굴하고 조정하여 병원에서의 퇴원과 다른 보호시설에의 이전을 돕는다.

⑤ 죽음에 직면한 사람들과 그 가족을 돕는 활동을 수행한다.

⑥ 환자의 욕구사정, 적절한 프로그램의 설계와 수행, 지역사회조직과의 네트워킹을 수행하고, 이러한 욕구를 충족시키기 위한 서비스를 개발한다.

⑦ 취약한 인구층에서의 잠재적인 학대, 유기, 착취 등의 문제를 발견하고 공식적인 기관을 개입시킨다.

⑧ 병원의 목적과 목표를 지원하고 이것이 환자의 욕구에 맞도록 조정한다.

『사회복지실천연감(*Social Work Yearbook*)』에 의하면, 의료사회복지실천의 기능에 대하여 다음과 같이 기술하고 있다. 의료사회복지실천은 의료적 과정에서 실시되는 사회복지실천이며, 최초에는 병원, 진료소에서 이루어졌으나 현재는 요양소, 보건기관, 사회복지기관, 재활(rehabilitation)기관, 민간공중위생단체 등에까지 확대되어 가고 있다. 의료사회복지실천의 제일 기능은 의료와 협력하기 위해 사회복지실천방법을 활용한다. 의료사회복지사는 환자와 사회환경을 조사하여 질병에 영향을 미치거나 질병으로 영향을 받기 쉬운 환자의 사회적 · 감정적 문제를 의료팀에게 알게 하고 이해케 하며, 환자로 하여금 질병에 적응케 하여 의료 및 사회사업의 혜택을 받을 수 있도록 하는 역할을 수행하는 것이다.

나아가 사회복지실천 과정을 통해 환자와 그 가족과의 밀접한 대인관계를 형성케 하여 환자가 자신의 요구를 자각하며, 퍼스낼리티의 향상과 능력을 발휘할 수 있으며 필요에 따라 지역사회자원을 활용하여 스스로의 문제를 만족스럽게 해결할 수 있도록 도움을 주는 것이다.

의료사회복지실천의 일반적 기능은 다음과 같이 요약할 수 있다.

① 의료진과의 협력을 위한 사회복지실천 기술을 활용한다.
② 클라이언트에 대한 직접적인 서비스보다는 의사나 의료팀에 대한 원조 서비스를 제공한다.
③ 환자와 그 가족과의 관계를 형성케 하여 의료 및 사회복지서비스를 받도록 한다.
④ 지역사회자원을 활용하여 스스로 문제해결에 관여하게 한다.

그리고 병원 내 의료사회복지실천의 기능은 다음과 같이 요약된다.

① 의료진과의 협력: 전문적 지식을 갖고 환자의 가족적 · 사회적 관계나 기능을 해석하고 평가하여 의료진에 기여한다.
② 직접적 서비스: 환자에게 직접적 서비스를 제공한다. 그 내용으로서는 환자의 정서적 불안을 해소시킬 수 있는 면접, 가족에 대한 경제적 지도, 장애인의 재활 문제 해결에의 원조 등이다.
③ 법률 서비스와 민간 서비스와의 연계: 환자와 관계가 있는 사람들과의 연락 및 경제적 원조 등을 통해 환자의 자립심을 손상치 않으면서 건설적이고 진취적인 생활을 할 수 있도록 원조한다.
④ 교육적 기능: 의대생, 간호학생, 의료사회복지사, 기타 사회복지실천과 관련된 학생들의 훈련의 장으로서의 기능을 수행한다.
⑤ 지역사회와의 협력: 의료에 관련된 사회조사에의 참가나 지역사회 서비스에의 관여, 지역사회복지 계획이나 대책의 수립을 위하여 전문적 지식과 경험을 활용한다.

3) 의료사회복지실천의 기술

의료사회복지실천은 사회복지실천의 기술을 활용함으로써 그 목적하는 바를 성취하는 것이다. 여기서는 의료사회복지실천 기술의 사용에 필요한 전제조건을 고찰함으로써 그것의 실제개입의 내용을 살펴본다.

첫째, 기술을 발휘하게 되는 출발점은 복지의 실태 및 현황 파악으로부터 비롯된다. 의료사회복지실천인 경우, 우선 의료사회문제의 파악에서 출발해야 한다. 환자나 그 가족이 어떤 문제나 욕구를 가지고 있는지 또는 사회복지사에게 희망하는 바가 무엇인지를 알아야 할 것이다. 둘째, 기술을 의료사회문제의 해결수단으로 인식하는 일이다. 의료사회문제를 떠난 기술은 의료복지에서는 존재할 수 없다. 셋째, 기술과 제도와의 관련성을 명확히 인식하는 일이다. 사회복지기술의 특징은 사회보장, 사회복지의 제도나 정책과 관련해서 전개될 수 있기 때문이다. 넷째, 기술을 뒷받침할 수 있는 사상이다. 의료사회문제의 해결을 지향함에 있어 무엇보다도 인간의 생존권과 존엄성을 중시하는 가치관에 입각해야 할 것이다.

이러한 전제 조건들을 중심으로 하여 그 기술의 내용을 고찰해 보면, ① 개인과 집단에 적용하는 기술, ② 관계집단이나 지역사회와의 연계에 관련되는 기술, ③ 사회조사의 기술, 면접 기술, ④ 지역사회에 적용하는 기술 등을 열거할 수 있다. 이러한 기술을 뒷받침할 수 있는 지식은 ① 의료사회문제에 관한 과학적 지식, ② 기본적 인권에 관한 지식, ③ 사회보장제도, 사회복지 및 서비스에 관한 체계적 지식, ④ 신체와 정신의 상호관계에 관한 과학적 지식, ⑤ 인간의 성장과 발달에 관한 지식 등이다.

이러한 기술은 개인에게 적용되는 사회복지 실천방법에서 중점적으로 활용된다. 사회복지실천에서의 기술을 의료적 관점에서 살펴보면 다음과 같다.

① 환자와 그 가족이 갖고 있는 문제나 욕구를 객관적으로 파악하는 일
② 환자와 그 가족에게 어떠한 서비스가 필요한가를 총체적으로 판단하는 일
③ 사회적 자원에 관한 지식을 활용하여 무엇을 할 것인가 또는 무엇이 불가능한가를 명확히 하고, 원조에 불충분한 사회적 자원을 충족할 수 있는 조치에 대한 연구를 행하는 일
④ 감정에 따라 하지 않고 계획적·의도적으로 도움을 주는 일
⑤ 환자와 그 가족의 주체적이고 자주적인 능력을 존중하여 의존심을 키우지 않도록 유의하는 일

다음은 『사회복지실천백과사전(*Encyclopedia of Social Work*)』이 제시하고 있는 의료사회복지실천의 방법과 기술의 주요 내용이다.[3]

(1) 스크린과 사례발견

사회복지사가 어떻게 클라이언트에 개입하게 되는가는 의료사회복지실천의 초창기부터 주요 관심사다. 당시에도 사회복지사는 의사의 진단에만 의존하지는 않았다. 사회복지실천 서비스에 대한 접근은 급여와 서비스에 대한 욕구와 가능성에 기초한 스크린과 사례발견에 의하여 이루어진다. 이 과정은 사전에 준비된 기준을 사용하는 행정적이고 임상적인 기능이다. 모든 환자가 사회복지사를 만날 필요는 없으며, 환자의 차트나 컴퓨터에 의한 보고를 검토하거나 기타 자동적인 의뢰 메커니즘을 활용한다. 사회복지사와 다른 진료팀과의 만남이나 팀회의에서 사례가 할당되기도 한다. 스크린의 기준에는 사회심리적 요인, 질병요인, 환자의 연령, 경제 및 생활환경, 지원체계, 정신건강, 개인과 가족의 기능, 장애의 정도, 죽음의 가능성 등이 포함되며, 가끔 간단한 인터뷰가 필요한 경

3. 위의 글, pp. 1370-1373.

우도 있다. 사회복지실천 부서는 독자적인 스크린의 기준을 개발해야 하지만, 각각의 사회복지사도 자신의 서비스를 필요로 하는 환자를 발견하는 효율적인 체계를 갖고 있어야 한다.

(2) 위기개입

병원에서의 환자는 종종 긴급한 위기의 상황에 처해 있기 때문에 사회복지사는 그 가족과의 초기 만남에서 위기개입의 기술을 활용한다. 위기개입은 암이나 치명적인 진단에 대한 반응으로 나타나는 두려움이나 염려를 완화시키고 환자와 가족으로 하여금 감정적인 균형을 갖게 하고 긍정적인 자아상을 갖게 하며, 불확실한 미래에 대비하게 하고 의료적 과정에 대한 신뢰를 갖게 한다.

(3) 사회심리적 사정과 개입계획

환자와 그 환경에 대한 이해를 목적으로 하는 사정은 의료사회복지실천 기능의 하나로서 환자에 관한 정보를 수집하고 평가하는 것이다. 여기에서 사정은 질병이라는 부정적인 요인뿐 아니라 환자와 그 가족의 장점, 욕구 및 민주적이고 상호작용의 과정을 심리적 요인, 사회적 관계, 환경적 요인 속에서 찾아내는 것이다. 개입계획에서는 목표와 함께 사회복지사가 활용할 개입의 수단과 단계를 구체화한다.

(4) 상담

긴급한 욕구에 대응하기 위하여 사회복지사는 당면한 문제의 해결을 위하여 간략한 상담을 하기도 한다. 여기서 간략한 상담이란 과제중심적인 것으로서, 가령, 요양원 입소에 관한 의사결정 또는 후견인의 선정, 인지적・신체적 한계에 관한 이해를 위하여 이루어진다.

(5) 퇴원계획

퇴원계획이란 환자를 가정으로 돌려보내거나 다른 시설로 이전하기 위한 광범위한 활동이다. 모든 진료팀이 퇴원계획에 책임을 갖고 있지만, 사회복지실천기술은 복잡한 사례에서 특히 중요하다. 퇴원과 관련된 기술은 환자 및 가족과의 정서적・교육적 상담, 가정에서의 서비스를 위한 조정, 환자의 필요에 대한 급여를 조정하기 위한 보험회사와의 협상 등이다. 퇴원 후 환자를 위한 서비스 의뢰로서 상담, 가정배달식사, 낮 치료, 돌봄 제공자 휴가 서비스, 교통편의 제공 등을 조정할 수 있다. 이러한 퇴원계획은 치료와 보호의 지속성을 보장한다.

(6) 퇴원 후 사후관리

병원에서 환자가 퇴원한 후 자신을 위한 보호를 스스로 관리할 수 없을 때 의료사회복지사는 퇴원 후 관리와 서비스 제공의 필요성을 갖게 된다. 여기에는 전화상담, 가정방문이 포함될 수 있으며, 환자로 하여금 의료체계의 보호를 받고 있다는 안도감을 갖게 한다. 사회복지사는 또한 지역사회기관과 연계하여 서비스를 개발할 수 있다. 여름캠프, 휴양, 레크리에이션, 미술활동 등은 병원 밖에서 사회복지사가 환자집단과 할 수 있는 활동이다.

(7) 집단활동

환자와 가족을 위한 동료집단의 지지를 촉진하는 개입방법으로서 집단지도는 스트레스를 완화하고 위기를 해소하도록 도움을 준다. 또한 문제의 해결과 현실에 대처하는 장을 제공한다. 집단지도는 1940년대까지 중요한 개입방법으로 사용되지 않았으나 1961년 이후 미국병원협회와 미국사회복지사협회(NASW)에 의하여 의료사회복지의 실천기술로 인정되었다.

(8) 문서와 기록

진료팀의 일원으로서 사회복지사의 활동은 환자의 의무기록에 기록된다. 차트의 기록은 전문직의 지식과 기술을 반영하며, 사회사업을 다른 전문직과 구별하게 한다. 기록에는 환자에 관한 사항, 문제, 제공된 서비스, 자원 등이 포함되며 부서의 서비스 계획과 개발, 병원행정에 도움을 주는 정보를 제공한다.

2. 정신보건사회복지

1) 정신보건사회복지의 의의

병원이나 진료소의 정신과, 정신위생의 영역에서 사회복지사들에 의해 행해지는 사회복지활동을 정신보건사회복지(psychiatric social work)이라 부르며 이 분야를 담당하는 인력을 정신보건사회복지사(psychiatric social worker)라고 칭한다. 정신보건사회복지는 넓은 의미에서의 의료사회복지의 일부로 간주될 수도 있으나 오늘날은 오히려 일반 의학보다는 정신의학분야에 사회복지실천 개입에 대한 요구가 증대되는 경향이 있으며, 의료사회복지실천과 정신보건사회복지실천이 분리되어 있다. 따라서 이러한 중요한 영역에서 활동하기 위해서는 사회복지사들도 먼저 정신의학이나 정신위생에 관한 기본적 지식이나 기술을 갖추어야 하며, 정신의학 분야는 정신의학자나 임상심리학자들과의 팀 접근방법을 통하여 활동해야 할 분야다.

정신보건사회복지는 정신적 또는 정서적 혼란을 지닌 환자에 대한 원조를 목적으로 삼고 정신의학과의 직접적이며 책임 있는 협력관계를 통해 행해지는 사회복지실천의 한 형태다. 정신보건사회복지가 태동할 수밖에 없는 중요한 요인에 대하여 Friedlander는 다음과 같이 지적하고 있다.

① 정신병동이나 정신병원에서 치료중인 환자들을 위한 개별적 사회복지실천과 사후보호의 필요성
② 소년법원에 송치되었거나 또는 아동진료소나 사회기관에 치료나 적응을 위해 위탁된 아동 및 청소년들에 대한 사회복지실천의 필요성
③ 정신위생진료소의 성인 환자를 위한 사회복지실천의 필요성
④ 군병원이나 원호병원, 그 밖의 병원이나 진료소에서 정신신경증 환자에 대한 사회복지실천의 필요성

2) 정신보건사회복지의 발달

정신의학이 발달하고 정신위생의 중요성이 인식되기 전까지는 수세기에 걸쳐서 정신병에 대한 그릇된 생각이 지배적이었기 때문에 정신병이나 장애를 지닌 자들은 미치광이나 귀신들린 자 또는 징벌을 받은 자로 낙인찍혀 가족이나 사회로부터 버림을 받아 왔다. 악마나 귀신이 인간을 지배한다고 생각했던 시대에는 신에게 제사하거나 무당을 불러 굿을 하여 귀신을 쫓아낼 수 있다고 생각하였고, 정신병자를 감금 보호하는 것만이 유일한 치료방법이었다.

정신보건사회복지의 발달에는 Lynde Dix(1802~1887)의 선구적인 활동과 Clifford Beers(1876~1943)의 정신위생운동이 공헌한 바가 크다. Dix 여사는 정신병자를 위한 개혁운동의 선구자로서 많은 공헌을 하였다. Dix 여사는 매사추세츠의 한 감리교 목사의 딸로 태어나 보스턴에서 성장했으며 유니태리언(Unitarian) 교회의 교인이었다. 그녀는 감옥 안에서 열렸던 일요학교 교사로서 일을 하게 된 어느 날 그 안에서 많은 정신병자들이 난폭하게 취급되고 있는 것을 목격하고 큰 충격을 받게 되

었다. 그리하여 비참한 대우에 시달리는 정신병자에 대한 국가의 보호를 요구하기 위해 3년간에 걸쳐 각 주 단위의 실태조사를 실시하여 이들의 비참한 상황과 특별한 대책을 호소하는 진정서를 각 주 의회와 연방의회에 제출하였다. 진정서 내용 중에는 정신병원이나 시설을 건축하기 위해서 연방정부는 주 정부에 국유지를 배당하도록 요구하는 건의안도 있었다. 그러나 이러한 진정서는 당시의 Piers 대통령에 의해서 거부되었다. 그러한 보호는 헌법규정에 없을 뿐 아니라 이를 집행하는 것은 주의 주권에 대한 연방정부의 월권이라는 것이 그 주요 이유였다. Dix의 운동은 점차 주 정부의 수준에서 호응을 얻어 독립적 주립 정신병원이나 정신박약자를 위한 시설이 건립되기에 이르렀다. 20세기에 접어들면서 의학의 발달로 정신병의 원인이나 그 성격이 규명되기 시작하였으며, 더욱이 정신분석학의 이론은 정신병의 신체적·심리적 요인에 대한 이해를 촉진시켜 종전의 구류나 감금의 방법에서 새로운 형태의 치료방법을 발전시키게 하였다.

Beers는 1897년 예일대학을 졸업하고 취업하고 있던 중 1900년에는 간질의 공포 때문에 자살을 기도했으나 미수에 그치고 병원에 입원하기에 이르렀다. 처음에는 유료의 민간정신병원, 다음에는 무료의 민간병원, 세 번째는 주립병원 등 다른 종류의 시설에서 3년간 환자로 생활하였다. 이미 지적한 바와 같이 당시까지도 정신병원에서는 환자에 대한 적절한 치료보다도 감금 보호나 난폭한 환자에 대한 격리 구금이 중요한 대처방편이었으므로 Beers의 환자생활도 예외일 수는 없었다. 그는 자신이 체험한 극도로 비참한 병원생활의 기록을 유명한 심리학자이며 철학자인 William James(1842~1910)의 서문을 붙여 1908년 책자로 발행했는데 이것이 유명한 『다시 찾은 내 마음(*A Mind That Found Itself*)』이다. 이 책은 많은 사람들의 관심을 모아 같은 해 코네티컷 주에서 정신위생협회의 설립을 가져오게 하였다. 이듬해에는 많은 정신과 의사의 호응을 얻어 전국정신위생위원회가 조직되었고 Beers는 이 위원회의 사무국장이 되어 이 운동을 위해서 진력했다. 정신위생운동의 최초의 목표는 적절한 시설보호였고, 점차 정신병의 성격이나 진행과정을 연구하게 되었으며, 나아가 정신병 예방운동에 박차를 가하게 되었다. 이와 같이 정신병의 원인, 치료, 예방에 관한 지식의 보급과 일반대중의 계몽이 이 운동의 초점이 되었다. 또한 이 운동은 정신위생 영역에 대한 사회복지사의 참여를 촉진하는 계기가 되었다.

3) 정신보건사회복지의 역할

정신보건사회복지사는 개인이 병원이나 진료소에 가지고 오는 문제들을 조사하고 관찰하여 평가를 하며 동시에 그의 가족들의 역할에 대해서도 평가한다. 조사에서 얻은 결과와 밝혀진 의미를 사정한 후에는 개인이나 가족에게 서비스 기관의 치료를 활용토록 도움을 주어 문제를 해결할 수 있게 하는 것이다.

정신보건사회복지사의 역할은 다음과 같다. 정신보건사회복지사는 환자와 그 가족의 진단, 보호, 치료 및 재활의 모든 단계에 관계할 책임을 진다. 직접적 서비스 제공에 있어서 그는 환자에게 권장된 치료 프로그램의 수행을 위해 다른 전문직과 함께 협력하게 된다. 그의 치료 노력의 일차적인 초점은 환자와의 관계형성에 있다. 이를 위해서 그는 환자의 가족이나 주변 인물들과의 관계형성도 이루어야 한다. 이렇게 하여 사회복지사는 환자나 그 가족으로 하여금 질병에 대한 이해와 치료적 대책을 받아들이게 하며, 치료를 방해하거나 적절한 사회적 기능을 저해하는 요인을 발견하여 해결하도록 도움을 주어야 한다. 그리하여 건전하고 만족스러운 대인관계의 발전뿐 아니라 환자 자신의 자질을 활용하여 적응을 용이하게 할 수 있을 것이다.

이와 같이 정신보건사회복지는 개인이나 가족 또는 지역사회에 도움을 주어서 가정이나 직장이나 지역사회에서 또는 다른 사회적 상황에서 개인이 향상된 성과를 거두도록 돕게 된다. 이는 심리적 검사를 하거나, 환자에 대한 신체적 보호를 행하는 것이 아니다. 사회복지사는 사회에 적응할 수 있도록 영향력을 행사하여 환자로 하여금 그가 가지고 있는 개인적 · 가족적 또는 사회적 문제들을 해결하도록 도와주는 것이다.

3. 지역사회정신건강

1) 지역사회정신건강의 의의

최근에 이르러 정신장애인이나 발달장애인에 대한 새로운 치료 및 보호체계가 확립되고 있다. 정신장애인들은 가능한 한 지역사회 내에서 가족과 함께 생활하면서 보호를 받아야 한다는 인식이 점차 보급되어 가고 있고, 종전의 의학적 모델에서 지역사회 정신건강 모델로 새로운 체계를 확립하려는 경향이 나타나고 있다. 지역사회 정신건강 모델은 사회정신의학(social psychiatry), 지역사회정신의학(community psychiatry), 지역사회심리학(community psychology), 지역사회정신건강(community mental health) 등의 분야들과 관련되어 있다. 물론 각 분야는 조금씩 성격을 달리할 수 있지만 공통점은 정신건강에 있어서 지역사회환경 요인을 중시하고 있다는 사실이다. 지역사회 정신건강 모델의 기본적 성격은 ① 프로그램의 다양성, ② 보호의 연속성, ③ 예방에 대한 강조, ④ 지역지향성(local orientation)을 포함한다. 즉 환자에게는 필요로 하는 시간에 그의 거주 지역에서 정신건강 서비스를 제공하며, 정신적 · 정서적 문제를 가진 사람에 대한 예방활동 및 지역사회의 모든 시민의 자아실현 증진을 위한 프로그램을 시행하고, 지역사회의 환경을 변화시켜 정신적으로 건전한 것이 되게 하는 사회행동을 전개한다.

그리고 프로그램에 포함되어야 하는 서비스의 종류를 보면 ① 정신적·정서적 질환자를 초기에 진단하여 치료를 행하는 일, ② 정신병원에서 퇴원한 환자들에 대한 사후재활적 서비스, ③ 학교, 법원, 공공과 민간 보건 및 복지기관에 대한 자문 서비스, ④ 공공교육과 계몽적 서비스, ⑤ 사회조사, 즉 정신적·정서적 질환자의 기본적 문제들의 발견과 새로운 정신건강 프로그램의 효율성에 대한 평가, ⑥ 정신질환의 예방에 대한 노력 등이다. 즉 정신건강 프로그램은 적절한 치료, 재활, 예방 및 나아가 전 국민의 정신건강 증진을 도모함에 그 목적이 있다.

지역사회정신건강은 정신의학적 또는 사회과학적 원칙에 관한 보다 풍부한 지식과 실제의 체계를 필요로 한다. 그 이론체계는 사회정신의학 또는 생태학, 공중보건의학, 예방보건의학, 사회체계이론, 지역사회조직론 등에서 도출되고 있다. 또한 지역사회정신의학은 개인에 대한 심리적 통찰, 소집단의 역동성 및 가족의 구조나 조직의 이해에 기반을 두고 있는 것이다. 이 지역사회정신의학은 또한 정신의학, 사회구조 및 학습이론을 포함하는 다양한 이론들을 활용하고 있다.

지역사회정신건강은 지역사회가 활동과 분석의 단위임을 전제로 하며 정신병은 바로 그러한 단위 속에서 치료되고 예방될 수 있다는 가정에 입각한다. 또한 지역사회정신건강은 지역사회의 심리사회적 행동문제를 탐구해 내고 그 문제를 해결하는 데에 지역사회의 책임을 강조하는 것이다.

지역사회정신의학에서 활용되는 원칙들을 열거해 보면 다음과 같다.

① 특정한 인구집단이 도움을 받는다.
② 서비스가 클라이언트 가까이에 있다.
③ 서비스는 단순하고 즉각적이다.
④ 개입치료자는 개입하고 난 후 다시 나온다.
⑤ 지역사회자원을 최대로 활용한다.
⑥ 인식의 증대와 질병의 조기발견은 예방에 도움을 준다.

⑦ 교사나 경찰처럼 일선에 있는 전문직이 대부분의 사례를 다루므로 환자와의 직접적인 접촉보다는 자문에 많은 시간을 할애해야 한다.
⑧ 정신질환보다 오히려 정신건강이 주요 초점이다.

2) 우리나라의 지역사회정신건강

우리나라에서도 지역사회정신건강을 위한 법률체계로서 정신보건법이 1995년에 제정되었으며 2013년 정신건강증진법으로 개정되어 시행되고 있다. 이 법은 정신질환의 예방과 정신질환자의 의료 및 사회복귀에 관하여 필요한 사항을 규정함으로써 국민의 정신건강 증진에 이바지함을 목적으로 한다. 개정법에서는 정신질환자의 범위를 '정신질환으로 인하여 독립적으로 일상생활을 영위하는 데 중대한 제약이 있는 사람'으로 축소해 외래치료로 일상생활이 가능한 사람은 정신질환자의 범위에서 제외토록 했다.

법의 기본이념으로는 다음의 사항을 규정하였다. ① 모든 정신질환자는 인간으로서의 존엄과 가치를 보장받는다. ② 모든 정신질환자는 최적의 치료를 받을 권리를 보장받는다. ③ 모든 정신질환자는 정신질환이 있다는 이유로 부당한 차별대우를 받지 아니한다. ④ 미성년자인 정신질환자에 대하여는 특별히 치료, 보호 및 필요한 교육을 받을 권리가 보장되어야 한다. ⑤ 입원치료가 필요한 정신질환자에 대하여는 항상 자발적 입원이 권장되어야 한다. ⑥ 입원 중인 정신질환자는 가능한 한 자유로운 환경이 보장되어야 하며 다른 사람들과 자유로이 의견교환을 할 수 있도록 보장되어야 한다(제2조).

국가와 지방자치단체는 국민의 정신건강을 증진시키고, 정신질환을 예방하며, 정신질환자의 의료 및 장애극복과 사회복귀 촉진을 위한 연구·조사와 지도·상담 등 필요한 조치를 하여야 한다.

정신보건시설의 종류는 정신의료기관, 정신질환자 사회복귀시설, 정신요양시설이 있다. 여기에서 정신의료기관이라 함은 정신병원, 정신과의원 및 병원급 이상의 의료기관에 설치된 정신과다. 정신질환자 사회복귀시설은 정신질환자를 정신의료기관에 입원시키거나 정신요양시설에 입소시키지 아니하고 사회복귀 촉진을 위한 훈련을 행하는 시설로서, 정신질환자 생활훈련시설, 정신질환자 작업훈련시설 등이 있다. 정신요양시설은 정신의료기관에서 의뢰한 정신질환자와 만성 정신질환자를 입소시켜 요양과 사회복귀 촉진을 위한 훈련을 행하는 시설이다. 그리고 국가 및 지방자치단체는 지역사회정신보건사업의 실시를 위하여 시·군·구 단위로 정신질환자의 발견·상담·진료·사회복귀훈련 및 이에 관한 사례 관리 등을 실시하기 위한 정신건강증진센터를 설치하도록 하였다.

정신건강을 위한 전문인력을 양성하기 위하여 보건복지부장관은 정신보건 분야에 관한 전문지식과 기술을 가진 자에게 정신보건전문요원 자격증을 교부하고 있다. 정신보건전문요원은 정신보건임상심리사, 정신보건간호사 및 정신보건사회복지사로 한다. 정신보건전문요원의 구체적인 업무의 범위·한계 및 자격·등급, 자격증의 교부절차 등에 관하여 필요한 사항은 대통령령으로 정하고 있다. 정신보건사회복지사의 업무는 정신질환자에 대한 개인력 조사 및 사회조사, 정신질환자에 대한 상담 및 방문지도다.

3) 지역사회정신건강의 전망

지역사회정신건강은 그 중요성과 기여도를 비추어 볼 때 계속 발전시켜 나가야 할 분야다. 사회복지실천은 정신건강과 밀접한 관계를 맺고 있다. 정신건강 분야에서 사회복지실천은 ① 사회적·심리적 서비스를 위기에 처한 지역사회 모든 사람에게 제공하고, ② 지역사회 전체 환경이 정신질환의 예방 및 정신건강의 증진에 도움이 되도록 하며, ③ 정신질환의 예방, 정신건강의 증진 및 정신질환자의 보호·치료·재활을 망

라하는 서비스가 연속적으로 이루어지도록 하고, ④ 정신건강 서비스의 전달체계가 특정한 위험집단뿐만 아니라 전체 주민에게 크게 영향을 미칠 수 있을 만큼 사회복지실천은 지역사회와 밀착되어 있기 때문에 정신건강에서 중요한 문제점을 조기발견하고 치료할 수 있게 하는 위치에 놓여 있다. 또한 사회복지사는 정신분석학이나 정신의학의 지식을 바탕으로 하여 병원이나 요양시설, 사회복귀시설에서 치료팀의 일원으로서 활동할 수 있을 뿐 아니라 서비스의 전달체계를 활용하는 지식과 실천능력을 갖고 정신건강 서비스의 분야에서 치료체계와 전달체계를 연결하는 역할을 수행할 수 있을 것이다.

연구문제

1. 우리나라에서 의료사회복지사의 활동영역과 역할을 살펴보자.
2. 지역사회 정신건강의 필요성과 정신보건사회복지사의 역할을 살펴보자.

제10장

학교사회복지

1. 학생문제와 학교사회복지의 의의

1) 학생의 문제와 학교사회복지의 필요성

우리나라의 학교 현실은 치열한 경쟁사회의 분위기 속에서 입시 위주의 교과학습과 처벌 위주의 생활지도로 인해 학생들에게 가장 많은 스트레스를 주는 장소이며, 중퇴 · 폭력 · 10대임신 · 교내출산 · 가출 · 자살 · 약물남용 등의 다양한 학생문제를 촉진시키는 근원지로 변화하고 있다는[1] 점에서 심각한 사회적 우려와 관심의 대상이 되어 있다.

입시 위주의 학교교육환경은 청소년 학생들의 정서와 행동상에 심각한 영향을 미치고 있다. 청소년의 자살이 매년 증가하는 추세에 있고, 중 · 고등학교의 중퇴생이 다수 발생하고 있다. 학교중퇴는 교육의 기회를 박탈당하는 문제 외에도 가출과 비행 등 각종 청소년문제를 초래하는 심각한 문제다.

우리나라에서는 이러한 학생문제의 해결을 위한 기존의 제도로서 학

1. 한인영 · 홍순혜 · 김혜란 · 김기환, 『학교와 사회복지』, 학문사, 1997, p. 13.

교상담제도가 있다. 교육부는 1958년에 중등학교의 생활지도를 위한 학교카운슬러제도를 도입한 후, 1973년에 교육법을 개정하여 교도교사에 관한 규정을 마련하였고, 이에 근거하여 학교에서 교도교사에 의한 상담활동을 하도록 하였다. 그리고 1986년 이후에는 교육법 시행령 개정에 의하여 중·고등학교에 진로상담교사를 두고 생활지도와 진로지도를 하고 있다.

그러나 학교상담제도는 학생상담과 학생문제 해결에 있어 그 효율성이 적다는 평가를 받고 있다. 학교상담모형의 문제점에 대하여 기존의 연구들은 다음과 같은 사항을 지적하고 있다. 첫째, 청소년 상담 인력이 비전문적이라는 점이다. 청소년 상담에 관한 지식과 경험이 풍부한 전문상담자가 부족하다는 것이다. 둘째, 청소년을 대상으로 하는 상담활동 자체의 전문화가 부족하며, 다양한 문제 영역별 전문화가 되어 있지 않다는 것이다.[2] 학교상담제도는 제도상의 비효율성 외에도 다음과 같은 본질적인 한계가 지적되고 있다. 첫째, 학교상담제도는 생활지도와 진로지도 등 모든 학생을 대상으로 일반적이고 보편적인 상담활동을 하고 있다. 또한 생활지도 활동은 문제의 치료나 교정보다는 예방적인 차원에서 강조되고 있다. 둘째, 활동영역에 있어서 학교상담제도는 개별 학생을 중심으로 하는 개별적인 특성과 개인 중심의 제한된 영역에 한정되어 있다. 셋째, 이에 따라 이용자원의 활용 측면에 있어 학교상담제도는 그 관심의 범위가 학생의 신변 주변과 또래집단, 가족관계와 교내 자원에 한정되어 있다.[3] 학교와 지역사회와의 관계는 대체로 폐쇄적이어서 지역사회의 다양한 자원활용이 원활하지 못하다.

위와 같은 학교상담제도의 문제점을 극복하기 위하여 보다 체계적인 훈련을 받은 상담전문인력을 배치하여야 한다는 의견을 제시한 연구들

---

2. 청소년대화의 광장, 『정부의 청소년상담정책연구』, 1995, pp. 99-101.
3. 윤철수, 「중등학교에서 학교사회사업가의 활용가능성에 관한 연구」, 숭실대학교 대학원 석사학위논문, 1995, pp. 31-32.

이 있다. 그러나 위에서 지적한 학교상담제도의 한계로 학교상담제도만으로는 최근에 급속하게 증가하고 있는 긴급하고 복합적인 학생문제의 해결은 어려울 것으로 보인다.

이에 따라 학교상담모형의 대안으로서 최근 서울특별시 교육청의 시범사업을 통하여 학교사회복지실천모형(the school social work model)이 제안되었다.[4] 위에서 지적된 학교상담제도의 제한점과 관련하여 학교사회복지실천모형은 다음과 같은 특성을 지니고 있다. 첫째, 학교사회복지실천은 모든 학생을 대상으로 하는 일반적이고 보편적인 상담활동을 개별지도와 집단지도와 같은 사회복지실천방법에 의하여 실천할 수 있을 뿐만 아니라 심각하고 긴급한 학생문제의 해결을 위한 실천방법을 갖고 있다. 따라서 예방적인 차원의 개입뿐 아니라 청소년비행, 학교폭력, 약물남용 등 최근 우리사회에서 심각하게 대두하고 있는 학생문제의 해결을 위한 개입전략으로서 적합하다. 둘째, 활동과 개입의 영역에서 학교사회복지실천은 '상황 속의 인간(person-in-situation)' 개념을 중심으로 개인과 환경의 상호작용, 체계간의 교류에 초점을 두고 개인, 가족, 집단, 지역사회 등 광범위한 영역을 포괄하고 있다. 그리고 최근에는 '환경 속의 인간(person-in-environment)'이라는 개념에 의하여 개인과 환경에 관련된 문제들과 원조대상자의 장점에 대한 보다 구체화된 사정평가를 토대로 문제해결을 시도하고 있다. 셋째, 이용자원의 측면에서 학교사회복지실천은 가족과 지역사회의 다양한 자원 체계망을 폭넓게 활용한다는 장점을 갖고 있다. 이러한 특성은 학교상담제도와의 상호보완적 관계를 통하여 학생문제 해결의 효율성을 높일 수 있는 가능성을 충분하게 갖고 있는 것으로 판단되고 있다.

---

4. 김상균 · 김연옥 · 오정수 · 노혜련 · 김기환, 『학생비행예방 및 선도를 위한 복지프로그램 개발에 관한 연구』, 서울대학교 사회복지연구소, 1997.12, pp. 152-153.

2) 학교사회복지의 개념

학교사회복지제도는 미국에서 1906년 이래 보스턴, 하트포드, 뉴욕 등에서 민간사회복지기관에 의한 방문교사(visiting teacher)제도로서 시작되어 이후 전국 각지에 퍼지게 됨에 따라 점차 그 필요성을 인정받아 왔다. 학교사회복지는 1940년대 이후 학교제도의 일부로서 통합되었으며, 전문직으로서 학교사회복지사(school social worker)가 학교에 배치되었다. 1980년대 이후에는 학교현장과 지역사회의 다양한 문제들에 대하여 통합적인 서비스를 제공하는 전문사회복지실천의 한 분야로 발전하고 있다.[5]

Allen-Meares 등에 의하면, 학교사회복지실천은 학생들이 건전한 사회기능을 이룰 수 있도록 준비시켜 주며, 학생 개인의 문제뿐만 아니라 사회환경이나 교육환경의 변화에 즉시 개입하여 학교가 자신의 역할과 기능을 극대화할 수 있도록 도와주는 연계활동이라고 정의하였다.[6]

우리나라에서도 학교사회복지실천은 학생들의 학교적응과 학교의 사회적 기능을 향상시켜 주기 위한 전문적 사회복지실천의 분야로서 학교를 실천현장으로 하여 지역사회의 복지기관과 같은 사회자원을 연계하여 학생들과 그들 가족들의 문제해결을 위해 다양한 복지서비스를 제공해 주는 전문적인 원조활동이라고 정의되어 있다.[7] 이러한 개념은 1997년부터 이루어진 학교사회복지 제도화 논의의 초기에 언론기관과 일반인의 이해부족으로 학교사회복지를 학교학생을 위한 자선이나 자원봉사와 연계된 의미로 이해하는 등 다소 개념의 혼란이 있었으나 점차 전문직 개념으로서의 사회적 인지도가 높아지고 있다. 교육부의 시범학교와 서울시

---

5. Edith M. Freeman, "School Social Work Overview," *Encyclopedia of Social Work*, 19th ed., NASW, 1995, pp. 2087-2088.
6. Paula Allen-Meares, *Social Work Services in Schools*, New Jersey: Prentice-Hall, 1995.
7. 한인영 외, 앞의 책, pp. 38-40.

교육청의 시범학교 운영에서도 이러한 개념이 반영되었다. 따라서 학교사회복지라는 개념은 사회복지계의 지속적인 노력으로 일반학교에 확산될 수 있도록 함이 요구되고 있다. 그리고 학교사회복지의 한국적 토착 개념을 개발하자는 논의가 있으나, 학생복지·학교복지 등은 또다시 개념의 혼란을 초래할 염려가 있으므로 신중하게 접근함이 요구된다.

2. 학교사회복지실천의 원칙

1) 학교사회복지실천의 대상

학교사회복지사가 일차적으로 개입하는 학생들의 범주는 다음과 같다.[8]

- 대인관계의 행동상에 문제를 보이는 학생들로서, 폭력행동, 비사교적인 행동, 교사나 성인의 권위에 대항하는 행동을 나타내는 학생
- 심리정서적 문제를 갖고 있는 학생들로서, 우울증, 소외, 공포, 불안, 자살기도 등을 보이는 학생
- 학교규칙을 위반하는 학생들로서, 장기결석, 등교거부, 잦은 지각, 무단조퇴, 수업불참 등의 행동을 하거나 근신, 정학을 받은 학생
- 가정환경의 문제를 갖고 있는 학생들로서 결손가정, 이혼, 재혼, 빈곤, 소년소녀가정세대의 학생
- 부모가 아동양육에 문제를 보이는 학생들로서, 학대나 방임을 받은 학생
- 위기상황을 보이는 학생들로서, 갑작스런 심리적·행동적 변화를

8. 김상균 외, 앞의 책, p. 19.

보이는 학생

- 학습부진을 보이는 학생들로서, 지적 능력은 있으나 학업목표를 달성하지 못하는 학생
- 비행이나 범죄행위를 하는 학생들로서, 폭력, 가출, 본드 흡입, 불량서클 가입, 임신 등의 상태에 있는 학생

2) 학교사회복지사의 역할

학교사회복지사의 역할은 전문적 임상사회복지사의 역할, 교육적 카운슬링의 역할, 가정-학교-지역사회의 연계자, 지역사회자원 활용, 정책입안의 5가지 역할로 구분할 수 있으며, 그 역할은 다음과 같다.[9]

첫째, 학교사회복지사는 학생의 심리정서적 문제를 예방하고 해결하는 심리치료전문가로서 학생문제의 원인을 명확하게 사정하고 이에 따른 치료를 제공한다.

둘째, 빈곤가정이나 결손가정의 학생을 위해 경제적 원조를 포함한 서비스를 제공한다.

셋째, 교직원이나 학부모에게 학생문제의 원인과 예방을 교육시켜 학생문제의 예방과 해결에 도움을 준다.

넷째, 학교사회복지사는 가정-학교-지역사회의 관계를 증진시키는 연계자로서 학교가 지역사회에 기대하는 내용과 교육목적을 주민들에게 홍보하고, 반대로 지역사회의 욕구를 학교당국에 전달하기도 한다.

다섯째, 학교사회복지사는 학교 내외의 타 전문직과 협력하여 학교행정이나 교육정책이 학생을 위한 최선의 결정이 되도록 도움을 준다.

---

9. 김상균 외, 앞의 책, pp. 19-20.

3. 학교사회복지실천방법과 서비스

1) 실천과정

학교사회복지실천방법은 제9장에서 살펴본 생태체계모델과 아동청소년을 위한 일반적인 사회복지실천이론과 방법들을 기초로 하며, 다음과 같은 실천과정을 통하여 개입이 이루어진다.[10]

(1) 대상학생의 발견

학교사회복지사가 학교에서 개입하는 학생과의 접촉은 다음의 세 가지 경로를 통하여 이루어진다. 첫째, 교사들로부터의 의뢰다. 담임교사는 학생들이 경험하는 학교생활의 부적응과 문제행동의 표출을 가장 먼저 확인할 수 있는 원천이다. 둘째, 학생들의 자발적인 신청이다. 학생상담의 활성화는 학생들이 아무런 장애요인이 없는 상황에서 부담 없이 상담실을 이용하는 데서 출발한다. 셋째, 학교사회복지사에 의한 사례발굴이다. 자발적인 신청이 어렵거나 교사로부터 의뢰가 되지 않는 사례에 대하여 학교사회복지사의 적극적인 사례발굴 활동이 필요하다.

(2) 접수 및 계약

접수과정에서 학생들의 기본적 인적 사항과 문제 사안에 대해 파악하고 학교사회복지사의 원조에 대한 계약을 체결하게 된다. 이러한 계약은 학생들의 저항감을 불러오지 않는 수준에서 구두계약으로 맺을 수 있으나, 가능하면 서면계약의 형식을 선택하는 것이 개입활동에 대한 학생들의 지속적인 참여를 동기화시킬 수 있다.

---

10. 김상균 외, 앞의 책, pp. 51-53.

(3) 사정

사정을 통하여 해당학생의 문제가 어디에 있는지를 확인하여야 하며, 특히 가족이나 학교환경과 연관되어 환경 속의 개인에 대한 충분한 이해를 할 수 있어야 한다. 사정과정은 다양한 정보와 자료에 기초하여 이루어진다.

(4) 개입계획의 수립

문제와 원인이 확인되면 문제의 해결을 위하여 동원될 수 있는 다양한 개입방법을 고려하고, 이에 필요한 사회적 자원의 동원 및 이용가능성에 대해 확인하는 작업이 필요하다. 그리고 필요할 경우 자체 프로그램의 개발이 이루어지기도 한다.

(5) 개입실행

학교사회복지사가 수행하는 개입활동은 학교, 가정, 지역사회에 동시적으로 개입하며, 개별지도, 집단상담, 외부기관으로의 의뢰, 후원자 결연 또는 사회적 자원과의 연결, 학부모상담, 교사면담, 또래 상담자와의 연결 등을 포함한다.

(6) 종결

종결의 과정을 통해 해당 사례나 프로그램에 대한 평가를 수행하게 되고, 그 결과 문제의 해결이 확인되면 개입활동이 종결된다. 문제가 완화되지 않았거나 새로운 문제가 발생하였을 때에는 새로운 계약을 체결할 수 있다.

(7) 추후관리

종결된 사례에 대해서도 지속적인 추후관리를 수행하며, 타 기관으로 의뢰한 경우 해당기관과의 긴밀한 협조를 통해 적절한 도움을 제공할 수 있어야 한다.

2) 학교사회복지의 실천기준

미국사회복지사협회(NASW)에 의하여 1992년에 승인된 학교사회복지서비스의 실천기준[11]은 능력과 전문적 실천, 전문직의 준비와 개발, 행정구조와 지원의 세 가지 영역에서 학교사회복지실천에 관하여 33개의 구체적인 기준을 제시하고 있다.

4. 학교사회복지의 과제

학교현장의 학생문제에 대하여 우리 사회의 제도적 차원의 대책으로는 크게 두 가지의 흐름이 있다. 하나는 교육계의 대응으로서 전문상담교사 제도를 발전시키는 방안이 모색되고 있다. 이미 교육계에서는 1960년대부터 교도교사 제도를 시행하고 있으나 교도교사 제도의 비전문성과 효과성 부족을 극복하기 위하여 최근에는 초·중등교육법 제정을 계기로 학생생활지도와 진로지도를 위해 중등학교에 전문상담교사 제도가 도입된 바 있다. 다른 하나의 흐름은 사회복지계의 대응으로서 학교사회사업제도를 발전시키는 방안이 그것이다. 사회복지계는 1960년대 후반부터 학교사회복지의 필요성을 주장하여 왔으며, 근래에는 종합사회복지관의 사회복지사에 의하여 민간복지기관과 학교를 연계한 학교사회복지실천이 실험적으로 운영되었다. 또한 정부차원에서도 학교사회복지제도의 필요성을 인정하고 제도 도입을 위한 준비작업을 진행하기도 하였다. 국민복지기획단은 1995년도의 보고서에서 학교사회복지제도 도입을

11. NASW standards for school social work services, 1992.6.

정부에 권고하였고, 이후 교육부는 1997년부터 학교사회복지의 시범운영계획을 발표하고 1997년 3월부터 1999년 2월까지 고교 2개교, 중학교 2개교를 연구학교로 선정하여 시범 운영한 바 있다. 이러한 연구사업의 결과를 기초로 우리의 실정에 맞는 학교사회복지제도가 도입될 필요가 있다는 주장이 사회복지계를 중심으로 지속적으로 제기되고 있으나 법률에 의한 제도화 단계에 이르지는 못하고 있다.

우리나라 학교사회복지의 실천은 학교사회복지사를 학교 현장에 배치하는 학교중심실천모형이 서울특별시교육청과 한국학교사회복지사협회가 주관하여 시행되었고, 지역사회복지기관과 연계한 지역사회기반실천모형이 사회복지공동모금회의 지원으로 시행되었다. 그리고 교육부의 교육복지투자우선지역지원사업(현재 교육복지우선지원사업)에 의하여 프로젝트 조정자가 지역교육청에 근무하고 학교사회복지사가 지역사회교육전문가로 단위학교에 배치되어 학교사회복지를 실천하고 있다.

서울특별시 교육청의 시범사업을 통하여 제안된 학교사회복지의 정책과제를 보면 다음과 같다.[12]

① 한국적 교육상황에 적합한 학교사회복지의 정착을 위해 실천모형의 지속적인 검증이 필요하다.

② 학교사회복지의 원활한 수행을 위해 교육당국의 적극적인 행정 및 정책지원이 필요하다.

③ 포괄적인 학교사회복지서비스를 제공하기 위해 다양한 청소년 관련기관들과의 협력이 필요하다.

④ 학교사회복지의 조기정착을 위해 학교사회복지 전문인력의 양성과 활동지침에 대한 구체적인 방안 마련이 필요하다.

---

12. 김상균 외, 앞의 책, pp. 174-175.

연구문제

1. 학교사회복지실천과 학교상담제도의 차이를 비교하여 보시오.
2. 학교현장에서 학교사회복지사의 활동영역과 역할을 설명하시오.

제11장

교정사회복지

1. 범죄문제와 교정사회복지의 의의

1) 범죄문제와 교정사회복지의 필요성

산업화와 도시화의 과정에서 수반되는 가치관과 사회구조의 변화는 새로운 사회문제를 발생시키고 있다. 그중에서도 심각한 사회문제로 등장한 것이 각종 범죄와 비행의 증가현상이다. 우리나라의 경우도 해마다 각종 범죄와 비행이 수적으로 증가할 뿐만 아니라 질적으로 흉포화하여 사회의 질서유지 또는 청소년의 건전육성 측면에서 문제를 제기하고 있다. 범죄에 관한 관계기관의 대책과 청소년비행의 예방에 관한 전문적 연구나 대책이 다방면에서 이루어지고 있으나 사회복지 분야의 전문적인 개입은 아직 개척 상태에 있다 해도 과언은 아니다.

범죄자와 비행청소년의 문제는 인간관계와 사회구조의 복잡한 맥락 속에서 발생하기 때문에 그들을 대상으로 한 교화와 재활은 단순한 처벌이나 통제로써 이루어질 수 없으며, 심리학 · 사회학 · 사회복지학 등 다양한 전문분야의 적극적인 개입이 요청된다. 특히 사회복지실천은 인간과 환경에 대한 이해를 기초로 개인과 가족, 집단, 지역사회에 대한 접근을 통하여 인간의 성품을 변화시킬 뿐만 아니라 가족, 지역사회의 변화를 도모하는 전문적 기술과 방법을 갖고 있기 때문에 범죄와 비행의 문제를 해결함에 필요한 전문영역으로 인정되고 있다.

교정시설과 지역사회에서 범죄자나 비행청소년을 위한 사회복지실천의 개입은 미국과 영국 등에서는 20세기 초부터 보호관찰 활동에서 이루어졌다. 특히 사회복지실천이 전문직으로 발전하면서 교정시설에서 재소자들의 재활을 위하여 사회복지사를 직원으로 채용하게 되었다. 우리나라에서도 1980년대 이후 재소자에 대한 처우개선과 재활을 위하여 교정사회복지에 대한 관심이 확대되고 연구가 이루어지고 있다. 특히 1987년 이후 교정직 공무원으로 사회복지 전공자를 채용함으로써 교정사회복지가 교정현장을 중심으로 실천될 수 있는 기반이 마련되었다.[1] 그러나 교정사회복지의 역사가 일천하여 아직은 교정현장에 충분한 기반을 갖고 있지 못한 실정이며, 관계당국의 관심과 전문인력의 헌신적인 노력이 요청되고 있다.

2) 범죄 또는 비행과 관련된 조건

여기서는 청소년의 행동양태로서 비행과 관련된 조건들을 검토해 보고 비행의 대책 및 비행 예방에 관한 여러 차원에서의 조치를 고찰해 보기로 한다. 우선 비행소년이라 함은 범죄행위를 한 20세 미만의 소년이거나, 그의 성격상 또는 환경적 요인에 의해 범죄행위를 할 우려가 있는 소년을 총칭하는 것으로서 법령에서는 이를 범죄소년, 촉법소년, 우범소년으로 구분하고 있다. 여기서 범죄소년이라 함은 14세 이상 20세 미만의 소년으로서 형법에 저촉되는 죄를 범한 자이고, 촉법소년이라 함은 12세 이상 14세 미만의 소년으로서 형법에 저촉되는 행위를 한 자를 말

1. 교정사회사업연구회, 『교정사회사업』, 아시아미디어리서치, 1996, p. 45.

하며, 우범소년이라 함은 그의 성격, 환경, 기타 일정한 사유, 예컨대 보호자에게 복종을 안 하거나 정당한 이유 없이 가정에서 이탈하여 부도덕한 자와 교제하거나 상습적인 음주, 흡연, 흉기소지 등으로 법령에 저촉되는 행위를 할 우려가 있는 소년을 말한다.

(1) 가족생활과 그 배경

가정의 정서적·경제적·사회적 불안요소가 청소년 비행에 영향을 미치고 있다. 불건전하고 불안정한 가정환경에서는 건전한 성격형성이나 사회화가 어려우며 초자아 형성이나 동일시과정에 문제를 초래하게 된다.

(2) 생활목표나 가치관

청소년 자신이 국가와 사회의 발전에 기여하는 인물이 되겠다는 높은 이상이나 뚜렷한 가치관을 가지고 있는 것이 아니라 자기혐오에 빠져서 무력감과 낮은 자아상에 잠겨 있다.

(3) 성인에 대한 태도

부모를 비롯하여 사회의 일반 성인에 대하여 불신과 불만을 나타낸다.

(4) 친구 간의 정서적 관계

청소년들이 근본적으로 동년배 간에 긴밀한 관계를 갖기를 바라고 있으나 오늘날과 같은 학교나 지역사회의 환경에서는 참된 친구를 사귀는 일이나 정서적 유대관계를 맺기가 어렵고, 오히려 비행친구들과 유대관계를 쉽게 맺게 하는 요인이 되고 있다.

(5) 집단소속관계

청소년비행의 집단화 현상이 나타나고 있다. 비행행동(강도, 강간, 사기, 절도)은 집단화에 의해 조장되며, 이들에게는 비행집단의 규율이나 목적이 개인이나 사회의 그것보다 훨씬 더 중요시된다.

(6) 진학이나 학업의 중단

청소년들에게 있어서 학교에서의 이탈은 비행과 밀접한 관계를 갖게 하기도 한다. 학교에서의 부적응에서 생기는 열등감, 불안감이나 긴장의 연속은 마침내 학교생활을 중단케 하며 그 결과로서 비행청소년으로 전락하게 된다.

(7) 직업의 안정성이나 지속성의 결여

여러 가지 요인에 의해서 진학을 포기하거나 학업을 중단한 청소년들은 충분한 기술 습득이나 적성검사가 없이 직장생활을 시작함으로써 만족과 안정을 찾지 못하고 직장을 자주 옮기는 데서 비행화가 비롯될 수 있다.

위와 같이 비행에 관련된 여러 가지 조건들은 독자적으로도 중요한 의미를 내포하고 있으나 이러한 요소들이 상호관련되어 역동적으로 비행행동을 유발하게 된다. 따라서 비행대책이나 예방에서는 이러한 비행조건에 대한 충분한 사려가 있어야 한다.

3) 교정사회복지의 의의

교정사회복지는 교정현장에서 범죄인이나 비행청소년을 대상으로 사회복지실천의 전문적 지식과 실천방법을 활용하여 그들의 교정 또는 재활을 돕는 사회복지의 실천분야다.

2. 교정사회복지 관련제도

청소년비행 문제에 개입하는 범죄처리 기관은 경찰, 법무부 산하의 검찰과 소년분류심사원, 사법부의 소년법원이 있다. 그리고 비행청소년의 교정교육기관으로는 소년원, 보호관찰제도 및 갱생보호제도를 들 수 있다. 이들의 각각의 기능이나 실태를 고찰해 보기로 한다.

1) 청소년비행의 처리

(1) 경찰

비행청소년과의 접촉의 첫 단계는 비행청소년의 발견, 조사 및 조치로서, 국가공권력의 일부를 담당하고 있는 경찰력을 통해서 수행되고 있다. 비행에 빠지기 직전 단계에 있는 소년들을 선도하고, 비행소년을 발견하며, 발견한 비행소년에 대해서는 일차 조사하여 그 결과에 따라 관계기관으로 송치하며, 가정연락의 조치나 주의·조언의 조치를 취하는 활동들이 경찰의 중요한 기능이다.

경찰은 범죄소년이 발견되면 범죄내용과 신상관계, 환경 등을 조사하여 가정법원 소년부에 송치한다. 그러나 경찰은 소년들을 반드시 구금해야 할 경우에만 법 집행기관에 위촉해야 할 것이다. 특히 소년들이나 부모가 협조적 태도를 보일 경우 굳이 법 집행기관에 위탁하는 것이 적절한 보호조치는 아닐 것이다. 경찰은 사전조사를 통하여 비송치 사례의 경우, 부모 또는 사회복지시설들에 위탁하여야 한다. 경찰은 비행청소년들에 대한 개별적 방법이나 위탁적 방법을 효율적으로 수행할 수 있는 위치에 있으므로 비행대책에 기여할 수 있다. 경찰에 의한 조치는 범죄의 종류, 범죄자의 기록, 기관의 정책, 치료를 위한 제반 시설의 이용 등 많은 요인에 의해서 다양하게 다루어져야 한다. 그러나 실제로는 교정프로그램에서 경찰의 역할이 충분히 이해되거나 실시되지 못하고 있다.

비행소년의 조사와 선도 및 위탁을 위해서는 전문적 지식과 기술을 습득한 훈련된 인력의 확보가 필요하다. 사회복지학, 심리학, 교육학, 정신의학을 전공한 사람들로 구성되는 소년경찰제도가 수립되어야 한다. 왜냐하면 비행자들을 위한 적절한 보호에는 일반 사례기록의 유형에 익숙해 있어야 할 뿐 아니라 복합적 원인과 인간행동에 관한 지식을 가지고 있어야 하고, 나아가 개인과 그의 행동을 전체 상황에 관련시켜 볼 수 있어야 하며, 일반경찰의 업무와는 이념이나 실제에 많은 차이가 있기 때문이다.

(2) 검찰

검찰은 범법소년에 대하여 주변환경, 개성, 범행유발원인 등을 상세히 조사하여 개전의 정이 없고, 죄질이 불량한 흉악범, 상습범, 조직폭력배 등에 대하여는 중벌을 과하고, 선도가 가능하다고 판단되는 소년범에 대하여는 기소유예(선도조건부 기소유예)제도를 두어 선도하고 있다.

(3) 소년분류심사원

소년분류심사원은 소년법 제18조의 규정에 의해 가정법원 또는 지방법원 소년부에서 위탁한 소년을 수용·보호하고 이들의 자질과 비행원인을 과학적으로 진단하여 어떠한 처분이 적합한가를 분류심사하는 법무부 소속기관이다. 1977년 서울소년분류심사원이 처음 개원하였고 이후 부산·대구·광주·대전 등에 설치되었다가 2007년 7월 소년보호기관 조직개편에 따라 서울소년분류심사원을 제외한 나머지 분류심사원은 청소년비행예방센터 등으로 전환되어 운영 중에 있다. 소년분류심사원이 설치되지 않은 부산·대구·광주·전주·대전·춘천·제주 등 7개 지역에서는 소년원에서 업무를 대행하고 있으며, 소년원이 설치되지 않은 인천·수원은 서울소년분류심사원에서 위탁소년의 수용관리와 분류심사업무를 맡고 있다.

소년분류심사원은 비행소년의 개체적 원인규명, 소년비행의 조기 발견과 치료, 소년비행의 실증적 요인 규명, 청소년비행 예방 및 재비행 방지를 목적으로 위탁소년의 요보호성 여부와 그 정도를 과학적으로 진단하여 그 결과를 법원 소년부에 보내 조사·심리 시에 참고하도록 하며, 소년원·보호관찰소에 처우지침을 제공하고 보호자에게 사후지도 방법을 권고하는 기능을 수행하고 있다.[2]

(4) 소년법원

소년법원은 가정법원 소년부 또는 지방법원 소년부와 가정지원을 말한다. 소년법원은 경찰, 검찰, 법원에서 보내온 소년사건에 대해 비행원인을 조사·심리하여 보호처분을 결정하고 있다.

소년보호사건이 꾸준히 증가함에 따라 전문인력과 시설이 확보된 가정법원 설치가 필요하다는 판단 하에, 2011년 4월 부산지방법원 가정지원이 가정법원으로 승격되면서 소년부가 설치되었고, 2012년 3월에는 대전·대구·광주 지방법원 가정지원도 가정법원으로 승격되어 독자적인 소년부 설치가 확대되었다.

소년법원에서는 소년의 성격·환경·비행경위·재비행성 여부에 대한 조사관의 의견과 소년분류심사원 분류심사관의 심사의견 그 밖에 필요한 경우 관련 전문가의 조언 등을 참고하여 소년의 보호처분을 결정한다.[3]

2) 청소년비행의 교정교육

(1) 소년원

소년원은 법원 소년부의 보호처분에 의하여 송치된 비행청소년을 수

---

2. 여성가족부, 『2012 청소년백서』, 2012, p. 360.
3. 위의 책, p. 364.

용·보호하면서 초·중등교육법에 의한 교과교육, 근로자직업능력개발법에 의한 직업능력개발훈련, 약물남용·발달장애·신체질환 등으로 집중치료나 특수교육이 필요한 소년에 대한 의료 및 재활교육과 심리치료·사회봉사활동 등 인성교육을 병행하여 건전한 청소년으로 육성하는 것을 주 임무로 하고 있다.[4]

소년원에서는 교과교육이나 직업보도 교육도 중요하지만 교정교육에서는 특히 비행자에 대한 인격교육, 즉 생활지도는 소홀히 할 수 없는 것이다. 교육이나 직업보도에 앞서 건전한 인격의 사람이 되어야 하기 때문이다. 따라서 이들을 지도하고 행동을 수정해 줄 수 있는 전문요원들의 확보가 요청된다. 소년들의 개별 문제를 다룰 수 있는 상담 서비스가 수반되어야 하며, 집단수용인 만큼 집단지도의 이론과 실제, 집단치료를 통한 생활지도가 주된 교정의 기능이 되어야 한다.

(2) 보호관찰제도

보호관찰이란 범죄인을 교도소, 소년원 등 수용시설에 보내지 않고 일정기간 준수사항을 지킬 것을 조건으로 사회 내에서 자유로운 생활을 허용하면서 보호관찰관의 지도·감독·원호를 받게 하거나, 일정시간 무보수로 사회에 유익한 근로봉사를 하게 하거나, 범죄성 개선을 위한 교육을 받도록 함으로써 범죄자의 성행을 교정하여 재범을 방지하는 최신 형사정책 수단이다. 1989년 7월 1일부터 소년범에 대하여 최초로 시행된 보호관찰은 제도의 실효성이 인정되어 성폭력사범(1994), 성인형사범(1997), 가정폭력사범(1998), 성매매사범(1994), 특정범죄자에 대한 전자감독제도(2008)로까지 점차 그 대상이 확대되었다.[5]

2011년 전체 보호관찰 접수인원 12만 1,188명 중 소년대상자는 4만

4. 위의 책, p. 367.
5. 위의 책, p. 378.

6,336명으로 전체의 38.2%를 차지하고 있으며, 2010년의 34.7%에 비해 다소 증가하였다. 전체 보호관찰 실시인원 중 청소년대상자가 차지하는 비율이 높지 않은 편이나, 청소년대상자의 높은 변화가능성 및 잠재력 등을 고려하여 청소년대상자에 대해서는 보다 집중적인 보호관찰을 실시하고 있다. 청소년대상자들이 범죄로부터 벗어나 건전한 사회인으로 복귀할 수 있도록 지역사회의 우수자원과 연계하여 재범방지 전문프로그램을 개발하여 시행하고, 보호관찰의 재범방지기능을 더욱 충실히 수행하고자 대상자가 필요로 하는 지역사회 자원과 연계를 강화하여 국민들이 공감하고 참여하는 보호관찰을 실현하기 위한 정책을 지속적으로 추진하고 있다.

보호관찰제도의 의의는 범죄자를 소년원이나 교도소에 수용 감금하지 않고 지역사회 내에서 정상적인 생활을 하게 하여 사회적으로 통합될 수 있게 하는 점에 있다. 또한 시설의 처우에 요구되는 막대한 국가예산의 절약이 가능하며, 방치되기 쉬운 범죄자들을 계속적인 관심을 통해서 재범의 위험으로부터 구해 줄 수 있다. 또한 지역사회에서 생활을 영위하여 사회활동에 종사하게 하기 때문에 가족의 생활유지나 노동력의 활용을 기할 수 있으며, 아울러 경제적 · 사회적 유익을 가져오는 장점이 있다.

(3) 갱생보호제도

갱생보호는 범죄자에 대한 비강제적 사후보호로서 형사처분 또는 보호처분을 받고 소년교도소나 소년원 등에서 출소한 소년에 대하여 경제적 · 정신적 원조를 제공함으로써 재비행에 빠지는 것을 방지하고 사회적응을 도와주는 제도다. 비행청소년의 갱생보호는 보호관찰 등에 관한 법률에 의하여 설립된 한국법무보호복지공단이 담당하고 있으며 서울을 비롯한 각 시도에 14개 지부가 있다. 이들에 대한 보호방법은 숙식 제공, 여비 지급, 생업조성금 지원, 직업훈련, 취업알선 등이 있다.

3. 교정사회복지의 실천방법과 서비스

1) 교정사회복지의 실천방법

교정사회복지는 개인과 가족을 위한 직접적 서비스, 지역사회를 중심으로 한 간접적 서비스를 포함하여 사회복지실천방법의 일반적인 기술을 활용한다. 여기에는 개인과 가족에 대한 상담, 집단프로그램을 통한 개인의 퍼스낼리티와 행동의 변화, 지역사회 자원 동원과 네트워크 연계의 기술 등이 포함된다.

교정사회복지사의 역할은 교정현장의 클라이언트의 변화욕구의 파악과 진단, 문제행동의 변화, 재활을 위한 문제해결기술의 학습, 가족에 대한 원조 등의 역할을 수행한다.[6]

교정사회복지사는 변화의 매개자로서 클라이언트의 변화에 대한 욕구를 파악하는 데 주요한 역할을 수행한다. 이것은 클라이언트와 원조관계를 수립하여 진단을 내리는 것으로서, 사회복지사는 클라이언트가 자신의 행동과 욕구를 파악할 수 있도록 도움을 제공할 수 있다. 나아가 교정사회복지사는 클라이언트의 문제행동의 변화에 도움을 제공할 수 있다. 변화의 대상이 되는 문제행동은 교정시설 내에서의 일상적인 문제, 폭력, 성적 공격, 도벽, 알코올 및 약물중독 등을 포함한다.

교정사회복지사는 또한 클라이언트로 하여금 정상적인 사회생활에 필요한 방법과 기술을 배우게 할 수 있다. 대부분의 교정대상 클라이언트들은 책임 있는 결정을 내리는 데 어려움을 갖고 있다. 이러한 경우 사회복지사는 그들을 위한 선택 대안을 이해하게 하고 보다 나은 선택을 할 수 있도록 도움을 제공한다.

---

6. Warren Netherland, "Corrections System," NASW, *Encyclopedia of Social Work*, 18th ed., 1987, p. 357.

교정사회복지사는 또한 가족체계와의 활동에서 필요한 역할을 수행한다. 가족구성원이 구속됨으로 인한 심리적・사회적・경제적 영향을 극복하도록 도움을 제공한다. 마지막으로 교정사회복지사는 클라이언트가 석방 후에 지역사회에서 정상적인 생활을 영위할 수 있도록 지역사회 내의 지원체계를 동원하고, 의뢰하며, 중개하는 역할을 수행한다.

2) 교정사회복지의 서비스

교정사회복지의 서비스로는 시설 중심 서비스, 지역사회 중심의 서비스, 보호관찰제도, 치료감호제도 등이 있다.[7]

(1) 시설 중심 서비스

교정시설은 교도소, 구치소, 보호감호소, 소년원, 소년분류심사원 등이며, 이러한 교정시설에서 이루어지는 서비스로는 생활지도교육, 정신교육, 학과교육, 정서교육 등 교육 프로그램과 종교활동을 통한 교화 프로그램, 직업훈련 프로그램이 있다. 교정사회사업 차원에서는 이들 프로그램 외에 전문상담, 작업지도, 가족상담과 치료 프로그램이 포함된다.

(2) 지역사회 중심 서비스

지역사회 중심의 교정프로그램을 위한 자원으로는 보호관찰소, 한국법무보호복지공단 등의 공공기관과 민간단체로는 범죄예방위원회, 기타 종교단체, 후원회 등이 있다. 지역사회 중심의 프로그램은 이러한 지역사회의 인적・물적 자원을 활용하여 보호대상자의 범죄 및 비행 예방과 치료를 위한 서비스를 제공한다.

---

7. 교정사회사업연구회, 『교정사회사업』, 1996, pp. 103-196.

(3) 보호관찰제도

보호관찰제도는 교정사회복지의 대표적인 활동영역으로서 범죄자나 비행청소년을 구금시설에 감금하는 대신 정상적인 사회생활을 하게 하면서 필요한 지도와 보호를 통해 비행행동을 교정하고 재범을 예방하는 조치다.

(4) 치료감호제도

치료감호제도는 범죄자 중 정신장애나 마약류 및 알코올 남용 등으로 인하여 자신의 행동을 스스로 책임질 수 없는 자들을 보호하여 치료함으로써 재활과 사회복귀를 도모하는 제도다. 치료감호 서비스에는 분류심사, 치료, 직업훈련, 사회적응훈련 등이 있다.

4. 교정사회복지의 과제

비행예방에 관련된 측면은 광범위하여 개인, 집단, 제도(학교, 교회, 경찰, 법원), 지역사회 및 국가적 차원에서의 정책을 포함하며, 이러한 다양한 차원에서의 적극적인 노력이 범죄와 비행예방에 기여할 것이다.

1) 개인과 가족에 대한 직접 서비스

비행의 원인이 선천적인 성격의 특수성에 기인하든 환경의 소산이든 비행을 실제 행하는 사람은 개인이기 때문에 비행의 가능성을 지닌 청소년에 대한 직접적인 사전 예방대책이 강구되어야 한다. 아직 우리나라는 비행이 예측되는 청소년에 대한 개별 서비스나 프로그램 등이 활발하게 전개되지 못하고 있다. 법원, 정신병원 또는 정신과, 심리치료를 하는 아동진료실, 가족복지기관을 설치하여 전문인력을 활용함으로써 청소년문제를 해결해 나가야 한다. 또한 비행 원인의 상당한 부분이 가족문제에 있으므로 가족을 통한 예방대책은 매우 중요하다. 가족기능의 강화, 즉 부모교육과 문제가족에 대한 가족상담 및 가족치료 서비스의 제공을 통해 비행예방에 기여할 수 있을 것이다.

2) 집단에 대한 개입

청소년 비행의 대부분이 불량 교우관계와 집단에서 발생하고 있으므로 이에 대한 예방대책을 중시해야 한다. 학교 주변이나 우범지역에는 문제성을 지닌 비행집단들이 산재하고 있으므로 이들에 대한 개입과 집단 활동이 청소년단체나 관련 전문기관에 의해서 제공되어야 한다.

3) 학교를 통한 개입

학교에서의 부적응은 비행과 밀접하게 관련되어 있다. 전인교육을 위해서는 학습지도에만 치중할 것이 아니라 학생들이 직면하는 개인적인 관심이나 특별한 문제에 관심을 가지고 지도해야 할 것이다. 학교상담, 학교사회복지제도를 활용한 학교, 가정, 지역사회 간의 관계조정을 통해 비행의 예방에 힘써야 한다.

4) 종교활동을 통한 개입

청소년들이 종교활동을 통해서 인간의 가치와 존엄성을 인식하게 됨으로써 비행을 예방할 수 있다. 종교기관이나 단체들은 청소년에게 건전한 인격발달과 성장을 가질 수 있는 기회를 제공하여 내적 욕구를 발산하고 바람직한 생활방식을 체험케 할 수 있다.

5) 경찰을 통한 개입

경찰은 비행청소년에 대하여 제일선의 책임을 가지고 있으므로 그 활동 여하에 따라 예방에 큰 도움을 줄 수 있다. 강압적인 방법이 아닌 유해환경의 사전단속, 비행 우범자들의 조기발견이나 보호, 지역 내 청소년단체들과의 유기적인 연락이나 협동 등으로 비행예방의 성과를 거둘 것이다.

6) 지역사회를 통한 개입

(1) 지역사회조직

비행지역이나 집단 또는 비행문화, 비행윤리 등을 제거하기 위해서는 그 지역사회의 총체적 노력과 체제가 필요하다. 비행의 원인과 가능성이 그 지역에 있음이 밝혀지면 주민이나 지역단체 그리고 지역관계 전문가들이 협력하여 그 해결과 예방에 관심을 가지고 그 지역의 자원과의 연락조정을 통해서 비행예방대책을 강구할 수 있을 것이다. 즉 비행의 개선, 갱생, 예방에 지역사회 내의 각종 제도적 기관이나 전문가는 물론 일반주민들도 능력에 따라 참가하여 자발적 책임을 나누어 가짐으로써 문제해결에 이바지할 수 있을 것이다. 이와 같이 지역사회의 관계기관이나 전문가 또는 민간단체의 협조체계를 통해서 비행예방에 많은 효과를 거둘 수 있을 것이다.

(2) 사회행동

지역사회 내의 민간기관이나 주민단체들은 청소년을 비행에로 유인하는 사회환경을 정화하는 사회행동의 주체가 되어야 한다. 가령 청소년비행에 영향을 주는 불량한 매스컴의 추방운동도 한 사례가 될 수 있다. 비윤리적인 영화나 연극, 저급한 TV 프로그램이나 드라마, 저속하고 외설적인 소설, 잡지, 만화들은 비행을 유인하는 심각한 매개체가 될 수 있다. 이러한 불량 대중매체나 사회환경은 판단력이 부족하고 감수성이 예민한 청소년들에게 끼치는 영향이 심각하므로 유해한 대중매체의 추방을 위한 적극적인 사회행동을 활발하게 전개하여야 한다.

(3) 특정지역 접근을 통한 예방(area project approach)

이것은 특정한 슬럼지역 내의 상호책임 의식을 발전시키는 것이다. 이러한 방법의 전제는, 첫째, 지도력이 지역사회 내에서 발굴되어야 한다는 차원에서 토착적 지도력을 중요시하는 것이다. 둘째, 비행의 환경적 요인을 갖고 있는 지역사회가 토착적 지도자에 의한 내적 결속력의 개발을 통해서 자조할 수 있어야 한다. 여기에서 토착적 지도자란 높은 지위에 있는 사람이 아니더라도 광범위한 지역인사의 참여를 말한다. 이들의 실질적 개입으로 지역사회의 황폐화를 막고 아동이나 청소년이 건전한 환경에서 성장할 수 있는 기회를 마련해 줄 수 있을 것이다. 특히 이 접근은 오락 및 교육 프로그램을 중심으로 지역사회의 결합력을 개발하는 의의가 있다. 이 접근방법은 다양한 지역사회 위원들을 통하여 이루어지며, 이들 위원들의 상담과 청소년의 직접적 참여가 바람직하다. 특히 특정 지역의 토착적 지도력을 강조한다는 점에서 볼 때, 이 접근은 명백히 지역사회조직의 방법을 활용하는 것이다. 저소득층이나 슬럼 지역 또는 비행발생 가능 지역에서의 이와 같은 접근의 시도는 비행예방대책으로 권장할 방법의 하나다.

7) 국가적 차원에서의 개입

국가적 차원에서 정책과 제도화가 필요하며, 첫째, 간접적 정책으로 비행에 대한 예방정책, 둘째, 직접적 정책으로 비행에 대한 사후대책으로 분류할 수 있다.

(1) 비행에 대한 간접적 정책

비행행동의 예방이나 대책은 일시적인 것이 아니라 장기적이며 제도적인 대책을 통해서 효과를 거둘 수 있으므로 비행 예방의 장기적인 정책이 있어야 한다. Rein Miller는 비행에 대한 장기적 정책 방향을 다음과 같이 제시하고 있다.

① 보건과 주택 향상을 위한 프로그램과 다양한 사회서비스를 제공하여 환경을 변화시키고 생활의 질적 향상을 도모한다.
② 교육과 직업훈련, 고용서비스를 통해서 직업능력을 향상시킨다.
③ 공공부조 및 아동수당 등을 통해서 소득을 재분배한다.
④ 빈곤계층의 능력을 증대시켜 지역사회생활에 적극 참여하게 한다.
⑤ 최저임금의 수준 향상과 완전고용의 증진시킨다.

(2) 비행에 대한 직접적 정책

비행에 대한 개입은 직접적 정책과 제도의 수립이 중요한 과제다. 재소자에 대한 사법적 보호와 이에 관여하는 전문직 제도가 마련되지 못한 상황에서는 비행이나 범죄의 악순환을 막을 수 없다. 따라서 교정사회복지제도를 확립하고 재소자와 집행유예자의 성격이나 행동을 교정하여 그들이 재범의 가능성을 낮출 수 있도록 해야 한다. 퇴소 후에는 충분한 사후관리 서비스를 제공해야 할 것이다.

비행 또는 범죄자의 신체 구속이나 통제만으로는 교정과 사후관리가 불가능하다. 선진국에서 전문가의 활용으로 교정이나 선도에 많은 효과가 나타나고 있는 바와 같이 비행심리나 행동을 조절할 수 있는 정신의학자, 심리학자, 사회복지사 등 전문가를 적극 활용하는 제도화가 시급하다. 그리고 청소년보호법, 아동복지법 등 법률 조치도 비행예방에 기여할 수 있다. 미성년자의 유흥업소 출입금지, 금주, 금연, 환각제 사용금지, 도서 출판물, 매스컴 등에 대한 제재는 비행예방에 필요한 제도적 조치다.

연구문제

1. 교정사회복지 현장에서 사회복지사의 역할을 기술하시오.
2. 우리나라 교정 현장에서 사회복지사의 개입이 필요한 분야에 관하여 논의하여 보시오.

제12장

21세기 사회복지 동향과 과제

이 책의 제1부 제1장에서 사회복지란 "사회구성원들이 자신의 기본적인 욕구를 충족시키는 데 어려움을 겪고 있거나 어려움이 예상될 때, 그 욕구를 충족시킬 수 있도록 도움을 제공하는 조직화된 사회적 활동의 총체"라고 정의하고, 사회복지의 기능적 포괄성과 구성적 다양성, 환경변화에 따른 가변성을 사회복지의 고유성이라 규정하였다. 사회복지가 국가와 시대에 따라 상이한 실체로 존재한다는 것은 초보적인 관찰에 지나지 않는다. 사회복지의 기능적 포괄성과 구성적 다양성, 시대에 따른 가변성을 사회복지의 고유성이라 규정하였다. 제2장에서는 사회복지의 다양성이 탈상품화, 계층화, 탈가족화, 재분배의 정도 등을 기준으로 한 복지자본주의 체제유형으로 분류되고 있음도 소개하였다.

사회복지의 핵심적인 질문은 우리의 어려운 이웃을 누가, 어떻게 돌볼 것인가라고 하는 인류 역사만큼이나 오래된 질문이다. 그 답은 전통사회로부터 근대사회로의 이행 이후 18세기 중상주의시대, 19세기 자유방임적 야경국가 시대를 거쳐, 20세기 복지국가의 시대로 옮겨 오면서 크게 변화하였다. 특히 제2차 세계대전 이후 30년 동안 국가가 모든 국민에게 국민의 권리로서 인간다운 생활을 보장하는 복지국가의 황금기를 경험하였다. 그러나 1970년대 후반부터 복지국가 위기론이 대두되고, 냉전체제의 종식과 함께 신자유주의 세계화시대가 열리면서 복지국가는 해체와 축소의 강한 압력을 받게 되었으나, 이제 신자유주의는 남미, 유럽, 멕시코, 아시아, 미국, 남부유럽 등 반복되는 경제위기로 말미암아 30년 만의 파산을 선고하고 있다. 오늘날 필요한 것은 복지국가의 해체나 축소가 아니라 새로운 질서가 요구하는 복지국가의 재편이다.

본 장에서는 21세기 선진 복지국가들이 당면하고 있는 도전과 대응을 살펴보고 불과 반세기 동안 전쟁의 폐허로부터 세계 10위권 경제대국으로 성장한 한국사회가 21세기에 맞닥뜨리게 된 새로운 도전과 과제를 복지국가 발달의 관점에서 정리해 본다.[1]

1. 복지국가의 위기에서 신자유주의의 위기로

에스핑 앤더슨의 주장과 같이 복지국가의 역사는 위기의 역사였다. 그는 복지국가 성립 이후 네 번의 위기가 있었다고 주장한다.[2] 첫 번째 위기는 1950년대 고전 경제학자들이, 두 번째 위기는 60년대 좌파 평등주의자들이 주도했다. 이 두 번의 위기는 실질적인 경제성장과 복지국가의 확충과 공고화로 극복될 수 있었다. 그러나 70년대 중반 이후의 고실업과 스태그플레이션은 신자유주의자들의 복지국가 비판을 고조시켰다. 그것이 케인지언 복지국가에 대한 합의를 급속히 약화시킨 세 번째 위기였다. 영국은 대처수상(1979)을, 미국은 레이건 대통령(1980)을 취임시키고, 시카고학파에 의한 칠레의 신자유주의 개혁의 실험(1973~1989)이

---

1. 이혜경. 「한국복지국가가 걸어온 길: 결손국가에서 사회투자국가로」, 『2011 추계 한국사회정책 공동학술대회 자료집』, 기조발제, 2011; 이혜경, 「사회투자와 참여복지국가를 향하여」, 『지식의 지평』, 13호, 한국학술협의회, 2012의 내용을 참고하고 있음,
2. Gøsta Esping-Anderson, *Social Foundations of Postindustiral Economies*, Oxford: Oxford University Press, 1999.

시작되었다. 그리고 1990년대 탈냉전과 세계화라는 네 번째 위기가 더해졌다. GATT가 WTO로 대체되고, 세계은행과 IMF가 신자유주의 세계화의 첨병이 되어 이른바 "워싱턴 컨센서스(Washington Consensus)"의 시대를 열었다.

1) 신자유주의 세계화론과 그 비판

신자유주의자들에게 사회(복지)정책은 경제성장의 촉진자도 정치사회적 안정의 조정자도 아닌, 비용일 뿐이다. 불평등은 시장에 생래적인 것이고 경쟁적 행위자들에게 동기를 부여하는 데 필요한 것이었다. 신자유주의자들은 18세기를 풍미한 고전적 자유주의가 중세 사회원리에 대한 인간해방의 대항논리였던 것처럼, 세기말 신자유주의의 등장은 케인스주의적 복지국가에 대항한 시장자유주의로의 혁명이라고 주장했다. 이들은 경쟁시장이 경제성장과 풍요를 가져오고, 개인의 자유공간을 확대하며, 분배 문제도 시장의 기능으로 해결해야 하고, 국가의 역할은 최소화 되어야 하며, 글로벌기업의 자율성은 최대한 보장되어야 한다고 주장한다. 그들에게 복지국가의 퇴조는 국가통제의 족쇄로부터의 해방이고, 전후 복지국가의 황금기는 인류역사의 예외적인 에피소드에 불과했다. 이들은 자유주의와 지구단일 시장경제 질서만이 인류사회 발전의 유일한 선택이라고 주장했다.

그러나 복지국가의 역사가 위기의 역사였던 것처럼, 신자유주의 세계화의 역사 역시 위기의 역사였다. 세계화란 상품, 노동, 자본의 시장에서 세계적 통합이 높아지는 현상을 말한다. 세계화가 의미하는 자본과 노동의 자유로운 이동은 비숙련 노동자의 일자리를 저임금국가로 이동한 효과를 갖는다. 중국, 인도, 베트남의 개방이 20억 이상의 추가적인 저임금 노동공급의 효과가 있다. 요소가격 균등화 법칙에 따라 자본의 자유로운 이동만으로도 노동의 가격이 같아지는 효과가 발생한다. 산업국가에서는 실질임금이 정체하거나 감소하여 불평등이 심화된다. 사실상 세계화 시대에 거의 모든 OECD 국가에서, 소득 불평등과 양극화가 심화되었다. 고실업과 장기실업, 청년실업과 소득 불평등, 양극화와 사회적 배제, 가족의 불안정 역시 심화되고, 신자유주의 처방에 대한 비판은 고조되었다. 국제관계에서도 이 기간 동안 민족주의가 고조되어 민족분쟁이 빈발하였고, 세계금융체제의 불안고조로 1980년대의 남미 금융위기, 1992년 서유럽 경제위기, 1994년 멕시코 경제위기, 1997~98년 아시아 경제위기, 그리고 2008년 미국 발 금융위기와 유럽경제위기까지 경제위기의 연속이었다. 1997~98년 아시아 경제위기 이후에는 J. Stiglitz 등 국제금융기구의 전문가들이 포스트 워싱턴 컨센서스를 주장하기 시작하였고, 2008년 미국발 세계금융위기의 발발과 월가 점령 시위는 신자유주의의 실패를 증명해 주고 있다. Anatole Kaletsky가 세계경제는 이제 자본주의 4.0 시대로 진입하였다고 말하는 맥락이다.[3]

복지국가 지지자들에게 신자유주의의 대두는 시장경제의 역사에서 익히 보아 온 주기적인 진동에 지나지 않았다. 복지국가의 해체를 요구하는 신자유주의 세계화야말로 이들에게는 인류역사의 예외적인 단막에 불과하다. 복지국가는 자본주의를 인간화하기 위한 수 세기에 걸친 투쟁의 결과이며, "자본주의 시장경제를 문명화해 온 오랜 과정의 클라이막스"이다.[4] 그것은 이 책의 제1부 제2장에서 언급한 폴라니가 말하는 "이중운동"의 결과에 다름이 아니었다. 이들은 지금이야말로 그 어느 때보다 평등과 연대의 회복이 필요한 시기라고 주장한다. 신자유주의 세계화시대에 아무리 국제경쟁이 치열해져도 "바닥으로의 경주(race to the buttom)"는 일어나지 않았다. 다시 복지 없는 성장이 불가함을 확인하게 되었고, 복지국가는 다시 효율적이고 경쟁력 있는 자본주의

---

3. Anatole Kaletsky, *Capitalism 4.0: The Birth of a New Economy in the Aftermath of Crisis*, Public Affairs, 2010.
4. R. H. Crossmann, *New Fabian Essays*, London: The Turnstile Press, 1952.

경제를 위한 필요조건이 되었다.

2) 복지국가(민주적-복지-자본주의)론에서 복지자본주의체제론(민주적-성평등적-복지-자본주의)체제론으로

1970년대 중반 이후 복지국가의 위기는 복지국가 연구 패러다임의 위기이기도 하였다. 제1부 제2장에서 보여 준 바와 같이 전후 복지국가 황금기를 통하여 복지국가의 발달은 정치체제나 이념과 무관한 산업화의 결과로, 기능주의적 분화의 산물로 설명되었다. 민주주의와 시장경제는 항수로 간주되었다. 복지제도의 발달은 산업사회의 기능적 분화의 결과이며, 산업화의 진전에 따라 사회복지의 개념은 잔여적 개념에서 제도적 개념으로, 선별주의에서 보편주의로 이행하게 되어 있으며 복지지출 규모가 복지국가 발전의 지표였다. 산업화가 진전됨에 따라 유사한 재정방식과 유사한 정책도구를 사용하는 사회보장제도가 확대되고, 그것이 산업사회들의 구조적 공통성이라고 주장했다. 그러나 이러한 패러다임으로는 1980년대 이후 다양한 행태의 복지국가 위기와 대응을 설명할 수 없었다. 1990년 Esping-Andersen의 복지자본주의 체제 유형론은 당시 복지국가 위기론에 포획되어 있던 복지국가 연구에 결정적인 전환점이 되었다.

에스핑 앤더슨은 크로스만의 "복지자본주의"에 체제(regime)개념을 결합시켰다. 그는 복지자본주의 체제는 민주주의와 자본주의와 복지가 체계적으로 밀접하게 짜여진 법적, 조직적 특징을 가진 복합체(complex)로 정의하였다. 그리고 민주적-복지-자본주의의 중간에 위치한 "복지"를 폴라니의 "탈상품화"개념으로 규정하고 실증적 지표로 측정하였다. 그는 복지국가라 해도 국가마다 탈 상품화의 정도가 다를 뿐 아니라 완전고용에의 몰입정도도 다르고 계층화 효과도 다르다는 것을 증명하고, 그로부터 자유주의, 보수주의, 사민주의 복지자본주의 체제의 유형화에 성공하였다. 그는 1960년대와 1970년대에 이미 복지자본주의가 제도화되었고 세 개의 복지 레짐의 특징과 차이도 이 시기에 이미 확인된다고 주장한다. 복지국가의 경제적 성과도 복지체제유형에 따라 달라지며, 80년대 이후 신자유주의 세계화와 탈산업화가 던지는 도전과 적응과제, 딜레마도 복지자본주의 체제 유형에 따라 다르며, 이에 대응하는 행태도 체제유형에 따라 달라진다[5].

그의 복지체제유형론은 수많은 연구자들의 수많은 후속연구를 낳았다. 에스핑 앤더슨은 무엇보다 케인스-베버리지-마샬의 전후 복지국가의 실패를 인정하였다. 전후 복지국가를 떠받치던 정치·경제·사회·문화적 기반을 더 이상 찾아볼 수 없게 되었다는 것이다. 높은 출산율, 낮은 고령인구비율, 고성장, 저실업, 동질적인 산업 노동력, 무급의 전업주부의 가사노동, 어느 것도 80년대 이후에는 더 이상 찾아볼 수 없는 조건이 되었다. 80년대 90년대의 복지국가의 실패는 복지국가의 위기가 아니라 시장과 가족 모두의 위기이며, 복지자본주의 체제의 위기라는 것이다.

그리고 1999년 에스핑 앤더슨은 그의 복지체제분류의 기준으로 국가와 시장에 가족을 추가하였다.[6] 그는 자신의 관심은 "복지의 생산이 국가와 시장과 가족 사이에 할당되는 방식"이라고 밝히며 복지 생산자로서 가족의 중요성을 강조했다. 그의 『복지자본주의의 세 가지 세계(*Three Worlds of Welfare Capitalism*)』의 분석 프레임은 시장과 국가의 관계에

---

5. Ian Gough, "Social Welfare and Competitiveness," *New Political Economy*, Vol. 1, Issue 2. July 1996, pp. 209-232.
6. 그의 1990년 체제유형론은 남성생산자 중심, 소득보장 중심, 시장-국가 관계 중심의 논의라는 비판을 받아 왔다. 케인스-베버리지-마샬의 복지국가는 전형적으로 남성부양자 모델의 성분업적 가족을 전제하고 있었다. 그러나 1980년대 1990년대 유럽에서 남성부양자 가족 모델은 더 이상 현실이 아니었다. 전업주부의 무급가사노동을 전제할 수 없었다. 이에 따른 노동시장구조의 변화, 가족구조의 변화, 젠더 관계의 변화, 저출산과 인구고령화, 그리고 돌봄의 사회화의 요구가 이미 중요한 사회정책 아젠다가 되어 있었다. 그는 1999년 저서 『탈산업경제의 사회적 기반(*Social Foundations of Post-industrial Economies*)』에서 가족구조를 국가와 시장에 추가했다.

초점을 맞춘 거시 정치경제학이었으나, 복지의 기본단위는 어디까지나 가구경제(household economy)이고, 따라서 미시적인 가족행태가 복지의 정치경제학에 반드시 포함되어야 한다고 주장하였다. 국가와 시장의 거시적인 정치경제학이 아니라 국가와 시장과 가족을 세 축으로 하는 미시와 거시가 혼합된 새로운 정치경제학이 필요하다는 것이다. 그는 페미니스트들이 사용하는 탈가족화라는 개념을 사용하여 탈가족화의 연장선상에서 아동 중심의 사회투자 전략을 제시하며, 노동시장과 가족제도의 변화를 새 시대의 복지국가 재편의 주요 축으로 제시하게 된다. 그것은 에스핑 앤더슨의 복지체제유형론이 남성소득자 중심, 소득보장 중심, 시장-국가 관계 중심이라는 비판에 대한 반응이었고, 가족구조와 젠더관계의 변화에 따라 급증하는 사회적 서비스 수요를 주요 유형분류의 시야로 끌어들이는 방법이기도 하였다.

3) 신사회위험과 사회적 투자전략

20세기 말의 복지국가 위기는 과거의 위기와는 증상에서뿐 아니라 성격도 달랐다. 그것은 복지국가의 지속가능성을 흔드는 외생적 충격에 의한 것이었다. 첨단 과학기술의 혁명과 세계화, 지식기반 서비스 경제로의 전환은 국제경제 질서의 변화, 시장경제의 기본적인 축적양식의 변화를 가져왔을 뿐 아니라, 노동시장 구조도 제조업 중심의 고성장과 완전고용 구조에서 서비스 산업 중심의 성장률이 양극화된 유연노동시장으로 변화한 것이다. 높은 출산율의 성분업적 가족 모델이 탈가부장적 저출산율의 2인 소득자 가족 모델로 대체되고 있었고, 따라서 인구고령화와 가족 불안정, 돌봄의 사회화, 양극화와 불평등, 저성장, 고실업, 장기실업, 청년 실업 등 새로운 사회적 위험들에 대한 체계적인 대응이 필요하게 되었다. 전후 복지국가 체제를 구성하던 모든 요소들, 즉 국가, 노동시장, 가족이 모두 동시적인 실패에 직면하게 되었다. 네 번째 복지국가 위기는 복지국가의 개별 정책의 위기가 아니라 복지국가 체제(레짐)의 위기인 것이다. 다시 말해서, 첨단 과학기술혁명, 지구경제 통합, 인적자본의 향상, 노동시장구조와 가족구조의 혁명적 변화가 시장경제(상품화 혹은 축적체제)의 기본구조와 논리를 변화시켰으므로 탈상품화(혹은 재생산)의 문법도 그것과 조응되도록 재편해야 하는 것이다. 종래의 케인스의 수요의 경제학이나 베버리지의 현금급여 중심 남성소득자 중심 소득보장제도로 접근하기 어려운 새로운 사회적 위험을 고려하여 새로운 사회계약과 자본주의 체제의 전면적인 재구조화, 새로운 복지국가 구상이 불가피하게 되었다.

1990년대 중반부터 신자유주의의 위기가 깊어 가고 탈산업사회의 새로운 사회적 위험이 확산되면서, 이론적으로는 위에서 살펴본 바와 같이 복지자본주의 체제유형론이 발전하고, 실천적으로는 새로운 연대와 평등의 전략의 실험이 시작되었다. 기든스의 제3의 길,[7] 테일러-구비의 사회투자국가,[8] 미질리의 사회개발,[9] 에스핑 앤더슨 외[10]의 아동중심 사회투자, 제인 젠슨의 사회투자,[11] 모렐과 팔리에, 펠메[12]의 사회투자복지국가 등이 새로운 논리와 방향을 주도하였다. 이들이 사용한 용어는 사회

---

7. Anthony Giddens, *The Third Way: The Renewal of Social Democracy*, London: Andrew Nurnberg Associates, 1998.
8. Peter Taylor-Gooby (ed.), *New Risks, New Welfare: The Transformation of the European Welfare State*, Oxford: Oxford University Press, 2004.
9. James Midgley, “Growth, Redistribution, and Welfare: Towards Social Investment,” *Social Service Review*, March 1999.
10. Gøsta Esping-Anderson, *Why we Need a New Welfare State*, Oxford University Press, 2002.
11. Jane Jenson, “Diffusing Ideas for After-neoliberalism: The Social Investment Perspective in Europe and Latin America,” *Global Social Policy*, Vol. 10, No. 1, pp. 59-84.(2006, 2010)
12. Nathalie Morel, Bruno Palier, and Joakim Palme, “Towards a Social Investment Welfare State?” paper presented at the Conference: Production, Reproduction, and Protection in the Welfre State, Annual Meeting of Research Committee 19. International Sociological Association, Seoul, Aug., 2011, pp. 25-27.

개발, 발전주의 복지국가, 사회투자국가, 능력부여국가 등 다양했지만 이들의 공통적인 핵심 논리는 "사회적 투자"였다. 빈곤계층이 그들의 보다 나은 미래를 준비할 수 있도록 지원하는, 인적 자원투자에 관한 아이디어가 확산되었다. 스웨덴의 적극적 노동시장정책의 전통은 물론, 네덜란드의 폴더 모델, 덴마크의 유연보장도 사회투자적 요소가 강하다.

Morel 등이[13] 지적하는 바와 같이, "사회적 투자"는 하나의 통일된 이론이나 지적인 근원이 있는 것이 아니고, 기든스의 제3의 길뿐 아니라 Gary. S. Becker와 J. Hackman의 인적자본론, Amartya Sen의 능력론(capability approach), 에스핑 앤더슨, F. Vandenbroucke, Karl G. Myrdal의 사민주의, 미질리의 사회개발론 등 다양한 통찰과 영감이 혼합된 개념이다. 보다 포괄적이고 정교한 개념정의와 거시경제이론의 뒷받침이 필요한 것은 사실이다.

그러나 연구자들이나 실천가들 사이에서 사회투자에 대한 지지는 확대되고 있고, 신자유주의 열정은 감소하고 있다. 모렐과 그의 동료들이 지적하는 바와 같이[14] 사회투자라는 개념은 이제 앵글로색슨국가들의 제3의 길과 사민주의 북유럽 국가의 사회투자를 포괄하게 되었다. 복지자본주의체제 유형에 따라 사회투자적 접근은 사민주의의 재생일 수도 있고 신자유주의의 주변적 변형에 불과할 수도 있다는 것이다. 최근에는 에스핑 앤더슨의 복지자본주의 유형별 사회투자정책의 유형에 관한 연구들이 발표되고 있다. 젠슨의 주장처럼[15] 케인시언 반순환적 수요측 거시경제학은 인적자본개발과 미래를 위한 투자 지향이 아니라 현재 당장의 수요를 조정하고 유지하기 위한 "수동적" 사회정책 지향이 강하다. 케인스주의와 뮈르달의 생산적 사회정책은 사회정책과 경제성장, 평등과

---

13. 위의 논문.
14. 위의 논문.
15. Jane Jenson, "A New Politics for the Social Investment Perspective: Objectives, Instruments and Areas of Intervention in Welfare Regimes," in G. Bonoli & D. Natali, *The Politics of the New Welfare State*, Oxford University Press, 2012.

효율의 상호보완적 성격에 관한 신념을 공유한다. 그러나 케인스주의가 복지국가의 발달을 일종의 계급타협에 기초한 것으로 보고, 고용과 사회정책은 전통적인 남성부양자 모델을 강조했던 것과는 달리 뮈르달은 여성의 노동시장 참여와 젠더 평등을 강조하고 아동의 복리와 사회권 촉진을 강조했다. 케인스주의에서 아동과 여성이 사회적 급여의 대상이기는 하나 남성부양자를 통한 것이었다. 또 하나 케인스주의와 뮈르달의 생산적 복지의 중요한 차이는 시간개념이다. 뮈르달의 생산적 사회정책은 명시적으로 투자로 개념화되었다. 당장 현재의 이익을 내는 것이 아니라 교육과 건강, 인적자본투자를 통해서 미래에 이익이 창출된다는 것이다. 사회적 시민권은 현재의 불평등, 현재의 불공정, 현재의 도전에 초점을 맞춘다. 케인스 시대의 사회정책은 주로 수동적인 사회정책으로, 특히 사회보험 형태의 현금 이전 프로그램을 통해서 수요를 창출, 유지하려 하였다.

사회투자 전략이 공통적으로 강조하는 정책분야로 첫째, 인적자본투자, 둘째, 일 가정 양립 지원, 셋째, 참여와 활성화를 들고 있다. 새로운 지식기반경제가 성공하려면 고도로 숙련된 노동력이 필요하다. 지식기반경제에서 실업은 적절한 기술부족으로 해석된다. 따라서 인적자본투자는 반드시 국가가 해야 할 일이라는 것이다. 두 번째, 일 가정 양립 지원정책은 노동공급을 증가시키고, 출산율을 높이기 위한 것이다. 경제(생산)와 가족(재생산) 영역의 관계가 새로워져야 출산율도 높일 수 있고, 여성의 노동시장 참여율도 높일 수 있기 때문이다. 이들은 예컨대 보육의 길과 부모휴가의 관대성의 중요성을 강조한다. 이들이 말하는 세 번째, 노동시장 참여와 활성화(activation)는 생애에 걸친 고용지위의 변화와 이행을 지원하고, 비정규직 고용관계가 지속가능한 생애계획의 디딤돌이 되도록 돕는 것이다.

사회적 투자론에 대한 주요 비판으로는 사회투자는 결국 사회적 가치를 경제적인 가치에 종속시킨다거나 사회투자의 미래지향성은 현재의 빈곤문제를 소홀히 하게 만들고 일자리의 질을 소홀히 하게 한다, 사회적 응집효과는 립 서비스에 불과하다는 등이다. 이것은 주로 영어권의 제3의 길 접근에 대한 비판이다. 반면, 지지자들은 사회투자 전략이 사회적 자본을 증가시키고 사회적 응집도 향상시키며, 직장에서 필요한 학습능력과 혁신능력을 향상시킴으로써 경쟁력을 높일 수 있으며, 이로써 노동시장의 유연성을 가져올 수 있고 더 많은 양질의 일자리를 창출한다는 점 때문에 지지한다. 이는 주로 북유럽 사민주의에 대한 지지다. 사민주의에서는 빈곤의 최소화와 소득보장을 효과적인 사회투자 전략의 전제조건으로 생각하는 데 반하여 영국의 제3의 길은 활성화정책을 소득보장정책 대신이라고 믿는 경향이 있다. 그렇게 되면 제3의 길의 활성화와 신자유주의 활성화가 크게 다르지 않다. 또 진정으로 효과적이고 지속가능한 사회투자전략은 예방적이어야 한다.

사회투자에 대한 평가는 현재의 상황을 어떻게 보느냐에 따라 달라질 수 있다. 즉, 신자유주의 패러다임을 아직도 주도적인 패러다임이라고 보느냐, 아니면 탈-신자유주의시대가 도래했다고 보느냐에 따라 사회투자 접근은 사민주의의 재생일 수도 있고 신자유주의의 주변적 변형에 불과할 수도 있는 것이다. 모렐과 그의 동료들이 지적하는 바와 같이[16] 사회적 투자라는 한 우산 속에 신자유주의적, 앵글로색슨 국가들의 제3의 길과 사민주의 북유럽 국가의 사회투자가 함께 포괄되어 있다.

서구 복지국가 재편론의 기본적인 인식은 첫째, 탈상품화(사회정의) 기능은 시장경제를 유지하는 한 필수불가결의 사회적 기능이다. 둘째, 그 기능은 국가는 물론, 시장, 가족, 지역공동체 등 다양한 주체가 유기적으로 상호작용하며 수행할 수 있다. 셋째, 여성을 포함하는 사회구성

---

16. Nathalie Morel, Bruno Palier, and Joakim Palme, "Towards a Social Investment Welfare State?" paper presented at the Conference: Production, Reproduction, and Protection in the Welfare State, Annual Meeting of Research Committee 19. International Sociological Association, Seoul, Aug. 2011, pp. 25-27.

원 개개인의 참여와 통합(inclusion)이 중요하다. 넷째, 개개인의 기본권 보장 못지않게 능력의 배양과 이를 위한 투자가 중요하다. 그리고 다섯째, 신뢰와 사회적 자본형성이 중요한 조건이 된다는 것이다. 물론 복지자본주의 체제 유형은 다양하고 복지국가로 가는 길도 하나가 아니다. 복지국가는 각국에 고유한 역사적·문화적 맥락에서 끊임없이 타협하며, 계속되는 위기를 통해 새로운 에너지를 얻고, 또 새롭게 재창출되며 계속해서 진화하는 역사의 산물인 것이다.

연구자들 사이에서나 실천가들 사이에서 사회투자에 대한 지지는 확대되고 있고, 신자유주의 열정은 감소하고 있다. 모렐과 그의 동료들[17]이 지적하는 바와 같이 사회적 투자라는 개념은 이제 앵글로색슨국가들의 제3의 길과 사민주의 북유럽 국가의 사회투자를 포괄하게 되었다. 복지자본주의체제 유형에 따라 사회투자적 접근은 사민주의의 재생일 수도 있고 신자유주의의 주변적 변형에 불과할 수도 있다는 것이다. 나아가 최근에는 에스핑 앤더슨의 복지자본주의 유형별 사회투자정책의 유형에 관한 연구들이 발표되고 있다. 지금 필요한 것은 새로운 패러다임으로서의 보다 포괄적이고 정교한 개념 정의와 경제이론적 뒷받침이다. 전후 복지국가는 케인스 경제학과 베버리지의 청사진이 있었고, 1970년대 중반 이후의 신자유주의 개혁 역시 신고전경제학의 나름대로 체계적인 설득이 배경에 있었다. 20세기 말 새로운 사회투자 패러다임으로의 전환은 사실상 현실세계에서 강력히 진행되고 있으나 케인스주의나 신자유주의에 필적하는 체계적이고 일관성 있는 패러다임이 준비되어 있지 않다는 것이다. 지난 20년 가까이 사회투자 개념에 관한 관심은 지속적으로 확대되어 왔음에도 불구하고 아직 케인스주의나 신자유주의에 필적할 만한 체계적이고 결정적인 패러다임으로 제시되지 못하고 있다. 모렐, 팔리에, 팔메는 사회투자의 정확한 개념 정의와 경제적 이론 개발이 필요

17. 위의 논문.

하다고 말한다.[18]

2. 기로에 선 한국의 복지국가

한국은 선진복지국가들이 수백 년 걸려 도달한 민주화, 산업화, 복지화의 길을 불과 반세기여로 압축하고 있다. 서구 복지국가들은 구체제하에서의 중상주의적 빈민보호의 시대로부터 자유방임적 최소국가의 시대를 거쳐, 전후 케인스주의적 복지국가 시대에 도달하였고, 다시 신자유주의시대를 거쳐 이제 포스트 신자유주의, 사회투자국가의 시대로 진입하고 있다. 제2차 세계대전 후 서구의 60년은 케인시언 복지국가가 탄생하고, 성숙하고 신자유주의의 소강시기를 거쳐 다시 복지자본주의 체제론과 사회투자적 재편으로 재생되는 기간이었다. 바로 같은 전후 60년 동안 한국은 식민경험으로부터 해방, 분단, 독립, 전쟁을 거쳐 초고속 산업화, 민주화를 경험하고, IMF 위기 이후 최근 10여 년 동안 신자유주의의 프레임 안에서 복지제도가 확충되는 압축적인 역사를 경험하고 있다. 특히 1960년대 초 이후 한국 경제는 비약적으로 발전하였다 일인당 국민소득이 100달러 미만에서 2만 달러로 200배 이상 증가하였고, 경제주권을 유보해야 했던 IMF 위기를 앞당겨 극복하고, 세계 12위 경제대국으로 성장하였다. 정치적으로도 헌팅톤[19]이 말하는 "두 번의 정권교체 테스트"를 통과하여 민주화의 성공을 자부할 수 있게 되었다. 그리하여 한국은 압축적 산업화와 민주화에 성공한 발전국가의 대표적인 모델사례로 손꼽히게 되었다.

그러나 발전국가의 성공사례로 칭송받고 있는 한국이 앞으로 지속적

---

18. 위의 논문.
19. Samuel Huntington, *The Third Wave: Democratization in the Late Twentieth Century*, University of Oklahoma Press, 1991.

인 성장을 확보할 수 있을지, 질 높은 민주주의를 실현할 수 있을지, 누구도 낙관하기 어려운 것이 오늘의 현실이다. 한국 경제가 이미 저 성장기에 진입하였고, 계속되는 세계경제 불안은 해외의존도가 높은 한국경제에 치명적일 수 있다. 고용 없는 성장이 현실화되고 있고,[20] 근로자의 1/3이 비정규직이고, 사회안전망은 예외적으로 취약하다. 예외적으로 빠른 저출산 고령화가 성장잠재력을 둔화시키고 있고,[21] 무엇보다도 경제사회적 양극화의 악순환이 구조화되고 있다.[22] 많은 사람들이 우리 사회가 공정하지 않다고 생각한다. 자살률이 9년째 세계 1위를 달리는가 하면, 삶에 대한 주관적 만족도가 OECD의 32개국 중 31번째다.[23] 민주주의의 진전에도 불구하고 제도권 정치에서 희망을 보는 사람도 흔치 않다.

오늘의 이 같은 다중적이고 복합적인 위기 현실은 어디서 오는 것일까? 물론 개인의 문제라기보다 체제의 문제라고 보아야 할 것이다. 빈곤이 세습되고, 청년들에게 희망이 없다면, 한국사회의 미래는 없는 것이다. 지금 한국사회는 어디로 향해 가고 있는가?

한국경제의 초고속 성장을 가능하게 했던 권위주의적 발전국가 모델은 1987년 이후 공식적으로 폐기되었다. 그리고 1987년 이후, 한국의 민주화는 탈냉전과 신자유주의 세계화와 시기를 같이하면서, 경제적으로

---

20. 2010년 고용률은 58.7%로 2000년 이래 최저치를 기록하였으며, 청년실업률은 공식적으로는 8%대이지만, 구직 단념자, 취업 준비자를 포함하면 22%에 달한다. 경제성장의 고용유발효과를 나타내는 고용유발계수도 매년 감소하고 있다.
21. 2020년이면 65세 이상 노인인구가 800만 명에 육박하고, 15~64세 생산가능 인구 4.6명이 노인 1명을 부양해야 하게 될 전망이다.
22. 매년 4~5%에 달하는 비교적 높은 경제성장률을 보이고 있지만 서민생활과 고용을 맡고 있는 중소기업, 자영업, 농업은 성장에서 소외되고 있다. 첨단산업과 전통산업, 수출산업과 내수산업, 대기업과 중소기업, 정규직과 비정규직 간의 격차도 심화되고 있다.
23. OECD는 2012년 1월 31일, World Value Survey(1994~2008) 자료에 기초하여 주관적 복리(subjective well-being)의 결정요인 분석결과를 발표하였다. 이에 의하면 한국의 삶의 만족도 수준은 32개국 중 31위였다.

는 신자유주의 경제모델로의 전환을, 정치적으로는 자유민주주의를 본격화하였다. 자유라는 가치에 기반한 신자유주의적 시장담론은 정의와 평등과 공익의 가치에 기반한 민주주의의 기본정신을 압도하였다. 이윤극대화와 무한경쟁, 탈규제, 시장개방, 경제자유화, 민영화 등 신자유주의적 담론이 확산되고 정부운영에까지 침투하여, 정부의 운영도 공공성이 아니라 시장적 효율성 원리에 따라야 한다는 주장이 힘을 얻게 되었던 것이다. 특히 1997년 말을 기점으로 한국 민주주의는 신자유주의적 민주주의로의 전환에 박차가 가해졌다.

국민의 정부와 참여정부의 복지개혁은 신자유주의 세계화시대에 복지국가를 확대시킨 예외적인 사례로 주목받고 있고, 한국 복지국가의 기반을 구축한 놀라운 성취이지만, 국민의 정부도 참여 정부도 국가에서 시장으로 권력의 중심축이 넘어간 "신자유주의적 민주주의"를 넘어서지 못했다(임혁백, 2011). 747(성장제일주의)와 감세(반복지)를 내세워 집권한 이명박 정부는 민주주의의 질적 저하를 가져왔지만, 복지국가 확대의 궤도를 돌려놓지는 못했다. 오히려 이명박 정부의 과도한 성장주의와 시장주의는 경제민주화와 복지국가 건설에 대한 국민적 요구를 고조시켰다. 민주주의와 시장경제의 질적 향상을 위해서는 사회정의와 사회연대의 안정적인 제도화가 필수적이다. 그것이 바로, 많은 사람들이 오늘의 한국의 시대정신은 "복지"라고 말하는 배경이다.

1) 한국은 왜 지금 복지국가인가?

복지국가는 각국에 고유한 역사 문화적 맥락에서 끊임없이 타협하며, 계속되는 위기를 통해 새로운 에너지를 얻고, 또 새롭게 재창출되며 계속해서 진화하는 역사의 산물로 이해되어야 한다. 따라서 복지국가체제 유형은 다양하고, 신자유주의 세계화와 탈산업사회적 분화에 대응하는 방식도 다양하다. 복지국가로 가는 경로, 복지국가 재편의 길도 하나가 아니다.

선진복지국가들과 같은 60년 동안 한국은 신중상주의적 발전국가단계로부터 신자유주의적 민주주의단계로 이동하였고, 복지제도의 성장은 괄목할 만하다 하겠으나 지출규모로 보았을 때, 선진국에 비하면 아직 미미하다. 한국의 길지 않은 복지제도 발달의 역사에서도 시장경제의 이중운동의 갈등은 선명하게 읽힌다. 세계화와 탈산업화의 도전은 한국이 서구복지국가들보다 오히려 극적으로 맞닥뜨리고 있다.

권위주의적 발전국가 모델의 성공은 스스로의 소멸로 완성된다. 한국의 권위주의적 발전국가(1962~1987)는 한국의 시장경제를 형성하고 성장시킴으로써 민주화의 물질적 기반을 마련할 수 있었다. 발전국가에게 최고의 복지는 일자리이고 경제성장이고 일자리였다. 경제성장과 복지국가의 구현을 약속한 혁명정부 초기에는 부족한 정치적 정당성을 확보하기 위하여 무려 23개에 달하는 복지관련 법률[24]을 제정하지만, 경재개발 5개년 계획에 성공하면서 "선성장 후분배"를 선언하고 시장경제의 형성과 확대에 몰입하였다. 발전국가에게 복지국가는 시장경제의 발전에 방해가 되지 않는 범위 내에서 허용되는 것이었다.

1987년 이래의 민주화로 한국의 발전국가 모델은 객관적 시효를 다했다. 그러나 발전주의와 권위주의의 유산은 언제 시효가 만료될지 알기 어렵다. 1987년 한국은 16년 만에 처음으로 선거를 통해 정부를 직접구성하며, 언론의 자유, 집회의 자유, 결사의 자유를 복원시키고 정치를 의회로 돌려놓았다. 그러나 이른바 3김 정치시대의 한국의 민주화는 엘리트 민주주의를 벗어나지 못하고 가부장주의, 지역주의, 보스주의 등으로 인하여 질 높은 민주주의로의 도약은 이루지 못했다. 신자유주의 세계화

---

24. 남찬섭, 「한국의 60년대 초반 복지제도 재편에 관한 연구: 1950년대와의 관련성을 중심으로」, 『사회복지연구』, 제27호, 2005, 33-75. 1961년 5월부터 1963년 12월까지 군사정부가 제정한 복지관련 법률은 모두 23개인데 그중 14개가 군경원호 법률, 일반국민 대상 법률은 9개에 불과했다.

와 시기를 같이하면서 시장순응적 민주주의, 신자유주의적 민주주의가 본격화되었다. 1997년을 기점으로 경제적으로는 대외개방과 신자유주의를 강조하는 신자유주의 경제모델로 전환하였다. 자유민주주의와 신자유주의 경제모델의 조합에 발전주의 유산이 더해지면, 양극화의 구조화, 시장경제의 질적 저하를 제어하기 어렵다.

많은 사람들이 한국은 외환위기 이후 복지국가 단계에 진입하였다고 말한다. 물론 국민의 정부와 참여정부의 복지개혁은 괄목할 만한 성취였다. 국민의 정부는 생산적 복지의 이름으로 공공부조제도를 국민기초보장제도로 개혁하였고, 4대 사회보험의 전 국민 적용을 달성하였다. 산업사회구조를 기저로 한 전통적인 복지국가의 사회권 보장의 틀을 만들었다. 생산적 복지의 계승발전을 약속한 참여정부는 아동보육과 노인요양서비스를 획기적으로 확대하여 돌봄의 사회화를 시도하고, 국가고용전략과 연계된 사회서비스를 확대하였다. 집권 말에는 복지국가의 구현을 국정의 최고 목표로 하는 비전 2030을 발표하고 사회투자 개념을 도입함으로써 세계화와 탈산업화의 새로운 시대의 새로운 요구에 접근하는 단초를 제공하였다.

그러나 위에서 지적한 바와 같이 국민의 정부와 참여정부의 복지개혁은 신자유주의 세계화시대에 복지국가를 확대시킨 놀라운 성취임에 틀림없지만, 그러나 시장경제의 생래적 약점에 얼마나 실효적으로 접근할 수 있었는지에 대해서는 의문을 제기하는 사람이 많다. 국민의 정부도 참여 정부도 국가에서 시장으로 권력의 중심축이 넘어간 "신자유주의적 민주주의"를 넘어서지는 못했다.[25] 민주화 시대의 신자유주의 세계화는 수출산업과 전통산업, 대기업과 중소기업의 생산성 격차를 가져오고, 그것은 다시 노동시장의 분절화와 소득격차를 가져오고, 가계소득격차는

25. 임혁백, 『1987년 이후의 한국의 민주주의: 3김정치시대와 그 이후』, 고려대학교 출판부, 2011.

교육 훈련 등 인적자본투자 능력의 격차를 가져오고 다시 새로운 변화에 적응할 수 있는 능력의 격차를 가져오고, 적응능력의 격차는 다시 대기업과 중소기업의 인적자본과 생산성의 격차를 심화시키는 양극화의 악순환을 고착시켰다.

747(성장제일주의)과 감세(반복지)를 내세워 집권한 이명박정부는 민주주의의 질적 저하를 가져왔지만, 복지국가 확대의 궤도를 돌려 놓지는 못했다. 오히려 보수정부의 과도한 성장주의와 시장주의, 반복지 노선과 민주주의의 퇴행은 경제민주화와 복지국가 건설에 대한 국민적 관심과 요구를 고조시켰다. 결국 신자유주의 세계화라는 외부적 요인과 시기적으로 맞물려서 한국의 민주주의는 시장경제의 양적 팽창과 질적 저하를 동시에 진행시켰던 것이다. 이제 민주주의와 시장경제의 질적 향상을 가능하게 하는 사회정의와 사회연대의 제도화가 왜 필요한지 알게 되었다. 오늘날 주류 정치권에서 여야를 불문하고 복지를 본격적인 정책 아젠다로 부상시키고 경제민주화를 말하게 된데는 보수정부의 역할도 무시할 수 없다. 이제 복지는 한국의 시대정신이 되었다. 발전주의 산업화와 자유주의 민주화로부터 "복지화" 단계로의 본격적인 이행, 이륙이 남아 있다. 그것이야말로 산업화 50년, 민주화 25년의 한국역사의 명령이고, 현재의 위기를 극복하는 해법이 될 것이다.

2) 어떤 복지국가인가?

문제는 어떤 "복지국가"를 구상하고 "어떻게" 구현할 것인가에 있다. 한국의 압축적 산업화와 민주화의 성공은 복지국가로의 이행으로 완성된다. 압축적 산업화와 민주화가 성공하려면 복지국가의 정비가 불가결하다는 의미이기도 하다. 오늘의 한국은 압축적 산업화에 성공하고 신자유주의적 민주주의시대에 규모는 작지만, 이미 복지국가의 기본적인 체계를 구축하고 있다 해도 틀리지 않다. 이제 민주적 복지자본주의체제로의 본격적인 이륙을 위한 준비를 완수하는 단계에 있다. 여기서는 안정적인 복지국가로의 이륙에 필요한 규범적, 인지적, 사회적 조건을 살펴보고, 한국의 21세기 복지자본주의체제 기본구상의 몇 가지 원칙을 논의한다.

복지국가가 안정적으로 발전하려면, 첫째, 규범적 수준에서 사회정의에 대한 신념이 광범위하게 공유되어야 한다. 사회가 실패한 사람을 포기하지 않을 것이라는 연대주의적 가치가 복지국가의 기본 프레임이다. 고용, 건강, 교육에 대한 보편적 접근, 질병, 장애, 실업 노령에 대한 적절한 보호와 빈곤예방에 대한 열망이 수용되어야 한다. 둘째, 인지적 수준에서, 사회정의가 경제적 효율성과 성장에 기여한다는 인식이 공유되어야 한다. 경제적 효율성과 사회정의의 교환관계로 보는 신자유주의적 가정이 아니라 사회정책이 경제적 적응을 장려하는 데 필수적 요인이라는 데 동의하고 경제적 경쟁력과 사회적 응집 간에 모순이 없다는 믿음이 기본이다. 그리고 마지막으로 이해관계의 갈등을 정부와 사회적 파트너들간에 포괄적 협상으로 해결 가능해야 한다. 신뢰를 기반으로 하는 사회적 파트너쉽, 사회적 자본의 문제이기도 하다.

이러한 가치지향을 전제로, 21세기 한국의 복지자본주의 체제형성의 기본구상은 적어도 다음의 세 가지 원칙을 존중해야 한다. 첫째, 시장경제를 전제하되 그것의 생래적 모순에 대한 문제의식에 기초한 포괄적이고 적극적인 체제접근이어야 하고, 둘째, 한국사회의 역사적 맥락의 특수성에 기반하여야 하며, 셋째, 사회권보장에 더하여 미래지향적 사회적 투자와 시민의 민주적, 능동적 참여가 더해져야 한다는 것이다.

첫째 원칙은 시장경제의 본질에 대한 기본적인 시각으로 복지자본주의체제는 시장만능주의를 거부하고 노동의 상품화의 독을 해독하는 기제가 시장, 가족, 국가, 공동체의 복합체제라는 이해가 전제되어야 한다. 둘째 원칙은 한국사회의 고유한 역사적 맥락과 역량에서 유리된 복지자본주의체제 구상은 실현될 수도 성공할 수 없다는 현실인식이 중요하다는 것이다. 예컨대 세계화의 도전은 전 지구 공통이지만 그것에 대한 수용과 저항의 정도와 양식은 국가마다 다르다. 각국에 고유한 민주주의의 형태와 수준도 복지자본주의 형성에 중요한 영향을 미친다.

셋째, 원칙이 중요한데, 그것은 21세기 세계화와 탈산업화, 그리고 지식기반 경제가 초래하는 복지문제가 과거의 그것과는 크게 다르기 때문이다. 21세기 한국의 복지 문제는 이미 고성장 산업사회의 그것이 아니다. 전통적인 케인지언-베버리지-마샬의 복지국가 정책으로 답할 수 없는 새로운 사회적 위험들로 옮겨져 와 있다. 무엇보다 오늘날과 같은 패러다임의 대전환기에는 시간적 지평의 확대가 필요하고(예방과 투자의 개념), 인구구조의 변화(저출산 고령화와 활성화, 참여확대), 노동시장구조의 혁명(지식기반경제와 인적자본), 그리고 가족구조의 혁명(일가정 양립)은 과거와는 다른 형태의 비시장적 접근의 요구를 급증시키고 있다. 활성화, 인적자본투자, 일 가정 양립은 모두 새로운 시대의 새로운 요구에 대응하여 시도되고 있는 복지국가 재편의 핵심 전략들이고, 사회투자론자들이 정리하는 그들의 3대 전략이기도 하다.

여기에 전제되어야 할 것이 사회권 보장과 참여의 중요성인데, 주민참여나 시민참여는 국가의 책임을 분산하려는 보수진영의 전략으로 채택되는 경우도 적지 않다. 그러나 주민참여와 시민참여는 앞으로 한국복지국가 형성 자체의 추진력이 될 수 있다. 참여는 활성화, 인적자본투자, 일 가정 양립 등 사회투자정책의 결과일 수도 있고, 사회적 배제현상에 대한 처방이 될 수도 있고, 사회적 연대와 사회적 자본형성의 전략이 될 수도 있다. 주민참여는 지역단위의 자조집단에서 자활조직, 협동조합, 마을 기업, 마을 만들기, 사회적 기업, 마이크로 크레딧, 사회적 금융, 전국단위의 자원봉사활동에 이르기까지 그 형태는 매우 다양하다. 시민과 주민 참여의 확대는 밑으로부터의 복지국가 건설의 가능성을 열고, 무엇보다 주민복지와 생활복지에 초점을 맞춘 풀뿌리 참여민주주의는 한국 시민사회의 기본 체질을 강화하고 한국 민주주의 자체를 확립하는 데 중요한 투자가 될 수 있다. 사회권 보장과 사회적 투자, 특히 민주적 참여복지의 강화가 한국 복지자본주의로의 경로 형성의 주요 전략이 되어야 할 것이다. 민주사회의 시민은 성장과 평등 중 양자택일이 아니라 성장과 평등, 풍요와 정의 둘 다를 원한다. 한국은 지금 실질적인 민주주의와 문명화된 자본주의로의 경로 형성의 분수령에 서 있는 것이다.

많은 사람들이 오늘의 시대정신은 복지라고 말하는 것은 매우 고무적인 일이다. 그것은 복지가 성장에 도움이 되며, 복지없이 지속가능한 성장을 기대할 수 없음을 인정한다는 시각에 가까워졌다는 의미이기도 하기 때문이다. 한국이 경제대국이 되었다고 하나 일인당 국민소득은 낮은 편이고, 시장경제의 효율성도 더 높아져야 하고 민주주의도 더 성숙해야 한다. 이러한 취약한 기반 위에서 한국의 복지자본주의 체제는 세계화, 탈산업화, 양극화, 저출산 고령화 등 시대적 변화에 대응하고 경제와 복지, 세대 간, 계층 간, 젠더 간, 노동과 여가 간 선순환을 만들어 내야 하는 것이다. 실패한 사람을 포기하지 않는다는 사회정의와 사회연대의 가치가 일반적으로 받아들여지고, 현재의 실패보다 미래의 실패를 예방하고 미래에 투자하는 민주적-성평등적-복지-자본주의 체제를 구축하는 것이 당면 과제다. 복지자본주의체제는 정태적인 프로그램의 산술적 합이 아니라 계속되는 위기를 통해 에너지를 얻고 새롭게 재창출되며 계속해서 진화하는 시스템이다. 오늘의 한국의 복지화라는 시대정신은 시민참여와 사회투자, 사회권 보장을 키워드로 하는 한국에 고유한 복지자본주의 체제의 구축으로 구현되어야 할 것이다.

복지국가는 각국에 고유한 역사 문화적 맥락에서 끊임없이 타협하며, 계속되는 위기를 통해 새로운 에너지를 얻고, 또 새롭게 재창출되며 계속해서 진화하는 역사의 산물로 이해되어야 한다. 따라서 복지국가체제 유형은 다양하고, 신자유주의 세계화와 탈산업사회적 분화에 대응하는 방식도 다양하다. 복지국가로 가는 경로, 복지국가 재편의 길도 하나가 아니다. 한국의 압축적 정치경제사회 발전 경로의 특수성과 복지국가체제 형성과 발전의 역동을 끊임없이 확인하고 분석하여, 사회구성원들이 자신의 기본적인 욕구를 충족시키는 데 어려움을 겪지 않고 인간의 존엄을 지키며 도전할 수 있도록 지원하는 사회적 기제를 우리 사회에 내장시키는 길을 모색하여야 할 것이다.

참고문헌

공계순 · 박현선 · 오승환 · 이상균 · 이현주 (2013). 『아동복지론』, 4판. 학지사.

교정사회사업연구회 (1996). 『교정사회사업』. 아시아미디어리서치.

권중돈 (2004). 노인복지론. 학지사.

기든스, 앤서니, 한상진 · 박찬욱 역 (1999). 『제3의 길』. 생각의 나무.

김규수 (2004). 『의료사회복지실천론』. 형설출판사.

김동배 · 권중돈 (2005). 『인간행동이론과 사회복지실천』. 학지사.

김만두 · 한혜경 (2000). 『현대사회복지개론』. 홍익재.

김상균 (1989). 『현대사회와 사회정책』. 서울대학교출판부.

김상균 · 김연옥 · 오정수 · 노혜련 · 김기환 (1997). 『학생비행예방 및 선도를 위한 복지프로그램 개발에 관한 연구』. 서울대학교 사회복지연구소.

김상균 외 (2011). 『사회복지개론』, 3판, 나남.

김성이 · 김상균 (1994). 『사회과학과 사회복지』. 나남출판.

김성이 · 오정수 · 전광현 · 황성철 (1997). 『비교지역사회복지』. 한국사회복지관협회.

김영모 (1995). 『한국사회보장개혁론』. 중앙대학교출판부.

______ (1999). 『사회정책』. 한국복지정책연구소 출판부.

김영종 (1998). 『사회복지행정』. 학지사.

______ (1999). 『사회복지조사방법론』. 학지사.

김융일 · 조홍식 · 김연옥 (1995). 『사회사업실천론』. 나남출판.

김응석 · 김현옥 · 이상헌 · 오정수 · 이정호 · 박광준 (1995). 『아동복지수용시설 운영평가 및 개선방안』. 한국보건사회연구원.

김인숙 · 김혜선 · 신은주 (1997). 『여성운동과 사회복지』. 나남출판.

김태성 · 성경륭 (2000). 『복지국가론』. 나남.
김태성 · 홍선미 (2006). 『사회복지개론』. 청목출판사.
김현용 외 (1997). 『현대사회와 아동』. 소화.
김혜란 외 (2006). 『사회복지실천기술론』. 학지사.
김혜영 외 (2009). 『미혼부모의 사회통합방안 연구』. 한국여성정책연구원.
남기민 (2005). 『현대사회복지학』. 양서원.
남세진 편 (1995). 『한국사회복지의 선택』. 나남출판.
남세진 · 조흥식 (1995). 『한국사회복지론』. 나남출판.
_____ (1997). 『집단지도방법론』. 서울대학교출판부.
남찬섭 (2005). 「한국의 60년대 초반 복지제도 재편에 관한 연구: 1950년대와의 관련성을 중심으로」. 『사회복지연구』, 제27호, 33-75.
대한민국정부 (2006). 「제1차 저출산고령사회 기본계획」.
루빈, A. · E. 바비, 성숙진 · 유태균 · 이선우 공역 (1998). 『사회복지조사방법론』. 나남출판.
림링거, 가스통, 한국사회복지학연구회 역 (1997). 『사회복지의 사상과 역사』. 한울아카데미.
문인숙 · 김융일 · 조성경 · 김선심 역 (1980). 『사회사업방법론: 통합적 접근』. 보진재출판사.
백종만 외 (2006). 『사회복지개론』. 시그마프레스.
보건복지부 (1998). 『사회복지관 및 재가복지봉사센터 운영지침』.
_____ (2012). 『보건복지통계연보』.
_____ (2012). 『2012 주요업무참고자료』.
_____ (2013). 『2013년 사회복지시설관리안내』.
_____ (2013). 『2013년 아동분야사업안내』.
_____ (2013). 『2013년 장애인복지사업안내』.
_____ (2013). 『2013년 노인보건복지사업안내』.
변재관 외 (1998). 『한국의 사회보장과 국민복지기본선』. 한국보건사회연구원.
삼성복지재단 (1997). 『사회복지프로그램총서』. 삼성복지재단.
서봉연 · 이순형 (1983). 『발달심리학』. 중앙적성출판부.
석재은 외 (2005). 『삶의 질 향상을 위한 국민기본생활 보장』. 한국보건사회연구원.
성규탁 (1993). 『사회복지행정론』. 법문사.
셰퍼, B. · C. 호레이시, 서울대학교 사회복지실천연구회 역 (1998). 『사회복지실천기법과 지침』. 나남출판.

송근원 · 김태성 (1995). 『사회복지정책론』. 나남출판.
송성자 (2002). 『가족과 가족치료』. 법문사.
양옥경 (2006). 『지역사회정신건강』. 나남출판.
양옥경 외 (2004). 『사회복지 윤리와 철학』. 나눔의집.
______ (2005). 『사회복지실천론』. 나남출판.
엄명용 · 노충래 · 김용석 (2005). 『사회복지실천기술의 이해』. 학지사.
여성가족부 (2005). 『여성가족통계연보』.
______ (2012). 『2012 청소년백서』.
______ (2013). 『2013년도 한부모가족지원사업안내』.
오정수 (1995). 「재가복지봉사센터의 기능과 역할」. 『지역복지의 이론과 실제』. 한국사회복지관협회.
______ (1996). 「영국 보수당 정부의 사회정책 개혁전략과 평가」. 한림대학교 사회복지연구소. 『비교사회복지』, 제3집. 한울.
______ (1998). 「우리나라 민간복지부문의 기능과 구조개선방안」. 『사회복지』, 통권 제136호. 한국사회복지협의회.
오정수 · 정익중 (2013). 『아동복지론』, 2판, 학지사.
오정수 · 류진석 (2012). 『지역사회복지론』, 4판, 학지사.
오혜경 (2005). 『장애인복지론』. 창지사.
유광호 (2005). 『사회보장발달사』. 유풍출판사.
윤찬영 (2008). 『사회복지법제론』, 4판. 나남출판.
윤현숙 · 김연옥 · 황숙연 (2001). 『의료사회사업론』. 나남출판.
윤혜미 · 김혜래 · 신영화 (2005). 『아동복지론』. 청목출판사.
이미정 외 (2010). 『양육미혼모 지원 복지서비스 개선방안』. 한국여성정책연구원.
이봉주 · 이선우 · 백종만 (2012). 『사회복지행정론』. 나남.
이윤로 (2005). 『정신보건과 사회복지』. 창지사.
이인재 · 류진석 · 권문일 · 김진구 (2002). 『사회보장론』, 개정판. 나남출판.
이인재 · 이선우 · 류진석 (1997). 『사회복지통계분석』. 나남출판.
이인정 · 최해경 (1995). 『인간행동과 사회환경』. 나남.
이현송 외 (1996). 『여성의 경제생활과 가족복지』. 한국보건사회연구원.
이혜경 (1982). 「비교사회복지학의 이론적 모델 연구」. 『사회사업학회지』, 제4호.
______ (1996). 「한국 사회복지학의 정체성: 역사적 특수성과 가능성을 중심으로」. 『연세사회복지연구』, 제3권.
______ (2002). 「한국복지국가 성격논쟁의 함의와 연구방향」. 『한국복지국가 성격논

쟁 I』, 인간과 복지.
_____ (2002). 「한국의 여성빈곤과 공공부조 및 여성복지 서비스정책」. 『젠더와 사회』, No. 1.
_____ (2011). 「복지국가의 재편과 젠더: 정치경제학의 새로운 패러다임을 향하여」. 『2011 춘계 한국여성학회 자료집』.
_____ (2011). 「한국복지국가가 걸어온 길: 결손국가에서 사회투자국가로」. 『2011 추계 한국사회정책 공동학술대회 자료집』, 기조발제.
_____ (2012). 「사회투자와 참여복지국가를 향하여」. 『지식의 지평』, 13호. 한국학술협의회.
_____ (2013). 「복지와 성장의 딜렘마」. 한국유럽학회 편, 『유럽복지정책의 변화와 아시아의 경험』. 한국학술정보.
_____ (2013). 「한국복지자본주의의 길」. 김기정 외, 『21세기 한국의 미래구상: 도전과 선택』. 한국미래발전연구원. pp. 183-240.
이혜경 · 홍승아 (2003). 「성통합적 복지국가 재편 논의를 위한 여성주의적 비판」. 『사회보장연구』, 19권 1호.
이혜원 (2006). 『아동권리와 아동복지』. 집문당.
인경석 (1998). 『한국복지국가의 이상과 현실』. 나남출판.
임혁백 (2011). 『1987년 이후의 한국의 민주주의: 3김정치시대와 그 이후』. 고려대학교 출판부.
장인협 (1989). 『사회사업실천방법론(상)』. 서울대학교출판부.
_____ (1989). 『사회사업실천방법론(하)』. 서울대학교출판부.
_____ (1995). 『지방화시대의 지역복지실천방법론: 케어/케이스 관리』. 서울대학교출판부.
_____ (1999). 『사회복지실천론(중): 제너럴리스트 접근』. 서울대학교출판부.
장인협 · 오정수 (2000). 『아동 · 청소년복지론』. 서울대학교출판부.
장인협 · 이정호 (2003). 『사회복지행정론』. 서울대학교출판부.
전남진 (1987). 『사회정책학강론』. 서울대학교출판부.
전용호 (1994). 『장애인복지론』. 학문사.
정무성 (1998). 『사회복지 프로그램 기획과 관리』. 아시아미디어리서치.
조휘일 · 이윤로 (1999). 『사회복지실천론』. 학지사.
조홍식 외 (2002). 『가족복지학』, 개정판. 학지사.
청소년대회의 광장 (1995). 『정부의 청소년상담정책연구』.
최성재 (2005). 『사회복지조사방법론』. 나남출판.

최성재 · 남기민 (2001). 『사회복지행정론』. 나남출판.
최성재 · 장인협 (2002). 『노인복지학』, 개정판. 서울대학교출판부.
최일섭 · 류진석 (1996). 『지역사회복지론』. 서울대학교출판부.
최일섭 · 최성재 (1995). 『사회문제와 사회복지』. 나남출판.
통계청 (2010). 『한국의 사회지표』.
하상락 편 (1989). 『한국사회복지사론』. 박영사.
한국사회과학연구소 (1995). 『한국사회복지의 이해』. 동풍.
한국사회복지교육협의회 (2011). 『사회복지학 교과목지침서 2010』.
한국사회복지사협회 (1996). 『사회복지사와 슈퍼비전』.
______ (1997). 『한국사회복지사협회 30년사』.
한국사회복지학회 (2006). 『사회투자국가로의 전환과 사회복지노동시장』. 2006년도 추계공동학술대회.
한국여성복지연구회 (2006). 『가족복지론』. 창지사.
한국여성연구소 (2002). 『새여성학 강의』. 동녘.
한림과학원 (1993). 『복지국가의 현재와 미래』. 나남.
한인영 외 (2004). 『학교와 사회복지실천』. 나남출판.
홍석표 외 (2005). 『OECD 국가의 사회지출과 경제성장』. 한국보건사회연구원.

Akabas, Sheila (1995). "Occupational Social Work." *Encyclopedia of Social Work*, 19th ed. NASW.
Allen-Meares, Paula (1995). *Social Work Services in Schools*. New Jersey: Prentice-Hall.
Barker, Robert, (1991). *The Social Work Dictionary*. NASW.
Bartlett, H. M. (1970). *The Common Base of Social Work Practice*. NASW.
Beveridge, W. H. (1942). *Social Insurance and Allied Services*. New York: Macmillan.
Biestek, Felix (1961). *The Casework Relationship*. Chicago: Loyola University Press.
Blair, Tony (1998). "Forward and Introduction." Green Paper on Welfare State Reform. HMSO.
Bowers, Swithun (1949). "The Nature and Definition of Social Casework." New York: Family Service Association of America.
Cahn, Edmond (1974). "Justice." *International Encyclopedia of Social Sciences*, vol. 8. Macmillan & Free Press.

Chambers, Donald (1993). *Social Policy and Social Programs: A Method for Practical Public Policy Analysis*, 2nd ed. New York: Macmillan.

Clark and Asquith (1985). *Social Work and Social Philosophy*. London: Routledge & Kegan Paul.

Coyle, Grace (1958). "Social Science in the Professional Education of Social Worker." New York: CSWE.

Compton, B. R. (1980). *Introduction to Social Welfare and Social Work*. New York: The Dorsey Press.

Compton, B. R. and B. Galaway (1994). *Social Work Process*. 5th ed. CA: Books/Cole Publishing Co.

Crossmann, R. H. (1952). *New Fabian Essays*. London: The Turnstile Press.

Dalley, Gillian (1988). *Ideologies of Caring*. New York: Macmillan.

Daly, Mary (2000). *The Gender Division of Welfare*. Cambridge University Press.

Dolgoff, Ralph and Donald Feldstein (1984). *Understanding Social Welfare*, 2nd ed. New York: Longman.

Ehlers, Walter H., et al. (1976). *Administration for Human Services*. New York: Harper & Row.

Eisenstein, Zillah (1979). *Capitalist Patriarchy and the Case for Socialist Feminism*. New York: Monthly Review Press.

Esping-Anderson, Gøsta (1990). *The Three Worlds of Welfare Capitalism*. Polity Press.

______ (1996). *Welfare States in Transition: A National Adaptations in Global Economies. Sage.*

______ (1999). *Social Foundations of Postindustiral Economies*. Oxford: Oxford University Press.

______ (2002). *Why We Need a New Welfare State*. Oxford: Oxford University Press.

______ (2009). *The Incomplete Revolution: Adapting to Women's New Roles*. Polity Press.

Esping-Anderson, Gøsta, G. D. Gallie, A. Hemerijck, and J. Myles (1999). *Social Foundation of Postindustiral Economies*. Oxford: Oxford University Press.

Firestone, Shulamith (1979). *The Dialectic of Sex: The Case for Feminist Revolution*. The Women's Press.

Freeman, Edith M. (1995). "School Social Work Overview." *Encyclopedia of Social Work*, 19th ed. NASW.

Friedlander, W. and R. Apte (1980). *Introduction to Social Welfare*. New Jersey: Prentice-Hall.

George, Vic and Paul Wilding (1976). *Ideology and Social Welfare*. London: Routledge & Kegan Paul.

George, Vic and Paul Wilding (1994). *Welfare and Ideology*. Havester Wheatsheaf.

Giddens, Anthony (1998). *The Third Way: The Renewal of Social Democracy*. London: Andrew Nurnberg Associates.

Gilbert, Neil and Paul Terrell (2005). *Dimensions of Social Welfare Policy*, 6th ed. Pearson Education.

Googins, Bradley and Joline Godfrey (1987). *Occupational Social Work*. Englewood Cliffs, New Jersey: Prentice-Hall.

Gough, Ian (1979). *The Political Economy of the Welfare State*. Macmillan.

______ (1996). "Social Welfare and Competitiveness." *New Political Economy*, Vol. 1, Issue 2. July. pp. 209-232.

Hall, Phoebe, Hilary Land, R. Parker and Adrian Webb (1975). *Change, Choice and Conflict in Social Policy*. Heinemann.

Hartmann, Heidi (1981). "The Unhappy Marriage of Marxism and Feminism." in Lydia Sargent, ed., *Women and Revolution*. London: Pluto Press.

Hollis, Florence and Mary Wood (1981). *Social Casework: A Psychosocial Therapy*, 3rd ed. New York: Random House.

Huntington, Samueal (1991). *The Third Wave: Democratization in the Late Twentieth Century*. University of Oklahoma Press.

Jaeger, Allison (1983). *Feminist Politics and Human Nature*. Harvester Press.

Jenson, Jane (2010). "Diffusing Ideas for After-Neoliberalism: The Social Investment Perspective in Europe and Latin America." *Global Social Policy*, Vol. 10, No. 1. pp. 59-84.

______ (2012). "A New Politics for the Social Investment Perspective: Objectives, Instruments and Areas of Intervention in Welfare Regimes." in G. Bonoli & D. Natali, *The Politics of the New Welfare State*. Oxford University Press. pp. 21-44.

Kadushin, Alfred (1974). *Child Welfare Services*. New York: Macmillan.

_____ (1985). *Supervision in Social Work.* New York: Columbia University Press.

Kahn, Alfred (1969). *Theory and Practice of Social Planning.* New York: Russel Sage Foundation.

Kaletsky, Anatole (2010). *Capitalism 4.0: The Birth of a New Economy in the Aftermath of Crisis.* Public Affairs.

Kamerman, Sheila (1995). "Families Overview." Encyclopedia of Social Work. 19th ed. NASW.

Kendal, Kathenne A. (1973). "Focus on Prevention and Development." IASSW.

Konopka, Gisela (1963). Social Group Work: A Helping Process. New Jersey: Prentice-Hall.

Lee, HyeKyung (1994). "Gender Division of Labor and the Authoritarian Developmental State: Korean Experience." Cho Hyoung, Chang Pil-Wha, eds., *Gender Division of Labor in Korea.* Ewha Woman University Press.

_____ (1998). "Women and Poverty: The Feminization of Poverty." in Amit K. Bhattacharyya, ed., *Combating Poverty: Korean Experience.* UNDP-Seoul.

_____ (1999). "Globalization and the Emerging Welfare State: The Experience of South Korea." *International Journal of Social Welfare.* New York: Blackwell.

Mayo, M and A. Weir (1993). ""The Future of the Feminist Social Policy." *Social Policy Review,* 5.

Macarov, David (1995). *Social Welfare: Structure and Practice.* London: Sage.

MacRae, Duncan (1985). *Policy Indicators.* The University of North Carolina Press.

Midgley, James (1999). "Growth, Redistribution, and Welfare: Towards Social Investment." *Social Service Review,* March 1999.

Millet, Kate (1971). *Sexual Politics.* Virago.

Mishra, Ramesh (1977). *Society and Social Policy.* New York: The Macmillan Press.

_____ (1998). "Globalization and the Welfare State: The Contradictory Imperatives." Paper presented at the Center of Social Welfare Research. Yonsei University, Seoul.

Moore, W. (1979). "Functionalism." Tom Bottomore and Robert Nisbet, eds., *A*

History of Sociological Analysis. Heinemann,

Morel, Nathalie, Bruno Palier, Joakim Palme (2011). "Towards a Social Invest ment Welfare State?" paper presented at the Conference: Production, Reproduction, and Protection in the Welfare State, Annual Meeting of Research Committee 19. International Sociological Association, Seoul, Aug. 25-27, 2011.

NASW (1992). *NASW Standards for School Social Work Services*.

______ (1995). *Encyclopedia of Social Work*. 19th ed.

______ (1997). *NASW Code of Ethics*.

Netherland, Warren (1987). "Corrections System." *Encyclopedia of Social Work*, 18th ed. NASW.

O'Connor, James S. (1973). *The Fiscal Crisis of the State*. New York: St. Martin's.

Perlman, Helen (1957). *Social Casework: A Problem-solving Process*. Chicago: Chicago University Press.

Pincus, Allen and Anne Minahan (1973). *Social Work Practice: Model and Method*. Peacock Publishers.

Polanyi, Karl (1968). *The Great Transformation: The Poltical and Economic Origins of Our Time*. Boston: Beacon Press (originally Polanyi, Karl, 1944, *The Great Transformation*, Reinheart & Co.)

Prigmore, Charles and Charles Atherton (1979). *Social Welfare Policy*. Washington: The Heath Company.

Rapp, Charles and John Poertner (1992). *Social Administration: A Client-Centered Approach*. New York: Longman.

Reid, William J. (1995). "Research Overview." *Encyclopedia of Social Work*, 19th ed. NASW.

Rex, John (1961). *Key Problems of Sociological Theory*. Routeledge & Kegan Paul.

Richmond, Mary (1922). *What is Social Casework*. New York: Russel Sage Foundation.

Rimlinger, Gaston (1971). *Welfare Policy and Industrialization in Europe, America and Russia*. New York: John Wiley & Sons.

Robson, William (1976). *Welfare State and Welfare Society: Illusion and Reality*. London: George Allen & Unwin.

Ross, Judith W. (1995). "Hospital Social Work." *Encyclopedia of Social Work*,

19th ed. NASW.

Rothman, Jack (1974). "Three Models of Community Organization Practice." Fred Cox (eds.). *Strategies of Community Organization: A Book of Reading*. Illinois: Peacock Publishers.

Rothman, Jack, John Erlich, and John Tropman (1995). *Strategies of Community Intervention*, 5th ed. Illinois: Peacock Publishers.

Rubin, Allen and Earl R. Babbie (1993). *Research Method for Social Work*. Belmont: Wadsworth Publishing Co.

Schottland, C. I. (1967). *The Welfare State*. New York: Harper & Row.

Sheafor, B. and C. Horejsi (2005). *Techniques and Guidelines for Social Work Practice*, 7th ed. Boston: Pearson and Bacon.

Skidmore, Rex A. (1983). *Social Work Administration*. New Jersey: Prentice-Hall.

Peter Taylor-Gooby (ed.) (2004). *New Risks, New Welfare: The Transformation of the European Welfare State*. Oxford: Oxford University Press.

Titmuss, Richard M. (1976). *Commitment to Welfare*. London: George Allen & Unwin.

Trecker, Harleigh (1972). *Social Group Work*. New York: Association Press.

Uttley, Stephen (1980). "The Welfare Exchange Reconsidered." *Journal of Social Policy*, Vol. 9, No. 2.

Weil, Marie Overby and Dorothy Gamble (1995). "Community Practice Models." *Encyclopedia of Social Work*, 19th ed. NASW.

Wilensky, Harold and C. Lebeaux (1965). *Industrial Society and Social Welfare*. New York: The Free Press.

Zuckerman, Erva (1983). *Child Welfare*. New York: The Free Press.

부록

사회보장기본법

사회보장기본법

법률 제11690호 [시행 2013.3.23]

제1장 총칙

제1조(목적) 이 법은 사회보장에 관한 국민의 권리와 국가 및 지방자치단체의 책임을 정하고 사회보장정책의 수립·추진과 관련 제도에 관한 기본적인 사항을 규정함으로써 국민의 복지증진에 이바지하는 것을 목적으로 한다.

제2조(기본 이념) 사회보장은 모든 국민이 다양한 사회적 위험으로부터 벗어나 행복하고 인간다운 생활을 향유할 수 있도록 자립을 지원하며, 사회참여·자아실현에 필요한 제도와 여건을 조성하여 사회통합과 행복한 복지사회를 실현하는 것을 기본 이념으로 한다.

제3조(정의) 이 법에서 사용하는 용어의 뜻은 다음과 같다.

1. "사회보장"이란 출산, 양육, 실업, 노령, 장애, 질병, 빈곤 및 사망 등의 사회적 위험으로부터 모든 국민을 보호하고 국민 삶의 질을 향상시키는 데 필요한 소득·서비스를 보장하는 사회보험, 공공부조, 사회서비스를 말한다.
2. "사회보험"이란 국민에게 발생하는 사회적 위험을 보험의 방식으로 대처함으로써 국민의 건강과 소득을 보장하는 제도를 말한다.
3. "공공부조"(公共扶助)란 국가와 지방자치단체의 책임 하에 생활 유지 능력이 없거나 생활이 어려운 국민의 최저생활을 보장하고 자립을 지원하는 제도를 말한다.
4. "사회서비스"란 국가·지방자치단체 및 민간부문의 도움이 필요한 모든 국민에게 복지, 보건의료, 교육, 고용, 주거, 문화, 환경 등의 분야에서 인

간다운 생활을 보장하고 상담, 재활, 돌봄, 정보의 제공, 관련 시설의 이용, 역량 개발, 사회참여 지원 등을 통하여 국민의 삶의 질이 향상되도록 지원하는 제도를 말한다.

5. "평생사회안전망"이란 생애주기에 걸쳐 보편적으로 충족되어야 하는 기본욕구와 특정한 사회위험에 의하여 발생하는 특수욕구를 동시에 고려하여 소득 · 서비스를 보장하는 맞춤형 사회보장제도를 말한다.

제4조(다른 법률과의 관계) 사회보장에 관한 다른 법률을 제정하거나 개정하는 경우에는 이 법에 부합되도록 하여야 한다.

제5조(국가와 지방자치단체의 책임) ① 국가와 지방자치단체는 모든 국민의 인간다운 생활을 유지 · 증진하는 책임을 가진다.

② 국가와 지방자치단체는 사회보장에 관한 책임과 역할을 합리적으로 분담하여야 한다.

③ 국가와 지방자치단체는 국가 발전수준에 부응하고 사회환경의 변화에 선제적으로 대응하며 지속가능한 사회보장제도를 확립하고 매년 이에 필요한 재원을 조달하여야 한다.

④ 국가는 사회보장제도의 안정적인 운영을 위하여 중장기 사회보장 재정추계를 격년으로 실시하고 이를 공표하여야 한다.

제6조(국가 등과 가정) ① 국가와 지방자치단체는 가정이 건전하게 유지되고 그 기능이 향상되도록 노력하여야 한다.

② 국가와 지방자치단체는 사회보장제도를 시행할 때에 가정과 지역공동체의 자발적인 복지활동을 촉진하여야 한다.

제7조(국민의 책임) ① 모든 국민은 자신의 능력을 최대한 발휘하여 자립 · 자활(自活)할 수 있도록 노력하여야 한다.

② 모든 국민은 경제적 · 사회적 · 문화적 · 정신적 · 신체적으로 보호가 필요하다고 인정되는 사람에게 지속적인 관심을 가지고 이들이 보다 나은 삶을 누릴 수 있는 사회환경 조성에 서로 협력하고 노력하여야 한다.

③ 모든 국민은 관계 법령에서 정하는 바에 따라 사회보장급여에 필요한 비용의 부담, 정보의 제공 등 국가의 사회보장정책에 협력하여야 한다.

제8조(외국인에 대한 적용) 국내에 거주하는 외국인에게 사회보장제도를 적용할 때에는 상호주의의 원칙에 따르되, 관계 법령에서 정하는 바에 따른다.

제2장 사회보장에 관한 국민의 권리

제9조(사회보장을 받을 권리) 모든 국민은 사회보장 관계 법령에서 정하는 바에 따라 사회보장급여를 받을 권리(이하 "사회보장수급권"이라 한다)를 가진다.

제10조(사회보장급여의 수준) ① 국가와 지방자치단체는 모든 국민이 건강하고 문화적인 생활을 유지할 수 있도록 사회보장급여의 수준 향상을 위하여 노력하여야 한다.

② 국가는 관계 법령에서 정하는 바에 따라 최저생계비와 최저임금을 매년 공표하여야 한다.

③ 국가와 지방자치단체는 제2항에 따른 최저생계비와 최저임금 등을 고려하여 사회보장급여의 수준을 결정하여야 한다.

제11조(사회보장급여의 신청) ① 사회보장급여를 받으려는 사람은 관계 법령에서 정하는 바에 따라 국가나 지방자치단체에 신청하여야 한다. 다만, 관계 법령에서 따로 정하는 경우에는 국가나 지방자치단체가 신청을 대신할 수 있다.

② 사회보장급여를 신청하는 사람이 다른 기관에 신청한 경우에는 그 기관은 지체 없이 이를 정당한 권한이 있는 기관에 이송하여야 한다. 이 경우 정당한 권한이 있는 기관에 이송된 날을 사회보장급여의 신청일로 본다.

제12조(사회보장수급권의 보호) 사회보장수급권은 관계 법령에서 정하는 바에 따라 다른 사람에게 양도하거나 담보로 제공할 수 없으며, 이를 압류할 수 없다.

제13조(사회보장수급권의 제한 등) ① 사회보장수급권은 제한되거나 정지될 수 없다. 다만, 관계 법령에서 따로 정하고 있는 경우에는 그러하지 아니하다.

② 제1항 단서에 따라 사회보장수급권이 제한되거나 정지되는 경우에는 제한 또는 정지하는 목적에 필요한 최소한의 범위에 그쳐야 한다.

제14조(사회보장수급권의 포기) ① 사회보장수급권은 정당한 권한이 있는 기관에 서면으로 통지하여 포기할 수 있다.

② 사회보장수급권의 포기는 취소할 수 있다.

③ 제1항에도 불구하고 사회보장수급권을 포기하는 것이 다른 사람에게 피해를 주거나 사회보장에 관한 관계 법령에 위반되는 경우에는 사회보장수급권을 포기할 수 없다.

제15조(불법행위에 대한 구상) 제3자의 불법행위로 피해를 입은 국민이 그로 인하여 사회보장수급권을 가지게 된 경우 사회보장제도를 운영하는 자는 그 불법행위의 책임이 있는 자에 대하여 관계 법령에서 정하는 바에 따라 구상권(求償權)을 행사할 수 있다.

제3장 사회보장 기본계획과 사회보장위원회

제16조(사회보장 기본계획의 수립) ① 보건복지부장관은 관계 중앙행정기관의 장과 협의하여 사회보장 증진을 위하여 사회보장에 관한 기본계획(이하 "기본계획"이라 한다)을 5년마다 수립하여야 한다.

② 기본계획에는 다음 각 호의 사항이 포함되어야 한다.

1. 국내외 사회보장환경의 변화와 전망
2. 사회보장의 기본목표 및 중장기 추진방향
3. 주요 추진과제 및 추진방법
4. 필요한 재원의 규모와 조달방안
5. 사회보장 관련 기금 운용방안
6. 사회보장 전달체계
7. 그 밖에 사회보장정책의 추진에 필요한 사항

③ 기본계획은 제20조에 따른 사회보장위원회와 국무회의의 심의를 거쳐 확정한다. 기본계획 중 대통령령으로 정하는 중요한 사항을 변경하려는 경우에도 같다.

제17조(다른 계획과의 관계) 기본계획은 다른 법령에 따라 수립되는 사회보장에 관한 계획에 우선하며 그 계획의 기본이 된다.

제18조(연도별 시행계획의 수립 · 시행 등) ① 보건복지부장관 및 관계 중앙행정기관의 장은 기본계획에 따라 사회보장과 관련된 소관 주요 시책의 시행계획(이하 "시행계획"이라 한다)을 매년 수립 · 시행하여야 한다.

② 관계 중앙행정기관의 장은 제1항에 따라 수립한 소관 시행계획 및 전년도의 시행계획에 따른 추진실적을 대통령령으로 정하는 바에 따라 매년 보건복지부장관에게 제출하여야 한다.

③ 보건복지부장관은 제2항에 따라 받은 관계 중앙행정기관 및 보건복지부 소관의 추진실적을 종합하여 성과를 평가하고, 그 결과를 제20조에 따른 사회보장위원회에 보고하여야 한다.

④ 보건복지부장관은 제3항에 따른 평가를 효율적으로 하기 위하여 이에 필요한 조사 · 분석 등을 전문기관에 의뢰할 수 있다.

⑤ 시행계획의 수립 · 시행 및 추진실적의 평가 등에 필요한 사항은 대통령령으로 정한다.

제19조(사회보장에 관한 지역계획의 수립 · 시행 등) ① 특별시장 · 광역시장 · 특별

자치시장·도지사 또는 특별자치도지사·시장(「제주특별자치도 설치 및 국제자유도시 조성을 위한 특별법」 제17조제1항에 따른 행정시장을 포함한다)·군수·구청장(자치구의 구청장을 말한다. 이하 같다)은 관계 법령으로 정하는 바에 따라 사회보장에 관한 지역계획(이하 "지역계획"이라 한다)을 수립·시행하여야 한다.

② 지역계획은 기본계획과 연계되어야 한다.

③ 지역계획의 수립·시행 및 추진실적의 평가 등에 필요한 사항은 대통령령으로 정한다.

제20조(사회보장위원회) ① 사회보장에 관한 주요 시책을 심의·조정하기 위하여 국무총리 소속으로 사회보장위원회(이하 "위원회"라 한다)를 둔다.

② 위원회는 다음 각 호의 사항을 심의·조정한다.

1. 사회보장 증진을 위한 기본계획
2. 사회보장 관련 주요 계획
3. 사회보장제도의 평가 및 개선
4. 사회보장제도의 신설 또는 변경에 따른 우선순위
5. 둘 이상의 중앙행정기관이 관련된 주요 사회보장정책
6. 사회보장급여 및 비용 부담
7. 국가와 지방자치단체의 역할 및 비용 분담
8. 사회보장의 재정추계 및 재원조달 방안
9. 사회보장 전달체계 운영 및 개선
10. 제32조제1항에 따른 사회보장통계
11. 사회보장정보의 보호 및 관리
12. 그 밖에 위원장이 심의에 부치는 사항

③ 위원장은 다음 각 호의 사항을 관계 중앙행정기관의 장과 지방자치단체의 장에게 통지하여야 한다.

1. 제16조제3항에 따라 확정된 기본계획
2. 제2항의 사항에 관하여 심의·조정한 결과

④ 관계 중앙행정기관의 장과 지방자치단체의 장은 위원회의 심의·조정 사항을 반영하여 사회보장제도를 운영 또는 개선하여야 한다.

제21조(위원회의 구성 등) ① 위원회는 위원장 1명, 부위원장 2명과 교육부장관, 안전행정부장관, 고용노동부장관, 여성가족부장관, 국토교통부장관을 포함한 30명 이내의 위원으로 구성한다.<개정 2013.3.23>

② 위원장은 국무총리가 되고 부위원장은 기획재정부장관 및 보건복지부장관이 된다.

③ 위원회의 위원은 다음 각 호의 어느 하나에 해당하는 사람으로 한다.

1. 대통령령으로 정하는 관계 중앙행정기관의 장
2. 다음 각 목의 사람 중에서 대통령이 위촉하는 사람
   가. 근로자를 대표하는 사람
   나. 사용자를 대표하는 사람
   다. 사회보장에 관한 학식과 경험이 풍부한 사람
   라. 변호사 자격이 있는 사람

④ 위원의 임기는 2년으로 한다. 다만, 공무원인 위원의 임기는 그 재임 기간으로 하고, 제3항제2호 각 목의 위원이 기관·단체의 대표자 자격으로 위촉된 경우에는 그 임기는 대표의 지위를 유지하는 기간으로 한다.

⑤ 보궐위원의 임기는 전임자 임기의 남은 기간으로 한다.

⑥ 위원회를 효율적으로 운영하고 위원회의 심의사항을 전문적으로 검토하기 위하여 위원회에 실무위원회를 두며, 실무위원회에 분야별 전문위원회를 둘 수 있다.

⑦ 실무위원회에서 의결한 사항은 위원장에게 보고하고 위원회의 심의를 거쳐야 한다. 다만, 대통령령으로 정하는 경미한 사항에 대하여는 실무위원회의 의결로써 위원회의 의결을 갈음할 수 있다.

⑧ 위원회의 사무를 효율적으로 처리하기 위하여 보건복지부에 사무국을 둔다.

⑨ 이 법에서 규정한 사항 외에 위원회, 실무위원회, 분야별 전문위원회, 사무국의 구성·조직 및 운영 등에 필요한 사항은 대통령령으로 정한다.

제4장 사회보장정책의 기본방향

제22조(평생사회안전망의 구축·운영) ① 국가와 지방자치단체는 모든 국민이 생애 동안 삶의 질을 유지·증진할 수 있도록 평생사회안전망을 구축하여야 한다.

② 국가와 지방자치단체는 평생사회안전망을 구축·운영함에 있어 사회적 취약계층을 위한 공공부조를 마련하여 최저생활을 보장하여야 한다.

제23조(사회서비스 보장) ① 국가와 지방자치단체는 모든 국민의 인간다운 생활과 자립, 사회참여, 자아실현 등을 지원하여 삶의 질이 향상될 수 있도록 사회

서비스에 관한 시책을 마련하여야 한다.

② 국가와 지방자치단체는 사회서비스 보장과 제24조에 따른 소득보장이 효과적이고 균형적으로 연계되도록 하여야 한다.

제24조(소득 보장) ① 국가와 지방자치단체는 다양한 사회적 위험 하에서도 모든 국민들이 인간다운 생활을 할 수 있도록 소득을 보장하는 제도를 마련하여야 한다.

② 국가와 지방자치단체는 공공부문과 민간부문의 소득보장제도가 효과적으로 연계되도록 하여야 한다.

제5장 사회보장제도의 운영

제25조(운영원칙) ① 국가와 지방자치단체가 사회보장제도를 운영할 때에는 이 제도를 필요로 하는 모든 국민에게 적용하여야 한다.

② 국가와 지방자치단체는 사회보장제도의 급여 수준과 비용 부담 등에서 형평성을 유지하여야 한다.

③ 국가와 지방자치단체는 사회보장제도의 정책 결정 및 시행 과정에 공익의 대표자 및 이해관계인 등을 참여시켜 이를 민주적으로 결정하고 시행하여야 한다.

④ 국가와 지방자치단체가 사회보장제도를 운영할 때에는 국민의 다양한 복지 욕구를 효율적으로 충족시키기 위하여 연계성과 전문성을 높여야 한다.

⑤ 사회보험은 국가의 책임으로 시행하고, 공공부조와 사회서비스는 국가와 지방자치단체의 책임으로 시행하는 것을 원칙으로 한다. 다만, 국가와 지방자치단체의 재정 형편 등을 고려하여 이를 협의·조정할 수 있다.

제26조(협의 및 조정) ① 국가와 지방자치단체는 사회보장제도를 신설하거나 변경할 경우 기존 제도와의 관계, 사회보장 전달체계와 재정 등에 미치는 영향 등을 사전에 충분히 검토하고 상호협력하여 사회보장급여가 중복 또는 누락되지 아니하도록 하여야 한다.

② 중앙행정기관의 장과 지방자치단체의 장은 사회보장제도를 신설하거나 변경할 경우 신설 또는 변경의 타당성, 기존 제도와의 관계, 사회보장 전달체계에 미치는 영향 및 운영방안 등에 대하여 대통령령으로 정하는 바에 따라 보건복지부장관과 협의하여야 한다.

③ 제2항에 따른 협의가 이루어지지 아니할 경우 위원회가 이를 조정한다.

④ 보건복지부장관은 사회보장급여 관련 업무에 공통적으로 적용되는 기준을 마련할 수 있다.

제27조(민간의 참여) ① 국가와 지방자치단체는 사회보장에 대한 민간부문의 참여를 유도할 수 있도록 정책을 개발·시행하고 그 여건을 조성하여야 한다.

② 국가와 지방자치단체는 사회보장에 대한 민간부문의 참여를 유도하기 위하여 다음 각 호의 사업이 포함된 시책을 수립·시행할 수 있다.

1. 자원봉사, 기부 등 나눔의 활성화를 위한 각종 지원 사업
2. 사회보장정책의 시행에 있어 민간 부문과의 상호협력체계 구축을 위한 지원사업
3. 그 밖에 사회보장에 관련된 민간의 참여를 유도하는 데에 필요한 사업

③ 국가와 지방자치단체는 개인·법인 또는 단체가 사회보장에 참여하는 데에 드는 경비의 전부 또는 일부를 지원하거나 그 업무를 수행하기 위하여 필요한 지원을 할 수 있다.

제28조(비용의 부담) ① 사회보장 비용의 부담은 각각의 사회보장제도의 목적에 따라 국가, 지방자치단체 및 민간부문 간에 합리적으로 조정되어야 한다.

② 사회보험에 드는 비용은 사용자, 피용자(被傭者) 및 자영업자가 부담하는 것을 원칙으로 하되, 관계 법령에서 정하는 바에 따라 국가가 그 비용의 일부를 부담할 수 있다.

③ 공공부조 및 관계 법령에서 정하는 일정 소득 수준 이하의 국민에 대한 사회서비스에 드는 비용의 전부 또는 일부는 국가와 지방자치단체가 부담한다.

④ 부담 능력이 있는 국민에 대한 사회서비스에 드는 비용은 그 수익자가 부담함을 원칙으로 하되, 관계 법령에서 정하는 바에 따라 국가와 지방자치단체가 그 비용의 일부를 부담할 수 있다.

제29조(사회보장 전달체계) ① 국가와 지방자치단체는 모든 국민이 쉽게 이용할 수 있고 사회보장급여가 적시에 제공되도록 지역적·기능적으로 균형잡힌 사회보장 전달체계를 구축하여야 한다.

② 국가와 지방자치단체는 사회보장 전달체계의 효율적 운영에 필요한 조직, 인력, 예산 등을 갖추어야 한다.

③ 국가와 지방자치단체는 공공부문과 민간부문의 사회보장 전달체계가 효율적으로 연계되도록 노력하여야 한다.

제30조(사회보장급여의 관리) ① 국가와 지방자치단체는 국민의 사회보장수급권

의 보장 및 재정의 효율적 운용을 위하여 다음 각 호에 관한 사회보장급여의 관리체계를 구축·운영하여야 한다.

1. 사회보장수급권자 권리구제
2. 사회보장급여의 사각지대 발굴
3. 사회보장급여의 부정·오류 관리
4. 사회보장급여의 과오지급액의 환수 등 관리

② 보건복지부장관은 사회서비스의 품질기준 마련, 평가 및 개선 등의 업무를 수행하기 위하여 필요한 전담기구를 설치할 수 있다.

③ 제2항의 전담기구 설치·운영 등에 필요한 사항은 대통령령으로 정한다.

제31조(전문인력의 양성 등) 국가와 지방자치단체는 사회보장제도의 발전을 위하여 전문인력의 양성, 학술 조사 및 연구, 국제 교류의 증진 등에 노력하여야 한다.

제32조(사회보장통계) ① 국가와 지방자치단체는 효과적인 사회보장정책의 수립·시행을 위하여 사회보장에 관한 통계(이하 "사회보장통계"라 한다)를 작성·관리하여야 한다.

② 관계 중앙행정기관의 장과 지방자치단체의 장은 소관 사회보장통계를 대통령령으로 정하는 바에 따라 보건복지부장관에게 제출하여야 한다.

③ 보건복지부장관은 제2항에 따라 제출된 사회보장통계를 종합하여 위원회에 제출하여야 한다.

④ 사회보장통계의 작성·관리에 필요한 사항은 대통령령으로 정한다.

제33조(정보의 공개) 국가와 지방자치단체는 사회보장제도에 관하여 국민이 필요한 정보를 관계 법령에서 정하는 바에 따라 공개하고, 이를 홍보하여야 한다.

제34조(사회보장에 관한 설명) 국가와 지방자치단체는 사회보장 관계 법령에서 규정한 권리나 의무를 해당 국민에게 설명하도록 노력하여야 한다.

제35조(사회보장에 관한 상담) 국가와 지방자치단체는 사회보장 관계 법령에서 정하는 바에 따라 사회보장에 관한 상담에 응하여야 한다.

제36조(사회보장에 관한 통지) 국가와 지방자치단체는 사회보장 관계 법령에서 정하는 바에 따라 사회보장에 관한 사항을 해당 국민에게 알려야 한다.

제6장 사회보장정보의 관리

제37조(사회보장정보시스템의 구축 · 운영 등) ① 국가와 지방자치단체는 국민편익의 증진과 사회보장업무의 효율성 향상을 위하여 사회보장업무를 전자적으로 관리하도록 노력하여야 한다.

② 국가는 관계 중앙행정기관과 지방자치단체에서 시행하는 사회보장수급권자 선정 및 급여 관리 등에 관한 정보를 통합 · 연계하여 처리 · 기록 및 관리하는 시스템(이하 "사회보장정보시스템"이라 한다)을 구축 · 운영할 수 있다.

③ 보건복지부장관은 사회보장정보시스템의 구축 · 운영을 총괄한다.

④ 보건복지부장관은 사회보장정보시스템 구축 · 운영의 전 과정에서 개인정보 보호를 위하여 필요한 시책을 마련하여야 한다.

⑤ 보건복지부장관은 관계 중앙행정기관, 지방자치단체 및 관련 기관 · 단체에 사회보장정보시스템의 운영에 필요한 정보의 제공을 요청하고 제공받은 목적의 범위에서 보유 · 이용할 수 있다. 이 경우 자료의 제공을 요청받은 자는 정당한 사유가 없으면 이에 따라야 한다.

⑥ 관계 중앙행정기관 및 지방자치단체의 장은 제2항의 사회보장정보와 관련하여 사회보장정보시스템의 활용이 필요한 경우 사전에 보건복지부장관과 협의하여야 한다. 이 경우 보건복지부장관은 관련 업무에 필요한 범위에서 정보를 제공할 수 있고 정보를 제공받은 관계 중앙행정기관 및 지방자치단체의 장은 제공받은 목적의 범위에서 보유 · 이용할 수 있다.

⑦ 보건복지부장관은 사회보장정보시스템의 운영 · 지원을 위하여 전담기구를 설치할 수 있다.

제38조(개인정보 등의 보호) ① 사회보장 업무에 종사하거나 종사하였던 자는 사회보장업무 수행과 관련하여 알게 된 개인 · 법인 또는 단체의 정보를 관계 법령에서 정하는 바에 따라 보호하여야 한다.

② 국가와 지방자치단체, 공공기관, 법인 · 단체, 개인이 조사하거나 제공받은 개인 · 법인 또는 단체의 정보는 이 법과 관련 법률에 근거하지 아니하고 보유, 이용, 제공되어서는 아니 된다.

제7장 보칙

제39조(권리구제) 위법 또는 부당한 처분을 받거나 필요한 처분을 받지 못함으로써 권리 또는 이익을 침해받은 국민은 「행정심판법」에 따른 행정심판을 청구하거나 「행정소송법」에 따른 행정소송을 제기하여 그 처분의 취소 또는 변경 등을 청구할 수 있다.

제40조(국민 등의 의견수렴) 국가와 지방자치단체는 국민생활에 중대한 영향을 미치는 사회보장 계획 및 정책을 수립하려는 경우 공청회 및 정보통신망 등을 통하여 국민과 관계 전문가의 의견을 충분히 수렴하여야 한다.

제41조(관계 행정기관 등의 협조) ① 국가와 지방자치단체는 사회보장 관련 계획 및 정책의 수립·시행, 사회보장통계의 작성 등을 위하여 관련 공공기관, 법인, 단체 및 개인에게 자료제출 등 필요한 협조를 요청할 수 있다.

② 위원회는 사회보장에 관한 자료 제출 등 위원회 업무에 필요한 경우 관계 행정기관의 장에게 협조를 요청할 수 있다.

③ 제1항 및 제2항에 따라 협조요청을 받은 자는 정당한 사유가 없으면 이에 따라야 한다.

부칙 생략

찾아보기

ㄴ

ㄷ

ㅅ

ㅇ

ㅊ

ㅋ

ㅌ

영문인명

Abstract

Social Welfare

In-Hyub Chang, Hae-Kyung Lee, and Jeong-Soo Oh

This textbook provides a broad-ranging introduction to social welfare as a discipline of social science and a critical introduction to the policies and fields of social welfare in Korea. Korean society has undergone changes towards an information-technology society during the 21st century, and the environment surrounding social welfare is also changing rapidly.

Part one, The Foundation of Social Welfare, is intended to help readers acquire knowledge of the concept, history, ideology and value of social welfare. In part two, Social Welfare Practice Method, the basic skills and knowledge needed to practice social welfare are presented, including social work practice, welfare policy, administration, research, planning and evaluation, manpower, and law systems. Part three, Fields of Social Welfare, presents information about public assistance, social insurance, child welfare, welfare for the aged, welfare for the handicapped, welfare for the women and family, community welfare, medical and psychiatric social work, school social work, correctional social work, and occupational social work. The final chapter analyses the new direction and tasks of social welfare in Korea for the 21st century.

This book will be an invaluable text for students of social welfare and social work and to all those interested in the study of social welfare in Korea.

저 | 자 | 소 | 개

장 인 협

서울대학교 문리대 영문학과 졸업
미국 University of Iowa 사회사업대학원 졸업
서울대학교 대학원 사회복지학과 졸업(문학박사)
서울대학교 교수 역임, 현재 서울대학교 명예교수

이 혜 경

서울대학교 문리대 영문학과 졸업
미국 University of California at Berkeley 대학원 졸업(사회복지학 박사)
대통령자문 빈부격차차별시정위원회 위원장 역임
연세대학교 사회복지학과 교수 역임, 현재 연세대학교 명예교수

오 정 수

서울대학교 사회복지학과 졸업
서울대학교 대학원 사회복지학과 졸업(문학박사)
영국 University of Birmingham, 미국 University of Washington 방문교수
충남대학교 사회복지학과 교수